문화

한국개념사총서 |13|

문화

김현주 지음

小花

한국개념사총서 |**13**|
문화

초판 1쇄 발행 / 2019년 12월 30일

지은이 / 김현주

펴낸이 / 고화숙
펴낸곳 / 도서출판 소화
등록 / 제13-412호
주소 / 서울시 영등포구 버드나루로 69
전화 / 02-2677-5890
팩스 / 02-2636-6393
홈페이지 / www.sowha.com

값 30,000원

ISBN 978-89-8410-498-3 94300
978-898410-337-5(세트)

| 〈한국개념사총서〉 발간사 |

한림과학원은 19세기 중반 무렵부터 이후 약 1백 년을 근대 개념 형성의 핵심적인 시기로 간주하여 한반도에서 사용되어 온 인문·사회과학적 개념들의 탄생과 형성 과정을 다각도로 탐구해 왔습니다. 〈한국개념사총서〉가 기획된 것은 이러한 개념들의 운동 궤적을 역사의 흐름 속에서 살펴보기 위한 지속적인 노력의 산물입니다. 전통적 개념들의 의미가 변용되고 번역을 통해 새로운 개념이 유입된 경위, 기존의 의미와 충돌하여 특정한 방향의 선택과 굴절이 일어나는 과정이란 곧 개념들의 삶life이자 역사입니다.

큰 그림에서 보자면, 이 시기 개념들의 급격한 변동은 결국 근대 국민국가라는 독특한 정치체polity가 수립되는 과정과 분리해서 생각하기 어렵습니다. 근대국가는 서유럽에서 등장한 정치·사회의 특수한 형식이지만, 이 국민국가 간 체제는 근대 자본주의의 융성과 함께 전 지구를 무대로 퍼져 나가기 시작했습니다. 비록 근대

국민국가 형성 시기에 식민지로 전락하게 된 조선이었지만, 개념들의 유입과 변모만큼은 동일한 동북아시아에 속한 중국이나 일본에 못지않게 역동적이고 활발했습니다. 대륙의 전통적인 '중화中華' 질서가 붕괴되고, 해양을 기반으로 한 일본 중심의 근대 식민주의 체제 속으로 포섭되어 가는 과정에서 한반도 특유의 개념 변용 과정이 생겨났던 것만 보아도 알 수 있습니다. 요컨대 개념사 연구에서 '시간' 못지않게 중요한 한반도의 '공간'적인 특징이란, 세계사적 두 세력이 강렬하게 조우하는 충돌과 갈등의 현장일 뿐만 아니라 부단한 언어적 교섭이 이루어지는 협상의 장이라는 점입니다. 이러한 역사적 특징을 지닌 한반도의 개념 연구를 수행할 때, 〈한국개념사총서〉는 특히 다음의 세 가지 개념에 주목합니다.

첫째, 19세기 중엽 이전 우리에게는 알려지지 않았던 새로운 사회현상들의 전파 양상을 가리키는 개념들이 있습니다. 근대 국민국가의 제도적 성립을 뒷받침하는 만국공법, 주권, 헌법 등과 같은 정치적 개념들입니다.

둘째, 19세기 이전에 사용되던 개념 가운데 그 본래의 내용이 굴절되면서 근대적 제도와 문물의 제반 현상을 가리키게 된 사회적 · 학문적 개념들이 있습니다. 사회라는 개념 자체가 그러한 경우이기도 하지만 문화, 민족, 문학, 과학 등과 같은 단어가 이 부류에 속합니다. 이 개념들 안에는 기존의 의미와 새롭게 굴절된 내용이 복합적인 양상으로 혼재해 있습니다.

셋째, 19세기 중엽을 전후하여 우리 곁에서 사라진 개념들이 있습니다. 개중에는 더 이상 대중의 언어 현실 속에서 사용되지 않는 개념도 있지만, 개념의 사용이 잠정 중단되었다 일정 시간 후에 다시 부활하는 경우가 있습니다.

이러한 개념들을 과연 어떤 시각에서, 어떻게 서술해야 하는지에 관해서는 다양한 논의가 가능하겠지만, 한림과학원의 〈한국개념사총서〉가 선택한 방식은 다음과 같습니다. 우선 '시간'의 문제에 대해서는 공시적이고 통시적인 분석을, 그리고 '공간'의 문제에 대해서는 비교문명권의 입장에 입각해야 한다고 생각합니다. 이러한 원칙에 따라 〈한국개념사총서〉는 먼저 동서양의 어원을 고찰합니다. 어원은 통시적 분석의 출발점입니다. 개념이 19세기 이전에도 동양 세계에서 통용된 경우에는 원래의 의미와 19세기 이후의 새로운 변천 과정을 함께 추적합니다. 한편 19세기 중반 무렵 새로 동양에 전파된 서양의 개념인 경우에는 서양 세계에서 통용된 의미와 동양에 전파되어 의미 내용이 다소 변용되거나 아예 창조적으로 전신轉身하는 과정을 추적합니다.

그러나 서술의 중심은 어디까지나 한반도라는 장소에서 일어난 개념들의 해석, 번역, 굴절, 선택 그리고 오해까지를 포함하는 모든 충돌 현상에 관한 분석입니다. 이렇게 볼 때, 개념사 연구는 인문·사회과학의 분야에 걸친 통합적인 연구이며 이른바 '전체의 역사l'histoire totale'를 시도하려는, 결코 만만치 않은 지적 도전인 셈입니다. 개념사 연구를 통해 우리 학문의 기초가 되는 개념들뿐만 아니라 우리의 사회적·언어적 생활의 근간을 이루는 개념들에 대해 보다 역사적이고 성찰적인 사유가 가능해지기를 바랍니다.

2019년 12월

한림대학교 한림과학원

차례

| 들어가는 글 |

이 책은 19세기 말에서 식민지기를 거치는 동안 한국에서 문화文化라는 말이 걸어온 길을 추적한다. 한국에 한자어 문화가 등장한 것은 고려 시대인데, 조선 시대에 이미 그 단어는 왕과 사대부의 통치 이념을 표상하는 중요한 말이 되었다. 그러나 현재 한국인이 사용하는 문화라는 말의 다양한 의미는 19세기 말 이후 일본이나 중국을 거쳐 들어오기 시작한 유럽의 culture / Kultur의 영향 속에서 형성되었다. 문화는 20세기 초까지는 civilization / Zivilization의 번역어인 문명文明에 비해 영향력이 미약했지만, 제1차 세계대전을 즈음해서는 문화에 대한 관심이 크게 증가했다. 『동아일보』가 창간된 1920년에는 이미 문화는 문명보다 더 강력한 힘을 가진 단어가 되었다. 지금도 그렇지만 식민지기 동안 서로 경쟁하는 다양한 정치적 · 사회적 집단은 문화라는 단어를 사용하여 현실을 진단하고 평가하고 또 개혁의 방향을 표현했다. 이 책에서는 19세기 말부터 식민지기 동안 학술과 언론, 교육, 그리고 일상적 담론에서 한국인들이 문화라는 단어에 투사한 복합적인 관심과 전망을 분석해 보고자 했다.

책을 쓰는 동안 여러분의 도움을 받았다. 문화는 문학, 역사학, 사회학, 인류학 등 인문학과 사회과학의 여러 분야의 핵심어인 만큼 축적된 선행 연구로부터 가장 많은 도움을 받았다. 한국에서 문화의 고전적 의미를 추적하기 위한 자료 조사는 연세대학교 국문과의 강혜종 선생님이 도와주었다. 한국학중앙연구원의 안예리 선생님은 근대 잡지와 소설 데이터베이스에서 문화의 용례를 찾아 주었다. 연세대학교 국학연구원의 이새봄 선생님은 근대 초 일본에서 culture의 번역에 대해 중요한 정보를 알려 주었다. 울산과기대의 이재연 선생님과 잡지 『삼천리』의 문화 개념을 텍스트마이닝 방법으로 공동연구할 기회가 있었는데, 이 선생님은 논문의 주요 부분을 이 책에 싣도록 허락해 주었다. 연세대학교 언어정보학협동과정의 장연지 선생님은 『동아일보』에 나타난 문화 개념 등의 출현 빈도를 그래프로 표현해 주었다. 이 모든 분께 고마운 마음을 전하고 싶다.

한림과학원으로부터 문화 개념사의 집필을 의뢰받은 지 거의 10년이 지났다. 2002년 박사학위 논문으로 제출한 「이광수의 문화 이념 연구」가 계기가 되어 문화 개념에 관심을 갖게 되었고 관련 연구를 몇 편 발표했는데, 정작 책을 쓰기로 약속한 이후에는 연구를 잘 진척시키지 못했다. 오랫동안 기다리면서 관심과 격려를 주신 한림과학원의 이경구 원장님과 장세진 선생님께 감사드린다. 중국의 문화 개념에 대한 데이터베이스를 소개해 준 송인재 선생님께도 이 자리를 빌려 고마운 마음을 전한다. 한림과학원이 진행한 초고의 리뷰 과정에서 긴 원고를 읽고 자세한 지적과 조언을 해주신 두 분의 심사위원께도 진심으로 감사드린다. 마지막으로 놀라운 정확성과 섬세함으로 초고의 불명확한 부분을 바로잡아 준 소화출판사의 민성원 선생님께 깊이 감사드린다. 연구 기간이 오래다 보니 인용문 표기 등이 들쭉날쭉했다. 원칙을 지키자는 민성원 선생님의 독려가 없었다면 이 책은 모양을 갖추지 못했을 것이다.

2019년 12월

김현주

| 서론 |

평범하지만 의미층이 두터운 단어, 문화

'culture'와 '문화'는 같은 것인가?

한국에서 '문화'라는 말의 여정을 되돌아볼 때 1990년대는 매우 흥미로운 시기였다. 종래에 미국, 캐나다 등 다인종·다민족 사회에서나 통용되던 '다문화주의' 같은 표현을 한국인이 처음 접하게 된 것이 이때다. 또한 한국인들은 지역, 계층, 집단, 세대, 성별에 따라 각기 다른 생활의 조건과 경험을 부각시키기 위해 문화라는 단어를 자주 쓰기 시작했다. 또한 당시는 문화와 테크놀로지 그리고 산업의 융합을 통해 '대중문화popular culture'의 승리가 선언되려는 참이었으며, '문화'는 곧 국가의 새로운 성장 동력으로 주목받게 되었다. 이래저래 한국인은 문화라는 말을 이전보다 더 자주 접하고 있었다.

학술적 차원에서 보자면, 다문화주의나 대중문화 같은 이슈들은 문화 연구cultural studies의 붐을 타고 확산되었다. 문화 연구가 세계와 역사의 변화를 설명하는 패러다임으로 채용한 문화주의culturalism는 간단히 말해 문화 영역이 정치 · 경제 · 사회 영역의 구성에 주요한 영향을 미치는 심급이라고 주장하는 인식론이다. 이때 culture라는 말은 의미를 생산하고 교환하기 위해 기호와 상징을 사용하는 다양한 실천의 집합을 뜻하며, 특히 사회적으로 구성된 지식 · 담론 · 이데올로기 · 언어 등의 역능을 강조한다. 이와 같은 문화 연구의 culture 개념은 유럽에서는 1960년대 이후 기왕에 culture라는 말에 축적되어 있던 다양한 의미를 문제화하고 재해석한 결과로 등장 · 발전했는데, 한국 학계에서는 문화 개념에 대한 본격적인 심문과 재정의가 1990년대에 시작되었다고 할 수 있다.

한국에서 문화 연구의 붐을 일으키는 데 큰 기여를 한 에드워드 사이드Edward Said, 1935~2003의 문화론의 수용을 사례로 하여 문화 개념의 재해석이라는 문제를 좀 더 자세히 살펴보자. 다문화주의는 multiculturalism의 번역으로서 한국 학계에서는 에드워드 사이드라는 이름과 함께 널리 확산되었다. 1995년 사이드의 *Culture and Imperialism*이 "문화와 제국주의"라는 제목으로 번역 · 출간되었는데, 이 책에서 그는 세계 곳곳에서 culture로의 회귀가 정체성을 둘러싼 격렬한 갈등을 야기하고 있는 사태를 우려하면서 다문화주의의 진보적 포용력을 강조했다(사이드 1995 : 24). '다문화주의'라는 용어는 사이드의 내한 강연에 때맞추어 일간신문에까지 등장했다. 이때 그는 미국의 주류 정치학자 새뮤얼 헌팅턴Samuel Huntington, 1927~2008이 주장한 '문명충돌론' 또는 '문화갈등론'의 서구중심주의 및 패권주의를 강하게 비판하면서 탈식민주의와 함께 다문화주의를 주창했다.[1] 에드워드 사이드는 『문화와 제국주의』의 번역자인 김성곤 교수와의 대담에서 '모든 문화는 서로 연결되어 있다. 그 어느 문화도 단일하거나 순수할 수는 없으며, 모든 문화는 혼혈에다 다양하고 놀랄 만큼 변별적이고 다층적'이라면서 문화의 혼종성을 강조했다.[2] 『문화와 제국주의』에서는 이 문장이 본래 이민자 사회인 미국을 하나의 통일된 정체성으로 보려는 시각을 비판하는 맥락에 등장하는데(사이드 1995 : 41), 이때 culture는 사람들의 삶의 양식 전체 즉 사회제도에서 일상적 태도와 가치관에 이르는 생활양식 일반을 포괄하는 넓은 의미로 이해된다.

그런데 에드워드 사이드가 『문화와 제국주의』와 그에 앞서 출간한 저서인 『오리엔탈리즘*Orientalism*』에서 중요한 분석적 범주로 사용한 culture는 위와는 다소 다른 의미였다. 『문화와 제국주의』의 서문에서 그는 자신이 culture라는 용어를 두 가지 의미로 사용한다고 밝혔다. 첫째, culture는 "묘사 예술, 커뮤니케이션 예술, 표상 예술처럼 경제 · 사회 · 정치 영역으로부터 독립하여 상대적 자율성을 갖고 쾌락을 주는 것을 주요 목적으로 하면서 심미적 형태로 존재하는 모든 유형을 뜻한다. 여기에는 멀리 있는 세계에 대한 대중의 속설들과 민속학, 역사학, 문헌학, 사회학, 문학사 같은 학문적 분야에서 통용되는 전문적 지식들도 포함된다." 이때 culture는 현실에 대한 기록이나 표상, 즉 의미를 전달하는 지적 · 상상적 활동 또

1 「문화비평가 사이드 교수 서울대서 강연」, 『동아일보』 1995. 5. 28, p.16 ; 「서구의 문화적 제국주의 비판」, 『한겨레』 1995. 5. 31, p.12.

2 「'겹치는' 동서문명 통해 공존 모색」(김성곤 대담), 『한겨레』 1995. 6. 2, p.5.

는 그 산물들을 가리킨다. 이어서 그는 문화적 양식 가운데 특히 서사 양식소설이 제국주의적 태도와 경험을 형성하는 데 중요한 역할을 해왔음을 강조했다. 둘째는 "각각의 사회가 지금까지 알고 생각해 온 최상의 것들의 보고寶庫를 뜻하는, 인간의 정신을 정제하고 고양하는 요인으로서의 culture 개념이다." 사이드가 밝혔듯이 이러한 의미의 culture는 19세기 후반 영국에서 매튜 아놀드Matthew Arnold, 1822~1888가 발표한 *Culture and Anarchy*1869에 등장한다. 매튜 아놀드는 culture를 'anarchy', 즉 근대의 공격적이고 상업적이며 야만적인 도시에서 황폐화되어 가는 삶의 중화제 또는 완화책으로 추천했다. 이 두 번째 정의에 의해 『문화와 제국주의』에서 culture라는 말이 지시하는 대상은 좀 더 좁혀지는데, 이 책에서 사이드의 주된 분석 대상은 평범하거나 저속한 (대중)소설이 아니라 '사람들이 생각하고 말해 온 최상의' 소설들이었다.

주목할 점은 사이드가 두 번째 culture 개념이 야기해 온 문제들을 지적했다는 것이다. 첫째, 최상의 학문이나 문학·예술 등을 가리키는 culture는 '자기 자신, 자신이 속한 집단, 그 사회, 그리고 그 사회의 전통이 최상의 개명 상태에 있음을 확인하는 말이기도 하'며, 이렇게 이해된 culture는 "해당 민족이나 국가와 대개 공세적인 방식으로 연관을 맺게 된다. 이때 culture는 거의 항상 이방인 혐오증과 같은 증세로 '우리'와 '그들'을 차별한다." 국가나 민족 정체성의 핵심으로 추켜올려진 culture는 자주 공격적인 원리주의나 배타주의로 귀결되고는 했으며 지금도 그렇다는 것이다. 둘째, culture를 정치적·사회적·경제적 현실로부터 초월한, 일종의 보호막 안에 있는 영역으로 생각하는 태도이다. 다시 말해 최상의 학문이나 문학, 예술 등을 가리키는 culture를 세속적인 현실로부터 철저하게 방역防疫된 영역으로 바라봄으로써 그것의 담론적 · 이데올로기적 작용을 간과했다는 것이다. 사이드의 표현을 직접 옮기면, "문화의 개념에 대해 발생하는 문제는 자기 문화에 대한 과대평가뿐만 아니라 문화가 일상 세계를 초월하는 것이기 때문에 일상 현실과는 다른 것으로 생각된다는 데 있다."[3]

『문화와 제국주의』에서 사이드가 펼친 문화론의 특징은 culture를 기왕의 인류학에서처럼 민족지학의 대상으로 여기지 않을 뿐만 아니라 기왕의 철학이나 문학비평에서처럼 현실로부터 고양되고 승화된 영역으로 간주하지도 않는 것이다. 이 책에서 그는 근대 인류학이 가정한 특정한 집단의 고유한 문화라는 관념과 근대 철학과 미학 등이 정의한 고급문화라는 관념을 '정치적'으로 재해석했다. 특히 그는 지금까지 서양이 널리 자랑해 온 '문화적 정전正傳들', 즉 높은 예술적 · 학문적 성취들과 노예제도나 식민주의, 인종적 억압이나 제국주의 같은 오래되고 야비하고 잔인한 행위 사이의 연결 고리를 드러내고자 했다. 사이드는 18세기 이후 유럽의 철학과 미학, 문학비평, 인류학 등이 형성시키고 벼려 온 '문화'를 '서구의 오리엔탈리즘적 · 제국주의적 지식의 생산과 합법화에 역사적으로 매우 효과적이었던 담론적 개념'으로 재해석한 것이다(리우 2005 : 393~394).

1990년대 한국에서는 이와 같은 문화-권력지배의 관계를 새롭게 설명한 에드워드 사이드와 그의 이론에 영향을 준 그람시Antonio Gramsci,

3 에드워드 사이드의 문화 개념은 사이드 1995 : 22~24. 문화 개념에 대한 에드워드 사이드의 정치적 재해석에 대해서는 고부응 2012 : 905~917 ; 이석구 2014 : 751~755 참조.

1891~1937, 푸코Michel Foucault, 1926~1984 등의 이론이 잇따라 수용되었고 널리 읽혔다. 이에 따라 문화 분석은 제도와 일상생활의 태도, 대중문화에 대한 경험적 분석으로도 확장되었다. 문화에 대한 관심은 페미니즘과 젠더 연구, 포스트콜로니얼리즘 연구에서 핵심적이었다. 한국의 근대성과 식민성에 대한 연구에서도 문화적 지배에 대한 분석이 중요해졌다. 베를린장벽의 붕괴와 소련 사회주의의 해체를 목도하면서 한국의 인문학자들은 '문화주의'로 전향하고 있었던 것이다.

1990년대 후반에는 대학 안의 대화에서 '문화로의 전환cultural turn'이 이미 뚜렷해졌다. 이러한 변화에 매우 어리둥절했던 기억이 있다. 나는 1993년 국문학과 박사과정에 진학했으나 결혼과 출산 등의 이유 때문에 1994년 초반 학교를 떠났다가 1997년에 복학했다. 학교로 돌아왔을 때 강의실과 캠퍼스 주변에서 동료와 후배 들이 '문화'라는 말을 매우 자주 사용하고 있으며 그 말의 용법이 종전과는 다소 달라졌다고 느꼈다. 이전까지 내가 속한 한국문학 분야에서는 문화라는 말을 학문이나 문학, 예술과 관련된 실천이나 그 산물을 가리키는 데 주로 사용했다. 그것은 어떤 보편적 가치를 상기시켰으며 그래서 오히려 다소 고루한 용어였다. 이와는 다소 다른 맥락에서 민족문화나 민중문화가 거론되었는데, 이 표현들의 의미는 '문화'보다는 '민족'이나 '민중'에 의해 규정되는 것이었다. 그런데 복학을 하고 난 후 자주 듣게 된 '문화'는 아무래도 이러한 뜻인 것 같지가 않았다. 학문적 동향에서 뒤처져 있다는 느낌을 강하게 받으면서 후배에게 "문화 연구의 문화가 무엇이냐"고 물었는데, 그에 대한 대답은 '대중문화'였다.

당시에 나는 문화가 문학이나 예술 같은 활동보다 더 광범위한 대상을 지칭하는 것 같다고 느꼈기 때문에 그 대답에 고개를 갸우뚱했지만, 대중문화는 당시 국문학계가 문화 연구라는 새로운 학문으로부터 받은 가장 중요한 자극 중 하나였다. 대중문화는 19세기 이래 서구가 발명한 다양한 복제 기술과 통신 기술들이 culture 개념에 가한 변화를 보여 주는 개념이다. 사진, 축음기, 사진의 영화로의 발전, 그리고 전화와 무선통신에 이어지는 통신 기술의 발전, 그와 결합된 라디오와 텔레비전의 보급으로 문화의 세계에 대중문화가 출현했다. 대중문화는 철학적 · 인문학적 문화 개념의 자장 속에서 형성된 '고급문화'나 그에 대응하는 '민중문화'와는 다른 관점에서 정의된 것이다.[4] 한국에서도 이미 1960~1970년대에는 대중사회나 대중문화에 주목하는 논의들이 등장했지만(송은영 2011, 2014), 1990년대 후반 대학 안의 대화가 보여 주는 것은 동일한 대상을 지시할 때 이제 굳이 '대중'이라는 단어를 덧붙일 필요가 없어졌다는 점이다. 좀 부풀려 말한다면 당시 국문학계의 새로운 연구자 세대가 관심을 가지기 시작한 문화는 곧 대중문화였다.

1990년대 후반 이후 한국 사회와 학계가 '문화'로 전환한 배경이나 효과에 대해 더 깊이 논의하는 대신, 이 책은 다소 기초적인 질문을 제기하려 한다. 에드워드 사이드가 culture라는 말의 의미들을 비판적으로 심문하면서 새로운 의미를 형성해 가는 과정이 어떻게 해서 한국의 학자들에게도 별 어려움 없이 이해될 수 있었던 것일까? 얼핏 살핀 바에 비추어도 사이드의 책에서 culture는 적어도 서

4 대중문화 개념의 특징에 대해서는 김종엽 2008 : 340~341 참조.

너 가지 의미로 사용되고 있다. 사람들의 삶의 양식 전체를 포괄하는 culture, 기록이나 표상으로서의 culture, 고상한 학문과 예술 · 문학 등을 가리키는 culture, 의미를 생산하기 위해 기호와 상징을 사용하는 활동들을 가리키는 culture 등이 그것들이다. 이같이 다양한 의미를 담고 있는 culture를 번역자는 동일하게 '문화'라는 단어로 옮기고 독자가 그 의미들을 분별하며 읽는 데 별 어려움이 없다면, 이는 지시 대상이 매우 복잡한 문화라는 단어가 한국의 학계에서 이미 보편적 분석 범주로 통용되고 있음을 뜻할 것이다. 그런데 우리는 어떻게 문화를 culture의 동의어로 취급할 수 있게 되었을까? culture의 동의어로서의 문화는 어떤 조건 속에서 보편적인 분석 범주로 성립되고 당연시되고 통용될 수 있었을까?

등가성의 비유, culture = 문화文化

다양한 의미를 내포한 'culture'를 '문화'로 번역하는 일은 '(영한)사전'이 있었기에 가능했다. 아래는 포털사이트인 네이버가 제공하는 영한사전 중 하나에[5] 기재된 culture의 대표적인 의미와 예문, 그리고 그에 대응하는 한국어이다.

① WAY OF LIFE | (한 국가나 집단의) 문화

European / Islamic / African / American, etc. culture 유럽 / 이슬람 /

5 네이버가 제공하는 영한사전 중 맨 앞에 등록되어 있는 옥스퍼드 영한사전을 선택했다. 이 사전은 웹스터스 사전과 함께 영어권 학계에서 신뢰를 받는 *Oxford Advanced Learner's Dictionary*를 기반으로 한 것이다.

아프리카/미국 등의 문화

working-class culture 노동자 계층 문화

② WAY OF LIFE | (고유의 문화를 지닌) 문화 (공동체)

The children are taught to respect different cultures. 아이들은 다른 문화를 존중하라는 가르침을 받는다.

the effect of technology on traditional cultures 기술이 전통 문화 공동체들에게 미친 영향

③ ART / MUSIC / LITERATURE | (음악 · 미술 · 문학 등을 통틀어 가리키는) 문화

Venice is a beautiful city full of culture and history. 베니스는 문화와 역사가 가득한 아름다운 도시이다.

popular culture 대중문화

the Minister for culture 문화부 장관

④ BELIEFS / ATTITUDES | (특정 조직이나 단체의) 사고방식〔문화〕

The political cultures of the United States and Europe are very different. 미국과 유럽의 정치 문화는 아주 다르다.

A culture of failure exists in some schools. 일부 학교들에서는 패배주의적 사고방식이 존재한다.

company culture 기업 문화

We are living in a consumer culture. 우리는 소비자 문화 속에서 살아가고 있다.

⑤ GROWING / BREEDING | (전문 용어) 재배, 양식, 사육

the culture of silkworms 양잠

⑥ CELLS / BACTERIA | (생물 의학) 배양균, 배양 조직

a culture of cells from the tumour 그 종양에서 떼어 낸 세포 배양 조직

Yogurt is made from active cultures. 요구르트는 능동 배양균을 통해 만들어진다.[6]

위 사전에는 1960년대 중반 이후 서구에서 형성되고 1990년대에 한국에 건너온 cultural studies의 culture 개념은 따로 등재되어 있지 않지만, 그 학문이 계승하는 동시에 비판적으로 재해석한 culture의 의미들 대개가 기록되어 있다. ①~④에 이르는 WAY OF LIFE, ART / MUSIC / LITERATURE, BELIEFS / ATTITUDES 등이 그것이다. 이 의미들은 차후 Part 1의 2에서 자세히 살펴보겠지만, 근대 서구에서 culture가 다양한 방향으로 개념적 내포를 변화·확장해 온 결과이다. ⑤ GROWING / BREEDING은 culture의 매우 오래된 의미들이다. ⑥ CELLS / BACTERIA는 비교적 최근의 쓰임이겠으나 그 기원은 ⑤에 있을 것이다.[7] 일반적으로 사전에 등재된 순서가 중요도나 사용 빈도를 반영한다고 본다면, culture의 오래된 의미들은 오히려 특정 분야의 전문용어에 수용되었고 근대에 형성된 의미들이 보다 널리 쓰이고 있다고 할 수 있다.

독일어권에서 Kultur의 의미변화를 추적하면서 영어와 프랑스어

6 https://endic.naver.com/enkrEntry.nhn?sLn=kr&entryId=2a4318b58700487084f82e699cd0b772(검색일 : 2018. 6. 16).

7 culture의 의미가 다양하므로 그 유의어도 매우 다채롭다. 영어사전은 culture의 유의어로 arts, civilization, society, customs, way of life, lifestyle, habit, mores, refinement, education, enlightenment, sophistication, good taste, urbanity 등을 제시한다[https://endic.naver.com/search.nhn?sLn=kr&query=culture&searchOption=thesaurus(검색일 : 2018. 6. 16)].

도 시야에 포함하여 유럽에서의 그 개념의 이동·확산 경로를 추적한 외르크 피쉬에 따르면, 영어 culture의 의미에는 유럽 안에서의 언어 간 교류와 이동의 흔적이 새겨져 있다. 예컨대 culture가 ③ ART / MUSIC / LITERATURE를 가리키게 된 데에는 독일의 Kultur 개념의 영향이 매우 컸다(피쉬 2010). 영어 culture와 마찬가지로, 독일어권에서 Kultur는 정치적·사회적 담론의 불가피하고 대체 불가능한 요소로서 여러 겹의 경험과 기대를 결합하고 있기 때문에 그 의미가 복잡하고 모호하여 항상적으로 논쟁의 대상이 되는 '기본 개념' 가운데 하나이다.[8]

유럽에서 culture나 Kultur의 변동을 다룬 연구들은 한 언어에 제한되거나 시야를 넓힌다고 해도 유럽 안에서의 이동·확산에 제한되지만, 앞에서 인용한 영어사전은 영어와 한국어의 만남을 기록하고 있다. 한국에서 매튜 아놀드의 'culture'가 '교양'으로 번역되기도 하듯이 culture는 맥락에 따라 매우 다채롭게 옮겨진다.[9] 하지만 대개의 영어사전, 독일어사전은 문화를 culture나 Kultur의 등가적 동의어로 취급한다. 이 같은 등가성의 가설이 우리가 에드워드 사이드의 책 안에 있는, 다양한 내포를 가진 culture를 모두 '문화'로 옮길 수 있게 해주는 것이다.

8 '기본 개념'에 대한 정의는 코젤렉 1998 참조. 정치적·사회적 기본 개념은 반론 가능한 모호한 것이므로 그 의미와 타당성을 둘러싼 논쟁은 개념의 역사에서 빠질 수 없는 부분이다(릭터 2009 : 274).

9 한국에서는 1920년대 초 철학적 문화 개념이 수용되는 맥락에서 매튜 아놀드의 'culture'가 '문화'로 번역되었는데, 이는 일본의 번역을 수용한 것이다. 일본에서 *Culture and Anarchy*는 1936년에는 '문화와 무질서'로 번역되었다가 1949년에는 '교양과 무질서'로 번역되었다. 한국에서도 최근 『교양과 무질서』(2006, 한길사)라는 제목으로 번역되어 출간되었다. 'culture'를 '교양'으로 번역하게 되면 개인의 지적·감성적·도덕적 성숙이나 그 과정이라는 의미가 더 강조된다.

그렇다면 한국어 '문화'와 영어 'culture' 사이의 등가 관계는 언제 어떤 조건 속에서 형성되었을까? 이 질문을 해결하려 할 때 한 가지 유의할 점은 영어 culture의 사전 속 의미 '문화'는 실은 한자어 '文化'를 한글로 표기한 것이라는 점이다. 아래 인용문은 리디아 리우Lydia H. Liu가 근대 중국에서 원화文化 개념의 특징에 대해 설명한 것인데, 한국에서 문화 개념이 형성된 맥락 및 상황을 이해하는 데 도움을 준다.

> 사용된 지는 무척 오래되었지만, 고대 중국어의 '원후아文化'는 지금 그 단어와 관련되어 있는 'culture'의 근대 민족지학적 함의는 전혀 가지고 있지 않았다. 초기 용법에서 '원후아文化'는 군사적 용맹武과 대비되는 '원文', 즉 문예적 도야의 상태를 의미했다. '원후아文化'의 민족지학적 개념은 20세기 전환기에 중국인이 'culture'에 대한 일본어 한자 번역 등가어인 '분카文化'를 차용한 후에야 중국어 속으로 들어왔다. 이와 같은 역사가 의미하는 바는, 20세기 중국에서의 '원후아文化'의 의미변화는 그것과 다른 언어 및 담론들과의 역사적 연관 속에서 고찰되어야 하며 늘 중국어 자체의 어원으로 소급할 수는 없다는 점이다(리우 2005 : 393).

리디아 리우는 원화文化를 19세기부터 20세기 초에 이르는 기간 동안 유럽의 용어들에 대한 일본어 간지漢字의 번역을 매개로 급진적으로 재창안된 중국어의 사례로 든다. 중국의 입장에서 원화는 전통 중국어에 기원을 둔 것으로 오인하기 쉽지만 실은 '회귀차형어return graphic loan', 즉 '일본인들이 근대 유럽어의 단어를 번역하는 데 사용한 한자 복합어로서 현대 중국어에 재도입된 것'이다. 다시 말해 중국에서는 일본의 한자어 분카의 차용을 통해 중국어 원화와 영어 culture프랑스어 culture, 독일어 Kultur 사이에 등가 관계가 수립되었다.[10] 근대 중국의 경우와 유사하게 한국에서도 근대 시기 문화의 의미변화는 유럽어, 일본어, 중국어의 역사적 연관 속에서 고찰되어야 한다.

다음은 현재 네이버 국어사전이 제공하는 '문화'의 정의인데, 문화라는 단어에는 근대 이후 서양에서 온 culture의 '민족지학적' 의미와 중국 고전에서 가져와 오랫동안 써온 의미가 병존한다.

> 문화¹ 文化
>
> 파생어 : 문화적
>
> 1. 자연 상태에서 벗어나 일정한 목적 또는 생활 이상을 실현하고자 사회 구성원에 의하여 습득, 공유, 전달되는 행동 양식이나 생활 양식의 과정 및 그 과정에서 이룩하여 낸 물질적 · 정신적 소득을 통틀어 이르는 말. 의식주를 비롯하여 언어, 풍습, 종교, 학문, 예술, 제도 따위를 모두 포함한다.
>
> · 구석기 문화

10 19세기 후반 일본인은 유럽의 용어를 번역하기 위해 한자를 사용했으며 이 신조어들은 19세기 말과 20세기 초 중국어 속으로 다시 수입되었다. 중국어 문언과 구어에 차용번역어(calques)와 차의어(semantic loans) 및 여타 차용어가 유입된 것이다. 근대 중국에서 사용된 차용어는 대체로 세 가지로 나뉘는데, ① 근대 이전의 일본에서만 발견되고 전통적인 중국어에는 없는 한자 복합어, ② 서구의 용어를 번역하기 위해 일본인이 고전 중국어에서 가져온 표현, ③ 고전 중국어에는 같은 표현이 없는 근대 일본어 복합어이다. '원화(文化)'는 ②의 회귀차형어에 속한다. 이와 같이 유럽의 용어를 번역하기 위해 한자를 차용하여 만들어 낸 신조어의 유형에 대해서는 리우 2005 : 70~73 참조.

· 귀족 문화

· 근대 문화

2. 권력이나 형벌보다는 문덕文德으로 백성을 가르쳐 인도하는 일.

· 문화정책을 펴다

3. 학문을 통하여 인지人智가 깨어 밝게 되는 것.[11]

1은 유럽에서 형성된 culture의 의미 가운데 하나로서, 19세기 (문화)인류학에서 발전된 '생활양식으로서의 문화'에 가깝다. 용례로 제시된 '구석기 문화', '귀족 문화', '근대 문화'는 이 같은 의미의 '문화'가 계급이나 시대 등의 성격을 총괄적으로 표현하는 데에도 활용된다는 것을 보여 준다. 2는 중국의 고대 문헌에서 유래한 의미로서, 이때 '문'은 '무武'와 대비되며 문화는 간단히 말해 문치교화文治敎化를 뜻한다. Part 1의 3에서 좀 더 자세히 살펴보겠지만, 이러한 '문화'는 한국에서는 고려 시대 문헌에 처음 등장하며 조선 시대에는 왕과 사대부의 통치 이념을 표현하는 말로 자리 잡았다. 용례로 제시된 '문화정책'의 문화가 거기에서 유래한 것인지에 대해서는 이견이 있을 수 있는데, 사전 편찬자들은 문화의 전통적 의미가 국가의 활동으로서의 정치와 긴밀히 연관되었다는 점을 중시한 듯하다. 3은 '(학)문'을 중시하는 태도를 표현하고 있다는 점에서 2와 연결되지만, 개인이나 집단의 상태나 활동에도 적용될 수 있도록 의미가 일반화·추상화되었다는 차이가 있다.

11 네이버가 제공하는 국어사전에서 '문화'의 정의는 국립국어원의 『표준국어대사전』에 바탕을 둔다〔http://krdic.naver.com/detail.nhn?docid=14437200(검색일 : 2018. 6. 16)〕.

앞 국어사전의 정의는 현재 한국인들이 학문적 담론이나 일상생활에서 엄격하게 또는 대충 사용하는 '문화'의 다양한 의미를 충분히 표현해 주지는 못하지만, 그 단어를 전통적 어휘와 바로 등치시켜서는 안 된다는 점은 분명히 알려 준다. 오히려 현대 한국어에서는 문화라는 단어의 전통적인 의미가 주변으로 밀려났다고 보아야 한다. 앞의 설명에는 짧게나마 2에서 전통적인 의미를 제시했지만, 뒤이은 문화의 파생어 · 연관어 · 참조어에서는 근대적 의미장이 훨씬 넓게 확장되었다.

문화적文化的

1. 문화와 관련된. 또는 그런 것.

   문화적 특성

   문화적인 터전

   문화적인 충격

2. 높은 문화 수준에 있는. 또는 그런 것.

   문화적 생활을 누리다.

   쓰레기를 아무 데나 버리는 것은 문화적 국민의 수치이다.

   문화적인 도시[12]

위 인용문은 '문화적'이라는 파생어에 대한 뜻풀이와 용례이다. '문화적'이라는 표현은 애초에 문화라는 근원에서 흘러나온 것이므

12 http://krdic.naver.com/detail.nhn?docid=14437201(검색일 : 2018. 6. 18). 이 정의의 출처 역시 『표준국어대사전』이다.

로 논리적으로는 앞에서 살핀 문화의 세 가지 의미를 적용한 해석이 모두 가능하다. 하지만 엄밀히 따지자면 문화적이라는 말은 전통적인 '문화'에서 파생된 것이 아니다. 한국인들이 '문화적'이라는 단어를 포함한, 1과 2의 다양한 용례를 접하거나 사용하기 시작한 때는 1920년대 초이다. 일본에서 영어 culture와 독일어 Kultur의 번역어로 선택된 '분카'는 1900년대 후반 이후 일본에 유학한 학생들 사이에서 '문화'로 통용되다가 1920년에는 일간신문이나 잡지 등에까지 진입했는데, '문화적'이라는 표현도 이때부터 쓰이기 시작했다. 1과 2의 용례는 모두 그때부터 지금까지 꾸준히 그리고 널리 나타나는데, 1에서 '특성'이나 '터전' 같은 단어를 수식하는 '문화적'이라는 표현은 앞에서 '문화'의 뜻풀이 1에 제시된 생활양식으로서의 문화에서 파생되었을 것이다. 경제적 여유나 사회적 지위를 포함하고 지적 · 예술적 소양이나 취향, 품행과도 관련된 다소 추상적인 영역에서 구별 짓기를 행하는 표현 2는 '문화'의 뜻풀이에 제시된 2의 '문치교화'나 3의 '학문을 통한 각성'과 완전히 단절되었다고 말하기 어렵지만, 거기에서 생겨난 것은 아니다. 이 표현들은 오히려 에드워드 사이드가 정치적으로 재해석하고자 한 최상의 학문이나 문학, 예술을 의미하는 Kultur나 culture의 번역어 문화를 통속화하여 대충 사용하는 데 가깝다.

국어사전에서는 문화의 유의어로는 물질문화 · 정신문화 · 정신문명 · 문명 · 문물을, 참조어로는 '문명[3] 文明'을 제시하고 있다. 아울러 문화와 문명의 차이에 대한 설명도 제공한다. 여기에서 주목할 점은 '문명'이 '문화'의 의미장을 구성하는 매우 중요한 요소라는 것이다.

①

문명[3] 文明

파생어 : 문명적, 문명하다

1. 인류가 이룩한 물질적, 기술적, 사회 구조적인 발전. 자연 그대로의 원시적 생활에 상대하여 발전되고 세련된 삶의 양태를 뜻한다. 흔히 문화를 정신적 · 지적인 발전으로, 문명을 물질적 · 기술적인 발전으로 구별하기도 하나 그리 엄밀히 구별할 수 있는 것은 아니다.

고대 문명

현대 문명

문명 생활

…….[13]

②

'문화'와 '문명'의 차이

질문

'문화'와 '문명'의 의미가 어떻게 다른지 알려 주십시오.

답변

'문화'와 '문명'은 둘 다 인간이 자연 상태에서 벗어나 물질적 · 정신적으로 진보한 상태를 뜻합니다. 이 두 단어를 사람에 따라서 같은 개념으로 쓰기도 하고 구별하여 쓰기도 합니다.

그러나 대체로 '문화'는 종교 · 학문 · 예술 · 도덕 등 정신적인 움직임을 가리키고, '문명'은 보다 더 실용적인 생산 · 공업 · 기술 등 물질적인 방면의 움직임을 가리킵니다. '기술 문명', '토론 문화' 등과 같은 예를 들

13 http://krdic.naver.com/detail.nhn?docid=14351900(검색일 : 2018. 6. 16).

수 있습니다. 그래서 '문화'를 정신문명, '문명'을 물질문명으로 구분하기도 합니다.

일반적으로 정신적 · 물질적 움직임이 복합적일 텐데, 어디에 더 중점을 두느냐에 따라 달리 표현하는 것으로 보입니다. 예를 들어 '문명의 발상지', '황하 문명', '잉카 문명' 등은 농사, 토목 등 물질적인 움직임을 중시한 말이고, '한국 문화', '미국 문화' 등은 그 민족이나 국가의 도덕, 가치관, 종교 등 정신적인 움직임을 중시한 말로 생각됩니다.

요즘 흔히 '음주 문화', '자동차 문화' 등의 용어를 쓰는데, 이것 역시 음주와 운전에 관련된 예절, 풍속 등 정신적 측면을 고려한 말일 것입니다.[14]

①은 '문화'의 유의어에 등록된 '문명'에 대한 설명인데, 이에 따르면 문명은 자연이나 원시에 대립되는 말로서 앞에서 살핀 문화의 뜻풀이 1과 유사하지만 차이도 있다. 먼저 문화가 사람들의 다양한 생활양식에 내재된 고유한 가치를 인정하는 방향으로 움직인다면, 문명은 '발전'이나 '세련성' 같은 관념을 포함함으로써 생활양식들을 위계화한다. 그리고 문화는 자연에 대립하여 인간이 만들어 낸 것 전체를 가리키는 반면, 문명은 물질 · 기술 · 사회구조 부문만 포함하기도 한다. 이 같은 구별이 양극화되면 문화는 정신적 · 지적 발전을, 문명은 물질적 · 기술적 발전만을 뜻하게도 된다.[15] ② 문화

14 http://krdic.naver.com/rescript_detail.nhn?seq=263(검색일 : 2018. 6. 16).

15 '문명적'이라는 파생어에는 문명 개념의 위계화 및 분화 기능이 더 분명히 나타난다.
문명적 : 문명의 여건을 갖춘. 또는 그런 것. 예) 문명적 기술〔http://krdic.naver.com/detail.nhn?docid=14351901(검색일 : 2018. 6. 16)〕.
문명하다 : 물질적, 기술적, 사회구조적으로 발전되어 있다. 예) 문명한 나라〔http://krdic.naver.com/detail.nhn?docid=14351902(검색일 : 2018. 6. 16)〕.

와 문명의 차이에 대한 설명은 현재 한국어에서 문화라는 말이 '문명'과의 관계 속에서 다양하게 통용되고 있음을 보여 준다. 이에 따르면 문화와 문명은 모두 '자연'에 대립하며 물질적 · 정신적 '진보'의 가치를 공유한다. 그러나 문화와 문명은 정신 대 물질, 종교 · 학문 · 예술 · 도덕 대 생산 · 공업 · 기술, 도덕 · 가치관 · 예절 · 풍속 대 농사 · 토목 등 상대되는 의미를 표현하기도 한다.

①과 ②에서 문화와 문명은 상대편과의 유사 / 차이 관계를 통해 의미를 형성하는데, 이때 문화와 문명 사이의 전통적인 의미 관련은 무시되고 있다. 조선 시대까지 문화와 문명은 매우 유사한 의미였다고 하는데(노대환 2010 : 52~58), 현재의 국어사전은 문명의 고전적 의미를 문화에 대한 설명과 연계하지 않고 따로 제시하고 있다.[16] 앞 인용문에서도 문화를 이해하기 위해 참조하거나 비교해야 할 단어로 선택된 '문명'은 일본어 '분메이文明'를 차용한 것으로서 civilization의 번역어이다. 이러한 문명과 유사 / 차이 관계를 형성하는 단어는 당연히 culture / Kultur의 일본어 번역어인 분카를 차용한 문화이다.[17] 여기에서 자세히 설명할 여유는 없지만, 앞 인용문에 제시된 두 단어의 개념적 유사성 및 상대성은 근대 한국에서 두 개념이 노정해 온 복잡한 관계에서 유래한 것이며, 더 멀리는

16 문명[4]文明 : 문채(文彩)가 뛰어나고 분명함〔http://krdic.naver.com/detail.nhn?docid=14352000 (검색일 : 2019. 10. 10)〕.

17 리디아 리우가 작성한 영어, 일본어, 중국어 사이의 언어횡단 양상에 한국어를 추가하면 아래와 같다〔리우 2005 : 471, 475〕.

영어	한자	일본어 (로마자 표기)	중국어 (로마자 표기)	한국어 (로마자 표기)
culture	文化	bunka	wenhua	munhwa
civilization	文明	bunmei	wenming	munmyung

19세기 이후 유럽에서 culture / Kultur와 civilization / Zivilisation이 밟아 온 논쟁적 관계에 기원한다. 국어사전의 문화의 정의와 그 파생어, 관련어, 연관어 등에 대한 검토를 통해 분명해진 점은 근대 한국에서 'culture＝문화'의 형성은 유럽어영어 · 독일어, 일본어, 중국어 등 여러 민족의 언어를 가로지르는 의미 생성의 역사를 기록하고 있다는 것이다.

'문화'의 의미 생성 과정에 어떻게 접근할 것인가

culture 또는 Kultur의 번역어 文化가 동아시아에서 담론의 특권적 위치로 부상한 것은 식민주의와 제국주의가 팽창하던 시대다. culture / Kultur는 본래의 언어들영어, 프랑스어, 독일어 등 속에서 오리엔탈리즘적 · 제국주의적 지식의 생산과 합법화에 매우 효과적인 담론적 개념이었을 뿐만 아니라 동아시아의 여러 나라 언어로도 번역되었다. 즉 한국어 '문화', 중국어 '원화', 일본어 '분카'의 근대적 개념은 현지 지식인에게 인종 · 진화 · 문명 및 민족적 정체성의 문제를 강제로 부과한 동서 간 조우의 역사에서 비롯된 것이다. 리디아 리우는 동아시아의 지식인들이 자신과 서양 타자에 관한 오리엔탈화된 지식의 생산에 참여했을 때 '문화', '분카', '원화' 담론에 어떤 일이 일어났는가라는 문제에 주목해야 한다고 주장한다(리우 2005 : 394).

일본에서 문화에 대한 연구를 국민국가론의 시좌에서 비판적으로 수정 · 보완한 니시카와 나가오西川長夫, 1934~2013는 근대적 문화 개념의 국민주의민족주의에 주목한다. 니시카와에 따르면, 19세기 이후 독일 · 프랑스 관계를 축으로 한 국제적 긴장 관계 속에서 상호 독자성을 주장하는 대항적 개념으로 형성된 civilization과 Kultur는 비유럽 세계, 즉 일본에 수용되는강요되는 과정에서도 국민국가의 이데올로기로 작용했다. 19세기 말에 구가 가쓰난陸羯南, 1857~1907이 독일어 Kultur를 번역한 분카를 국수주의 또는 일본주의를 뒷받침하는 데 활용했듯이, 일본에서 분카는 분메이와 마찬가지로 국민국가 형성과 밀접하게 결부되어 국민국가를 지지하는 이데올로기로서 형성되었으며, 국민국가의 여러 장치학교나 저널리즘에 의해 확산된 것이다(니시카와 2002, 2006, 2009).

나아가 니시카와 나가오는 일본에서 문화의 국민주의가 식민주의와 제국주의로 귀결되고 만 점에도 주목했다. 청일 · 러일전쟁을 거쳐 일본이 국제법의 주체가 될 수 있는 국민국가라는 것을 세계에 보여 주었을 때, 문명론자는 식민주의자로, 문화론자는 제국주의자로 변화했으며 국민주의적 문화 개념은 제국주의적 문화 개념으로 변질되어 갔다. 니시카와는, 이러한 변질은 물론 당시 일본의 대내외 상황에 영향을 받고 있었지만 '국민 특유의 문화'라는 발상 자체에 그 맹아가 있었다고 주장한다.

> '국민 특유의 문화'라는 발상에는 순수한 문화를 희구하고배타성 나아가 그것을 과거의 오랜 시대와 전통에서 찾는 바람복고의 성격이 감추어져 있고, 극히 자연스런 추세로서 국민적 통일의 구심점이 되는 존재황제나 천황를 불러내는 일이 고려되기 때문이다. 또 '국민 특유의 문화'라는 발상은 특히 강력한 국민적 통일이 필요한 위기 상황에서 국민적인 자랑과 자부를 요구하며, 그것은 자국 문화의 우월함과 타국 문화에 대한 멸시의 감정으로 쉽게 전화되기 때문이다(니시카와 2009 : 110~111).

앞 인용문에 따르면, '국민'은 문화 개념의 본질적 속성이다. 니시카와는 이 같은 의미를 '민족=문화'라고 표현한 바 있는데(니시카와 2009 : 109~114, 142), 이는 앞에서 살핀바 에드워드 사이드가 culture 개념이 야기해 온 문제로 지적한 것 가운데 하나이다. 그런데 앞 인용문에서 또 하나 주목할 점은 문화 개념의 국민주의 및 식민주의가 특정 지역이나 시기에 국한된 현상이 아니라 국민국가의 세계 시스템 안에서는 보편적 현상이라는 점이다.[18]

일본에서 형성된 국민문화 또는 민족문화 개념은 20세기 초에는 유학생들에 의해 중국이나 한국으로 건네졌다. 이후 중국과 한국에서는 유럽 선진국에 대한 비유럽 후진국의 입장에서, 또는 앞선 일본에 비해 뒤떨어진 나라의 입장에서, 혹은 유럽이나 일본과의 차이는 수준이나 단계의 차이가 아니라 성질의 차이라는 입장에서 (민족)문화 개념이 활발히 운용되었다. 제국주의와 식민주의의 압력 속에 있던 동아시아에서 문화 개념 또는 국민 특유의 문화라는 관념은 민족주의의 이념 및 담론 실천의 핵심적 요소가 된 것이다. 이런 점에서 영어 culture나 독일어 Kultur의 수용에 의한 동아시아의 문화 개념의 변형을 논의할 때 국민주의민족주의는 매우 중요한 논제이다.

그렇지만 민족문화 개념만으로는 근대 동아시아에서 등장한, 문화와 관련된 다양한 정치적 · 사회적 논제의 의미와 영향을 제대로 분석하고 성찰하기가 어렵다. 물론 '순수하고 고유한 문화와 민족

18 니시카와 나가오는 메이지 시대 후반 구가 가쓰난(陸羯南)의 국민문화론으로부터 일본이 패전한 후 부흥한 국민문화론에 이르기까지, 일본에서 '민족=문화'가 일국적 이데올로기 및 제국주의적 이데올로기로 작동한 방식을 비판적으로 성찰했다[니시카와 2006 참조].

이라는 개념은 국민국가 혹은 국민국가 시대가 만들어 낸 환상'(니시카와 2002 : 121~122)이라는 지적은 날카로울 뿐만 아니라 적실한 것이다. 그것은 '문화'와 '민족'에 대한 본질주의적 사고를 비판하고 그것들의 역사성을 드러낸다는 점에서 큰 의의가 있다. 그렇다고는 해도 문화를 '국민 통합의 이데올로기' 또는 '국민 의식'이라는 관점에서만 설명하는 것은 그것의 기능이나 역할을 협소하게 단정할 소지를 남긴다.[19]

근대 자본주의 세계 시스템에 동반된 국가 간 시스템하에서 문화론은 필연적으로 국가주의적 성격을 띠게 되었지만, 그 시스템 안에서 부화된 갖가지 모순과 갈등의 산물로서 또는 그것을 극복하려는 지적 · 실천적 도정에서 문화 개념은 복합적으로 작용했다. Part 1의 2에서 좀 더 자세히 살펴보겠지만, 다이쇼기1912~1926 이후 일본에서 '분카'는 개인 / 사회, 인류세계 / 민족국민, 지식인 / 민중대중, 전통 / 현대, 정신 / 물질, 이상 / 현실, 주관 / 객관, 도덕 / 물질 같은 이원적 개념쌍을 복잡하게 매개했다. 국제 관계에서 그리고 지배계급 내부에서 또는 계급투쟁의 형태로 일어난, 문화의 내용이나 정의를 둘러싼 복잡한 투쟁은 국민문화라는 신화를 의심스럽게 만드는 효과를 발휘하기도 한 것이다.

따라서 이 책은 한국에서 근대적 문화 개념의 형성을 유럽과 동아시아 여러 나라의 역사와 언어를 가로지르는 실천이라는 관점에서 접근하는 한편, 19세기 말부터 식민지기를 거치는 동안 문화의 해석과 운용에 관여한 다양한 개인과 집단의 경쟁과 경합 관계를

19 니시카와와 나가오의 '문화=국민문화'의 도식성에 대한 비판은 황병주 2002 : 414~415 참조.

복원 · 분석함으로써, 식민지 근대사회의 변동과 그에 대한 사람들의 다층적이고 복합적인 경험과 기대 그리고 반응에 좀 더 가까이 접근하고자 한다.

이 책이 근대 한국에서 문화라는 단어의 의미 생성 과정에 접근하는 방법을 정리하면 다음과 같다. 첫째는 문화 개념의 의미 구조와 그 변동을 유관 개념들과의 상호 연관적 변화 과정 속에서 기술하는 것이다. 특정 시기에 어떤 개념들은 동의어나 유의어, 대조어, 반대어로 묶인다. 이것들은 공시적으로 다루어져야 하는 하나의 의미론적 장을 구성하며, 이 개념들의 의미가 변화하면 의미론적 장은 수정 · 변형된다. 한국에서 '문화'는 의미가 가까운 다른 단어들과의 경계 변화를 포함하는, 다층적인 역사를 가진 단어로서 항상적인 논쟁의 대상이었다. 따라서 이 책에서는 문화 개념의 확장 · 변형 · 전위 과정을 '문명', '인간', '정신', '민족', '국민', '정치', '경제', '사회', '종교', '학문', '예술', '문학' 같은 개념들이 새로 등장하고 변화를 겪는 과정과 연계하여 살필 것이다.

둘째는 문화 개념의 의미장의 수정 · 변형을 그것이 위치한 상황 정치적 · 사회적 · 경제적 변화 및 그에 대한 역사적 행위자들의 담론 실천과 연결하여 분석하는 것이다. 19세기 말 이후 일본의 매개를 거쳐 유입된 다른 서구적 개념들처럼, 한국에서 '문화'는 해당 시기의 긴급한 정치적 · 사회적 이슈들을 정식화하는 데 필수 불가결한 담론적 개념으로 성장했다. 상호 경쟁하던 정치적 집단, 사회계층, 계급 들은 문화에 대한 다양한 해석 가운데에서 자신들의 경험을 반영하고 행위를 정당화할 수 있는 것을 선택하고 조합하여 현실 비판과 운동, 실천의 자원으로 만들었다. 따라서 우리는 다양한 개인과 집단이 문화라는 말을 복잡하게, 때로는 모순적으로 사용한 방식을 자세히 들여다볼 필요가 있다.

셋째는 지식인들이 문화 개념을 운용하여 개발하고 생산한 상징체계들을 살펴보는 것이다. 문화는 사회학, 인류학, 역사학, 철학, 마르크스주의 사회 이론 등 다양한 근대적 학지 및 이론체계에 연계되어 있었다. 새로운 인식과 실천이 시작될 수 있는 공간으로서 문화에 주목하게 된 한국의 지식인은 이 지식들을 모방·응용함으로써 문화사, 문화비평비판 같은 상징체계를 개발했다. 이 상징체계들을 식민지 근대사회의 다양한 모순의 산물인 동시에 그에 대한 지적·실천적 대응이라는 관점에서 분석할 필요가 있다.

마지막으로 이 책은 문화라는 관념이 지식인들의 담론장을 넘어 더 넓은 범위의 사람들에게 확산되는 양상에도 관심을 기울일 것이다. 애초에 '문화'라는 말을 운용할 수 있는 권한과 기회는 매우 제한되었지만, 그 말은 정치적·사회적 실천과 운동의 슬로건으로 채용됨으로써 '아래로' 그리고 '멀리' 퍼져 나갔다. 또한 일상생활에서 문화라는 단어는 상업적 의도에서 전용되거나 그 의미가 통속화되기도 했다. 이런 점에서 문화는 최초에 그 단어를 도입한 측에서 예상하지도 바라지도 않은 정치적·사회적 결과를 가져온 단어였다고 할 수 있다. 한국에서 문화 개념의 의미와 기능 변화를 전체적으로 살피기 위해서는 지식인들의 전문적 저술뿐만 아니라 신문이나 잡지, 대중적 서사도 검토해야 한다.

이러한 연구를 진행하기 위해 우선 Part 1에서는 유럽의 'culture / Kultur'와 동아시아의 '文化'의 지형과 역사적 변동을 점검한다. 1에서는 '유럽에서 culture / Kultur의 의미지형과 변동'에 초점을 맞춘다.

유럽에서 이 단어들의 의미는 18~19세기를 거치면서 크게 변형되었는데, 대체로 이 시기에 형성된 의미들이 아시아의 여러 나라에 영향을 끼쳤다. 2에서는 '동아시아에서의 文化의 의미지형과 변동'을 검토한다. 동아시아 문화론의 근대적 전개에서 가장 중요한 단계는 영어 culture와 독일어 Kultur의 번역이었다. culture / Kultur 개념을 맨 먼저 번역했을 뿐만 아니라 그 번역이 주변의 다른 나라에도 큰 영향을 끼쳤다는 점에서 우선 일본의 경우에 주목할 필요가 있다. 아울러 일본으로부터 영향을 받았으면서도 한국과는 다른 방식으로 문화 개념을 전개해 간 중국의 경우를 살펴봄으로써 연구의 관점과 방향을 좀 더 구체화해 보기로 한다.

Part 2에서는 19세기 말에서 20세기 초에 걸친 시기 한국에서 문화 의미장의 변동을 재구성한다. 「1. 고전적 문화 개념의 전개와 변형」에서는 신라 시대에서 조선 시대 말까지 문화의 고전적 의미장의 형성과 전개를 살펴보고, 19세기 말 이후 그와 같은 고전적 개념이 근대 세계에 적응하면서 어떻게 변화되기 시작했는지를 검토한다. 2에서는 'civilization, culture / Kultur의 번역어 문화의 수용'을 검토한다. 1894년 갑오개혁에서 1910년 한일합방에 이르는 시기는 한국에서 문치교화라는 유교적 통치 이념을 표현한 문화, civilization의 번역어인 문화, 그리고 culture / Kultur의 번역어인 문화가 병존한 최초의 시기였다.

Part 3에서는 1910년대 문명론의 변형과 문화 이데올로기의 형성 과정을 조명한다. 「1. 식민지 문명론의 특징과 변형의 계기들」에서는 한국이 식민지가 된 후 일본에서 고등교육을 받은 제2세대 일본 유학생을 포함한 신지식인 집단이 생산한 문명의 개념 및 이미지를 분석한다. 정신이나 의식, 수양이나 교양·취미 등 개인의 지적·심미적·윤리적 능력에 주목하게 하는 새로운 어휘들의 수용은 문명 개념의 내용을 변화시킨 중요한 동력이었다. 「2. 제도로서의 문화」에서는 사회의 근대적 분화 과정의 일부로서 문화의 제도화를 다룬다. 정치, 경제의 상대 개념으로서 문화의 부상과 그 하위 범주로서 학문, 예술, 도덕, 종교의 자기 정당화 논리 및 상호 경쟁을 살펴볼 것이다. 「3. 문화 이데올로기와 근대적 주체 구성」에서는 문화 이데올로기의 주체화 기능을 분석한다. 한 가지는 예술이나 문학의 심미적 체험을 통한 근대적 개인/사회의 구성이다. 다른 한 가지는 제1차 세계대전의 종전을 전후하여 등장한 탈식민주의적 문명주의에 의거해 '동양'이나 '조선'의 정체성, 전통 그리고 정신성 등을 강조한 흐름이다. 한국에서 문명 비판 담론이 등장한 것은 이때가 처음이었다.

Part 4에서는 1920년대 문화 개념의 시간화, 민주화, 이데올로기화, 정치화 현상을 분석한다. 「1. 포스트 3·1운동 담론으로서의 문화」에서는 『동아일보』를 중심으로 하여 1920년에 문화라는 단어의 사용이 폭증하고 의미가 팽창하던 국면을 살펴볼 것이다. 특히 초창기 『동아일보』가 중국의 '문화운동'을 참조하면서 문화에 사회혁명에의 열정과 기대를 불어넣던 정황과 그러한 정치적 열정이 탈각되는 과정을 조명한다. 「2. 문화론의 의미장과 갈래들」에서는 1920년대 초에 진행된 문화에 대한 개념적·이론적 논의를 살펴본다. 문화가 해방과 변혁에 대한 열정에 의해 내용이 부풀려져 지시 대상이 매우 불분명하던 정치적 고양기가 지난 이후, 그러니까 1921~1922년을 거치면서 잡지 등을 통해 문화 개념의 의미론적 장이 더 상세하게 구성되었으며 문화학의 다양한 갈래도 소개되었다. 「3. 문화 담론의 지형도」에서는 식민 권력의 문화(정치)론과 더불어 철학과 인류학 등이 활성화한 문화의 비판적 함의들을 실천 방침으로 만든 네 가지 방향 즉 자유주의적 문화론, 사회(개량)적 문화론, 미학적 문화론, 민족문화론을 살펴볼 것이다. 그리고 이 같은 담론이 형성 · 부상하게 된 정치적 · 사회적 · 담론적 배경을 분석할 것이다. 「4. 문화 비판 담론의 지형도」에서는 마르크스주의 문화론 및 문화 이데올로기 비판 담론을 살펴본다. 조선에서 문화(주의)는 대두하자마자 다양한 방향에서 반박에 직면했다. 특히 사회주의적 지향의 지식인, 문학인 들은 마르크스주의에 의거하여 문화의 담론 / 제도의 이데올로기적 기능을 폭로했다. 무정부주의, 무교회주의 등 급진적인 사상들도 문화 이데올로기 비판에 합류했다.

Part 5에서는 1930년대 이후의 문화론의 변동을 점검한다. 「1. 텍스트마이닝으로 본 『삼천리』의 문화」에서는 1929년 6월에서 1942년 1월까지 발간된 시사 종합잡지 『삼천리』에 등장한 중요한 정치적 · 사회적 담론 및 기획에서 문화라는 말이 의식적으로 추구된 양상의 특징과 그 의미를 텍스트마이닝 방법을 통해 살펴본다. 『삼천리』는 소규모 지식인 집단을 넘어 보다 넓은 범위의 독자를 포섭하려고 노력한 종합지로서, 문화 개념의 확산 및 변형 양태를 살펴보는 데 적합한 텍스트이다. 「2. 1930년대 말 문화론의 전환」에서는 1930년대 후반과 말에 일어난 두 차례의 문화론적 전환에 대한 검토를 통해 식민지기 말엽 문화 이데올로기의 위치와 방향을 성찰할 것이다.

결론에서는 한국에서 문화 개념의 전개를 식민지 근대의 모순의 산물이자 그에 대한 대응이라는 관점에서 정리해 볼 것이다.

Part 1

유럽의 culture / Kultur, 동아시아의 文化

1. 유럽에서 culture / Kultur의 의미지형과 변동[20]

culture / Kultur의 어원과 18세기의 계몽주의적 의미망

culture / Kultur의 뿌리는 '돌보다'·'경작하다'라는 뜻을 가진 라틴어 동사 'colere'로 거슬러 올라가는데, 여기에서 두 개의 명사

20 근대 유럽에서 civilization 개념과 culture / Kultur 개념의 전개에 대해서는 많은 연구가 축적되어 있다. 고전적인 연구로는 노버트 엘리아스의 『문명화과정 : 매너의 역사』(1995, 유희수 옮김, 신서원)가 있으며, 비교적 최근에는 외르크 피쉬의 『코젤렉의 개념사 사전 1 : 문명과 문화』(2010, 안삼환 옮김, 푸른역사)가 출간되었다. 또 한국의 서양사 학자들도 이 두 개념의 역사를 통해 유럽사와 유럽인의 자기의식에 대한 분석을 제출한 바 있다. 대표적으로는 나인호의 『개념사란 무엇인가 : 역사와 언어의 새로운 만남』(2011, 역사비평사) 중 「문명과 문화 : 핵심어로 읽는 유럽인의 근대적 정체성」(pp.186~224)이 있다. 이 항에서는 culture / Kultur 개념에 대한 서술이 가장 풍부한 외르크 피쉬의 저서를 주로 참조했으되, 관련된 다른 연구 성과들로부터도 도움을 받았다. 이 절을 비롯하여 다른 곳에서 culture, Kultur, civilization, Zivilisation, Bildung 등 주요 단어를 원래 표기 그대로 적거나 한국어 발음으로 표기했음을 밝혀 둔다. 이 단어들을 한국어로 번역하여 제시할 경우 자동적으로 '익숙한' 의미로 받아들여질 우려가 있기 때문이다.

cultus와 cultura가 파생되어 나왔다. 애초에 이 두 단어 사이에는 명확한 의미 구분이 없었으며, 밭을 일구는 일과 같은 농업적 의미에서 출발하여 가축을 돌보는 일을 포함하고 인간이 자신의 생계를 위해 자연으로부터 얻어 내는 모든 것을 의미했다고 한다. 이로부터 세 방향으로 의미변화가 이루어졌다. 첫째, '돌봄'이 인간을 대상으로 하게 되어 교육이나 존경의 의미 또는 자기 자신을 돌본다는 의미로 쓰이게 되었다. 자신을 돌본다는 의미와 관련하여 농업과 인간의 교육을 비교하는 표현, 즉 '마음의 가꿈cultura animi', '마음의 닦음cultus animi' 같은 표현이 나타났다. 둘째, 마음을 닦는다는 표현은 추상적인 영역, 즉 인간의 능력, 학문, 예술 등으로 의미가 변화했다. 셋째, 존경의 의미로부터 초자연적인 일, 종교, 신과 우상, 그리고 하느님과 악령 등에 대한 경배라는 의미가 형성되었다.

중세에는 의미가 축소되면서 일종의 퇴화가 일어났지만 16~17세기를 거치면서 라틴어 cultura/cultus는 프랑스어, 영어, 독일어 등 민족어 안으로 수용되어 공통성을 띠면서도 개별적인 변모를 겪게 되었다. 프랑스어에서는 cult나 culte가 제의적 의미로 사용되었으며, culture는 '정신문화'라는 뜻을 가진 cultura animi를 의미하게 되었다. 영국에서는 16세기 후반에 culture가 교육과 교양을 의미하게 되었고 능력과 소질·미덕의 육성이라는 포괄적 의미를 얻게 되었으며, 아울러 공동체 생활의 미덕들을 종합적으로 육성한다는 의미도 얻게 되었다. 독일에서 Kultur는 cultura animi, 즉 정신의 가꿈을 의미했다.

이 같은 컬처culture 또는 쿨투어Kultur의 전통적 개념은 18세기 후반 독일어에서 크게 변화·확장되었다. 첫 번째 변화는 쿨투어의 주체가 개인에서 집단으로, 민족으로, 그리고 종국에는 인류로 확장된 것이다. 두 번째는 농업 · 교육 · 학문 등의 개별적인 능력이나 영역들로부터 인간의 모든 생산물로의 이행이었으며, 세 번째는 과정에서 그 결과물로의 이행이었다. 즉 개인의 정신적 교양화 과정을 가리키던 쿨투어는 집단의 문제, 즉 민족국가 전체나 인류의 문제가 되었고 인간 생활과 관련된 거의 모든 것을 포괄하는 보편적 개념으로 의미가 확대되었다.

외르크 피쉬에 따르면, 독일어에서 쿨투어라는 단어의 위와 같은 의미확장 및 변화는 근대의 역사철학적 사유의 자극에 말미암은 것이었다. 즉 쿨투어는 단순히 인간의 업적들을 포착하는 데 그치지 않고 그것들을 시간적 틀 안에 세워 놓았으며, 이 개념이 지시하는 대상들은 그 시간적 좌표 안에서 비로소 고유한 의미를 얻게 되었다. 계몽주의의 역사철학적 기획에 자극을 받으면서 쿨투어는 '인간 생활의 거의 모든 측면을 지칭하며, 발전 내지 진보라는 개념과 밀접한 관련을 맺으면서 긍정적 · 규범적 함의를 내포'하게 된 것이다.

Kultur의 전통적 개념에 역사철학적 의미가 첨가된 독일어권과 달리, 영국이나 프랑스에서는 civilization / civilisation이라는 신조어가 역사철학적 운동 개념으로 나아갔다. '시빌라이제이션 / 시빌리자시옹'은 독일어 '쿨투어'처럼 집합적 단수 개념 혹은 보편 개념으로 쓰이면서 인간 생활의 모든 분야를 포괄했다. 그리고 진보, 운동, 변화 등이 이 개념의 새로운 테마로 부각되었다. civilization / civilisation이 사회의 일반적 · 보편적 진보를 표명하는 개념으로 자리 잡은 이 나라들에서, culture는 대개 전통적인 방식대로 개인적 교육과 교양이라는 의미로 사용되었으며 정신적 · 학문적 영역에

무게가 두어졌다.

계몽주의 역사철학에 포섭되고 인류 전체를 주체로 삼은 시빌라이제이션/시빌리자시옹과 쿨투어는 18세기를 경과하고 19세기가 진행되는 동안 동의어로 사용되면서 '진보낙관주의와 유럽중심주의'를 표현했다. 첫째, 시빌라이제이션/시빌리자시옹과 쿨투어는 산업자본주의, 의회민주주의, 기술과 과학의 진보, 계몽의 확산이라는, 유럽인 가운데 특히 부르주아지의 실제적 경험을 표현했고 미래에 대한 낙관주의적 기대를 표현했다. 그리고 이 개념들은 유럽 중심의 세계상을 확립시키는 데 결정적 역할을 했다. 시빌라이제이션/시빌리자시옹과 쿨투어는 각각 민족적 색채를 띠면서도 유럽인 공통의 자의식, 즉 유럽의 민족들은 모두 세계사의 총체적 진보 운동의 절정에 서 있다는 자부심을 표현했다. 시빌라이제이션/시빌리자시옹과 쿨투어는 유럽제국주의의 이데올로기로 작용했으며 인종주의와도 쉽게 결합했다.[21]

21 쿨투어와 시빌라이제이션/시빌리자시옹의 역사에 대해 다른 논자들과 외르크 피쉬가 크게 구분되는 점은, 그 두 개념이 모두 유럽의 공통 자산임을 주장하는 점이다. 그가 가장 중요하게 비판하는 선행 연구는 독일의 쿨투어, 프랑스의 시빌리자시옹이라는 틀을 만든 노버트 엘리아스의 『문명화과정』이다. 이 주제에 대한 엘리아스의 고전적 명제는, 시빌라이제이션/시빌리자시옹 개념 속에는 영국과 프랑스인의 민족의식과 이들의 민족적 자부심이 담겨 있고 쿨투어 개념 속에는 독일인의 민족의식과 민족적 자부심이 담겨 있다는 것이다. 또한 그는 시빌리자시옹 대 쿨투어의 대립은 18세기 독일에서 (프랑스화된) 절대주의 궁정사회 대 시민사회의 사회적 대립에서 기원하며, 프랑스대혁명 후 독일인들은 이 대립 개념을 통해 프랑스나 영국 등 서유럽과의 민족적 대립을 표현했다고 주장한다. 외르크 피쉬는 쿨투어와 시빌라이제이션/시빌리자시옹의 대립에 관한 엘리아스의 이와 같은 테제들은 20세기, 특히 제1차 세계대전 중에 나타난 현상을 두 개념의 발생 시기로 거꾸로 투사하고 있다는 점에서 '비역사적'이라고 평가했다. 외르크 피쉬에 따르면, 18세기 후반 유럽에서 쿨투어와 시빌라이제이션/시빌리자시옹이라는 두 상이한 표현이 사용된 것은 언어사적 우연이었다. 19세기 초에 프랑스, 영국, 미국에서 시빌라이제이션/시빌리자시옹은 기능과 함의에서 독일의 쿨투어와 거의 차이가 없었다. 피쉬는 쿨투

19세기에서 제1차 세계대전까지 culture / Kultur의 의미변화

컬처 또는 쿨투어의 의미는 19세기를 경과하면서 또 다른 방향으로 변화했다. 외르크 피쉬에 따르면, 이탈리아의 역사가 야코프 부르크하르트Jacob Burckhardt, 1818~1897의 저작들이 쿨투어 개념의 변화 과정과 그 특징을 잘 보여 준다. 계몽주의 시대에 문인이나 학자 사이에서 인간의 정신이 자연성을 극복하고 고양되어 간다는 의미로 사용되던 '쿨투어'가 독일어로 널리 알려지고 독일의 정신을 표현하는 중요한 단어로 여겨지게 된 것은 『이탈리아 르네상스의 문화*Die Kultur der Renaissance in Italien*』1860에서 쿨투어가 하나의 시대정신을 표상하는 말로 사용되고 나서부터였다. 이 책에서는 쿨투어 개념의 무게중심이 개인의 교양이라는 의미로부터 그 대상과 그것을 수행하는 기관으로, 그리고 과정보다는 결과로 옮겨졌으며, 쿨투어가 점점 더 그 자체로 완결된 역사적 구성체를 이루는 것으로 의식되었다. 쿨투어가 과정이 아니라 결과물을 의미하는 말로 사용된 객관화 과정은 그 개념의 복수화를 촉진했는데, 쿨투어의 복수형은 부르크하르트의 『세계사적 성찰*Weltgeschichtliche Betrachtungen*』1885에 처음 등장했다. 한편 부르크하르트는 1860년에 발표한 『이탈리아 르네상스의 문화』에서는 쿨투어와 치빌리자치온Zivilisation을 똑같이 국가와 개인, 학문과 예술, 풍습과 종교 등 삶의 모든 영역을 포괄하는 말로 사용했는데 1868년에는 국가정치의 영역, 종교의 영역, 쿨투어의 영역을 구분했다. 그는 쿨투어를 '정신적인 발전들의 총

어와 시빌라이제이션 / 시빌리자시옹을 구별하려는 시도들은 20세기에 이르기까지 미미한 채로 머물다가 제1차 세계대전의 발발과 함께 비로소 첨예한 국수주의적 논쟁이 일어나게 되었다고 본다(피쉬 2010 : 206~207, 236~246 참조).

합'으로 정의했다.[22]

철학 · 학문 · 역사를 포함하고 특히 예술과 관련된 '정신적' 활동을 가리키는 Kultur는 칸트Immanuel Kant, 1724~1804, 피히테Johann Gottlieb Fichte, 1762~1814, 실러Johann Christoph Friedrich von Schiller, 1759~1805, 훔볼트Karl Wilhelm von Humboldt, 1767~1835 등의 관념적 · 이상주의적 철학과 낭만주의적 담론에서 발전했다. 칸트는 형이상학적 전통에서 하나의 실체로 이해되던 '이성'을 다양한 계기로 분화시켜 이론이성오성, 실천이성, 판단력의 능력을 각각 자체의 고유한 토대 위에 정립했다. 칸트철학의 출발점이자 준거점인 주체, 즉 인간의 이성은 구조적으로 분화된 이성인 것이다. 그리고 칸트는 진리의 문제, 정의의 문제, 취미의 문제가 과학학문, 도덕, 예술의 영역 안에서 각기 특수한 타당성의 지배를 받으면서 자율적으로 추구된다는 점을 정식화했다. 18세기 말을 거치면서 서구에서는 이와 같은 컬처 또는 쿨투어의 영역이 한편으로는 신앙종교의 영역과 분리되었고, 다른 한편으로는 법적으로 조직된 정치적 · 사회적 영역과 일상적 생활의 영역으로부터 분리되었다.[23]

독일어에서 Bildung 개념의 변화는 위와 같은 Kultur 개념의 변화와 밀접한 관련이 있었다. '빌둥'은 본래 종교적 의미에서 출발했지만, 18세기 중엽부터 계몽주의 사조가 고조됨에 따라 인간의 지적 · 실제적 능력의 개발이라는 세속적 의미로 사용되기 시작했다. 18세기 말에서 19세기 초 고대 그리스나 르네상스 시대의 학문 · 예술

22 Kultur 개념의 전개에서 야코프 부르크하르트의 저작의 위상에 대해서는 야나부 2013 : 59 참조.
23 칸트가 이성 및 문화의 구조적 분화를 설명한 데 대해서는 하버마스 1994 참조.

을 이상형으로 삼아 인간성의 전체적 발전 및 완성을 추구한 '신인문주의'의 영향하에서 빌둥은 일반적인 '계몽'이나 '교육'이 아니라 학문과 예술로 의미가 좁혀진 Kultur의 소양을 통해 도달할 수 있는 목표가 되었다. 신인문주의의 대표자로서 베를린대학을 창설한 훔볼트는 '인간으로의 형성Bildung zum Menschen'이라는 새로운 이상을 제시했는데, 이는 인간이 지적·감정적·도덕적·심미적 능력을 최고도로 그리고 가장 조화로운 방식으로 발전시켜 하나의 통일성 있는 전체全人를 형성하는 것을 의미했다.

Bildung과 Kultur에 대한 강조는 그 두 가지와 Zivilisation을 구분하려는 경향을 낳았다. 칸트가 말한 '쿨투어'의 이상은, 앞에서 말한 바와 같이 학문과 예술뿐만 아니라 도덕성도 포함한 것이었으며, 사교적 정중함을 가리키는 치빌리자치온과는 구분되었다. 한편 실러는 개인의 진정한 자유와 쿨투어가 서로 충돌할 가능성을 지적하고 그 해결책으로 심미적인 쿨투어를 제시했다. 훔볼트는 치빌리자치온과 쿨투어와 빌둥을 구분했다. 치빌리자치온은 외적인 제도와 풍습을 가리켰고, 쿨투어는 학문과 예술을 의미했다. 빌둥은 치빌리자치온과 쿨투어보다 '더 고상하고 더 내적인' 것으로서, 칸트의 윤리적 추구와 실러의 미적 추구를 결합한 것이었다.

피히테와 훔볼트 등 신인문주의자들은 엘리트 교육을 통해 보편적이고 고전적인 인문주의의 이상을 표현한 '빌둥'을 추구한 한편, 국민적 통일을 호소하기 위해서는 '쿨투어'를 사용했다. 독일에서는 나폴레옹 점령기인 18세기 말에서 19세기 초 프랑스에 대한 적대감이 고조되었는데, 이 시기를 전후하여 정치적·경제적·기술적 진보와 발전을 의미하는 Zivilisation에 대비하여 독일 고유의 정신적 · 예술적 · 종교적 가치의 순수성과 지속성에 주목하는 Kultur 개념이 우세해졌다. 지식인들은 독일 민족의 시원성이나 독일의 언어, 예술, 학문의 순수성을 강조하고 애국심과 국민적 통일을 호소하는 데 쿨투어를 활용했다. 더 높은 가치를 지닌 쿨투어와 그보다 저급한 치빌리자치온을 구별하고, 나아가 양자를 대립되는 것으로 파악하려는 시도들이 강화되었다.

개인적 교양의 과정에서 특정한 시대나 민족의 표현으로의 변화, 의미의 객관화 및 복수형 표현의 등장, 정신적 산물로의 의미 제한 등 쿨투어 개념에 일어난 변화들은 culture를 주로 개인적인 교육과 교양이라는 전통적 의미로 사용해 온 영국 같은 나라에도 점차 영향을 끼쳤다. 새뮤얼 콜리지Samuel Taylor Coleridge, 1772~1834, 매튜 아놀드 같은 이들은 정신과 영혼의 내적 완성에 목표를 두는 '컬처'를 기계적이고 물질적인 발전에 목표를 두는 '시빌라이제이션'과 대립시켰다. *Culture And Anarchy*에서 매튜 아놀드가 동시대 사람들에게 함양하기를 요구한 컬처는 인간의 완전성이라는 이상을 추구하는 내면의 정신적 활동이었다. 19세기 말경에는 영국에서도 이와 같이 컬처와 시빌라이제이션을 대립시키는 표현이 일상적 어법에까지 침투했다고 한다.

테리 이글턴Terry Eagleton, 1943~은 영어권에서 19세기에 일어난 culture의 의미변화를 두 가지, 즉 예술로 특수화된 것과 독특한 생활 방식을 가리키게 된 것으로 보았다. 한편에서 컬처는 사회의 도덕적 · 지적 · 미적 목표들가치들의 집합체로서, 일반적으로 지적 활동과학 · 철학 · 학문 등을 포함할 수 있고 '좀 더 상상적인' 추구음악 · 회화 · 문학 등로 좁혀질 수도 있는 개념이 되었다. 다른 한편으로 '독특한 생활 방식

a distinctive way of life'이라는 생각은 서구에서 컬처 개념의 민족적 선회를 가져온 중요한 계기였다. 컬처라는 말이 보편적 인간성의 어떤 거대한 단선적 서사가 아니라 각각 특이한 발전 법칙을 갖는, 생활양식의 다양성을 의미하게 된 것이다. 레이먼드 윌리엄스Raymond Henry Williams, 1921~1988도 19세기에 컬처가 갖게 된 위의 두 가지 의미를 강조했다.[24]

테리 이글턴은 19세기에 일어난 컬처 개념의 변화에 위의 두 가지 외에 한 가지를 추가했다. culture가 civilization의 유의어에서 대립어로 변했다는 것이다. culture는 신성하고 유기체적이고 아름다움에 예민하고 자발적이고 재통합적인 영역으로서, 추상적이고 소외되고 분열되고 기계적이고 실용적인 civilization에 대하여 비판적 태도를 표명하는 개념이 되었다. 이 세 번째 의미는 앞의 두 의미와 완전히 구별된다기보다 그것들이 각각 첨예화되거나 서로 화학반응을 일으키며 융합한 결과라고 말할 수 있다. 예술, 독특한 생활양식, 그리고 civilization의 대립 개념으로서의 culture는 현재까지 서구의 정치적 · 사회적 담론과 학문적 담론에서 가장 흔히 쓰이는 용법이며 대중의 일상적 어법에도 큰 영향을 미치고 있다.

레이먼드 윌리엄스는 이 국면을 근대적 문화 이데올로기, 즉 문화주의의 형성의 첫 단계로 규정했다. 그에 따르면, 영국에서는 19세기에 culture가 추상적이고 절대적인 가치로 부상했는데, 이는 두

24 레이먼드 윌리엄스는 19세기에 일어난 culture의 의미변화를 세 가지로 분류했는데, ① 지적 · 정신적 · 미학적 발달의 전체적인 과정을 말하는 독립추상명사의 용법, ② 어떤 국민 · 시대 · 집단 또는 인간 전체의 특정한 생활양식을 가리키는 자립명사의 용법, ③ 지적, 특히 예술 활동의 실천이나 그로부터 파생되는 작품을 가리키는 자립추상명사의 용법이다(윌리엄스 2010 : 128).

가지 태도를 복합적으로 통일한 결과였다. 첫째는 근대 자본주의사회의 몰아치는 추진력으로부터 특정한 도의적 · 지적 활동을 분리하려는 태도이다. 둘째는 이러한 특정한 도덕적 · 지적 활동을 현실적 · 사회적 요구보다 우월한 위치에 놓는 한편, 그것들을 완화 혹은 재편성하는 대안으로 제시하는 태도이다. 즉 '문화'의 절대화 및 추상화는 새로운 생산 방식 및 산업에 대응하기 위한 것만이 아니라, 그것을 넘어서 새로운 사회관계 및 인간관계의 대두에 의해 자극된 것이었으며, 이 두 관계의 실질적 분리를 인지하고 대안을 강조하기 위한 것이기도 했다. 다시 말해 문화 이데올로기는 새로운 정치적 · 사회적 발전민주주의에 대한 대응이었으며, 그와 연관된 새로운 사회계급노동계급의 대두에 대한 복합적이고 본질적인 대응이기도 했다. 아울러 문화의 의미 형성 과정은 예술의 의미와 활동에 큰 영향을 미친 개인의 사사로운 경험과도 관계가 있었다.[25]

지금까지 철학적 · 인문학적 컬처 / 쿨투어 개념을 추적해 왔는데, 이즈음 특정한 집단과 시대에 공통적으로 나타나는 독특한 생활양식 · 가치 · 믿음의 체계를 의미하는 컬처 / 쿨투어도 부상했다. 이러한 개념은 맨 처음 독일의 헤르더Johann Gottfried von Herder, 1744~1803에 의해 제시되었으며 특히 민족학현재의 인류학이라는 신생 학문에 의해 발전되었다. 유럽에서 19세기에 탄생한 사회과학은 계몽주

25 영국에서 19세기 후반에 형성된 문화주의는 프랭크 리비스(Frank Raymond Leavis, 1895~1978) 같은 이로 이어지면서 1950년대까지 문화론 및 문화비평에 중대한 영향을 끼쳤다. 한편 제2차 세계대전에 참전했다가 대학에 복귀한 레이먼드 윌리엄스는 대학 주변에서 이와 같은 고전적인 문화 개념의 영향력이 약화되고 생활양식 전체를 가리키는 인류학적 문화 개념이 일반적인 대화에까지 확대되던 분위기를 기록했다(윌리엄스 1988 : 서론 참조).

의철학을 이어받아 인류의 단일성을 가정하고 그 안에서 사회의 다양성을 설명할 방법을 찾으려 했는데, 민족학은 이러한 문제를 탐구하는 데 유용한 도구로 culture라는 개념을 채용했다. 컬처를 민족학적 개념으로 맨 처음 사용한 학자는 영국의 에드워드 타일러Edward Burnett Tylor, 1832~1917로 알려져 있다. 그는 『원시문화*Primitive Culture*』1871에서 '넓은 의미의 민족학에서 컬처 또는 시빌라이제이션은 사회의 구성원으로서 인간이 습득한 지식, 믿음, 예술, 교육, 권리, 관습, 다양한 능력 또는 관습의 복합적 총체'를 의미한다고 정의했다. 타일러는 컬처와 시빌라이제이션을 동의어로 사용했는데, 이후 인류학이나 사회학 등 사회과학에서는 점차 컬처라는 단어가 일반화되었다. 시빌라이제이션이 유럽의 문명을 연상하게 한 반면, 컬처는 그와 동등한 정도로 유럽적 가치와 결부되지는 않았기 때문이다.[26]

이상과 같은 의미분화의 결과, 유럽에서 컬처는 복잡한 논쟁을 야기하는 단어가 되었다. 보편적이고 일반적인 진보를 의미하는 culture와 특정 집단의 생활양식의 특수성을 인정하는 culture 사이에는 차이의 선이 그어질 수 있다. 그 차이는 한쪽이 상대방을 야만으로 평가할 정도로 극단화될 수도 있다. 그리고 culture가 정신이나 지성, 특히 예술의 실천이나 그 결과물로 이해될 때, 이러한 의미의 culture와 사회의 보편적이고 일반적인 발전을 의미하는 culture 사이에도 갈등이 발생할 수 있다(Eagleton 2000 : 19).

유럽 지성사의 측면에서 보면, 19세기에 culture / Kultur 개념의 변

26 19세기 인류학 및 사회학의 culture 개념에 대해서는 쿠슈 2009 : 제2장 참조.

화 또는 분화는 '실제적 문명화 — 인간의 자기 발전의 거대한 서사 — 로서의 문화의 실패the failure of culture as actual civilization — as the grand narrative of human self-development'에 대한 지적 반응이었다(Eagleton 2000 : 20). 다시 말해 유럽에서 계몽주의적 civilization=culture의 기획이 실패했다는 의식이 culture 또는 Kultur로 하여금 civilization과는 구별되는 가치, 예를 들어 '지적 · 예술적 활동과 그 산물들'을 가리키도록 자극했다. 민족학 또는 인류학의 culture 개념독특한 생활양식도 이 같은 의식들과 무관하지 않았다. 컬처 개념에 복수성, 다차원성, 상대성을 도입한 이 새로운 인간과학의 등장은 중세적 보편주의의 위기, 민족주의의 빠른 전파, 지리상 발견의 여파, 경험주의의 지속적인 확산, 그리고 타 문화와 접촉하여 유럽인들의 자기비판 능력이 시험대에 오른 시기와 맞물려 있었다. 그러니까 컬처/쿨투어 개념이 확산되고 그것과 시빌라이제이션을 대립시키는 용법이 확산된 배경에는 근대 또는 근대성에 대한 유럽의 자기비판이 있었던 것이다.

19세기 말에서 제1차 세계대전을 전후한 시기 유럽에는 물질적 발전과 경제, 그리고 기술의 결과에 대한 회의감 속에서 근대의 기계적 속성, 산업 발전의 비인간성, 물질주의와 식민지 경쟁으로 점철된 제국주의를 비판하는 분위기가 고조되었다. 이에 대한 사상적 대안으로 다양한 민족과 종족 집단의 생활양식의 고유성을 존중하고 자연의 생명력을 강조하며 지적 · 예술적 실천을 중시하는 흐름이 형성되었는데,[27] 이러한 '신이상주의'는 유럽 전역에서 culture/

27 세기전환기에서 제1차 세계대전을 전후한 시기까지 유럽 지성계의 '문화주의적' 전환에 대해서는 유선영 2014 : 367~368 참조.

Kultur 개념 및 그 하위 개념들의 인플레이션을 낳았다. 예컨대 19세기 말부터 20세기 초에 독일 아카데미에서는 빌헬름 빈델반트Wilhelm Windelband, 1848~1915, 하인리히 리케르트Heinrich Rickert, 1863~1936 등에 의해 주도된 신칸트주의가 쿨투어 개념을 발전시켰다. 신칸트학파는 다양하게 분화된 정신생활과 문화 영역, 그리고 문화 생산물을 근대 세계의 특수한 경험으로 보았고, 이를 설명한 칸트의 이론을 근대적 경험에 대한 사유이자 자기 성찰로 평가했다. 이들은 자연과학과 문화과학을 구별하고 문화적 가치의 독자적 영역과 그 탐구 방법의 자립성을 인식론적으로 기초 짓고자 했다. 특히 문화철학은 실증주의와 진화론적 철학에 반대하면서 윤리적 이상주의를 지향했다. 신칸트주의는 '정신Geist'이 만들어 내는 문화Kultur와 그것을 창조하고 향유할 수 있는 내적 통일을 지닌 '인격'을 형성하기 위한 교양Bildung을 중요시했다.[28] 유럽 지성사에서 이 시기를 문화주의의 2단계라고 부를 수 있을 것이다.

한편 제1차 세계대전의 핵심적인 두 측면, 즉 유럽의 내전이라는 점과 유럽의 쇠퇴 나아가 몰락을 확고하게 만들었다는 점은 컬처와 시빌라이제이션의 개념사에도 반영되었다. 제1차 세계대전의 발발과 더불어 이 두 개념은 그 이전에는 유례를 찾아볼 수 없을 정도로 정치화되고 민족주의화되었다. 독일에서 쿨투어 개념의 정치적 민족주의적 개념으로의 전환은 내적으로는 이민노동자의 증대, 사회문

28 신칸트학파의 칸트 이해에 대해서는 김덕영 2001 : 53~66 참조. Part 1의 2와 Part 4의 1~2에서 자세히 살펴보겠지만, 신칸트주의의 쿨투어 개념은 다이쇼 시대 일본에서 문화 이데올로기 즉 문화주의를 형성시키는 데 직접적이고 강력한 영향을 미쳤으며, 한국에서 철학적 · 인문학적 문화 이념 형성에도 영향을 끼쳤다.

제의 확산, 사회주의혁명의 위협, 나아가 전반적인 정체성의 위기감과 세기말 의식의 확산 속에서 이루어졌으며, 외적으로는 치열해지는 제국주의 전쟁 속에서 이루어졌다. 독일에서 Kuktur가 민족주의적 구호로 전환된 데에 상응하여 프랑스에서는 civilisation이 민족주의적 슬로건으로 전환되었다. 전쟁은 쿨투어 또는 시빌리자시옹을 위한 싸움 혹은 그것을 반대하는 싸움이 되었다. 독일과 영국·프랑스 간의 적대감이 쿨투어와 시빌라이제이션/시빌리자시옹의 대립으로 옮겨져서 두 개념은 민족적 특성의 구현체가 되었으며, 상호보완적이거나 연속적인 것이 아니라 서로 배척하는 것이 되었다. 시빌라이제이션/시빌리자시옹 또는 쿨투어와 야만을 구분하는 선이 더 이상 유럽과 그 바깥이 아니라 유럽 내부를 갈라놓게 된 것이다. 이때 하나의 유럽, 진보하는 유럽에 대한 유럽인의 자의식은 깨졌다. 제1차 세계대전 직후 간행된 『서양의 몰락*Der Untergang des Abendlandes*』1918~1922에서 오스발트 슈펭글러Oswald Spengler, 1880~1936는, 쿨투어는 끊임없이 팽창하는 것이 아니라 정점을 넘어서면 쇠퇴하고 몰락한다고 주장하며 그 발전의 최종 단계에 이른 서구 치빌리자치온Zivilisation의 몰락을 예고했다.

근대성에 대한 복합적이고 양면적인 대응으로서의 culture / Kultur

18세기에서 제1차 세계대전에 이르는 동안 유럽에서 culture/Kultur 개념이 학문적·사회적 논제로 등장한 궤적을 되돌아보면, 그것들이 여러 개의 독립적인 학문 분야에서, 그리고 양립할 수 없는 몇 가지 독특한 사상체계에서 중요한 개념으로 사용되었다는 것을 알 수 있다. culture / Kultur는 유럽의 계몽주의와 그에 대한 반동으로 나타난 낭만주의운동, 그리고 계몽주의와 낭만주의를 복잡하게 결합한 민족주의적 사고와 그 운동의 영향 속에서 복합적인 의미를 갖게 되었다. 한편 culture / Kultur에 대한 논의에 개입한 학술적 담론으로는 칸트, 피히테, 실러, 훔볼트 등으로 이어지는 독일의 관념론철학과 미학 이론, 19세기 후반 이래의 고전사회학과 인류학, 그리고 문학비평 등을 들 수 있다(윌리엄스 2010 : 123~131 ; 카플란·로버트 1994 ; 크리언 2004 ; 김용석 1998).

다양하고 때로는 경쟁하기도 한 이론과 사상체계 들을 매개하면서 의미가 복잡해진 culture / Kultur는 계급, 민족, 정치적 연대, 세대 등 사회 내 동일성 및 차이에 관한 복합적이고 양면적인 태도 혹은 담론과 연결되었다. 즉 culture / Kultur라는 단어는 자신 안에 절대 / 상대, 이상 / 실재, 관념 / 경험, 단일성일원화 / 복수성다원화, 선별 / 개방, 차별 / 평등, 중심 / 변방, 상위성 / 하위성, 귀족적인 것 / 대중적인 것, 정신 / 물질, 내적인 것 / 외적인 것, 목적 / 수단 같은 대립 명제들을 내포하게 되었다. 또한 culture / Kultur는 자유와 결정론, 변화와 정체성, 주어진 것과 창조된 것, 심미적인 것과 금욕적인 것, 자연적인 것과 인공적인 것, 개인적인 것과 사회적인 것, 자기실현과 자기극복 사이의 긴장을 가리키는 개념이 되었다.[29]

culture / Kultur 개념의 복합성과 양면성은 서구에서 그 개념의 전개가 기왕의 의미들을 새로운 의미가 대체해 간 과정이었다기보

29 문화의 양면성을 강조하면서 이글턴은 "문화라는 단어가 이미 해체(deconstruction)라는 것을 인정하는 편이 더 낫다"고까지 말하고 있다(Eagleton 2000 : 1~8).

다 기왕의 의미들이 나뉘거나 서로 포개지면서 의미의 층이 두터워진 과정이었다는 것을 보여 준다. 예컨대 영어권에서는 civilization의 동의어로서의 culture, 문학과 철학, 예술적 실천을 강조하는 culture, 생활양식으로서의 culture 등이 서로 차이, 대립, 유사, 상호 보완 등 다층적이고 복잡한 관계를 형성하면서 일상생활과 정치적 · 사회적 담론에서 없어서는 안 될 개념으로 자리 잡았으며, 이 의미들은 지금도 미묘하게 다른 뉘앙스를 가지고 서로 경합하고 있다. 이런 점에서 culture / Kultur의 다양한 의미는 서구 내부에서 형성된, 근대성에 대한 복합적이고 양면적인 대응의 과정이자 그 결과물이었다고 할 수 있다.

2. 동아시아에서 文化의 의미지형과 변동
— 일본의 '분카文化'와 중국의 '원화文化'를 중심으로

복합적이고 양면적인 의미로 충전된 영어 culture와 독일어 Kultur는 19세기 후반 이후 중국과 일본, 그리고 한국을 횡단하고 순환하기 시작했다. 이 단어들의 수용에 앞선 것은 일본이다. 일본의 지식인은 culture / Kultur를 중국의 고전에서 가져와 사용해 온 한자어 분카文化, 교요教養, 슈요修養 등으로 옮기고 그 의미를 자신들의 정치적 · 사회적 요구 및 목표에 맞추어 전유했다. 일본에서 형성된 분카 개념은 중국과 한국의 지식인에게 큰 영향을 끼쳤다. 이 절에서는 우선 한자문화권에서 오랫동안 통용되어 온 고전적인 文化 개념을 살펴보고, 19세기 후반부터 대략 1920년대에 이르기까지 culture / Kultur가 일본어 분카와 중국어 원화로 번역된 조건과 그 단어들이 생성해 낸 새로운 의미들을 개괄할 것이다. 마지막에는 두 나라의 경우를 바탕으로 삼아 근대 동아시아에서 文化라는 단어의 횡단의 조건과 계기 등을 생각해 보겠다.

文化의 고전적 의미장

중국의 고대 경전에서 文明과 文化의 뜻은 모두 文 개념에 바탕을 두고 있었다. 文은 최초에 무늬나 꾸밈을 가리키다가 이후 점차로 언어·문자를 포괄하는 상징적 부호로 의미가 확장되었으며, 나아가 인위적인 가공·수식修飾·규범·예악제도 등으로 의미가 변화되었다.[30]

① 문명으로써 제어함은 사람이 꾸민 무늬이니, 하늘의 빛나는 무늬를 관찰하여 때의 변화를 살피며, 사람의 빛나는 문채를 관찰해서 천하를 교화하여 이룬다.[31]

② 인문은 인리人理의 차례이니, 인문을 관찰하여 천하를 교화해서 천하가 예禮스러운 풍속을 이룸은 바로 성인이 분賁을 쓰는 도道이다.[32]

①은 문화 개념의 기원으로 자주 거론되는 『주역』「비괘賁卦」의

30 「雍也」, 『論語』: "質勝文則野, 文勝質則史, 文質彬彬, 然后君子." 이 문장에서 '質'과 '文'은 대구를 이루는데, '質'은 꾸밈없는 그대로의 자연성을 의미하며 '文'은 인위적인 것 혹은 예법이나 꾸밈·형식 등과 연관된다.

31 「賁卦」, 『周易』: "文明以止 人文也, 觀乎天文, 以察時變, 觀乎人文, 以化成天下."

32 "《傳》人文은 人理之倫序니 觀乎人文하여 以化成天下하여 天下成其禮俗은 乃聖人用賁之道也라." 『주역』「비괘」의 원문과 번역 및 이에 대한 정자(程子)의 해석은 성백효 1998 : 502~504에서 가져왔다.

문장으로서,[33] “文明以止 人文也”는 “止物不以威武, 而以文明, 人之文也”를 참조하면, ‘위력’이 아니라 ‘문명’으로 제어하는 것이 ‘인문’이라는 의미이다. 『주역』의 또 다른 문장 “其德剛健而文明, 應乎天而時行”에서 ‘문명’은 ‘문덕文德이 빛나는 상태’를 가리키는 형용사적 서술어로 사용되었다. 즉 문명이라는 단어에는 사람이 문자를 통해 무지몽매한 야만과 자연의 예속에서 벗어나 밝은 빛 속에 살고 있는 상태라는 의미가 함축되어 있다. 뒤의 문장 “觀乎天文, 以察時變, 觀乎人文, 以化成天下”에서는 ‘천문’과 ‘인문’이 대구를 이루는데, 천문은 천도天道 · 자연 질서를 가리키며, 인문은 인도人道 · 인륜 질서 · 도덕규범을 가리킨다. ②는 ①에 대한 정자程子의 설명이다. 이에 따르면, 공자의 “觀乎人文, 以化成天下. 天下成其禮俗”이란 인도의 질서를 드러냄으로써 세상을 교화하여 예에 맞는 풍속을 이룬다는 뜻이다.

문화는 문명이라는 단어보다 늦게 나타났다고 하는데, ‘(人)文’과 ‘化’가 결합하여 시서예악의 도리윤리적 의미로부터 ‘치천하治天下’를 도모하기 위하여 교화와 예악전장 등의 문물제도를 이루는 것정치적 의미으로 전환이 이루어졌다고 볼 수 있다. ‘化’란 본래 변이變易, 생성, 조화, 만물화생 등을 뜻했지만 점차 개조, 교화, 배양 등으로 의미가 변화되었던 것이다. ‘화성천하化成天下’의 함의를 좀 더 상세히 설명하는 구절로는 『예기樂記』 「학기學記」에 “군자가 백성을 교화하여 옳은 풍속을 이룩하려면 반드시 학문에 말미암아야 한다君子欲化民成

33 백은기는 ‘문화’를 『주역』의 「비괘」에서 차용된 용어로 보고 그 의미를 설명했다(백은기 2013 참조).

俗, 其必由學乎"가 있다. 화성천하의 화성이 화化와 성成으로 분리되고 각각 민民과 속俗과 결합하여 화민化民과 성속成俗이 되었다. '화민성속'이라는 바람직한 상태가 학學에 의해 이루어질 수 있다學以化고 본 점에서, 이 문장은 『주역』「비괘」의 '(人)文以化'와 뜻하는 바가 비슷하다.[34]

문화의 고전적 의미를 추적하는 데 가장 빈번하게 참조되는 문헌은 전한前漢 시대 유향劉向의 『설원說苑』이다.

> 성인이 천하를 다스릴 때는 문덕을 앞세우고 무력은 뒤로한다. 무력을 일으킨 이유는 복종하지 않았기 때문이다. 문화로 바로잡히지 않으면 그때 죽인다. 어리석은 사람의 기질은 변하지 않으므로 순덕으로 교화하는 데도 교화되지 않으면 무력을 가한다.[35]

『설원』은 고대 중국인의 행적이나 일화·우화 등을 수록한 설화집이라고 하는데, 동아시아에서 고전적 문화 개념의 특징을 연구한 니시카와 나가오는 『설원』의 위 문장에 대해 "무릇 무력은 말을 듣지 않는 이적夷狄들 때문에 생겨났다. 문화로 교화해도 태도가 바뀌지 않으면 그때 죽이면 된다"는 뜻이라고 풀이했다. 그는 '문화는 본래 예악으로 이적을 교화한다는 뜻'이었으며, 이로부터 '문덕으로 백성을 교화하는 일'이라는 고전적 의미가 형성되었다고 했다(니시카

34 중국에서 '문'과 '화'의 고전적 의미에 대해서는 문선영 2004 : 43~45 ; 전홍석 2010 : 410~411 참조.

35 劉向, 「指武」, 『說苑』 卷15 : "聖人之治天下也, 先文德而後武力, 凡武之興為不服也, 文化不改, 然後加誅, 夫下愚不移, 純德之不能, 而後, 武力加焉"(이하 모든 인용문의 밑줄은 인용자).

와 2006 : 190, 393). 아래 문장들은 문화의 고전적 의미를 잘 보여 준다.

> ① 문화로 안을 화목하게 하고, 무공으로 밖에 멀리 미치게 한다.[36]
>
> ② 문화로써 안을 화목하게 하고, 무덕으로써 멀리 밖으로 미치게 함을 말한 것이다.[37]

위 문장들의 공통된 특징은 안과 밖, 문과 무의 대비이다. ①과 ② 모두 내부와 외부를 구분하고 각각에 대해 '문화'와 '무덕 또는 무공'을 대응시키고 있다. 정치적 차원에서 보자면, 문과 무는 상호 대립하는 동시에 보완하는 관계이다. 나라가 바깥으로 멀리 뻗어 나가기 위해 필요한 힘이 무력이라면, 문화는 안에서 백성을 다스리기 위해 필요한 힘이다. 단어의 의미 구조 차원에서 볼 때, 고전적 문화 개념의 가장 중요한 특징은 '무'와의 대비이다. '무화武化'의 상대 개념으로서 '문화文化'는 도덕과 학문을 통하여 사람을 교화하는 행동이나 상태를 의미한다. 즉 윤리의 질서로써 교화하여 세상 사람들이 스스로 깨달아 규범대로 행동하도록 하는 것이 문화의 목표였다.

이상의 논의를 요약하면, 중국에서 문화는 문명과 마찬가지로 오랜 연원을 가진 단어이다. 문화는 문치교화, 즉 무가 아니라 문으로써 가르치고 이끈다는 의미로서, 원래는 외교의 정책에서 유래했으나 『주역』을 비롯한 고대 경전에서 내치內治의 이상을 표현하는 단어가 되었다. 문화의 의미는 인문을 통한 '화성천하세상을 교화하여 예에

36 束晰, 「由儀」, 『補亡詩』 : "文化內輯 武功外悠."

37 蕭統, 『昭明文選』 卷19 : "言以文化輯和於內, 用武德加於外遠也."

맞는 풍속을 이루다' 또는 '화민성속백성을 교화하여 옳은 풍속을 이루다' 같은 표현을 통해 형성되었다. 다만 '문명'이 흔히 물질적·정신적 성과물의 총체를 표상한 데 비해, '문화'라는 말은 경제나 군사 발전 등 물질적 성과물을 제외하고 도덕이나 교양에 관련된 지식과 제도만을 지시하는 경향이 있었다. 고전적 '문화'는 '야만野蠻'·'이적夷狄' 등 미개 상태를 표현하는 말과 대립한다는 점에서 현재의 의미와 상통하는 측면이 있지만, 그 단어에는 민족주의적이거나 진보주의적 의미와 뉘앙스는 없었다.[38]

19세기 후반에서 20세기 초 일본과 중국에서 文化 개념의 다층화
―고전적 文化, civilization의 번역어 文化, Kultur의 번역어 文化

앞에서 살핀 고전적 문화 개념은 19세기까지 한자사용권에서는 일종의 공통 지知였다. 일본에서 '분카'는 에도 시대 후기 연호로도 사용되었던바, 대체로 19세기 후반까지는 문화라는 단어에 대한 공통의 이해를 가능하게 한 고전적인 의미장, 즉 고대 중국에서 기원한 유교적 정치 이념이 유지되었다(니시카와 2006 : 190, 393). 일본에서 막부의 관료로서 서양 학문을 섭렵하는 데 힘쓴 니시 아마네西周, 1829~1897의 강의록 『백학연환百學連環』1870에는 문화라는 단어가 자주 등장하는데, 이때 문화는 전통적 의미였다. "문화는 문사文事, 즉 문에 관한 일이며 중국 한적漢籍의 '문'의 의미, 즉 문자를 가리켰다."

38 고대 중국의 문화 개념의 특징에 대해서는 黄興濤 2006 : 1~34 ; 何平 1999 : 68~79 ; 鄭師渠 1997 : 209~236 참조.

1891년에 출간된 일본어사전인 『언해言海』는 문명을 '문학, 지식, 교화가 잘 발달하고 정치가 매우 올바르며 풍속이 더없이 양호한 것'으로 풀이하고 거기에 '개화'를 추가한 한편, 문화를 '문학·교화가 활발하게 발달한 것'으로 설명했다(야나부 2013 : 36~40). 두 단어의 풀이에 맨 먼저 등장하는 '문학'은 오늘날 우리가 사용하는 용어로 바꾸면 '학문'인데, 이 사전은 문명은 civilization의 의미'개화'를 포함하면서 변화했지만 문화는 고전적 의미를 보전하고 있던 상태를 보여 준다.

한편 막부 말기부터 영어 civilization, 프랑스어 civilisation이 '文化'로 옮겨지고는 했다. civilization을 '文明'으로 번역하고 확산시킨 것은 후쿠자와 유키치福澤諭吉, 1835~1901로 알려져 있는데, 막부 말기의 지식인들은 civilization을 분메이文明로 번역할지, 분카文化로 번역할지를 두고 고민했다고 한다. 이들은 대개 한문 교육을 받으면서 성장했기 때문에 영어 civilization, 프랑스어 civilisation을 번역할 때 전통적 의미에서 거의 차이가 없던 분메이와 분카를 함께 떠올렸던 것이다. 메이지기 후반까지 영어사전이나 프랑스어사전은 civilization / civilisation에 대응하는 한자어에 '분카'를 포함했다(노대환 2010 : 62~63).

일본의 지식인들은 유럽사의 전개 과정을 인류의 보편적 진보 과정으로 해석하는 프랑수아 기조François Guizot, 1787~1874의 『유럽문명사*Histoire de la civilisation en Europe, depuis la chute de l'Empire romain jusqu'à la Révolution française*』1828, 헨리 버클Henry Thomas Buckle, 1821~1862의 『영국문명사*History of civilization in England*』1857 같은 책에서 많은 영향을 받게 되었다. 특히 로마제국의 붕괴에서 프랑스혁명에 이르는 역사를 기술

한 프랑수아 기조의 『유럽문명사』는 1889년에 처음 일본어로 번역·출간되었고, 이후에 다른 번역본도 몇 종류 출간되어 널리 읽혔다(니시카와 2009 : 190~192).[39] 일본의 지식인 사이에서 기조의 문명사 담론이 인기 있었던 이유는, 그것이 근대에 유럽이 도달한 상태를 문명 또는 개화로 지칭하고 동양을 야만이나 미개 또는 반개의 단계에 놓았던 기왕의 단선적·일원적 문명론이 아니라 다원적 문명론에 기반하고 있었기 때문이다. '유럽문명사'라는 제목이 보여 주는 것처럼 기조는 다른 지역에도 문명이 존재한다고 전제했다. 즉 기조는 단일한 문명이 아니라 복수의 문명을 인정한 위에서 타 문명과 비교하여 유럽문명, 특히 자신의 나라 프랑스의 우월성과 독자성을 주장했다.[40]

유럽의 지식인들이 유럽 공통의 우월성에 토대를 둔 한편 자국의 독자성을 주장하려는 용도로 계몽주의적 문명사를 작성한 반면, 아시아와 일본의 문명사를 쓰려고 노력한 일본의 지식인들은 '현재의 문명이 서구의 성취라면 동양에는 무엇이 결여되어 있었기에 그러한 경지에 도달하지 못했는가?' 또는 '현재 서구의 문명에 합치될

39 일본에서 번역어 '문명'과 '문화'의 개념이 형성되던 초창기의 상황을 연구한 니시카와 나가오에 따르면, 유럽의 문명사 담론 가운데 일본 지식인에게 가장 큰 영향을 끼친 책은 프랑수와 기조의 『유럽문명사』였다(니시카와 2006 : 169~170, 203). 메이지기의 '계몽주의적 문명사학'에 대해서는 다나카 2004 : 64~65.

40 외르크 피쉬에 따르면, 기조는 1819년 이미 다른 글들에서 '고대문명들'과 '앞선 모든 문명의 유산'에 대해 언급했고 1820년대 이래로는 문명의 복수성이라는 시각이 통상적인 것이 되었다. 1828년 발표된 『유럽문명사』에서는 프랑스어의 문명 개념이 요약되어 있는데, 문명은 동등한 두 요소, 즉 ① 시민 생활의 완성, 엄밀한 의미에서의 사회의 발전 및 인간 사이 관계의 발전, ② 개인 생활의 발전 및 내면생활의 발전, 인간 자신의 발전 및 그 능력·감정·사고의 발전을 의미했다. 이는 유럽문명, 그중에도 프랑스문명을 기준으로 평가한 것이다. 문명은 유럽에 공통의 토대를 둔 한편 프랑스의 우수성을 강조하는 개념이었다(피쉬 2010 : 172, 175).

만한 어떤 것이 동양의 과거에 있었는가?'라는 문제 설정에서 벗어날 수 없었다. 즉 일본의 지식인들은 계몽주의적 · 보편주의적 관점에서 저술된 문명사'유럽의 역사'라는 거울에 스스로를 비추어 보고, 이와 같은 문명의 전개 법칙에 아시아나 일본을 합치시킬 증거들을 찾기 위해 과거로 관심을 돌렸다. 이러한 시도를 하면서 지식인들은 '문명'과 '문화'를 자주 혼용했다.

다른 한편 막부 말기에는 영어 culture 개념도 소개되었다. 1867년 발간된 영어 · 일본어사전인 『영화대역수진사서英和對譯袖珍辭書』에서 culture는 '경작, 육식育殖, 교도수선敎導修善' 등으로 풀이되었다(야나부 2013 : 38). 이 사전에는 영어에서 본래 농업과 관련된 용어였던 culture가 그 의미가 인간의 경우로 전용 · 확장되어 수행, 교육, 교화 같은 추상적인 의미까지 담게 된 정황이 반영되어 있다. 1871년 나카무라 마사나오中村正直, 1832~1907는 새뮤얼 스마일스Samuel Smiles, 1812~1904의 *Self-Help* 1859를 『서국입지 편西國立志編』으로 번역 · 출간했는데, 메이지 시대에만 1백만 부 이상이 판매되었다는 이 책에서 나카무라는 culture를 번역할 때 '교양'을 가장 자주 사용했다. '수양', '교육' 같은 단어도 활용되었는데 그 연장선상에서 self-culture는 '자기 수양'으로 번역되었다.[41] 한편 1903년에 발간된 영어 · 일본어사전인 『쌍해영화대사서雙解英和大辭書』에서 culture는 논밭을 가는 일, 경작, 농사, 재배, 배양, 공수攻修, 탁마, 연습, 교화, 개화, 박아博雅, 문아文雅 등으로 풀이되었다(야나부 2013 : 39). 이 뜻풀이에서 특

41 나카무라 마나사오의 『서국입지 편』에 나타난 culture 번역에 대해 일러 주신 연세대학교 국학연구원의 이새봄 선생님께 감사드린다.

히 주목되는 점은 농사나 개인의 수양, 교육과 관련된 어휘들과 더불어 civilization의 뜻풀이에 등장하는 '교화'와 '개화', 전통적인 문 개념에 바탕을 둔 '문아', '박아' 같은 표현이 나란히 등록된 것이다. 이와 같이 culture의 의미장은 매우 다층적이었다.

막부 말기에서 메이지기까지 발간된 영어사전이나 번역서에서 주목되는 점은 culture의 풀이에 '문화'라는 단어가 등장하지 않는다는 것인데, 이는 두 단어 사이의 의미 차이가 컸기 때문이라고 생각된다. 메이지유신 당시 일본이 자신을 평가하는 기준이자 지향해야 할 목표로 삼은 영국, 프랑스에서는 19세기에 civilization / civilisation이라는 신조어가 인간 사회의 일반적 · 보편적 진보의 과정 또는 성취를 표현하는 개념으로 통용되었다. 이 나라들에서 culture는 그 이전과 마찬가지로 개인 차원의 지적 · 도덕적 교육과 소양을 의미했다(피쉬 2010 : 130~142). 이 같은 상황은 앞에서 살핀 영어 · 일본어사전에서 culture의 뜻풀이에 상세히 반영되어 있는데, 개인의 지적 · 도덕적 소양을 뜻하는 culture는 일본인이 그때까지 가지고 있던 한자어 문화에 대한 전통적인 관념정치적 개념으로서의 문화과는 큰 차이가 있었다.

메이지기 후반에 드디어 독일어 Kultur의 번역어 '문화'가 등장했다. 일본에서 1880~1890년은 통상 '독일 10년German Decade'으로 불린다. 이때는 국정의 중심 모델이 영 · 미 · 프라는 선진국, 즉 시빌라이제이션 개념을 앞세운 나라들에서 '쿨투어'를 앞세운 후진국 독일로 전환되던 시기였다. 관료제 · 행정 · 법 · 경제 · 학술 영역에서 독일의 모델을 수용하는 데 주력하던 상황에서 쿨투어 개념이 수용되었다. 니시카와 나가오에 따르면, "일본에서 독일적인 문화 개념

을 정확히 파악하고 '문화'라는 용어를 사용하여 그것을 사상적인 주장으로 훌륭하게 표현할 수 있었던 최초의 인물"은 구가 가쓰난이었다. 아래 인용문은 1888년 6월에 발표된 「일본문명 진보의 기로日本文明進歩の岐路」의 일부이다.

> 대저 각 국민의 국민주의는 깊이 그 근저를 국민 특유의 문화에 두고 이루어진 것이기 때문에, 만약 각 국민을 통일 혹은 합동시키고자 한다면 반드시 문화를 통일·합동시키지 않으면 안 된다. 그러나 문화라는 것은 실로 국민 특유의 성격을 이루는 언어·풍속·혈통·습관, 기타 국민의 신체에 적당한 제도·법률 등을 종합한 것이므로, 이를 통일·합동하는 어려움은 마치 어린이를 곧바로 노인으로 만들고자 하는 것과 다름없다.[42]

제목에도 드러나듯이, 위 글의 논제는 '문명을 발전시키기 위해 일본은 서구화와 국수보존 가운데 어떤 길을 택해야 하는가'였다. '국수國粹'는 'nationality'의 번역어였는데, 국수의 보존을 통해 최종적으로 문명의 진보에 참여한다는 것이 구가 가쓰난을 비롯한 일본주의자국수주의자들의 공통된 논리였다. '국민 특유의 문화'란 국수와 거의 동일한 의미로서, 구가는 국수보존의 방법으로 문화 통합을 제안한 것이다.

니시카와 나가오가 구가 가쓰난의 글에서 주목한 것은, 그가 일본이 나아갈 길을 약소국과 후진국의 입장에서 생각하고 있었다는

42 1888년 6월 『도쿄전보(東京電報)』에 게재된 구가 가쓰난의 「일본문명 진보의 기로」는 니시카와 2009 : 107에서 재인용.

점이다. 「일본문명 진보의 기로」에서 구가는 영국과 프랑스에 대한 신생국 독일과 이탈리아의 입장, 폴란드의 분할 문제, 오스만제국에 대한 그리스의 관계나 동유럽 소국의 독립 문제 등을 거론했다. 즉 구가는 정치적·경제적으로 앞서 있는 영국과 프랑스에 대항하여 자신의 고유성을 주장하기 위해 노력해야 했던 독일 등 후진국의 입장에서 유럽의 정세를 관찰했다. 이는 문명의 진보와 보편성을 강조하고 세계를 문명과 야만의 구분한 후쿠자와 유키치의 논의에서는 볼 수 없었던 관점이다.[43] 19세기 후반 이미 독일의 지식인은 Kultur 개념을 내세워 영국과 프랑스의 civilization / civilisation을 경멸하고 한 단계 아래로 보는 사고방식을 표현하고 있던바, 19세기 말 일본의 국수주의적 지식인들은 Kultur를 번역한 '문화'를 사용하여 스스로의 좌표를 설정하고자 한 것이다(니시카와 2006 : 214~215 ; 유선영 2014 : 380).

약소국과 후진국의 입장에서 제안된 '문화'는 계몽주의적 '문명' 개념의 총체성에 균열을 발생시켰다. 앞의 인용문에서 '(국민)문화'는 언어·풍속·혈통·습관·제도·법률 등 인간의 생활과 연관된 다양한 부문을 총괄한 것으로, '문명'과 완전히 구별되는 범주나 가치를 표현한 것은 아니다. 그런데 2년 뒤에 발표된 「문화 및 정치文化及政治」1890에서 구가 가쓰난은 문화의 지시 대상을 제한했다. 이 글에서 구가는 국민의 생활을 문화상의 생활과 정치상의 생활로 구분하고 문화상의 생활을 정신상의 생활이라고 규정했다(노대환 2010 : 82~83). 문화를 정신적인 것에 한정하는 이와 같은 시도에 의해 문화

43 구가 가쓰난의 국민주의 문화론에 대해서는 니시카와 2006 : 210~219 ; 2009 : 106~109.

라는 말은 총체적이고 보편적인 발전을 의미하는 문명과는 선을 긋게 되었다.[44]

한편 메이지 말엽에는 culture 개념과 함께 독일어의 Bildung 개념이 확산되었다. 청일전쟁1895과 러일전쟁1905에서 승리함으로써 일본은 국제적 지위가 크게 상승하고 자본주의가 급속히 발전하면서 부르주아층이 형성된 한편, 노동문제 등 사회문제가 대두하고 있었다. 사람들의 관심이 부국강병이나 천하국가天下國家 같은 국가적 차원에서 탈피하여 개인적 차원으로 이행함에 따라 일상생활과 내면의 성숙을 중시하는 분위기가 형성되었다. 각종 수양서가 붐을 이루고 수양서를 읽는 독서 모임 등도 증가했다. 메이지 말에 대중 사이에 확산된 '수양주의'는 에도 시대의 심학心學이나 통속도덕에 뿌리를 두고 있었다고 하는데(나연준 2011), 1910년대에 널리 읽혔다는 가토 도쓰도加藤咄堂의 『수양록修養錄』1909을 보면 서구사상의 영향도 강했다.

> 수양의 어의語義 다단多端하고 그것을 사용하는 사람들 하나같지 않으니 당분간 그 보통의 의미를 해석하면, 영어로는 그것을 컬처culture라고 하고 경작의 의미이니 심전心田을 일구어 그 수확을 얻는다는 뜻일 것이며, 독일어로는 빌둥Bildung이라고 하고 작위作爲·구조構造의 의미이니 인물을 작위하여 품성을 모조模造한다는 의미로 해석해야 할 것이다.[45]

44 표세만은 '문화'가 민족정신과 관련하여 정신문화라는 의미를 담게 되는 데 구가 가쓰난이 중요한 역할을 했다고 평가한 바 있다(표세만 2006 참조).

45 加藤咄堂(1909), 『修養錄』, 東京 : 東亞堂書房, p.3(이향철 2001 : 86에서 재인용).

앞 인용문에서 가토는 영어 culture와 독일어 Bildung을 가져와 '수양'이라는 말의 뜻을 설명하고 있다. culture는 인간의 마음정신을 갈고닦는다는 의미이며, Bildung은 인간의 품성을 형성한다는 의미라고 했는데, 두 단어의 뜻풀이는 서로 유사하다.

영어 culture와 독일어 Bildung의 자극에 의해 일본에서 '수양'의 의미가 변화했다고 볼 수 있다. 유교에서 수양론의 핵심적 지향은 '존천리멸인욕存天理滅人慾', 즉 하늘의 이치를 따르고 인간의 사적인 욕망을 없애는 것이었다. 성리학적 수양의 핵심은 그 자체 도덕적 질서로 이해된 자연과의 조화, 통일을 지향하는 데 있었다.[46] 그런데 culture, Bildung 개념의 영향을 받으면서 수양은 자연의 이치에 순응하는 태도를 배양하는 것이 아니라 개개인이 스스로를 인격적 주체로 형성하는 것을 중심 과제로 삼게 되었다. 한자어 '교양'도 culture, Bildung의 영향을 받으면서 의미가 변화되었다. 교양은 본래 '자식을 가르치고 기른다'는 단순한 의미였는데, 막부 말기에 culture에 대응하는 한자어로 선택됨으로써 개인의 도덕적 · 지적 교육과 소양을 가리키게 되었다. 메이지기 말에는 독일어 Bildung의 영향 속에서 외면성의 추구에 대한 반성으로 개인의 윤리적 · 내면적 충실성을 추구하는 교양사상이 형성되었다.

학자이자 정치가였던 니토베 이나조新渡戸稲造, 1862~1933는 1911년 『수양修養』에서 수양을 수신修身과 양신養身으로 구분했는데, '수신'이 자기감정의 억제, 대인 관계의 요건, 예의범절의 기본, 상업적

46 독일의 신인문주의와 '빌둥(Buldung)'의 이념, 그리고 수양의 고전적 의미의 변화에 대해서는 허병식 2016 : 15~17 참조.

정직성 등 근대 국민의 도덕과 기본 소양을 갖추도록 한다는 의미라면, '양신'은 그와 같은 실제적이고 구체적인 행동 규범을 넘어선 좀 더 고상한 내용으로서 엘리트들이 갖추어야 할 소양으로 제시된 것이었다. 양신의 목표는 인류가 수천 년에 걸쳐 쌓아 올린 문학, 예술, 철학, 종교, 역사 등을 익혀 인간이 본디 가지고 있는 능력이나 성질을 충분히 계발하여 인격을 도야하는 것이었다.[47] 니토베 이나조가 교장으로 부임한 1906년을 경계로 하여 일본의 제일고등중학교제국대학의 예과의 교육은 국가주의와 무사주의武士主義를 결합한 교육에서 서양의 지적 풍토 위에 형성된 '철학 · 문학 · 역사 등의 인문학의 습득에 의해 자아를 경작하고 이상적인 인격을 지향하는 인격주의' 교육으로 변화했다고 하는데(이향철 2001 : 86~87), 이는 '양신'의 이상을 실현하려 한 것이었다. 니토베 이나조의 양신 개념에서는 독일어 Bildung의 영향을 감지할 수 있다.[48]

문화 / 문명 의미망의 변화를 중심으로 이상의 논의를 요약하면, 19세기 후반 일본에서는 고전적 의미의 '문화'가 통용되는 가운데 영어 civilization이 '문화'로도 옮겨졌다. 당시 서구 지향적 지식인들은 한자어 '문명'에 civilization의 진보주의적 · 계몽주의적 의미를 불어넣으려고 노력했는데, 종전에 문명과 유사한 뜻으로 사용되

47 메이지 말엽의 수양주의와 니토베 이나조의 수양론에 대해서는 이향철 2001 ; 신인섭 2004 등 참조.

48 국민도덕(수신)과 엘리트의 소양(양신) 사이의 구별은 이노우에 데쓰지로(井上哲次郎)에게도 나타난다. 『인격과 수양(人格と修養)』(1915)에서 이노우에 데쓰지로는 청년이 지적 미성숙 상태에서 벗어나 자신의 이성을 공적(公的)으로 사용하는 것을 가장 중요한 덕목으로 규정했다. 그리고 실천적 덕목으로는 입지(立志)와 직업의 선택, 결심 지속, 용기, 극기, 명예, 검약, 독서 등을 제시했다(구인모 2008 : 87 참조).

던 문화도 함께 소환된 것이다. 메이지 후기에는 이와 같은 문명론의 서구 지향에 반발하여 일본의 정체성을 지키려 한 국수주의적 지식인들에 의해 독일어 Kultur가 문화라는 단어로 번역되었다. 이렇게 해서 19세기 말 일본에서는 문화라는 단어의 의미가 매우 복잡해졌는데, 야나부 아키라에 따르면 일본에서는 이때 이후 각기 문맥이 다르고 언어학적인 의미 구조도 다른, 문화라는 말의 두 가지 의미고전적 의미와 서양에서 도래한 의미가 의식되지 않은 채 혼동되기 시작했다(야나부 2013 : 52~53).

20세기 초에는 중국에도 고전적 '문화', civilization의 번역어로서의 '문화', 그리고 Kultur의 번역어로서의 '문화'가 병존하는 상황이 전개되었다. 중국에서는 1860년대부터 영한사전英漢辭典에서 civilization, civilize, civilized, culture 등에 대응하는 한자어로 주로 '교화', '개화', '문아', '문교흥성文敎興盛', '정교수명政敎修明' 등이 선택되었다. 무술변법1898 이후에는 신문, 잡지나 황제에게 보내는 개혁 제안서 등 각종 문서에서 주로 일본 유학생들이 civilization의 번역어로 '문명'을 빈번히 사용하기 시작했다. 예컨대 『시무보時務報』는 「동방보역東方報譯」이라는 칼럼을 개설하여 이와 같은 문명 개념을 보급하는 데 중요한 역할을 했다. 량치차오梁啓超, 1873~1929를 비롯한 지식인은 문명 개념에 의거하여 중국의 개혁 방향을 탐색했을 뿐만 아니라, 이 말이 담고 있는 진화론적 가치관을 수용했다. 한편 그즈음 civilization의 번역어 문화가 일본에서 건너왔다. 중국에서 '문명'은 형용사로 쓰이면서 서구적 근대성을 목표로 삼는 진보적 역사관을 표현하는 동시에 민족의 특성을 지니는 성과물들을 표상하는 경향이 있었던 반면, '문화'는 가치판단 없이 인류 사회의 성과물을 총괄적으로 가리키는 지향이 강했다고 한다. 따라서 국가 개혁과 민중 계몽의 방향을 고민하던 청 말의 지식인은 문명이라는 용어를 훨씬 더 선호했다.[49]

20세기 초에는 일본에서 구가 가쓰난에 의해 맨 처음 정확하게 이해되었다는 '독일적 문화 개념'도 중국으로 건너왔다. 리디아 리우는 1905년 장빙린章炳麟, 1868~1936, 류스페이劉師培, 1884~1919 등 고전 학자들에 의해 창간된 『국수학보國粹學報』를 대상으로 하여 '원화' 담론의 일부로 '민쭈民族'·'궈쉐國學'·'궈추이國粹' 같은 용어가 수입된 정황을 분석했는데, 그에 따르면 이때 '원화' 담론은 역사와 전통 그리고 고전 학문에 체현된 한족漢族 중국인의 독특한 민족적 정체성을 강조하는 것이었다. 고전 학자들은 한족의 종족적 우월성을 보존하는 지식체계를 복구하여 보전할 수 있는 안목과 능력을 자임했는데, 이들을 곤혹스럽게 만든 것은 서구의 위협에 대항하기 위해 서구의 권위nationality의 번역어인 '궈추이'론에 의지해야 한다는 역설이었다. 리디아 리우는 한 고전 학자의 글에 대해 "제국주의의 면전에서 문화적 정체성을 역설하려는 욕망과, 지배당하는 자의 목소리가 더 이상 그 자체의 기반 위에 합법화될 수 없는 세계체제 속에서 그러한 정체성의 원천 및 권위에 대해 그가 가지고 있던 대단히 모호한 태도 사이에서의 풀리지 않는 긴장을 반영한다"고 평가한 바 있다(리우 2005 : 392~400). 19세기 말에서 20세기 초에 걸쳐 일본과 중국의 지식인은 '국수', '민족', '국학' 같은 서로 연관된 개념들로

49 중국의 청 말 시기 문명, 문화 개념의 특징에 대해서는 黃興濤 2006 ; 何平 1999 ; 鄭師渠 1997 참조.

구성된 분카文化와 원화文化 담론을 활용하면서 경쟁적인 국민국가 체제에서 일본인 또는 중국인으로 살아가야 하는 모순과 씨름하기 시작한 것이다.

다이쇼기 이후 일본의 분카文化

'다이쇼문화'라는 말이 자연스럽게 학술적 개념으로 사용되는 데에 나타나듯이, 다이쇼기 일본에서는 문화라는 말의 인플레이션 현상이 뚜렷했다. 문화가 이데올로기화하면서 하나의 사상 전통을 형성하게 되었음을 보여 주는 징표는 바로 문화주의라는 신조어의 등장이었다. '문화주의'는 지식인 집단의 이념에 그친 것이 아니라 언론과 정치가, 관료 들에게까지 영향을 주었다. '문화국가'는 다이쇼 정부가 지향해야 할 목표를 표현했으며 '문화정치'는 식민정책의 새로운 기조를 표현했다.

1) 시대정신으로 부상한 '문화'와 '교양'

개념사 차원에서 주목할 점은 다이쇼기의 '문화'가 독일어 Kultur의 번역어였다는 것이다. 1941년 철학자 미키 기요시三木清, 1897~1945는 「과학과 문화」라는 글에서 다이쇼기의 사상 정황을 되돌아보면서 문화라는 말은 '독일어의 쿨투어라는 단어의 번역어'이며 자신이 고등학교를 다니던 '다이쇼 시기에 이르러서야 비로소 생긴 말'이라고 했다. 이러한 미키의 기억을 신뢰하면서 야나부 아키라는 쿨투어의 번역어 문화의 출현 시점을 더 정확히 지정했다. 그에 따르면, 1915년 도쿄제국대학의 철학 교수 구와키 겐요쿠桑木嚴翼, 1874~

1946가 독일의 철학자 빈델반트의 논문 제목에 있는 Kulturphilosophie라는 단어를 '문화철학'으로 번역한 것이 Kultur를 문화로 번역한 최초이다. 19세기 말부터 독일에서 유행한 신칸트학파 철학의 소개, 유행과 함께 쿨투어의 번역어로서 문화라는 말이 널리 전파되었다는 것이다(야나부 2013 : 44~47). 1888년「일본문명 진보의 기로」에서 구가 가쓰난이 사용한 문화 개념의 독일적 연원에 주목한 바 있는 니시카와 나가오는 다이쇼기의 이러한 국면을 문화 개념의 '재발견'이라고 평가했는데, 미키나 야나부의 판단에도 일리가 있다. 위로는 '교양Bildung'으로 연결되고 아래로는 '문학'과 '철학'을 포괄하는 '문화'가 명료한 내용을 갖고 나타난 것은 이때가 처음이기 때문이다.

> 제1차 세계대전이라는 대사건과 맞닥뜨렸으면서도 우리는 정치에 완전히 무관심할 수 있었다. 이윽고 우리를 지배한 것은 도리어 저 '교양'이라는 사상이다. 그리고 그것은 정치라는 것을 경멸하고 문화를 중시하는 반정치적 내지는 비정치적 경향을 지니고 있었다. 그것은 문화주의적인 사고의 산물이었다. '교양'이라는 사상은 문학적 · 철학적이었다. 문학이나 철학을 특히 중시하고 과학이니 기술이니 하는 것은 '문화'에 속하지 않고 '문명'에 속하는 것으로 간주되며 경시되었다. 바꾸어 말하자면 다이쇼 시기의 교양사상은 메이지 시기의 계몽사상—후쿠자와 유키치 등으로 대표되고 있는—에 대한 반동으로 일어난 것이다.[50]

50 三木清(1968),「科学と文化」,『三木清全集 第17巻』, 東京 : 岩波書店(야나부 2013 : 44~45에서 재인용).

1941년 미키 기요시의 회고에 따르면, 제1차 세계대전을 전후한 시기에 일본의 지식 청년들을 사로잡은 것은 "'교양'이라는 사상" 이었다. 교양주의의 핵심은 정치를 경멸하고 문화를 중시하는 '문화주의'였다. 또한 교양의 사상은 과학이나 기술을 문명에 속하는 것으로 간주하여 경시했다. 교양은 문화, 곧 문학이나 철학 등을 통해서만 드높아질 수 있는 것이었기 때문이다(야나부 2013 : 44~45). 다이쇼기의 젊은이들은 지나간 메이지기를 '계몽사상-문명-과학과 기술-정치 지향'의 시대로 타자화하면서 '교양사상-문화-문학과 철학-비정치 내지 반정치'의 사상을 고양하고자 했다.

미키 기요시가 고등학생 시절에 접한 교양과 문화는 야나부 아키라가 추적했듯이 독일철학, 특히 신칸트학파 철학의 일부로 도래한 것이었다. Part 1의 1에서 살핀 것처럼 독일에서 Bildung은 훔볼트 등 신인문주의 전통 속에서 형성된 이념으로서, 개인성과 보편성을 통일시킨 전체성으로서의 인격을 발전시키는 것을 목표로 삼았으며 Kultur, 특히 문예와 철학의 추구를 통해 함양할 수 있는 능력으로 간주되었다. 19세기 말에서 20세기 초에 이러한 사유 전통을 계승한 신칸트학파는 인간의 '정신Geist'이 만들어 내는 문화와 그 문화를 창조하고 향유할 수 있는 내적 통일성을 지닌 인격을 형성하기 위한 교양을 중요시했다. 세기전환기에 독일에 건너가 공부한 도쿄제국대학의 구와키 겐요쿠, 하타노 세이이치波多野精一, 1877~1950, 교토제국대학의 소다 기이치로左右田喜一郎, 1881~1927, 도모나가 산주로朝永三十郎, 1871~1951 등 젊은 철학자들은 칸트에서 시작된 근대 독일의 이상주의적 관념철학과 훔볼트 등의 신인문주의, 그리고 그것을 계승한 신칸트학파로부터 직접적인 영향을 받았다(미야카와 · 아라카와 2001 : 293~302).

보수적 아카데미즘을 대표하는 도쿄미술학교와 비교되곤 하는 문화학원은 다이쇼기의 '문화'가 지향한 바를 잘 보여 준다. 일본 최고의 자유주의자이자 옅은 색의 사회주의자라는 평가를 받고 회화와 도예 분야에서 활동한 예술가 니시무라 이사쿠西村伊作, 1884~1963는 건축사무소를 운영했고 패션, 예술교육 등 여러 방면에 중요한 발자취를 남겼다. 니시무라의 신조는 학교에서는 개성을 발휘할 수 있어야 하고 또 예술적인 자유교육을 실행할 수 있어야 한다는 것이었다. 니시무라는 자유주의적 예술교육을 꿈꾸며, 남녀평등사상을 주창한 여성 운동가이자 와카和歌 작가인 요사노 아키코謝野晶子, 1878~1942, 프랑스 유학파 화가 이시이 하쿠테이石井柏亭, 1882~1958와 함께 1921년 도쿄에 사설 교육기관인 문화학원을 설립했다. 문화학원은 1925년 중학부 졸업생을 배출했으며 이어 대학부를 설치하여 본과와 미술과를 두었다. 주지주의문학을 대표한 아베 도모지阿部知二, 1903~1973를 비롯해 다니자키 준이치로谷崎潤一郎, 1886~1965 같은 소설가나 미키 기요시 같은 철학자들이 출강했다.[51] 다이쇼기에는 지식인이나 학생 사이에 문학이나 예술, 철학을 필두로 한 문화의 창조와 향유를 통한 자기실현과 인격 완성을 실천적 목표로 인식하는 자유주의적 교육 이념으로서 '교양주의'가 형성·확산

51 문화학원은 일본의 국시와 맞지 않는다는 이유로 1943년 폐쇄 명령을 받았으며 니시무라 교장은 전쟁 반대와 불경죄로 수감되었다. 1930년대 후반 김병기, 유영국, 이중섭, 문학수 등의 조선인 유학생이 이 학교에서 수학했다. 문화학원에 대해서는 윤범모 구술·집필(2017. 6. 1), 「길을 찾아서(21) 문화학원과 자유주의 예술교육 : 문화학원의 '자유주의' 옹호했고 니시무라 존경했다」, 『한겨레』, p.14 참조.

되었다.

일본문화론은 메이지기의 일본주의적 흐름을 유지하는 가운데 교양주의의 영향 속에서 세련되어 갔다. 다이쇼기 일본문화론의 대표적 성과로 쓰다 소키치津田左右吉, 1873~1961의 『문학에 나타난 우리 국민 사상 연구文學に現はれたる我が國民思想の研究』1916~1921, 와쓰지 데쓰로和辻哲郎, 1889~1960의 『일본고대문화日本古代文化』1920, 나이토 고난內藤湖南, 1866~1934의 『일본문화사연구日本文化史研究』1924 등을 들 수 있다(미야카와·아라카와 2001 : 302~309 ; 니시카와 2006 : 222~223). 1920년대 일본의 문화사 연구를 대표한다고 평가되는 나이토 고난의 『일본문화사연구』의 첫머리에는 교양주의의 특징이 매우 잘 드러난다.

> 문화라는 말이 최근 유행하고 있는데, 어디든 이 말을 갖다 붙이기만 하면 그럴듯해 보인다. 그러나 일반 세인이 문화 그 자체를 얼마나 이해하고 있을까? 문화는 국민 전체의 지식, 도덕, 취미 등을 기초로 삼아 구축되는 것인데 그 기초가 되는 지식, 도덕, 취미 등이 현대의 일본에는 얼마만큼이나 존재하고 있을까? 정치·경제 등 삶의 필요에서 발생하는 것으로 판단되는 것은 모두 민중적일 것임이 요구되고 있으며 민중적인 방법에 적합하지 않은 것은 시대착오로서 배척당하는데, 문화의 기초인 지식, 도덕, 취미 등에 대해서도 과연 민중적일 것임을 요구해야 하는가? 민중적이지 않은 것은 과연 모두 시대착오라 해야 하는가? 그러나 현대 일본의 지식, 도덕, 취미가 실제로 나타난 사실을 고찰할 때에는 몹시 허전함을 느끼는 경우가 있다(니시카와 2006 : 222에서 재인용).

위에서 나이토 고난이 세인이 이해하지 못한다고 말한 문화는

'지식, 도덕, 취미를 기초로 삼아 구축되는' 것으로서 학문, 문학이나 예술 등을 가리킨다. 이것은 정치나 경제와는 분리된 영역을 구성하고 있으며 특히 엘리트의 영역으로서, 다이쇼기에 지식인의 주도하에 형성된 도덕적 자율성과 인격, 지적이고 심미적인 능력으로서의 교양 등 문화의 이상理想은 근대적 교육이 정비되고 새로운 지식 계층이 형성되면서 널리 확산되었다.

2) '문화'의 이데올로기화 및 정치화 : 문화주의, 문화국가, 문화정치

다이쇼기 일본에서 문화가 이데올로기화하면서 하나의 사상 전통을 형성하게 되었음을 보여 주는 증거는 문화주의의 등장이다. 앞에서 인용한 미키 기요시의 글에 등장한 '문화주의'라는 표현은 1919년 구와키 겐요쿠와 소다 기이치로가 행한 강연의 제목으로 맨 처음 나타났다고 하는데, 이 사상은 1910년대 후반의 인문주의·인격주의를 계승하는 동시에 당시의 국내적 상황 및 세계적 변동과 연계된 시대적 요구도 반영하고 있었다. 일본에서는 제1차 세계대전기의 호황에 힘입어 부르주아와 중산층이 크게 팽창했으며, 이들을 중심으로 개인에의 관심·자각 또는 내면의 충실을 꾀하려는 개인주의적·자유주의적 풍조가 확장되었다. 한편 급속한 자본주의화에 의해 다양한 사회적 갈등, 충돌도 발생하고 있었다. 문화주의는 이와 같은 문제들을 해결하기 위해 부상한 '개조론' 가운데 자유주의적 부르주아 및 중산층이 택한 노선이었다고 할 수 있다.

소다 기이치로는 「문화주의의 논리文化主義の論理」라는 제목의 강연에서 문화주의를 '단순한 보수주의군국주의·제국주의'에 반대하는 동

시에 '단순한 진보주의사회주의'와도 거리를 두어 양자를 초월하려는 입장이라고 설명하고, 이러한 태도를 '문화적 자유주의'로 일컬었다. 즉 문화주의는 개인의 자각 또는 내면적 충실을 꾀하는 인격주의에 기초하여 데모크라시를 주장하는 한편, 인격적 평등주의에 기초하여 노동문제 등 사회문제에 대응하려는 사상이었다. 또 문화주의는 문화의 발전이 민족들의 평가 기준이 되어야 한다는 주장이었다. 그 목표는 일본이 문화적 지도력을 발휘함으로써 민족들의 공존동생을 추구하자는 것이었다.[52]

좀 더 자세히 살펴보자면 정치·사회사상으로서 문화주의의 의의는 '개인'과 '사회'의 발견 혹은 그에 대한 대응이라는 측면에서 이해할 수 있다. 메이지의 문명론에서 다이쇼의 문화론으로의 전환은 대개 '국가'에서 '개인'으로의 전환이라는 프레임으로 논의되어 왔지만, 그 전환은 '사회'로의 전환을 동반했다고 할 수 있다. 이때 사회는 두 가지 의미였다. 간략히 말하면 하나는 국가주의에 반대한 시민사회civil society 담론의 사회였고, 다른 하나는 자본주의적 산업화에 의해 야기된 계급 갈등으로 가시화된 사회였다. 문화주의는 전자의 사회를 육성하기 위한 사상이자 후자의 사회에 대응하기 위한 사상이었다.

우선 문화주의는 메이지 시대의 가족주의적 국가주의미키 기요시가 말한 '정치'에 대립하여 개인의 자율성과 함께 사회의 자율성에 대한 주장을 뒷받침했다. 앞에서 살핀 것처럼 '교양'은 개인의 내면 또는 윤리에 초점을 두었지만 주관성에 머무는 것이 아니라 상호 주관성

52 소다 기이치로의 문화주의에 대해서는 홍선영 2005 : 460~468 참조.

즉 개성과 보편성을 자신 안에 통일한 인격 즉 진정한 의미의 자유로운 개인을 육성하는 것을 목표로 삼았다. 이때 보편성은 억압적이고 전제적인 국가가 아니라 자유로운 개인들에 의해 결성되는 사회, 요컨대 시민사회에 의해서만 확보될 수 있는 것이었다. 구와키 겐요쿠, 소다 기이치로, 요시노 사쿠조吉野作造, 1878~1933, 후쿠다 도쿠조福田徳三, 1874~1930, 도모나가 산주로 등은 '여명회黎明會'라는 단체를 결성하여 데모크라시운동에 일조했다.

문화주의는 사회에 대한 또 다른 의미의 대응이자 해결책으로 제안된 것이다. 소다 기이치로는 요코하마 사회문제연구소와 요코하마 사회관을 주재하여 사회사업을 시행하고 사회정책의 실행을 요구했다. 사회문제, 사회정책, 사회사업의 '사회'는 자본주의사회의 경제적 불평등에 의해 야기된 문제들과 노동계급이나 하층민의 존재를 가시화했다. 구와키 겐요쿠의 저서 『문화주의와 사회문제文化主義と社會問題』1920가 보여 주었듯이, 문화주의는 노동계급의 사회민주주의적 요구에 의해 즉 빵을 둘러싼 갈등과 투쟁에 의해 '문화'가 유린되는 것에 반대하는 사상이었다.[53] 요약하면 문화주의는 교양계층으로서의 '문화인' 즉 지식인의 주도성을 강조한 이념이었으며, 정치적으로는 자유주의를 지향한 부르주아와 중산층에 의해 지지되고 확산되었다.

문화주의를 정치의 원칙으로 부상시키려는 노력을 상징한 표어는 '문화국가'였다. 문화주의는 전문적인 아카데미아 바깥으로도 확

53 구와키 겐요쿠와 소다 기이치로의 문화주의의 내용과 정치적 · 사회적 성격에 대해서는 미야카와 · 아라카와 2001 : 148~156, 293~297 참조.

산되었는데, 야나부 아키라에 따르면 문화라는 단어를 저널리즘과 정치가 사이에 널리 유행시킨 인물 중 한 사람이 오야마 이쿠오大山郁夫, 1880~1955이다. 독일 유학을 다녀와 1916년에 발표한 「군국적 문화국가주의 : 독일 국민생활의 일면軍國的文化國家主義 : 獨逸國民生活の一面」에서 오야마 이쿠오는 '문화는 국가의 목적이며 힘은 그 수단'이라고 주장했는데(야나부 2013 : 49~50), 여기에서 그가 호소한 '국민문화'는 19세기 말에 구가 가쓰난이 제시한 것과 같은 국수적 민족주의의 이념이 아니라 제국일본 내 여러 민족이 국민이라는 공동체를 이룰 수 있도록 하는 가치 이념이었다(구인모 2008 : 87).[54] 메이지의 '문명국가'를 대체한 다이쇼의 '문화국가'란, 부국강병이나 식산흥업이 아니라 그보다 더 높은 문화에 기초해서만 국민이 인격이 있는 인간으로서의 능력을 자유롭게 발달시키는 참된 국가가 가능하다는 주장이었다. 문화국가는 다이쇼기 자유주의적 데모크라시의 비전을 담은 표어였다(야나부 2013 : 49 ; 미야카와·아라카와 2001 : 293~296).[55]

'문화정치'는 문화국가의 이념을 식민정책에 원용한 것이었다. 1920년대로 접어들어 일본은 식민정책의 전환을 기획하면서 소위 '문화통치'를 슬로건으로 내세우게 되었는데, 이는 조선의 3·1운동이나 중국의 5·4운동의 정치적 충격 때문만은 아니었다. 그것은 오히려 제1차 세계대전 이후 국가들이 새로운 제국 질서 속에 재편

54 오야마 이쿠오의 「군국적 문화국가주의」는 「민족과 계급」이라는 제목으로 4회에 걸쳐 『개벽』 제51~55호(1924. 9~1925. 1)에 번역되어 실렸다.

55 자유주의적 문화주의는 인간의 정신적·도덕적 개조를 통해 인생의 완성을 이루고 그러한 인격 있는 인간들에 의해 참된 문화국가를 이룩한다는 이데올로기였다(미야카와·아라카와 2001 : 293~294). 1930년에 출간된 『사회과학대사전(社會科學大辭典)』(改造社)에서는 '문화주의'를 이상주의적 관점의 개조론으로 설명하고 있다(나연준 2011 : 10 참조).

되고 있다는 현실 인식에 따른 것이었다고 할 수 있다. 새로운 식민정책은 하라 다카시原敬, 1856~1921 등이 제기한 내지연장주의에 입각한 동화주의정책의 실패에 대한 인정과 함께, 1920년대 정치적 황금기를 구가하던 자유주의적 데모크라시의 영향 속에서 구상되었다.[56]

일본에서 자유주의 식민정책학이 구체화된 것은 1920년대 중반이었다. 과학적 식민정책학을 정립시킨 인물로 평가되는 야나이하라 다다오矢内原忠雄, 1893~1961는 '국제경제론으로서의 식민지'정책을 제시했다. 그는 '식민'을 이주를 통한 사회적 활동으로 개념화하고 식민 활동을 인류 발전의 필연적 요건으로 인식했다. 우월한 문명국이 후진적 사회에 이주하여 식민지를 근대화하는 것이 세계경제의 발전을 위해 필요하다는 것이다. 야나이하라는 근대화된 식민지가 자연스럽게 분리·독립하여 자유주의적 시장경제를 바탕으로 발전하고 있는 세계경제체제에 평화적으로 진입할 것으로 전망했는데, 식민지 종언 이후의 평화적 국제 관계라는 야나이하라의 구상은 칸트의 영구평화론에 바탕을 두고 있었다.[57] 요컨대 야나이하라 다다오의 자유주의적 식민정책학은 제1차 세계대전 이후 격변하는 국제정치 및 경제체제 속에서 식민정책을 사고해 보려는 거시적 구상이었다.[58]

56 1920년대 일본의 식민정책의 전환에 대해서는 이석원 2003 : 23~37.

57 야나이하라의 식민정책학에 대해서는 이석원 2003 : 31~37 참조.

58 야나이하라는 1926년 「조선통치의 방침(朝鮮統治の方針)」에서 '문화정치의 직접적 효과는 민중의 문화적 욕망'이라고 지적하면서 조선에 대한 통치가 식민지 민중의 욕망은 실현시키지 못한 채 오히려 재정적 부담만 가중시키고 민족부르주아지와 노동자계급의 갈등을 심화시키고 있다고 진단했다[矢内原忠雄(1983), 「朝鮮統治の方針」(1926), 李種植 編, 『朝鮮統治問題論文集』, p.108(이석원 2003 : 29에서 재인용)].

3) 근대의 모순과 갈등의 산물이자 그에 대한 대응으로서의 '문화'

다이쇼기에 문화는 지식인 사이에서는 자유주의·서구주의·보편주의·코즈모폴리터니즘에의 지향을 표상한 한편, 좀 더 넓은 사회적 담론장에서는 민족주의·국가주의의 지향을 뒷받침하는 데 활용되었다. '문명은 물질문명, 문화는 정신문화라는 의미에서 언제나 문화는 뭔가 문명보다 높은 것'이라는 의식이 널리 확산되었는데,[59] 여기에는 후발 주자인 일본이 선진 유럽에 대해 자신들의 고유성을 주장하려는 열망이 개입되어 있었다. 세기전환기 및 제1차 세계대전을 전후한 시기에 선진국인 영국, 프랑스에 대해 후진국 독일이 자신의 정체성과 위상을 강조하기 위해 내세운 '쿨투어'가 일본에서는 국가주의와 전체주의에 대한 자유주의적 지식인들의 투쟁에 원용된 한편, 선진국 유럽에 대해 후진국 일본의 정체성을 주장하는 민족주의적 담론에도 활용된 것이다.

다이쇼 시대에 개화한 교양은 쇼와 시대에 이르러 국체國體 개념에 의해 지지되는 내셔널리즘 속으로 급속히 빨려 들어갔다. 쇼와 10년대 즉 1930년대 중반 이후에 교양주의가 부활했는데, '쇼와교양주의'에서는 국가와 민족에의 헌신이라는 문제가 부각되었다.

> 자기에게 충실하다는 것은 역시 무엇보다도 필요한 것이다. 그러나 동시에 자신을 전체의 중심에 위치시켜 생각하는 것, 다시 말해 시야를 전체에서 분리하지 않는 태도를 지닌 사람은 뜻밖에 세상에 적다. 제군

59 三木清(1968), 앞의 글(야나부 2013 : 46에서 재인용).

의 수양의 요점은 그 점에 있어도 좋다고 생각한다.[60]

위 글은 다이쇼의 교양주의를 대표한 철학자 아베 요시시게安倍能成, 1883~1966가 조선의 경성제국대학 교수를 거쳐 일본의 제일고등중학교 교장에 취임할 즈음인 1939년에 발표한 『청년과 교양』에 실린 「고등학교와 교양」의 일부이다. 위 인용문에서 '수양'의 요점은 '자기'에서 '전체'로 옮겨 가고 있다. 아베는 같은 책에 실린 「반도의 학생에게 주는 글」에서는 자아의 교양이 사회적 훈련과 병행해야 조선의 사회가 건실한 진보를 얻을 수 있다고 주장했다.[61] 여기에서는 교양의 초점이 '자아'에서 '사회'로 옮겨진다. 아베가 말한 전체 또는 사회란 국체 개념에 의해 지지되는 내셔널리즘을 표현한 것이다. 니시카와 나가오는 다이쇼 시대에 개화한 문화나 그 사상과 함께 자라기 시작한 민주주의데모크라시, 사회주의, 자유주의가 쇼와 시대에 들어서 강력한 내셔널리즘의 자장 안에서 결국 질식 · 해체되고 말았다고 평가한 바 있다. 특히 문화의 질식과 해체에 대해서는, "'문화' 개념은 '민족'이나 '국체' 개념과 일체였기 때문에, '문화'로 '국가'에 대항할 수는 없었다"라고 썼다(니시카와 2009 : 109~111, 183~188).

그런데 다이쇼기 및 쇼와기의 문화의 의미에 대한 이상의 정리는 문화 개념의 전개를 다소 '선택적으로' 재구성하는 결과로 귀착되기 쉽다. 문화주의, 문화국가, 문화정치의 '문화'는 근대 독일의 관념철학이나 미학예술학에서 유래한 규범적 · 가치평가적 개념인

60 安倍能成(1939), 『青年と教養』, 東京 : 岩波書店, pp.174~175(허병식 2009 : 81에서 재인용).
61 安倍能成(1939), 앞의 책, pp.194~197(허병식 2009 : 81에서 재인용).

데, 다이쇼기에 형성된 문화론은 이 같은 분야에만 제한되지 않았기 때문이다. 일본의 지식인은 세기전환기 이래 독일에서 다양한 문화학 — 문화철학빈델반트, 문화과학리케르트, 문화심리학분트 · 딜타이, 문화사회학셸러 · 베버 — 을 수입했는데, 심리학이나 사회학을 통해서는 객관적 · 기술적 · 비규범적인 culture 개념도 수용했다(니시카와 2009 : 224).[62] 다이쇼기에는 외적으로는 식민지 개척의 필요에 응하고 내적으로는 내부 통치의 필요에 응하면서 다양한 사회과학이 발전했으며, 여기에서는 물질적인 것을 포함한 광의의 문화 개념이 활용되었다.

다른 한편 마르크스주의 문화론도 등장했다. 사실 다이쇼기에 문화주의는 대두하는 민중과 프롤레타리아 앞에서 불안하게 동요할 수밖에 없었다. 아나키즘이나 마르크스주의 등 급진적 사상의 영향하에서 민중이나 노동계급, 프롤레타리아 같은 새로운 주체들이 지식인의 보편주의적 주체의 위치를 위협했기 때문이다. 이에 따라 하나의 사상으로서 문화주의의 지위가 위태로워졌을 뿐만 아니라 문화 이데올로기 자체가 거부와 반박의 대상이 되는 일마저 생겨났다. 야나부 아키라에 따르면, 1916년 '문화국가'라는 말을 처음 사용한 오야마 이쿠오는 1919년 이후에는 국민문화 개념이 계급적 이해관계를 초월한 문화적 이상을 설정하는 데 대해 반성하면서 민중문화, 프롤레타리아문화를 추구해야 한다고 주장하게 되었다(야나부 2013 : 50~51). 하세가와 뇨제칸長谷川如是閑, 1875~1969, 사카이 도시

62 독일에서는 19세기 이래 학문적인 영역에서 광의의 문화 개념이 주도적이었다(피쉬 2010 : 133~137).

히코堺利彦, 1871~1933 등 사회주의나 노동운동과 연계된 지식인들은 문화주의의 관념성과 엘리트주의를 비판하면서 민중문화(예술)나 프롤레타리아문화(예술)를 주장하고 나섰다(야나부 2013 : 50).

지금껏 살펴본 지식인들의 담론 속 '문화'를 대중적 담론 속 '문화'와 구분할 필요가 있다. 문화는 1920년대 초에 이미 대중의 일상생활에서 각종 소비재 산업과 문화 산업의 발전을 견인하기 위한 선전 문구로 활용되었다(미나미 2007 : 19~21 ; 야나부 2013 : 46~48). 1920년 '건축학회'는 "건축과 문화생활"이라는 주제로 강연회를 열었다. 주최 측이 원래의 주제인 '생활 개선'을 '문화생활'로 변경한 근거로 든 것은 바로 문화주의였다. 그해에 '문화생활연구회'도 설립되었는데 그 내용은 문화주택, 문화촌, 문화학원, 문화냄비, 문화요리, 문화나이프, 문화기저귀 등 문화라는 단어를 앞에 붙인 '상품'으로 채워졌다. 같은 해에 열린 도쿄박람회에는 '문화촌'이 등장했으며 일본식과 서양식을 절충한 집은 '문화주택'으로 불렸다. 당시 중산층 인텔리의 동경의 대상이던 문화주택은 응접실과 넓은 거실, 독방을 갖추고 있어 가장뿐만 아니라 가족 모두의 생활을 중시하는 서양풍의 근대적 주거를 표상했다(야나부 2013 : 55~56). 즉 '문화(생활)'은 도시 대중의 합리화된 생활에 대한 욕구, 사상 · 예술을 교양으로 체득하고 취미 · 오락을 즐기는, 새로운 스타일의 개인 생활 및 가정생활에 대한 욕구 등을 표상했다(야나부 2013 : 19~21).

조던 샌드Jordan Sand는 시장에서도 다양한 사회적 정체성을 지닌 집단들이 문화라는 말을 두고 서로 경합했으며 문화의 실제적 의미는 유행의 논리에 따라 변동했다고 주장한다. 그에 따르면, 다이쇼 원년인 1912년에서 만주사변이 발발하는 1931년까지 소위 '문화생활'은 ① 메이지 시대부터 윤택한 사회자본과 문화자본을 보유해 온 부르주아 전향자의 구세대, ② 문화자본은 풍부하게 갖고 있지만 선배들이 소유하고 있는 정치권력에의 접근권에는 한계가 있던 (엘리트) 지식인 등 신중산층, 그리고 ③ 비주류인 문화 매개자들이 경쟁하는 장이었다. 조던 샌드는 도시 대중문화의 발전에 관계한 주체는 신중산층과 문화 매개자들, 즉 자신의 라이프 스타일과 취향을 점증하는 신중산층에게 판매하는 대중적 작가, 디자이너, 기업가 들이었다고 보았다. 시장에서 문화(생활)는 문화 매개자들이 만들어 낸 '새로운 상품에 대한 약속'이었던 것이다(샌드 2012 : 163~169).[63]

지금까지 논의해 온 바를 요약하면, 근대 자본주의 시스템에 동반된 국가 간 경쟁 시스템하에서 일본의 문화론은 필연적으로 국가주의적민족주의적 성격을 띠게 되었지만, 그 시스템 안에서 부화된 갖가지 모순과 갈등의 산물로서, 또는 그것을 극복하려는 지적 · 실천적 도정에서 탄생한 결과물로서 문화 개념은 복합적으로 작용했다. 개인자아 대 사회, 국가정부 대 사회, 민족국가문화 대 세계인류문화, 엘리트지식인문화 대 민중대중문화, 프롤레타리아문화 대 부르주아문화 등의 형태로 '문화'를 둘러싼 여러 겹의 긴장과 경쟁이 발생했다. 이로써 문화라는 단어는 개인 · 사회 · 민족 · 국민 · 인류나 민중대중 / 지식인, 부르주아 / 프롤레타리아 등 주체성을 주장하는 다양한 담론에서 핵심적 요소가 되었다.

63 조던 샌드는 메이지의 국가 중심 이데올로기에 반대하여 '문화'로 눈을 돌린 지식인들에 대한 회고적 묘사를 통해 구성된 지성사는 다이쇼기에 대해 매우 제한적인 이해를 제공할 뿐이라고 지적한다. 이러한 문제의식을 바탕으로 조던 샌드는 다이쇼의 대중문화사를 수정 · 보완했다.

중화민국 시대 및 5 · 4운동기의 원화

1) 중화민국 시대의 '문화'

중국에서는 소위 중화민국 시대에 들어서서도 문명 개념의 소구력이 여전히 강했는데, 이때는 사회가 문명화의 대상이자 주체로 제시된 것이 특징이다. 신해혁명1911이 실패한 후 극심해진 정치적 혼란과 위기 속에서 량치차오 등 지식인들은 정치국가를 개혁하기 위해서는 먼저 정치의 외부, 즉 '사회(개조)사업'에 착수해야 한다고 생각하게 되었다. 제도적 정치의 상대 개념으로서 사회는 다양한 차원과 형식으로 조직된 평민들의 집합체 혹은 영역을 의미했다. 1915년 천두슈陳獨秀, 1879~1942는 잡지 『신청년』을 창간하여 '사회'로의 전환을 이끌었는데, 그의 '문명' 이해는 대체로 서구 지향적이고 보편주의적이었다.[64] 후스胡適, 1891~1962의 '문학 개량'에 대한 주장에 권위를 부여해 준 글로 널리 알려져 있는 「문학혁명론」1917에서 천두슈는 르네상스 이래 유럽은 정치, 종교, 윤리 · 도덕, 문학 · 예술 등의 분야에서 여러 차례의 혁명을 거쳐 현재의 발전된 문명을 성취한 데 반해, 중국은 세 차례의 정치혁명을 거쳤지만 암흑이 전혀 걷히지 않았다고 평가했다.

> 가장 큰 이유는 우리 정신계에 깊이 뿌리박고 있는 윤리 · 도덕 · 문학 · 예술 등의 분야에 어두운 장막이 겹겹이 드리워져 있고 더러움이 두텁게 쌓여 있음에도, 그 용두사미의 투쟁조차도 없었기 때문이다. 이

64 『신청년』 창간 당시 천두슈의 서구주의, 보편주의에 대해서는 조경란 2015 : 206~208 참조.

것이 정치혁명만으로는 우리 사회에 어떤 변화도 일으키지 못하고 어떤 효과도 거둘 수 없는 까닭인데……(천두슈 2012 : 83~84).

「문학혁명론」은 '사상혁명'과 '문학혁명'이라는 표현을 처음 사용한 글로 알려져 있는데, 이 용어들은 '정치혁명'의 상대 개념으로 사용된 것이다. 다시 말해 사상혁명과 문학혁명은 정치적 주체화를 위한 비-정치적 정치의 주체로서 사회의 혁신을 목표로 한 것이었다.[65] 천두슈와 후스에 공명한 다른 지식인들도 이와 유사한 맥락에서 사상 · 윤리 · 도덕 · 문학 · 예술 등을 중요한 논제로 다루었는데, 위 인용문에서 천두슈가 이러한 개념들을 포괄하는 상위 개념으로 '정신계'를 사용한 것처럼 이들의 어휘집에서 '문화'는 아직 위상이 분명치 않았다.[66]

제1차 세계대전의 종전을 전후한 시기에도 중국에서는 문명이라는 용어의 힘이 압도적으로 강했다. 중국의 지식인은 전후 국제 질서의 격동과 사상의 변화를 '문명의 전환'으로 감지했다. 『동방잡지』를 거점으로 삼고 활동하던 두야취안杜亞泉, 1873~1933 등 보수적 지식인들은 전쟁의 파괴, 사회주의의 흥기, 과학문명의 폐해에 대한 반동으로 종교와 도덕에 대한 요구가 강해지면 서양의 문명이 중국의 전통 도덕에 근접할 것이라고 기대하면서 동서문명의 절충을 주

65 1910년대 중국 지식인들의 사회로의 전환 및 비-정치적 정치 주체로서의 '사회'에 대해서는 차태근 2009 참조.

66 김수연이 번역 · 출간한 『신청년의 신문학론』은 1916~1921년 『신청년』에 실린 문학 개혁 논의와 관련된 글 39편을 모은 것인데, 천두슈와 후스뿐만 아니라 첸쉬안퉁(錢玄同) 등의 글에서도 '문화'는 중요한 단어가 아니었다.

장했다. '제3의 문명'리다자오(李大釗), 1918, '재조再造문명'후스, 1919, '제3종 문명'장둥쑨(張東蓀), 1919 같은 표현은 중국의 지식인이 당시를 역사적 전환기로 감지하고 있었다는 것을 보여 준다. 이 같은 전후戰後에 대한 구상에서 근대 서구문명은 비판과 극복의 대상이 되었는데, 이때도 중국의 지식인은 문명을 반박하거나 대체하기 위해 문화라는 단어를 사용하지는 않았다(차태근 2010 : 34~37).

중국의 지식인이 문명 개념을 선호한 이유에 대해서는 더 자세한 조사가 필요하지만, 몇 가지 추론이 가능하다. 첫째는 19세기 말 이후 시빌라이제이션의 번역어로 수용된 '문명'의 영향력이다. 기왕에 물질적 · 정신적 성과물의 총체를 의미하던 문명은 시빌라이제이션의 자극을 받아 민족적이고 진보적인 의미를 내장하게 되었던 바, 중국 사회 전체의 근대적 재편성을 추구한 지식인들은 문명이라는 말을 더 선호했다. 둘째는 중국에서 이와 같은 '문명'은 이미 완료된 과제로서 이제는 억압으로 작용하고 있는 어떤 것이 아니라 여전히 추구해야 할 가치였다는 점이다. 소위 중화민국 시대에도 중국에는 근대적 국민국가 수립이 여전히 미완의 과제로 남아 있었으며, 사회의 근대적 분화 발전의 정도도 미진했다. 제1차 세계대전의 종전에 즈음하여 중국의 지식인들은 근대 서구문명에 대한 복합적인 인식과 판단을 전개했지만, 문명과 구분되는 문화의 이상을 제시하고 구현할 능력이 있는 정치적 · 사회적 주체는 미약했다.

2) 5 · 4운동과 '문화'의 부상

『동서문화와 그 철학東西文化及基哲學』1921의 「서론」은 베이징대학의 철학과 교수 량수밍梁漱溟, 1893~1988이 '동양문화'라는 문제에 대해 작성한 최초의 글로 알려져 있는데(량수밍 2005 : 352), 1919년 여름에 쓴 내용 뒤에 1920년 가을 베이징대학에서 강연을 하면서 덧붙인 내용이 합쳐져 있다. 1919년 여름의 원고에서 그는 "동양의 정치제도와 사회, 그리고 물질생활은 현재의 세계에 적합하지 않으므로 폐지되어야 하지만 정신생활은 뛰어난 점이 있으므로 폐지할 수 없다"라는 '동도서기'식 주장을 비판적으로 검토했는데, 이러한 논의에서 문화는 사상이나 철학의 상위 개념으로 나타난다.

> 현재에는 이미 물질생활 · 정치제도의 문제로부터 근본적인 문화의 문제로 나아가지 않았는가? 현재의 쟁점은 근본적인 사상이 아닌가? 더 분명하게 말하자면 철학의 문제가 아닌가? 현재에는 사상을 개혁하고 철학을 갱신하려고 하지 않는가? 어떻게 도리어 정신생활의 면에서는 폐지하지 않을 수 있다고 말할 수 있는가?(량수밍 2005 : 360)

위 인용문에서 문화라는 말은 물질생활이나 정치제도와는 구분되는, 그것들보다 더 '근본적인' 심급으로서 사상 또는 철학을 핵심으로 삼는 정신생활의 영역을 가리킨다. 문화는 경제, 정치와 함께 전체로서의 사회를 구성하는 하나의 부문으로 인식되고 있다.

이 글의 결론에서 량수밍은 '중국인이 현대적인 생활을 영위할 수 있으려면 확실히 한 차례의 문화운동을 통해 문화를 창조해 내지 않으면 안 될 것'이라고 썼는데, 이때 그가 문화운동이라는 용어를 자신감을 가지고 사용한 것은 아니었다. 1920년의 강연문에서 그는 "'문화운동'이라는 네 글자는 당시1919년 여름—인용자에는 스스로 근거가 확실치 못하다고 생각했었는데, 6개월의 노력 끝에 마침내

진부하고 상투적인 말이 되었다. 결국 사회의 용맹스런 진보라고 할 수 있으니 기뻐할 만하다"고 첨언했다(량수밍 2005 : 369). 량수밍이 '문화운동'이라는 용어를 최초로 사용했는지의 여부와는 별개로, 1919년 여름에 그가 머뭇거리면서 쓴 문화운동이라는 말은 1920년에는 지식인들이 일반적으로 사용하는 용어가 되었던 것이다.

문화운동이라는 용어를 상투어로 만든, 1919년 후반 이후 중국 '사회의 용맹스런 진보'란 '5 · 4'를 '사건'에서 '운동'으로 전환 · 확장시킨 과정을 가리킨다. 주지하다시피 '5 · 4시위'는 파리강화회의의 결정에 불만을 가진 베이징의 대학생들이 1919년 5월 4일에 톈안먼에서 시위행진을 벌이면서 시작되었다. 그후 '사건'으로서 5 · 4의 성격을 어떻게 규정하는가, 5 · 4 이후의 '운동'의 전개를 어떻게 전망하는가, 그리고 '5 · 4운동'을 가능케 한 일련의 변화를 어떻게 평가하는가를 토론하는 과정에서 문화와 문화운동이 논제로 부상했다.

5 · 4시위를 이끌던 베이징대학의 뤄자룬羅家倫, 1897~1969은 1919년 5월 26일 『매주평론每週評論』에 발표한 「5 · 4운동의 정신五四運動的情神」에서 5 · 4의 학생 시위를 역사적 실천 '운동'으로 평가하고 그 운동의 정신을 학생희생정신, 사회제재制裁정신, 민족자결정신으로 요약했다. 1년 후인 1920년 5월 5 · 4운동 1주년 기념논문에서 뤄자룬은 민족자결정신을 민중자결정신으로 고치고 5 · 4운동의 전개방향으로 사회운동과 문화운동을 제시했다. 문화운동이라는 단어의 등장과 함께 사회제재정신을 '사회운동'으로 수정한 점이 주목된다. 사회제재의 '사회'가 1917년 천두슈가 「문학혁명론」에서 말한, 국가나 정치권력에 대립하거나 그 권력 행사를 감시하고 통제할 수 있는 정치적 주체들의 조직체로서 시민사회에 가까운 의미였다면,

'사회운동'에는 1920년 천두슈가 주장한 '사회혁명' 즉 사회주의혁명의 의미도 일부 포함되어 있었다. 뤄자룬은 이와 같은 사회운동을 문화운동과 구분했다.

1919년 말부터 천두슈는 '신문화운동'이라는 단어를 본격적으로 사용했는데, 이때 그는 문화라는 말을 제한적인 의미로 사용하려고 했다.

> 문화는 군사와 정치여기서 정치는 정치적 실천을 가리키는데, 정치철학인 경우는 문화에 해당해야 한다, 그리고 산업에 상대하는 개념으로, 신문화는 구문화에 상대하는 개념으로 쓰인다. 문화의 내용은 과학, 종교, 도덕, 문학, 미술, 음악 등을 포함한다. 신문화운동은 구문화의 부족한 점을 지양하면서 동시에 과학, 종교, 도덕, 문학, 미술, 음악 등을 발전시키는 운동이다.[67]

위의 글은 1920년 4월에 발표한 천두슈의 「신문화운동은 무엇인가 新文化運動是什麼?」의 일부인데, 여기에서 문화는 군사와 정치, 그리고 산업의 상대 개념이며 과학 · 종교 · 도덕 · 문학 · 미술 · 음악 등의 상위 범주이다. 철학은 과학학문의 하위 범주로서 문화 안에 포함된다. 천두슈가 문화의 범주를 이렇게 엄밀하게 규정한 이유는 '문화운동과 사회운동은 서로 다른 영역이며 구분되어야' 하기 때

67 陳獨秀(1920), 「新文化運動是什麼?」, 『新青年』 第7卷 第5號 : "文化是對軍事, 政治是指實際政治而言, 至於政治哲學仍應該歸到文化, 產業而言, 新文化是對舊文化而言. 文化的內容, 是包含著科學, 宗教, 道德, 美術, 文學, 音樂這幾樣 ; 新文化運動, 是覺得舊的文化還有不足的地方, 更加上新的科學, 宗教, 道德, 文學, 美術, 音樂等運動." 이 문장은 중국에서 좁은 의미의 '문화'를 명확하게 정의한 최초의 사례로 알려져 있다.

문이었다.[68]

앞에서 뤄자룬이 사회라는 단어를 사용한 방식을 검토하면서 언급했듯이, 이 시기에 천두슈는 사회주의혁명을 사회혁명이라고 불렀다. 국민의 주권적 권리를 위한 혁명입헌제 또는 공화제로의 정치체제의 개혁을 의미하는 정치혁명의 상대 개념으로서 사회혁명은 자본주의체제의 경제 관계의 불평등을 해결하기 위한 혁명을 가리켰다. 노동운동 등 사회주의운동에 주력하고 1921년에 중국 공산당의 창당을 주도한 천두슈는 문화운동의 의의를 부정하지는 않았지만, 문화 이외에 다른 영역의 운동 즉 부녀운동 · 노동운동 · 정치운동 등에 관심을 촉구하기 위해 문화운동과 사회운동을 구분했다.

천두슈의 주장은 1919년 말부터 본격화된 5 · 4운동의 성격에 대한 주류적 논의에 대응하고 개입하려 한 것이었다. 5 · 4운동에 대한 주류적 관점은 그 운동을 1910년대 후반부터 베이징대학의 교수들과 『신청년』이 추진해 온 문학혁명과 백화문운동, 공자사상 비판 등 주로 문학과 사상 방면의 운동과 연계하여 파악하려는 것이었다. 이 관점은 5 · 4운동 이후의 문화운동이 바로 그 연장선상에서 진행된다고 보면서 교육개혁과 학술, 계몽 등의 방법을 강조했다. 이와 같은 논의 중 주목되는 것이 지금도 널리 통용되는 '신문화운동' 혹은 '르네상스', '계몽운동'이라는 관점이다.

1919년 여름 문화운동이라는 단어의 근거를 되물으며 주저하던 량수밍은 1919~1920년에 쓰고 1921년에 발간한 『동서문화와 그 철학』에서는 문화운동의 시작점을 그 수년 전인 『신청년』의 활동

68 陳獨秀(1921), 「文化運動與社會運動」, 『新青年』 第9卷 第1號.

으로 소급했다. 그에 따르면, 『신청년』의 의의는 신해혁명이 실패한 후 정치개혁의 표피성을 깨닫고 문화운동을 개시한 데 있었다. 그는 1910년대 후반 4~5년 동안 천두슈가 '사상의 개혁-문화운동'을 주창하자 "이에 모두가 당시 가장 중요한 것은 정치 문제가 아닌 사상의 개혁, 즉 문화운동이라고 여기게 되었다"라고 썼다(량수밍 2005 : 42). '문화운동'의 기원에 대한 량수밍의 해석은 『동서문화와 그 철학』의 「서론」에서 밝힌 문화론의 연장선상에 있었으며, 이는 문화운동을 사회(혁명)운동이나 정치운동과 거리를 두고 이해하려는 문제의식과 결부되어 있었다.

'르네상스'는 후스 및 그와 가까운 관계에 있던 현대문학 잡지 『신조新潮』1919. 1. 창간에 의해 제기되었다. 이 잡지의 영문명은 *The Renaissance*였는데, 1919년 8월호에서 푸쓰녠傅斯年은 『신조』가 나아갈 방향을 문예사상 및 인도주의에 대한 계몽을 중심에 두고 부분적으로 사회문제를 포함하는 개혁운동으로 설정했다. 문화운동의 '사상운동'으로서의 성격을 강조하는 이 같은 논의는 대체로 서구의 역사 발전 경로를 모델로 삼아 중국의 근대화를 구상하는 데로 연결되었다. 자유주의적 지식인이 주로 이 같은 관점을 취했는데, 이들은 당시 중국이 서구의 르네상스기 혹은 문예부흥기를 통과하는 중이라고 생각했다.[69]

한편 이 시기에는 서구 인문주의의 문화 이데올로기를 보다 직접적으로 수용한 집단이 등장했다. 현실주의에 강조점을 두면서 문

69 이 항에서 5·4운동 및 문화운동의 성격 규정을 둘러싼 뤄자룬, 천두슈, 후스 등의 주장에 대한 분석은 차태근 2009 : 27~37에서 도움을 받았다.

학소설의 개혁적 기능을 부각시킨 천두슈나 후스의 반대편에서 중국 고전의 재발명에 힘을 쏟은 우미吳宓, 메이광디梅光迪, 후셴쑤胡先驌 등은 국수 개념의 '문화주의적' 전환을 이끌었다. 미국 특히 하버드대학에서 서구의 인문주의 전통을 습득한 이 학자들은 당시를 '신인문주의'와 '급진주의'의 전 지구적 경쟁기로 파악했다. 이들은 천두슈와 후스를 중국에서의 급진주의의 발현으로 파악했고, 스스로에게 이 조류와 투쟁해야 한다는 책무를 부여했다. 이 학자들이 1922년에 창간한 잡지 『학형學衡』을 보면, 이제 '국수'는 한족의 종족적 정체성이나 우월성이 아니라 '순문학belle lettres' 정신을 정점으로 하는 일종의 문화적 위계질서를 대표하게 되었다. 이러한 문화적·문학적 가치의 세계는 우미가 매튜 아놀드를 인용하여 이야기한 '이 세계에서 사유되고 표현된 것 가운데 최고의 정수'를 포함한 것이다. 여기에서 중요한 점은 1900년대에 국수운동을 특징 짓던 서구에 대한 양가적 태도가 서구 인문주의 전통에 굳게 뿌리박은 정당화체계, 즉 문화 이데올로기에 의해 대체되었다는 것이다. 하버드대학의 교수 어빙 배빗Irving Babbit, 1865~1933의 신인문주의 이론으로부터 영향을 받은 이들은 보편적 인문주의 또는 인문주의적 국제주의를 지반으로 하여 동양 유교의 정수와 서양 고대 그리스의 정수를 이상적인 방식으로 배합하고자 했다. 서구의 인문주의적 문화론은 이들이 '유교'를 '런원주의人文主義' 혹은 중국문화의 인문주의적 정수로서 재독해하고 재구성하는 것을 가능케 하는 해석학적 공간을 열어 준 것이다(리우 2005 : 404~412).

문화를 정치운동이나 사회운동의 영역에서 분리하여 문예와 사상의 영역을 가리키는 말로 사용하던 량수밍 같은 지식인들은 다른 한편에서 그 단어를 인간의 생활과 관련된 모든 활동, 관계, 영역을 총괄하는 의미로도 사용했다.

> 이른바 문화란 한 민족의 생활의 갖가지 모습을 가리킨다. 총괄하면 그것은 세 분야에서 벗어나지 않는다. 1) 정신생활. 종교, 철학, 과학, 예술 등이 그것이다. 종교, 문예는 감정에 치중하고 철학, 과학은 이지를 중시한다. 2) 사회생활. 우리가 주위 사람들—가족, 친구, 사회, 국가, 세계—과의 사이에서 살아가는 방식이 다 사회생활에 속한다. 가령 사회조직, 윤리관습, 정치제도 및 경제관계가 그것이다. 3) 물질생활. 음식, 주거와 각종 생활용품, 인류가 생존을 위해 자연계에서 얻는 여러 가지 것들이 해당한다(량수밍 2005 : 48).

위 인용문은 량수밍이 『동서문화와 그 철학』에서 '문화'를 정의한 부분인데, 여기에서 문화는 정신생활 · 사회생활 · 물질생활을 포괄하는 '한 민족의 생활양식'으로 설명되고 있다. 이때의 문화는 앞에서 그가 '문화운동'을 제창할 때 언급한, 사상이나 철학의 상위 개념으로서 정신생활의 영역을 가리키던 문화와는 다르다.

1920년대 전반기에 중국 학계를 풍미한 '동서문화논쟁'은 1915년 『신청년』과 『동방잡지』 사이에서 발화된 후 10여 년간 지속되어 관련된 글이 1천여 편이 넘는다고 알려져 있다. 논쟁의 진용은 대체로 ① 동방문화파장둥쑨 · 량치차오 · 량수밍 등, ② 서화파후스 등, ③ 유물론파리다자오 · 천두슈 등 마르크스주의자로 나뉜다. 『동서문화와 그 철학』은 현대 서양문화의 문제점을 동양문화로 극복하려는 구상을 발표한 대표적 저서로서, 량수밍은 동양문화의 위기에는 공감하지만 천두슈의 과학과 민주주의, 후스의 비판적 정신만으로는 중국인의 삶의 태도에 근본적인 변화가 일어나지 않기 때문에 중국인 본연의 '삶의 태도', 예를 들어 유교의 주요 사상을 먼저 세운 후 서구의 과학, 민주의 제도를 도입하자고 주장했다. 이러한 주장의 전제는 서양문화와 동양문화는 각기 다른 삶의 방식의 발현일 뿐이므로 융합을 통해 각 문화의 한계점을 보완하는 것이 가능하다는 점이었다.

량수밍처럼 동서문화의 충돌·조화 및 융합 가능성을 주장한 논자들은 대체로 서양문화와 동양문화를 우열의 관계가 아닌 서로 성격이 다른 문화로 규정했으며, 이는 대체로 생활양식으로서의 문화라는 정의에 바탕을 두고 있었다. 이와 같은 의미의 문화는 탈식민주의적 문명주의의 다원적 문명 개념과 유사한데, 량치차오를 중심으로 유학의 가능성을 중시한 '연구계' 지식인들이 대개 문화와 문명을 동일한 의미로 사용한 것은 이러한 내용적 근사성 때문이었을 것이다.[70] 주목할 점은 이제 중국의 지식인은 지역이나 국가, 민족 집단의 정체성이나 차이를 총체적 관점에서 설명하거나 비교할 때 문명이라는 단어보다 문화라는 단어를 더 자주 쓰게 되었다는 것이다.

지금까지 5·4운동을 전후한 시기 중국의 문화론 및 문화운동론의 특징을 개괄해 보았다. 1910년대까지 '문명'과 구별되는 특별한 의미나 위상을 갖지 못하던 '문화'는 5·4운동의 과제를 계승하는 동시에 그것을 특정한 관점에서 확장하려 한 다양한 주체의 실천에 의해 복잡하고 풍부한 의미를 작동시키게 되었다. 문화운동이 그 대표적 실천 형식이었다. 문화운동을 거치면서 문화는 사람들의 정치

70 량치차오의 문명=문화 개념에 대해서는 강명희 2009 : 27.

적이거나 사회적 · 경제적인 욕구 및 실천과 분리된 특정한 영역제도으로 편성되는 한편, 인간의 생활과 관련된 모든 활동 · 관계 · 영역을 총괄하는 개념이 되었다. 즉 중국인은 문화라는 단어로 문학 · 예술 · 도덕 · 종교 같은 이데올로기 형식 또는 제도 들을 지시하는 한편, 다양하게 분화된 생활의 영역을 총체적으로 재현하게 된 것이다. 큰 시야에서 보면 '문화운동'을 거치면서 '문화'는 중국 사회의 제도적 분화 및 통일의 경향을 재현하고 포착하는 핵심 개념으로 부상했다고 할 수 있다.

근대 동아시아에서 文化 개념 횡단의 조건과 계기

19세기 후반 일본에서 culture나 Kultur의 번역어로 文化가 채택된 후 그 단어는 중국과 한국 등을 횡단하고 순환했다. 일본에서는 다이쇼기에 이미 '문화를 둘러싼 문제들이 거의 빠짐없이 등장'했다고 하는데(니시카와 2009 : 184), 다소간 시간 격차가 있지만 1920년대 중반에는 한국 · 중국에서도 유사한 상황이 전개되었다. 따라서 동아시아에서 文化 개념의 변화에 대한 연구는 culture / Kultur의 번역어인 '분카', '원화', '문화'가 일본, 중국, 한국에서 보편적인 분석 범주로 성립되고 당연시된 역사적 · 사회적 조건을 부각시켜야 한다.

이제까지 동아시아에서 문화 개념 수용의 역사적 · 사회적 조건에 관련해서는 민족주의의 규정성에 대한 강조가 일반적이었다. 19세기 후반 이후 제국주의와 식민주의의 압박에 노출된 아시아에서 이론과 사상, 그리고 현실 정치를 규정하게 된 민족주의가 문화주의의 성격을 규정했다는 것이다. 민족 · 인종 개념과 문화 개념이 결합하여 형성된 '국수' 또는 '민족성' 같은 개념들이 국민민족국가의 청사진을 만드는 데 기여했다는 점이 강조되었는데, 아시아에서 민족주의와 결합한 문화주의는 대개 '문화적 민족주의'라는 이름으로 논의되었다. 그러나 근대 시기 문화는 특정한 이념민족주의에 한정되지 않는 복합적이고 다층적인 인식 및 실천과 관련되어 있었다.

리디아 리우의 '언어횡단적translingual 실천'은 비서구 사회의 근대와 근대성의 복잡한 양상을 새롭게 보고자 하는 시도의 일환이다. 그는 중국에서의 근대적 원화 개념의 형성을 유럽어 · 일본어 · 중국어를 가로지르는 실천이라는 맥락에서 관찰하는데, 여기에서 중요한 것은 culture / Kultur와 분카 · 원화 사이의 연계를 어느 한쪽을 절대적 범주로 사용하지 않으면서 역사적 · 언어횡단적 실천의 관점에서 관찰하는 것이다. 이는 '손님언어와의 접촉/ 충돌에 의해, 혹은 그럼에도 불구하고 주인언어 내부에서 새로운 단어 · 의미 · 담론 · 재현 양식이 생성되고 유포되며 합법성을 획득하는 과정'에 대한 분석을 뜻한다. 여기에는 이 과정에 관여한 다양한 개인, 집단의 수사 전략, 담론 구성, 명명 실천, 합법화 과정, 비유 및 서사 양식 등에 대한 검토가 포함된다(리우 2005 : 60, 62~70).[71] 아래에서는 앞에서

71 리디아 리우는 20세기 중국의 '변화'에 대한 기존의 충격-반응 모델, 지배-저항 모델, 전통-근대성 모델, 또는 제국주의적 억압-내재적 발전 모델(제국주의 침략에 의해 방해당하지 않았다면 밟아 갔을 독자적인 근대화 경로를 상정하는 것)을 넘어서고자 한다. 그녀의 목표는 한편으로는 서구 · 근대성 · 진보 혹은 여타의 포스트계몽주의 개념들을 특권화하지 않으며, 다른 한편으로는 토착적 중국이라는 고착화된 관념에 의존하지 않으면서 20세기 중국의 변화와 동서 간 상호작용의 문제를 논하는 것이다. 이를 위해 리우는 가야트리 스피박(Gayatri Chakravorty Spivak) 등 서발턴 연구의 '변화 이론'을 수용하는데, 변화 이론의 제안은 '변화의 계기(들)는 복수화되어야 하며 이행이 아니라 대결로 파악되어야 한다'는 것이다. 이행에서 대결로의 전향은 동양과 서양의 조우 이후 발생한 변화를 이해하는 데 리디아 리우에게 새로운 관점을 제공했다. 즉 근

살핀 일본과 중국의 사례를 바탕으로 근대 동아시아에서 일어난 '문화'의 횡단의 조건과 계기를 대략 두 단계로 나누어 정리해 보겠다.

근대 동아시아에서 culture / Kultur와 그 번역어 분카, 원화, 문화가 언어 사이의 경계를 가로지르는 운동을 시작한 제1단계는 19세기 후반에서 20세기 초였다. 이때는 동아시아에서 고전적 文化, 시빌라이제이션의 동의어로서의 文化, 그리고 컬쳐 또는 쿨투어의 번역어로서의 文化가 병존한 최초의 시기였다. 근대 유럽의 역사철학적 기획 안에서 운동 개념이 된 civilization이 막부 말기 일본에서 文明開化으로 번역되어 근대적 국민국가의 수립을 뒷받침하는 이념으로 성장 · 확산되던 중에, 전통적인 한자사용권에서 '문명'과 동의어로 쓰이던 '문화'가 civilization의 번역어로 소환되었다. 메이지 후기에는 이와 같은 문명을 상대화하는 맥락에서 독일어 Kultur를 번역한 문화가 등장했다. 구가 가쓰난은 문명 진보를 위한 문화 통합을 주장했는데, 그의 문화는 선진국의 문명에 대해 후진국과 약소국의 위치에서 발화된 것이다. 이러한 의미의 문화는 1900년대 후반에는 중국과 한국으로 이동했다. 중국에서 문화 담론은 민족, 국수, 국학 같은 서로 연관된 개념들을 동반하면서 고전 학자들이 한족의 정체성과 우월성을 주장하는 데 원용되었다. 뒤에서 자세히 살펴보겠지만 한국에서도 1900년대 후반에는 국수, 국학 등과 함께 문화라는 말이 등장했다. 19세기 말에서 20세기 초에 걸쳐 일본,

대 역사의 이행에 관한 추상적 질문을 던지는 것이 아니라 민족 간 혹은 서로 다른 집단 간 대치의 순간마다 발생하는 사안의 우발성, 투쟁, 그리고 사건들의 이런저런 복잡한 사정이나 까닭에 관심을 갖게 한 것이다. 리디아 리우는 변화 이론을 언어횡단적 실천에 적용했다.

중국, 한국에서 분카, 원화, 문화 담론은 경쟁적인 국민국가체제에서 일본인이나 중국인, 한국인으로 존재하는 모순과 씨름하는 데 필요한 언어를 제공한 것이다.

분카, 원화, 문화의 횡단의 제2단계는 제1차 세계대전 종전을 전후하여 특히 1919년 이후에 본격화되었다. 당시 세계는 홉스봄이 말한 '단기 20세기'의 입구에 도착해 있었는데, 이 시기의 특징은 제1차 세계대전 발발과 함께 가시화된 유럽의 해체, 식민지에서의 민족주의적 움직임, 그리고 러시아혁명의 성공과 그 이후 사회주의의 확산 등으로 요약할 수 있다.[72] 제1차 세계대전을 전후하여 유럽에서는 제국주의, 이성중심주의, 물질주의, 그리고 civilization을 보편으로 간주하는 서구중심주의에 대한 대안으로 culture / Kultur가 부상했다. 즉 '컬처' 또는 '쿨투어'는 서구 근대문명의 기계적 속성, 추상적 합리주의, 산업 발전의 비인간성, 속물적 물질주의, 서구문명을 인류 보편의 문명으로 간주하는 서구중심주의와 식민지 경쟁으로 점철된 제국주의, 개인주의와 계급주의를 비판하는 담론들의 이념적 거점이 되었다. 유럽의 지성계에는 culture / Kultur를 파국을 맞은 세계를 재구조화할 중요한 심급으로 삼는 문화주의가 널리 확산되었다(피쉬 2010 ; 나인호 2011 : 186~224 ; 유선영 2014 : 367~368).

문화주의는 제1차 세계대전을 성찰하는 문제의식에서 동력을 얻으면서 유럽 바깥으로 퍼져 나갔는데, 동아시아의 지식인은 세계사

72 에릭 홉스봄이 말한 '단기 20세기'는 사회주의체제와 자본주의체제가 인류 사회가 직면한 위기를 해결하기 위해 경쟁한 동시에 협력한 시기로서, 제1차 세계대전과 러시아혁명에 의해 촉발되어 1990년대 사회주의의 몰락으로 종결된다(홉스봄 1997 참조).

적 변동의 기운을 호흡하고 감지하면서 자국의 상황 및 정치적 · 사상적 과제와 긴밀히 연관 지어 culture / Kultur 개념을 수용 · 활용했다. 일본에서 분카는 다이쇼기에 정치적 · 사회적 역량을 확대한 자유주의적 지식인과 중산층, 부르주아지에 의해 지지 · 확산되었다. 이로써 문화는 시대의 아이콘으로 부상했고 국정과 식민지정책의 이념으로 원용되었으며, 그에 머물지 않고 중요한 사상 조류문화주의를 형성하게끔 되었다. 중국에서는 신해혁명이 실패한 이후, 복벽의 움직임과 군벌의 혼돈 속에서 일어난 넓은 의미의 5 · 4운동기를 거치면서 근대 서구의 culture / Kultur를 번역한 원화 개념이 자리를 잡았다. 한국에서는 1919년에 발발한 대규모 민족운동과 그에 뒤이어 형성된 개혁적 · 이상주의적 분위기의 영향 속에서 문화라는 말이 대중화 · 정치화 · 이데올로기화되기 시작했다.

제1단계와 비교할 때 제2단계에서는 문화 개념의 이동 경로가 크게 다변화했다. 리디아 리우가 확인했듯이 중국어 원화는 일본어 분카로부터 많은 영향을 받았지만 존 듀이1919년 중국 방문, 버트런드 러셀1921년 중국 방문로부터도 자극 받았으며 천두슈나 후스 같은 '신문화론자'들은 입센, 스트린드베리, 톨스토이, 버나드 쇼 등을 소개했다. 또한 미국 유학생들을 통해 19세기 후반 영국에서 형성된 문화 이데올로기를 계승한 미국의 신인문주의도 수용되었다. 쇠퇴한 유럽문화를 교정할 자원을 동양문화에서 이끌어 낼 수 있다고 생각한 학자들은 베르그송의 철학, 윌리엄 제임스의 실용주의pragmatism, 루돌프 오이켄의 문화철학 등 동시대 구미의 다양한 사상에 주목했다. 량치차오가 1918~1919년 유럽 여행을 마치고 돌아와 1920년 3~6월 상하이의 『시사신보』를 통해 발표한 「구유심영록歐遊心影錄」

에는 제1차 세계대전 이후 구미 사상계의 동향에 대한 상세한 보고가 포함되어 있었다(백지운 2006 ; 강명희 2009 ; 이종민 2016). Part 3의 3에서 자세히 살피겠지만, '문화(운동)'을 접점으로 하여 중국의 원화와 조선의 문화 사이에 상호 참조 관계도 형성되었다.

2단계의 가장 두드러진 특징은 '문화'가 드디어 '문명'을 뒤로 제쳤다는 점이다. 19세기 말에 이미 일본주의자들은 하나의 전체로서의 문명의 상대 개념으로 정신적 영역을 강조하는 문화를 사용하기 시작했지만, 다이쇼기에는 문화가 문명과 대립하거나 적어도 그것보다 훨씬 가치 있는 것으로 인식되었다. 문명과 문화는 '과학기술 · 정치'와 '문학 · 철학'으로 분리되었는데, 막부 말기에 지식인들이 civilization을 한자어로 옮기기 위해 두 단어를 저울질했던 것을 감안하면 불과 수십 년 사이에 인식론상의 변화가 매우 급격했음을 알 수 있다. 1910년대 내내 문화보다 문명이 월등하게 위상이 높았던 중국과 한국에서도 1919년 이후에는 상황이 바뀌었다. 3 · 1운동 이후 한국에서는 식민 권력과 피식민 지식인이 함께 문화를 주창하는 상황이 전개되었다.

문명과 문화의 위상 전도도 중요하지만 문화 개념의 내적 구조가 변화했다는 점에 주목해야 한다. 제1차 세계대전은 유럽의 해체와 세계 질서의 격변을 알린 사건으로서, 동아시아의 지식인에게 서구의 근대성=문명에 대한 보다 복합적인 성찰과 대응의 필요성을 환기했다. 따라서 이때 부상한 문화는 서구문명에 대한 대타적 의식 속에서 의미를 확보하면서도 앞 시기의 국수주의와는 내용과 지향이 다소 달랐다. 예컨대 메이지기 이래 일본에는 독특성과 토착성예외성을 강조하는 문화 개념을 통해 민족성의 본질이나 정체성으로 표상하는 동시에 서구문명의 이론적 및 이념적 대안을 모색하고자 하는 흐름이 있었다. 19세기 말에 형성된 '동양사학'은 이와 같은 인식론 속에 있었는데, 동양사 학자들은 '서양'에 대응하기 위해 지리적인 동시에 역사적이고 문화적인 존재로서 '동양'을 창안했다. 동양사 안에서 일본은 지나中國나 조선에 대해 문화적 우월성을 자부했다. 일본의 지식인은 서구의 예외이자 동양의 예외인 일본이야말로 동서문화의 조화 및 융합의 적임자라고 보았다(다나카 2004 : 21). 그런데 다이쇼기에 문화에 주목한 지식인들은 '일본문화'를 '예외주의적' 방식이 아니라 '보편주의적' 방식으로 구성하려 했다. 즉 일본문화를 세계문화와의 관계 속에 위치시키려 했다(미야카와 · 아라카와 2001 : 302~309).

그런데 자국의 문화를 보편주의적 관점에서 재구성하는 방식에서 동아시아 지식인의 입장과 태도는 서로 달랐다. 중국의 경우에는 동양문화의 종주국이라는 입장에서 보편주의를 향했다. 예컨대 량수밍 같은 이는 동서문화의 충돌이라는 문제를 해결할 권한과 의무가 중국인에게 있다고 보았다. 일본은 과거 동양문화에서 뒤처져 있었을 뿐만 아니라 현재는 서구화되어 버렸으며, 조선과 같이 이미 식민지가 되어 종주국의 문화적 지배 아래 있는 민족들에게는 동서문화의 충돌을 해결할 자격은 물론 능력도 없다고 보았기 때문이다(량수밍 2005 : 363~369). 조선의 지식인들은 일본의 '동양학' 담론에 동의할 수 없었지만, 중국의 '동양문화' 담론에도 쉽게 공감할 수 없었다.

1920년대 전반기에 『개벽』의 중국통이었던 이동곡李東谷이라는 필자는 량수밍의 동양문화론을 비롯한 중국의 '동서문화논쟁'을 매우 가까이에서 관전했는데, 그는 중국에서 동양문화론을 주창하는 이러한 움직임은 소수에 제한되며 학자적 관심에 의한 것일 뿐이라고 낮게 평가했다. 이동곡은 중국에서 1910년대 후반부터 전개되어 온 공자사상과 군주제 전통의 내적 연결성에 대한 근본적 비판을 바탕으로 한 중국의 자기 문화에 대한 날카로운 비판, 유교의 비과학성과 비민주성에 대한 비판에 찬동하면서 '민주'와 '과학'을 모토로 한 중국의 사상혁명 분위기에 공감했다. 이와 같은 이동곡의 평가에는 조선의 입장이 개입되어 있었는데, 소위 동양의 전통은 중국에게는 자신의 과거일 수 있지만 조선에게는 그렇지 않았기 때문이다. 그에 따르면 조선에서 유교는 본질적으로 중국으로부터 도래한 외래문화이며, 게다가 유교문화로부터 매우 협소한 것만을 수용한 조선은 유교문화의 적자가 아니라 사생아에 지나지 않았다. 이동곡은 과거 중화 질서와 유교문화가 조선 고유의 문화를 잠식해 왔다고 보면서 조선은 동양문화의 유지가 아니라 서양문화의 수용을 선택해야 한다고 주장했다.[73]

제2단계에 문화 개념의 내적 구조의 변화를 보여 주는 또 하나의 중요한 특징은 문화 개념이 근대 자본주의 시스템에 동반된 국가 간 경쟁 시스템 안에서 부화된 갖가지 모순과 갈등을 극복하려는 지적·실천적 도정에서 복합적으로 작용하기 시작했다는 것이다. 문화는 개인/사회, 인류세계/민족국민, 지식인/민중대중, 전통/현대, 정신/물질, 이상/현실, 주관/객관, 도덕/물질 같은 다양한 이

73 北旅東谷(1922), 「東西의 文化를 批判하야 우리의 文化運動을 論함」, 『개벽』 제29호 ; 李東谷(1924), 「思想의 革命」, 『개벽』 제52호 참조. 이동곡의 량수밍의 문화론 수용의 특징에 대해서는 김민승 2016 : 47~60 참조.

원적 개념쌍을 매개했다. 이로써 국제 관계에서, 그리고 지배계급 내부에서 또는 계급투쟁의 형태로 문화의 내용이나 정의를 둘러싸고 복잡한 투쟁이 개시되었다. 근대 동아시아에서 문명에 비해 문화가 더 지속적인 영향력을 발휘한 이유에 대해서는 다층적이고 다면적인 분석이 필요하지만, 간단히 요약하면 문화가 식민주의와 민족주의, 그리고 근대주의의 욕망을 모순적이고 복합적인 방식으로 매개했기 때문이다.

번역어 문명과 마찬가지로 번역어 문화는 원산지인 서구와 중개지인 일본·중국 등에서 다양한 의미를 충전한 상태로 한국에 전해졌으며, 식민지 근대사회와 상호작용하면서 복합적이 되었다. 당시 한국인은 문화라는 말에 어떤 의미들을 담았을까, 그 의미들은 어떤 국면에서, 누구의 술어로, 어떤 언어 사용자 집단을 위해, 어떤 종류의 지식 혹은 지적 권위에 기대어 형성되었을까? Part 2에서는 한국에서 문화라는 말의 고전적 용법을 짧게 살펴보고, 19세기 말에서 20세기 초에 발생한 그 말의 용법의 변화와 그러한 변화가 암시하는 쟁점들을 생각해 볼 것이다.

Part 2

19세기 말～20세기 초 문화의 의미장

1. 고전적 문화 개념의 전개와 변형

1894년 갑오개혁에서 1910년 한일합방에 이르는 동안 한국의 정치와 사회, 경제의 구조는 전례 없이 큰 변화를 겪었고 지식과 사상이 급변했다. 문화라는 단어의 의미망이 크게 변형되고 새로운 특징을 얻은 것도 대략 이 시기와 일치한다. 이 절에서는 우선 고대 중국에서 형성된 문화 개념이 한국에서 어떻게 전개되었는지를 통시적으로 살피고, 이어서 19세기 말부터 20세기 초 그 단어의 의미장의 변형 양태를 점검한다.[74]

74 이 절의 2항의 일부는 김현주 2015 : 33~38을 수정・보완한 것이다.

고전적 문화 개념의 전개

최치원崔致遠, 857~?의 문집을 보면, 고대 중국에서 형성된 문화의 의미가 신라에 어떻게 전달되었는지를 알 수 있다. 최치원은 『주역』의 "관호인문 이화성천하觀乎人文 以化成天下"에 대한 당唐 시대 공영달孔穎達의 해설을 소개했는데, 그에 따르면 "인문을 관찰한다는 것은 시서예악을 의미하니, 이 가르침을 법도로 삼아 천하를 교화시킨다"라는 말이다.[75] 여기에서 '문이화文以化'는 곧 시서예악으로 세상을 교화시키는 일敎而化로 풀이되었다.

『주역』「비괘」의 '문이화'나 『예기』「학기」의 '학이화學以化'의 용법은 고려 시대 문헌에도 나타난다.

> 이제현이 찬贊하기를, "광종光宗이 쌍기雙冀를 임용한 것은 현인을 탁용함에 한계를 두지 않은 것이라 이를 수 있다. ……과거를 설치하여 선비를 뽑은 일은, 광종이 본래 문을 가지고 풍속을 변화시키려 했던 뜻을 보고서 쌍기 역시 그 뜻을 받들어 따라서 아름다움을 이루었으니, 도움이 없다고 할 수는 없다……."[76]

위 문장은 『고려사절요高麗史節要』975에서 뽑은 것인데, 이제현은 고려 광종대의 귀화인 쌍기가 과거제도를 실시한 데 대해 '용문화

75 崔致遠, "謝恩表,"「表」, 『孤雲集』 卷1 : "言聖人觀察人文 則詩書禮樂之謂 當法此教而化成天下也."

76 『高麗史節要』 卷2, 광종 대성대왕(光宗大成大王) 을해 26년(975) : 李齊賢, 贊曰, 光宗之用雙冀, 可謂立賢無方乎, 冀, 果賢也, 豈不能納君於善, 不使至於信讒濫刑耶, 若其設科取士, 有以見光宗之雅, 有用文化俗之意, 而冀, 亦將順, 以成其美, 不可謂無補也, …….

속用文化俗', 즉 문을 사용하여 풍속을 변화시키려 한 일이라고 높이 평가하고 있다. 이 표현에서 '문'과 '화'는 앞에서 살핀 인문과 화민성속化民成俗 즉 문이화의 관계로 짜여 있는데, 화속化俗은 화민성속에서 '화'와 '속'을 빼내어 연결한 표현이다. 용문화속에서 '문화'는 아직 하나의 단어로 자립하지 못했지만, 앞의 용례들을 통해 우리는 文化라는 단어의 연원과 그 개념의 내포를 추론할 수 있다. '문' 안에는 도道나 학學의 의미가 포함되어 있고 '화' 안에는 백성의 교화, 풍속의 교화 같은 의미가 내포되어 있다.

① 송나라가 일어나 그 문화가 멀리까지 미치자 머리를 조아리고 관문을 두드려 번신藩臣이 되기를 청해 왔다. 그 사자使者가 와서 조정에 들 때마다 송나라의 찬란한 문물을 보고서는 그 아름답고 찬란함을 부러워하고, 돌아가서는 서로 이야기하여 사람들이 더욱 힘쓰게 되었다.[77]

② 영걸들을 부려 사방을 지켰으니 무공武功이 더욱 원대하였고, 수레바퀴와 문자를 통일하여 만국의 조공을 받았으니 문화가 대동하였다.[78]

위 문장들에는 '문화'가 드디어 하나의 명사로 사용되고 있다. ①은 고려 인종 1년1123 송의 사절인 서긍徐兢이 지은 책 『고려도경高麗圖經』의 일부이다. 서긍은 송이 문화가 높아서 주변의 많은 나라

77 "儒學,"「同文」,『高麗圖經』卷40 : "炎宋肇興. 文化遠被. 稽首扣關. 請爲藩臣. 其使者. 每至來朝. 觀國之光. 歆艶晏粲. 歸而相語. 人益加勉."

78 "태묘 대제의 제2실에 시호를 가하는 책문(禘大廟第二室加謚冊文),"「冊」,『東文選』卷28 : "攬豪傑以守四方. 武功益遠. 混車書而來萬國. 文化大同."

가 부러워하고 본받으려 한다고 평가하고 있다. 송은 주변국을 무력에 의해 강제로 복종시킨 것이 아니라 문화를 통해 자발적으로 따라오게 했다는 의미이다. 이는 고대 중국에서 유래한 고전적인 문화의 용법유향의 『설원』에 나타난 '무력이 아니라 예악으로 이적을 교화한다'는 뜻을 보여 주는데, ②는 고려에서도 문화를 이와 유사한 의미로 통용하고 있었다는 점을 방증한다. 이 구절은 『동문선東文選』에서 최유청崔惟淸, 1095~1174이 고려 2대 왕인 혜종惠宗의 덕을 기리는 부분으로서, 내용을 살펴보면 혜종은 대외정책에 '무공'과 '문화'를 병용한 왕이었다. 최유청은 '차수레와 서문자를 맞춘 일'을 문화통일文化大同로 평가했는데, 이때 문화는 『고려도경』에서 서긍이 송 시대를 찬양할 때 사용한 문화와 유사한 의미로 보인다.

한국에서 한자어 '문명'의 의미변화를 추적한 노대환에 따르면, 고려 후기 원에서 성리학이 도입되면서 문명이라는 단어에 유학적 의미가 결부되기 시작했다고 한다. 이색李穡, 1328~1396의 문집에 문명이라는 단어가 여러 차례 등장하는데, '송문명지세宋文明之世'라는 표현이 드러내고 있는바, 송을 문명한 나라로 판단한 근거는 성리학이었다. 고려 말 조선 초에 지식인들은 송대의 성리학을 문명지치文明之治의 이념으로 평가했는데(노대환 2010 : 52~53), 같은 시기에 문화에 대한 이해에도 성리학적 의미가 부착되기 시작했다.

성리학을 통치 이념으로 삼은 조선 시대에는 문화에서 유학적 의미가 더욱 강화되었다. 아래 예문들은 사대부의 문집에서 뽑은 것이다.

① 육진六鎭은 궁벽한 곳인지라 예로부터 학업을 하는 자가 없었는데,

선생이 이른 지 몇 해 만에 문화가 크게 행해졌다.[79]

② 우뚝이 곧은 풍모로 무너진 기강 바로잡았고/ 교육으로 선비 양성하니 문화가 융성하였다.[80]

③ 법으로 인도하고 무공을 세우니 백성의 풍속이 변하였고, 문명을 다스리고 문화를 닦으니 해가 솟은 듯하였네.[81]

④ 김재찬金載瓚이 대답하였다.

시가 이 장에 이르면, 문화가 크게 행해지고 주나라 풍속이 더욱 아름다워진 것이니, 잠깐 읊조리는 사이에도 한 번 읊고 나서 세 번 찬탄할 만합니다. 『집주』에서 "교화가 행해지고 풍속이 아름다워 집안이 화평하다"고 풀이한 것은 참으로 경經의 뜻에 해될 것이 없으니, 크게 그 기상을 볼 수가 있습니다.[82]

①은 성명 미상의 사람이 정여창鄭汝昌, 1450~1504에게 써준 행장行狀에 수록된 내용이며, ②는 이정구李廷龜, 1564~1635가 쓴 비명碑銘의 일부이다. ①과 ②에서 문화는 '학學'이나 '교敎'를 통해 이룰 수 있는

79 鄭汝昌, "세 번째," 「附錄」, 『一蠹遺集』 卷3 : "六鎭僻陋. 舊無學業者. 先生至數年. 文化大行"(원문은 『한국문집총간』 제15집, p.490 d).

80 李廷龜, "좌참찬 증 우의정 시 문숙 정공(左參贊贈右議政諡文肅鄭公) 신도비명 병서(幷序)," 「神道碑銘 下」, 『月沙集』 卷44 : "獨持風裁頹綱肅. 設敎造士文化郁"(원문은 『한국문집총간』 제70집, p.209 d).

81 朴長遠, "謁 原陵," 「詩○東州錄」, 『久堂先生集』 卷4 : "法導建武民風變. 治躋修文化日昇"(원문은 『한국문집총간』 제121집, p.90 a).

82 "주남(周南)," 「經史講義」 21, 『弘齋全書』 卷84 : "載瓚對. 詩到此章. 文化大行. 周俗益美. 俯仰吟哦之間. 有足以壹倡三歎. 集註之解以化行俗美. 室家和平云者. 固無害于經旨. 而大可見其氣象矣"(원문은 한국문집총간 제264집 p.261 d).

바람직한 상태 혹은 결과로 나타난다. 백성을 교화하거나 풍속을 이룬다는 설명을 따로 붙이지 않았는데, 이는 문화라는 단어 자체가 이미 그와 같은 의미들을 포함하여 추상화되었기 때문인 듯하다. ③은 박장원朴長遠이 간밤 꿈에 후한後漢 광무제光武帝의 묘를 보고 나서 쓴 한시의 일부이다. 여기에서 광무제의 업적은 법法·무武·치治·문화로 구분되고 있는바, 이때 문화는 법·무·치와 겹치지 않는 영역을 의미할 것이다. ①과 ②를 참조하면 ③의 문화는 가르침敎과 배움學을 통해 발전시킬 수 있는 도덕과 풍속의 영역으로 간주되었다는 추론이 가능하다. ④는 『시경詩經』의 「주남周南」 중 "부이 편芣苢篇"을 논의하는 대목인데, 김재찬은 『집주集註』에 의거하여 『시경』의 시편을 평가하고 있다. 여기에서 "문화대행 주속익미文化大行周俗益美"는 『집주』의 '화행속미化行俗美'의 글자 하나하나를 상세하게 풀어 설명한 셈이 된다. 문화化를 행함行은 풍속俗을 더욱 아름답게美 하기 위한 것이라는 의미이다. 더 많은 사례를 살펴보지는 못했지만, '문화대행'이라는 표현은 당시 사대부 사이에서 얼마간 관용적으로 쓰였던 것 같다.

『조선왕조실록』에도 선왕이나 관리의 업적을 칭송하는 부분에 문화라는 단어가 다수 등장한다. 재선문화載宣文化, 찬문화讚文化, 문화대천文化大闡, 진문화振文化, 대양문화對揚文化 같은 다양한 표현은 '문화'가 국정의 차원에서 선양하고 진흥해야 할 중요한 가치였음을 보여 준다.

① 세종 장헌 대왕께서 선왕의 모유謀猷를 그대로 따라서 문화를 선양하시어 역사를 수찬修撰하면 모름지기 해박하게 갖추기를 요한다 하

시고, 다시 국局을 열고 재차 엮어서 가다듬게 하였으나…….[83]

② 삼가 바라건대, 전하께서 신의 생명을 아끼는 뜻을 불쌍히 여기시어 신臣의 병을 치료하려는 마음을 하가하신다면, 신은 삼가 마땅히 몸을 한가한 곳에 던져서 복약服藥을 마음대로 하고, 정신을 한적한 것에 모아서 그 양생에 전심하여 어부漁父와 전옹田翁과 더불어 성덕을 격양擊壤의 노래로써 칭송하고, 관자와 동자를 거느리고서 문화를 욕기浴沂의 음영으로써 찬송할 것입니다.[84]

③ 치도는 날로 상승하여 풍교風敎는 봉역封域에 두루 미치었다. 유학을 숭상하고 도덕을 중히 여겨 문화가 크게 떨쳤고, 의리를 바르게 하고 인륜을 밝혀 인기人紀가 훌륭히 닦여졌다.[85]

④ 동지성균관 이병정이 아뢰기를, "……한 달에 세 차례 강하는 것은 비록 혹 계속하기 어렵다 하더라도 만일 대사성이 매월 재임齋任 및 학업에 부지런한 연소한 유생과 더불어 재齋 안이나 외방이나 구애받지

83 『문종실록』 9권, 문종 1년 8월 25일 경인 1번째 기사(『태백산사고본』 5책 9권 17장 B면 ; 『국편영인본』 6책 425면) : "世宗莊憲大王遹追先猷, 載宣文化, 謂備史須要該備, 復開局再令編摩, 尙紀次之非精, 且脫漏者亦夥, 況編年有異於紀, 傳, 表, 志, 而敍事未悉其本末始終? 更命庸愚, 俾任纂述."

84 『성종실록』 112권, 성종 10년 12월 8일 기미 2번째 기사(『태백산사고본』 17책 112권 5장 A면 ; 『국편영인본』 10책 94면) : "臣謹當投身於閑, 任其服藥 ; 凝神於寂, 專其養生. 與漁父田翁, 頌聖德於擊壤之歌也 ; 率冠者童子, 讚文化於浴沂之詠(而)." '浴沂之詠'은 『논어』 「선진 편(先進篇)」에서 "평소에 그대들을 몰라준다고 하는데, 만일 알아서 써준다면 어떻게 하겠느냐?"라는 공자의 질문에, 제자 증점(曾點)이 "모춘(暮春)에 춘복(春服)이 완성되거든 관자 대여섯 명과 동자 예닐곱 명을 데리고 기수(沂水)에서 목욕하고 무우(舞雩)에서 바람을 쏘인 뒤에 시가(詩歌)를 음영(吟詠)하고 돌아오겠습니다"라고 대답한 고사를 인용한 것이다.

85 『경종수정실록』 1권, 즉위년 6월 8일 계묘 2번째 기사 : "治道日升, 風敎達於封域. 崇儒重道, 而文化大闡 ; 正義明倫, 而人紀克修. 恤民窮而賙賑, 惠澤覃被 ; 敬天威而修省, 孚應靡差. 四紀憂勤, 積致榮衛之損 ; 十載疾疢, 終蔑藥餌之功."

않고 한 번 강회講會를 베풀되, 책자는 사서 및 『성리대전』, 『근사록』을 돌려 가며 통독하여 본원을 탐색하고 부화浮華한 것을 금지시키면 아마도 문화를 대양하는 데에 일조가 될 듯합니다" 하니, 따랐다.[86]

⑤ 문화를 일으키고자 해도 구양수의 공정한 안목을 어디에서 얻어 오겠으며, 군사 장비를 실하게 하고자 해도 곽자의郭子儀의 위풍과 인망을 오늘날 구하기 어렵습니다.[87]

①은 김종서 등이 새로 편찬한 『고려사』를 제출하면서 역사서 편찬을 지시한 선왕과 세종의 덕을 찬양하는 부분이며, ②는 공조정랑 성담년이 병을 치료하기 위해 사직을 청하면서 왕의 업적을 찬양하는 부분이다. 위 글 모두에서 문화는 매우 추상화되어 있는데, 특히 ②는 문화가 왕에 대한 칭송에서 '성덕'과 동렬에 거론될 정도로 중요한 가치였다는 점을 보여 준다. ③은 대제학大提學 이관명李觀命이 승하한 숙종의 덕을 높이 평가하는 대목이다. 여기에서는 왕의 행위 영역을 치도治道, 중유중도崇儒重道, 정의명륜正義明倫으로 구분하고 그 성과를 각각 풍교風敎, 문화, 인기人紀로 귀결시키고 있다. 이 가운데 문화는 유학을 숭상하고 도덕을 중히 여김으로써 이룩된 성취를 가리켰다. ④에서는 사서, 『성리대전性理大全』, 『근사

86 『정조실록』 47권, 21년 11월 20일 1번째 기사(『태백산사고본』 47책 47권 45장 A면 ; 『국편영인본』 47책 54면) : "同知成均館事李秉鼎啓言 : '…… 一月三講, 雖或難繼, 若於每月, 泮長與齋任及年少勤業之儒生, 不拘齋中方外, 一設講會, 而冊子則以四書及『性理大全』, 『近思錄』, 輪回誦讀, 俾探頣本源, 禁止浮華, 則恐或爲對揚文化之一助.' 從之."

87 『정조실록』 33권, 15년 10월 13일 갑인 1번째 기사(『태백산사고본』 33책 33권 38장 B면 ; 『국편영인본』 46책 249면) : "欲振文化則歐陽之公眼, 何處得來 ; 欲奬武備則子儀之威望, 異代難借."

록近思錄』 등 성리학의 고전에 대한 교육이 문화의 함양에 필요하다고 주장한다. 『조선왕조실록』에서 '문화'가 유학과 매우 직접적으로 관련되어 있었음을 알 수 있다. ⑤에서 문화와 무력武備의 대비는 고대 중국에서 형성된 의미망이 여전히 작동하고 있었다는 것을 보여 준다.

『조선왕조실록』에는 문화라는 단어 이외에 그 어원 내지 내용에 가까운 고전적 표현들도 다수 등장한다. 그 가운데 하나가 '화민성속化民成俗'이다.

> ① 백성을 교화하여 풍속을 이루는 근원은 교화에 있고, 교화의 근본은 군상君上의 표솔表率 여하에 있다.[88]
>
> ② 시독관侍讀官 홍희준이 말하기를, "전적으로 위에서 인도하는 데 달려 있습니다. 그러나 백성을 교화하고 풍속을 이루는 방법은 오로지 학교에 있을 뿐이니, 백성들로 하여금 예의와 염치를 알게 한다면, 절로 말단에 이끌리고 사치하는 폐단이 없어져 인도하는 아름다움을 볼 수 있을 것입니다.[89]

①은 1515년 『중종실록』의 일부로서, 형조가 체포한 사학邪學 죄인과 그 가족 들을 감화·회개하도록 하였다는 보고에 대한 정조의

88 『중종실록』 21권, 10년 2월 15일 계묘 3번째 기사(『태백산사고본』 11책 21권 55장 B면 ; 『국편영인본』 14책 59면) : "化民成俗之源, 在於敎化, 而敎化之本, 又在君上表率之何如耳."

89 『순조실록』 10권, 7년 2월 22일 갑오 2번째 기사(『태백산사고본』 10책 10권 7장 B면 ; 『국편영인본』 47책 574면) : "侍讀官洪羲俊曰 : '亶在於自上導率. 然化民成俗之方, 惟在於學校而已, 使民知禮, 義, 廉, 恥, 則自無趨末奢靡之弊, 而可見率敎之美矣'."

전교이다. ②는 1807년의 『순조실록』의 일부로서 "어떻게 하면 백성들로 하여금 근본에 힘쓰고 근검하게 할 것인가?"라는 순조의 질문에 홍희준洪羲俊이 답한 것이다. 그는 백성을 교화하고 올바른 풍속을 이루는 방법은 오로지 가르치고 배우는 것, 즉 백성에게 예·의·염·치를 가르치고 배우도록 하는 데 있다고 말했다. ①과 ②는 모두 화민성속의 방법으로 '교화'를 제시했다. 이는 중국의 고대 문헌, 즉 『주역』과 『예기樂記』의 '문이화文以化'나 '학이화學以化'와 의미하는 바가 유사하다.

지금까지의 논의를 요약하면, 한국에서 고전적 문화 담론의 특징은 다음과 같다. 첫째, 문화라는 단어는 시대에 따라 중심 내용이나 관할 영역이 다소 차이가 있었지만 무력이나 경제력 등 물질적인 상태의 발전을 표상하는 일은 드물었다. 고전적인 '문'의 이상을 담보한 개념으로서 문화의 의미장은 대개 학문學, 교육敎, 도덕道 같은 개념들로 짜여 있었다.[90] 둘째, 문화는 개인이 실천하고 소유할 수 있는 목표나 능력이 아니었다. 즉 문화라는 단어는 개인의 행위나 소양, 지식의 수준 등을 평가할 때는 쓰이지 않았으며 주로 한 사회나 국가의 수준을 판단할 때 사용되었다. 셋째, 문화는 왕이나 관리의 업적을 평가하는 중요한 기준으로서 국정의 차원에서 고려되는 가치였다. 특히 조선의 왕실과 사대부 집단은 문화의 선양을 자신들의 임무이자 책임으로 인식했는데, 이때 문화는 내치의 방법이자 목표로서 백성의 몸과 마음을 성리학의 이념에 맞추어

90 노대환에 따르면 조선 시대에는 '문명'과 마찬가지로 '문화'도 거의 전적으로 유교적 교화의 의미로 사용되었다(노대환 2010 : 51~58 참조).

교정하는 것을 의미했다. 이런 점에서 문화는 통치 집단의 언어였다. 넷째, 고전적인 문화 개념에는 민족적이거나 진보주의적인 함의는 없었다. 즉 문화의 내용에는 민족적인 특수성이 포함되지 않았으며, 문화의 수준이 계속 진보하거나 발전한다고는 생각되지 않았다.

19세기 말~20세기 초 고전적 문화 개념의 계승과 변형

19세기 후반에는 앞에서 살핀 고전적인 문화의 의미장이 해체되기 시작한 것으로 보인다.

> 이런 사람이 한번 깨우치면 이 사람의 아들이나 손자 및 이웃으로서 평소 그를 존경하여 심복하던 자들도 따라서 모두 바람에 쏠리듯이 교화될 것입니다. 이것이 어찌 백성을 교화하고 풍속을 이루는 첩경이 아니겠으며, 이용후생하기 위한 좋은 방법이 아니겠습니까? 백성들이 의혹을 풀고 안주하게 되면 나라의 힘을 강화하고 적을 막아 내는 대책에 대해서는 모두 중국 사람의 저서인 『이언易言』 1부에 실려 있으니, 신은 감히 덧붙여 진언하지 않겠습니다.[91]

위 인용문은 1882년 『고종실록』에 실린 지석영池錫永의 상소 일

91 『고종실록』 19권, 19년 8월 23일 병자 4번째 기사(원본 23책 19권 58장 B면 ; 『국편영인본』 2책 63면) : "此人一悟, 則凡此人之子若孫及隣黨之素所敬服者, 率皆從風而化之矣. 玆豈非化民成俗之捷徑, 利用厚生之良法乎? 民旣解惑而安奠, 則凡自强禦侮之策, 具載於中國人所著『易言』一部書, 臣不敢贅進焉."

부이다. 지석영은 '화민성속'이라는 유교적 클리셰를 사용하고 있지만, 그 목표와 방법에 대한 사유는 전통적 사고틀에서 완전히 벗어나 있다. 지석영이 화민성속을 위해 추천한 책은 유학의 경전이 아니라 국제법 서적인 『만국공법萬國公法』, 중국의 외교관이 조선의 외교정책에 대해 조언한 『조선책략朝鮮策略』, 그리고 『박물 신편博物新編』·『격물입문格物入門』 등 자연과학서, 『격치휘편格致彙編』 등 서양 사정을 다룬 중국 잡지를 포함한 여러 종류의 번역서였다.[92] 이 글에는 문화라는 단어가 직접 등장하지는 않지만, 바깥으로부터의 자극에 의해 문화라는 단어를 둘러싸고 있던 기왕의 의미장이 해체되고 있었음을 짐작할 수 있다.

하지만 전통적 문화 개념이 일시에 완전히 힘을 잃지는 않았다. 물론 19세기 말 이후 고전적 문화 개념의 지반은 급격히 취약해졌다. 과거에 그 개념을 운용하고 세련화한 집단왕과 사대부의 정치적·사회적 지위가 결정적으로 흔들렸고, 그들의 담론장이 크게 약화·해체되었기 때문이다. 하지만 왕조실록과 사대부들의 문집을 벗어난 그 개념은 대한제국 정부와 민간단체가 편찬·발간한 보통학교와 중등학교의 교과서에 수용되었다. 나아가 전통적인 문화 개념은 유학생들의 학술지에도 진입했던 것으로 보인다. 아래에서는 19세

92 『고종실록』 19권, 19년 8월 23일 병자 4번째 기사(원본 23책 19권 58장 B면 ; 『국편영인본』 2책 63면) : "각국(各國)의 인사들이 저작한 『만국공법(萬國公法)』, 『조선책략(朝鮮策略)』, 『보법전기(普法戰紀)』, 『박물 신편(博物新編)』, 『격물입문(格物入門)』, 『격치휘편(格致彙編)』 등의 책 및 우리나라 교리(校理) 김옥균(金玉均)이 편집한 『기화근사(箕和近事)』, 전 승지(前承旨) 박영교(朴泳敎)가 편찬한 『지구도경(地球圖經)』, 진사(進士) 안종수(安宗洙)가 번역한 『농정 신편(農政新編)』, 전 현령(前縣令) 김경수(金景遂)가 기록한 『공보초략(公報抄略)』 등."

기 말에서 20세기 초의 학술과 교육의 장에서 고전적 '문화'의 잔여적 의미와 가치가 어떻게 보존 또는 변화되고 있었는지를 살펴본다.

『국민소학독본』은 1895년 7월 학부에서 편찬·간행한 최초의 근대식 국어교과서이다.[93] 이 책은 제19과에서 지나국중국을 '대국大國이오 고국古國이오 또한 문화의 선진국'(한국학문헌연구소 1997 : 56~57)이라고 소개했는데, 이때 문화는 기왕에 한자사용권에서 공유되던 고전적인 의미였다.

> 요순堯舜 후에 여러 역대歷代 치란治亂을 지ᄂᆡ야 방금 청국淸國이 되얏스니 요堯의 즉위ᄂᆞᆫ 서양 기년紀年으로 ᄒᆞ면 기원전 ᄌᆞ못 이천여 년이라. 주周나라 때에 공자孔子 ㅡ 열국列國에 유遊ᄒᆞ샤 인의仁義ᄅᆞᆯ 논설ᄒᆞ시니 인因ᄒᆞ야 학자 ㅡ 배출ᄒᆞ야 그때 세계로 보면 문화가 성행盛行ᄒᆞ니라(한국학문헌연구소 1997 : 56~57).

위 인용문은 기원전 3천 년 요순 시대에서 청대까지 중국의 역사를 개괄하는 중에 주대의 중국에 대해 기술한 부분으로서, 그 끝자락에 문화라는 단어가 등장한다. 공자의 '인의' 개념과 그에서 연원한 학문유학을 문화라는 개념으로 수렴시키고 있는데, 이때 문화는 한자 본래의 의미로서 '문유학'을 통한 세도인심의 '교화'를 가리

93 우리나라 최초의 근대식 국정교과서. 1895년 7월 학부에서 편찬·간행한 국어교과서로 총 72장 144면의 1책, 한장본(漢裝本), 국한문 혼용체이다. 비교적 장문형(長文型)이고 띄어쓰기와 구두점이 없으며, 어려운 한자가 많이 사용되고 있는 점이 특징이다. 이 책은 일제에 의하여 1910년 11월 발매금지조치를 당하였다(편집부 1995).

켰다.[94]

1900년대 후반 들어 정부와 민간에서는 보통학교·중등학교 학생용 교과서를 여러 권 편찬·발행했는데, 여기에서도 문화가 고전적 의미로 사용된 경우가 있었다.

> 아我 대한은 아세아주의 동부에 재ᄒᆞ야 사천여 년 전에 단군이 국國을 입立ᄒᆞ고 왕검성금 평양에 도都ᄒᆞ얏더니 후에 자손이 쇠미衰微홈이 은태사殷太師 기자箕子가 동래東來ᄒᆞ샤 단씨를 대代ᄒᆞ야 군君이 되매 팔조八條의 교敎를 설設ᄒᆞ고 예의禮義의 화化를 부敷함으로 인문이 조개肇開하니라. 기후其後에 삼한과 삼국과 고려를 경經하야 아我 태조太祖 고황제高皇帝 ― 개국하시매 공맹의 교를 존숭하샤 문화를 대벽大闢하시고 성신이 계승하샤 전장을 대비하시니 풍화의 문명함이 동방의 제일이라(휘문의숙·김찬기 2012 : 302~303).[95]

위 인용문은 휘문의숙徽文義塾 편집부에서 편찬한 중등학교용 국어교과서 『고등소학독본 2』1906의 「제3과 대한大韓」의 일부로서 단군 이후 성립한 국가들의 정치체제 및 이념을 약술하고 있다. 여기에 등장하는 '교敎', '예의', '인문', '풍화風化' 등은 '문화'의 전통적 의미 해석에서 지속적으로 중요시되던 것들이다. 삼한, 삼국, 고려를

94 『국민소학독본』은 '支那國'에 대해 "孔子와 前後 賢人의 論說은 그 나라 文化를 開進ᄒᆞ여 世道 人心의 扶植ᄒᆞᆫ 바ㅣ라"라고 설명하고 있다(한국학문헌연구소 1977 : 78~79).

95 『고등소학독본』은 휘문의숙(徽文義塾) 편집부에서 편찬한 중등학교용 국어교과서로서 제1권은 1906년 11월, 제2권은 1907년 1월에 각각 발간되었으며, 1908년 4월에 재판되었다. 본문은 제1권이 76면 45개과, 제2권이 86면 45개과로 구성되어 있다.

거쳐 조선의 개국에 이르러 공맹의 교儒敎를 존숭하여 문화를 크게 열었다고 적은 문장에서는 유교적 교화가 직접 문화 개념과 연결되고 있다. 마지막 문장에서 문명이라는 말도 고전적인 의미장 안에서 문화와 유사한 의미로 쓰였다.[96]

그런데 교과서에서 '문화'가 중국이나 한국의 과거 통치 이념을 설명하는 데에만 유용했던 것은 아니다. 그것은 당시의 요구에 부응하여 국민주의적 교육의 이념으로 재해석되기도 했다.

> 아국은 고래로부터 병력으로 외국을 방어하여 국가의 독립을 유지한 고로 인민이 다 적개의 심心이 충만할 뿐 아니라 또 문화가 보급하여 충애의 지가 국민을 고려鼓勵하는지라. ……대저 국민 되는 자는 다 충애를 진盡함이 기基 직분이라.[97]

위 인용문은 1906년 국민교육회國民教育會에서 펴낸 『초등소학 제8권』의 일부이다. 핵심 내용은 '우리나라는 예전부터 독립을 유지하기 위해 외국을 향해서는 병력을 사용하고 내부의 통합을 위해서는 문화를 보급했다'는 것이다. 이때 문화는 충애를 다하는 국민을

96 『고등소학독본 2』에는 '아세아주는 문화로는 5대륙에서 제일'(pp.33~35)이라는 표현이 있는데 이 역시 고전적인 의미였다고 생각된다. 우암 장지연은 "정치가 태평한 모습을 칭송하여 반드시 문명이라 하고, 교화가 이루어져 아름답게 발현되는 것을 찬양하여 반드시 문화라고 한다"(장지연 1989 : 23~24)고 말했는데, 여기에서는 정치－문명, 교화－문화의 짝지음에 주목할 필요가 있다.

97 편집위원회(1906), 『초등소학 제8권』, 국민교육회, 제14과 pp.19~21. 최초의 민간 교과서인 『초등소학』은 총 8권으로 편찬되었으며, 민족주의와 애국의 열정을 강조하면서 특히 충신·열사의 사적을 중요하게 서술했다(강진호 2015 참조).

양성하기 위한 것으로 해석되고 있다. '삼학사三學士의 충절'에서는 인조대에 청나라가 침략했을 때 충의를 보인 삼학사에 대해 설명하면서 '무력 사용'과 '문화 보급'을 대응시키는 표현을 다시 사용했다.[98] 여기에서 주목할 측면은 문화의 보급을 통해 달성하려는 목표가 세도인심의 교화가 아니라 국가에 대한 충애의 뜻, 곧 애국심을 양성하는 것이었다는 점이다. 즉 계몽기 교과서들은 '외부에 대해서는 무력, 내부에 대해서는 문화'라는, 유교의 경전이나 그 해석에 자주 등장한 표현을 활용하면서 문화를 국민 육성의 기제로 재해석한 것이다.

전통적 문화 개념의 잔여적 운동을 학회지에서도 확인할 수 있는데, 아래 인용문은 1908년 3월에 일성자一惺子라는 필자가 『서우』에 발표한 「아한교육역사我韓教育歷史」의 일부이다.

上下三千年間文化程度에 關ᄒᆞᆫ 世級을 論ᄒᆞ면 箕子東出ᄒᆞ사 教民八條ᄒᆞ신 時代가 第一紀오. 新羅太宗王文武王朝에 子弟를 唐에 派遣遊學ᄒᆞ야 支那의 文物制度를 採用ᄒᆞᆷ이 第二紀오. 高麗忠宣忠肅王朝에 安文成李益齊諸賢이 文章學術로 元朝를 交涉ᄒᆞᄆᆡ 洙泗濂洛의 道學淵源이 渡來于我ᄒᆞ야 本朝五百年右文之治를 基ᄒᆞ얏스니 此ᄂᆞᆫ 第三紀오 我 世宗大王ᄭᅴ옵서 國家의 典章과 五禮儀와 音樂器와 測候器기를 親製ᄒᆞ시고 國文을 創造ᄒᆞ사 便利易曉ᄒᆞᆫ 文學으로 一般國民을 普通教育ᄒᆞ셧스니 此ᄂᆞᆫ 我邦文明의 曠絕古今ᄒᆞᆫ 第四紀時代오. 現今에 至ᄒᆞ야ᄂᆞᆫ 海外各國과 交際殷繁ᄒᆞ야 西曆二十世紀에 新文化를 輸入ᄒᆞ니 此ᄂᆞᆫ 第五紀

98 편집위원회(1906), 앞의 책, 제14과 pp.19~21.

時代라 謂훌지로다. 玆其古今의 歷史를 槪述ᄒᆞ야 敎育家의 典故를 供ᄒᆞ노라.[99]

앞 인용문에서는 기자 시대에서 현재까지 한국의 역사를 문화의 발전 정도에 의거해 다섯 시기로 구분한다. 제1기에 대해서는 기자에 의해 백성 교화의 규범이 만들어진 것, 제2기에 대해서는 신라 시대에 왕자들을 당에 유학시켜 문물제도를 채용한 것, 제3기에 대해서는 고려의 학자들이 원과 교섭하여 도학道學을 들여옴으로써 문치의 기반을 놓은 것을 들었다. 문명이 절정에 달한 제4기 세종대의 업적으로는 국가의 전장과 예의를 제정한 것과 함께 국문의 창조를 통해 국민에게 보통교육을 실시한 것을 들었다. 현재 20세기는 제5기로서 해외 각국과 교제하면서 '신문화'를 수입하고 있는 시기다.

앞 글의 개념 구조는 매우 복합적이다. '도학'은 한학 또는 유학의 동의어로서 '도'는 보통 '수신제가'를 가리키며 '학'은 '예악형정禮樂刑政'을 가리킨다. 교민敎民, 문장학술, 문지치文之治, 전장, 오예의五禮儀 등도 전통적인 어휘들이다. 이러한 지식과 학술 및 교육교화제도를 포괄하는 개념이 바로 '문화'이다. 문명이라는 단어는 문화의 동의어로 등장한다. 그런데 앞 글에는 근대적 개념이 다수 등장하며 근대적 사고방식도 드러난다. '역사'와 '교육'은 물론이고 '국문', '국민', '보통교육' 등도 근대적 어휘들이다. 따라서 제목에 나타난 이 글의 목표, 즉 한국의 교육사는 근대적 국민과 역사 개념의 영향

99 一惺子(1908), 「我韓敎育歷史」, 『서우』 제16호, p.3.

을 받고 있다. 일성자는 전통적 문치교화의 이상에 입각하여 지식과 학술 및 교화, 곧 문화의 이념과 제도의 발전 과정을 추적하는 민족사national history를 구상하고 있었던 것이다. 일성자의 글은 전통적 문화 개념이 20세기 초에 공인된 지식으로서 교육 현장에서 가르쳐진 데 그치고 만 것이 아니라 새로운 형태의 지식을 생산하는 데에도 활용되고 있었다는 것을 보여 준다.

2. civilization, culture / Kultur의 번역어 문화의 수용

19세기 말에서 20세기 초는 한국에서 문치교화라는 유교적 통치 이념을 표현한 '문화', civilization의 번역어인 '문화', 그리고 culture / Kultur의 번역어인 '문화'가 병존한 최초의 시기다. 이 절에서는 일본 유학생들에 의해 civilization과 culture / Kultur의 번역어 문화가 수용된 양상을 살펴본다.[100]

100 이 절의 1~2항은 김현주 2015 : 10~32를 수정·보완한 것이다. 또한 이 절에서 연구 대상으로 삼은 자료는 『대조선독립협회회보』·『대한자강회월보』 등 정치단체의 회보, 『태극학보』·『대한학회월보』·『서북학회월보』 등 일본 유학생 및 지식인의 학회지, 중등학교 학생 대상의 종합잡지인 『소년』, 정부와 민간단체가 발간한 『국민소학독본』·『고등소학독본』·『초등소학』·『보통학교 학도용 국어독본』·『신찬초등소학』 등 교과서이다. 일간신문과 신소설 등 대중 서사물도 일부 검토했다.

1) '문명'의 동의어로서의 '문화'의 등장

문화가 civilization의 번역어 '문명'과 가까운 의미로 쓰인 비교적 이른 사례로 1897년 『대조선독립협회회보大朝鮮獨立協會會報』에 실린 신해영申海永의 「한문자와 국문자의 손익 여하」를 들 수 있다. 필자인 신해영은 갑오경장 때 일본에 건너가 게이오기주쿠慶應義塾에서 경제학을 공부했는데,[101] 이 글에서 그는 상형문자동양인의 한자보다 표음문자구주인의 로마자가 상하층 사회의 소통과 학문의 발전, 산업의 성장에 더 효과적이었다고 설명하면서 중국·일본·한국 등 아시아 나라는 한문을 숭상하고 자국 언어국문를 천하게 여기는 폐습으로 인해 문명의 전진이 지체되었다고 주장한다. 그는 특히 15세기 이후 구미歐米가 정치, 경제, 생활, 그리고 지식과 사상에서 큰 발전을 이루고 그 형세로 동양을 유린하게까지 된 것은 바로 문자의 편리성 덕분이었다고 보았다. 그런데 신해영은 그와 같은 서양의 문명이 실은 아주亞洲에서 연원한 것이라면서 아주의 우수성을 뒷받침하는 증거로 '종교의 개창'과 함께 '문화의 선도'를 들었다.[102] 비

101 신해영(申海永)은 경기도 김포에서 출생하였으며, 갑오경장 때 관비를 받아 일본 게이오의주쿠에서 4년간 경제학을 전공하였다. 1898년 중추원 의관(議官)으로 임명되었으며, 같은 해 독립협회의 민권운동에서 박영효·서재필을 대신(大臣) 후보로 천거한 사건에 연루되어 체포된 적이 있다(한국정신문화연구원 2001참조).

102 申海永(1897), 「漢文字와 國文字의 損益 如何」, 『대조선독립협회회보』 제15호, pp.12~13. 1896년 11월 30일에 창간된 『대조선독립협회회보』는 독립협회의 회보로서 한국에서 발행된 최초의 잡지이며, 매월 15일과 말일에 발간되어 1897년 8월 15일 폐간될 때까지 총 18호가 발행되었다. 『대조선독립협회회보』는 근대문명과 과학 지식을 폭넓게 소개하는 등 계몽적 성

록 문화라는 용어는 단 한 번밖에 등장하지 않지만, 이 글에서 우리는 문화 개념의 전개에 중요한 함의를 갖는 몇 가지 내용을 이끌어 낼 수 있다. 즉 한국에는 19세기 말에 일본 유학생에 의해 전통적 의미 맥락문치교화과는 다소 동떨어진 문화의 새로운 의미가 수용되었다. 신해영의 글에서 문화는 '종교'와 마찬가지로 서구의 개념을 번역한 단어였다. 이 글에는 '문명'이라는 단어가 세 번 등장하는데, 문화는 그에 가까운 의미를 전달하는 다른 표현이었다.

신해영의 글에서 문화, 종교, 문명의 의미를 좀 더 자세히 살펴보면 먼저 종교에 대한 신해영의 입장은 양가적이었다. 그는 종교의 개창을 과거 아시아의 선진적 업적으로 평가했지만, 동시에 종교의 속박에서 벗어나지 못한 것을 아시아에서 문명이 정체된 중요한 원인으로 보았다.[103] 그러니까 현재 구미 여러 나라의 발전은 종교적 · 형이상학적 상태로부터 유래된, 보다 이전의 사회질서로부터 벗어난 상태를 의미했다. 아울러 신해영은 문화를 문명과 대별되는 가치로 제시한 것이 아니다. 논지를 참작할 때, 아시아의 문화 선도란 고대에 아시아에서 문자들이 발명되고 그것들을 매개로 하여 다방면의 지식 · 제도가 발전된 것을 가리켰다. 문화의 가치를 유럽에 대비한 아시아의 특수성 차원에서 입론하려는 노력은 보이지 않는데, 신해영은 지금 구미가 구가하고 있는 문명=문화가 실

격이 두드러졌다(최덕교 2004 : 28~39 참조).

103 결론에서 신해영은 아시아의 정체 원인으로 한문상자(漢文象字)를 신용하고 자국 국문을 천시하여 존고비금의 폐습으로 종교의 속박에 벗어나지 못한 것을 들었다〔申海永(1897), 앞의 글, p.13〕.

은 아시아에서 연원한다는 주장을 하고 싶었던 것 같다. 요약하면 신해영은 문화=문명의 내용인 지식이나 기술·실업에 대해 보편주의적·진보주의적 태도를 취하고 있으며, 문자에 대해서도 소통의 효율성손익이라는 합리주의적 관점에서 접근했다. 즉 신해영은 보편적이고 계몽주의적인 역사상에 의거하여 아시아의 종교와 문화의 위치 및 기능을 가늠했다.

보편주의적이고 계몽주의적인 문화의 용법은 일본에서 개발된 것이다. 메이지기의 지식인은 유럽의 문명사에 대응하여 아시아와 일본의 문명사를 쓰려고 노력했다. 유럽사의 전개 과정을 인류의 보편적 진보 과정으로 해석하는 계몽주의적 문명사의 문법을 수용한 일본 지식인은 그 거울에 스스로를 비추어 보고, 이와 같은 문명의 전개 법칙에 아시아나 일본을 합치시킬 증거들을 찾기 위해 과거로 관심을 돌렸다. 이때 문명개화=문화라는 개념은 유럽의 문명사에 대한 아시아 지식인의 대응이라는 맥락 안에 포함되었다. 신해영의 글은 '유럽의 발전은 어떻게 가능했는가?'라는 질문에서 출발하고 있는데, 이는 곧 '아시아는 왜 정체되었는가?'라는 질문이었다. 이는 유럽의 문명사를 먼저 접한 일본의 지식인이 답을 찾으려고 고투하던 문제다. 신해영은 일본 지식인들의 문명사적 질문을 모방하면서 그들이 civilization의 또 다른 번역어로 사용하던 '문화'를 받아들인 것으로 보인다.

2) 계몽주의적 문화 개념의 확산

문명=문화 개념이 지식인 사이에서 좀 더 일반화된 것은 1905년 이후 대한자강회 같은 정치단체나 유학생 단체, 주로 출신 지역이 같은 지식인이 모여 결성한 학회의 기관지에서였다. 『대한자강회월보』·『대한유학생회보』·『태극학보』·『대한학회월보』·『대한흥학보』·『서우』·『서북학회월보』·『대한교육회잡지』 등은 지식인들이 주장을 피력한 유력한 통로였으며, 여기에서 다양한 신지식이 유포·교류되었다. 당시에 유력한 신지식 가운데 하나가 '문명사'였는데, 지식인들은 이를 번역하여 소개하거나 모방하고 변형함으로써 한국의 과거를 재해석하고자 했다. 1900년대 후반에는 번역되거나 창작된 다양한 문명사 담론을 통해 문명의 다른 표현으로서의 '문화'가 확산되었다.

1907년 『태극학보』에 김낙영金洛泳이 번역해 실은 「동서 양兩 양인洋人의 수학사상」의 필자는 고대에는 동양의 발전된 '인문=문화'가 서양으로 전달되었는데 현재에는 그 반대가 된 이유가 무엇인지에 대해 답을 찾으려 하고 있다.

> 東洋의 人文 發達이 上古에ᄂᆞᆫ 西洋보다 몬져 되여 西洋에 漸次 傳達ᄒᆞ엿것만은 恒常 統一方法을 由ᄒᆞ여 人智의 發達을 圖ᄒᆞᆫ 所以로 爾後逡巡 進步가 되지 못ᄒᆞ고 도로혀 西洋文化가 古代에ᄂᆞᆫ 蒙昧 莫甚ᄒᆞ엿더니 中世紀 以來로 古代의 統一方法을 脫去ᄒᆞ고 分派方法을 執行ᄒᆞ엿슴으로 今日 如許ᄒᆞᆫ 進展을 致ᄒᆞ엿ᄉᆞ니 此 言ᄒᆞ면 東洋人은 松과 如히 乾燥地에 生長ᄒᆞᄂᆞᆫ 것과 楊柳와 如히 沾濕ᄒᆞᆫ 地를 됴화ᄒᆞᄂᆞᆫ 植物을 其 性質의 合不合은 不擇ᄒᆞ고 同一ᄒᆞᆫ 土塊上에 併植ᄒᆞ여 生長을 圖ᄒᆞᆷ과 如ᄒᆞ니 이ᄂᆞᆫ 枯凋ᄒᆞᆯ 一例요 彼 西洋人은 各種 植物의 適性ᄃᆡ로 土質을 擇ᄒᆞ여 分派 生長케 ᄒᆞᆷ과 如ᄒᆞᆫ 故로 東洋人의 移植ᄒᆞᆫ 文化ᄂᆞᆫ 特種 特質노 枯凋ᄒᆞ엿고 西洋人의 移植ᄒᆞᆫ 文化ᄂᆞᆫ 其 性質을 從ᄒᆞ여 各히 發達ᄒᆞᆷ에

至ᄒᆞ엿더라.[104]

앞 인용 부분에서 필자는 '동양문화'와 '서양문화' 사이에 격차가 벌어진 원인을 '통일 방법'과 '분파 방법'의 차이에서 찾고 있다. 즉 동양은 항상 통일 방법에 근거하여 인지 발달을 도모함으로써 문화가 진보하지 못한 데 반해, 서양에서는 중세 이래 통일 방법에서 벗어나 분파 방법을 사용함으로써 문화가 발달하게 되었다는 것이다. 필자는 통일 방법과 분파 방법을 각각 성질이 다른 식물을 같은 땅에 심어 기르는 것과 적합한 땅을 찾아 따로 심어 기르는 것에 비유했다.

「동서 양 양인의 수학사상」에서 서양의 장점으로 제시된 분파 방법은, 일본 지식인의 애독서이던 『유럽문명사』에서 프랑수아 기조가 유럽의 우월성과 독자성으로 강조한 '자유주의'의 다른 표현으로 보인다. 기조에 따르면, '다른 여러 문명에서는 단 한 가지 원리의, 단 한 가지 형식의 절대적인 지배 또는 적어도 과도한 우월성이 전제專制의 한 원인이 되었습니다. 이에 비해 근대 유럽에서는 사회질서(를 구성하는) 요소들의 다양성, 특히 이러한 요소들이 서로가 서로를 배제할 수 없었다는 것이 오늘날 우세한 자유를 낳은 것 즉 자유가 우세한 문명이 되도록 만든 것—옮긴이(ギゾー 1987 : 27)'이다. 다른 문명에서는 하나의 원리가 절대적으로 우세하던 것이 전제정치로 귀착된 데 반해, 근대 유럽에서는 사회의 제 요소의 다양성과 그 모든 요소 사이에 이어져 온 '투쟁'으로부터 '자유'가 탄생했다는 것이 기조의

104 金洛泳 譯·述(1907), 「東西 兩洋人의 數學思想」, 『태극학보』 제10호, p.30.

역사관의 핵심이었다.[105] 「동서 양 양인의 수학사상」의 원저자는 기조가 '단 한 가지 원리, 단 한 가지 형식의 절대적인 지배'라고 표현한 것을 '통일 방법'으로, '사회질서를 구성하는 다양한 요소가 서로가 서로를 배제할 수 없도록 한 것'을 '분파 방법'으로 번역하여 받아들인 것이다.

『태극학보』에는 「동서 양 양인의 수학사상」이 게재된 1년 후인 1908년에 김낙영이 「세계문명사」를 7회에 걸쳐 번역했다. 이 글에서도 문화는 '문명'과 동일한 의미로 사용되고 있으며 '인문'이라는 말도 동의어로 사용되었다.[106] 이처럼 일본에서 유행하던 세계문명사 또는 비교문명사 담론을 번역하여 소개한 글을 통해 한국의 지식인들은 문명의 동의어로서의 문화에도 점차 익숙해졌던 것 같다.

일본의 지식인들이 유럽의 문명사를 모방하여 자국의 역사를 구성해 나갔듯이, 한국의 지식인들도 문명사의 문법을 수용하여 '보편적이면서 자신에게도 유리한' 관점에서 과거를 재구성하고자 했다. 다른 유학생들처럼 최남선崔南善, 1890~1957은 유럽사의 전개 과정을 인류의 보편적 진보 과정으로 해석하는 '세계문화사', '세계문화발달사'를 열심히 읽었다. 이로부터 그는 계몽주의적 문화사의 문법을 익혔고 대한大韓의 역사를 세계사의 일부로 만들어 줄 유의미한 증거를 찾기 위해 과거로 관심을 돌렸다. 「해상대한사海上大韓史」[107]는 한국의 지식인이 일본에서 생산된 동양문명사를 그대로 옮겨 오

105 프랑수아 기조의 글은 니시카와 2006 : 169~170에서 재인용.

106 椒海 譯・述(1908), 「世界文明史(東洋文明)」, 『태극학보』 제22호, pp.14~18. 「세계문명사」는 제16~22호, 7회에 걸쳐 연재되었다. 초해는 김낙영의 호이다.

107 崔南善(1908. 11~1910. 6), 「海上大韓史」, 『소년』 창간호~제3년 제6권(역락 2003 : 4~65).

는 데에서 벗어나 자국의 역사를 기술하는 데 문명=문화 개념을 적용하기 시작했음을 보여 준다.

「해상대한사」에서 최남선은, 지역이나 종족의 역사에 대한 가치 평가는 그것이 '일반 문명의 발달에 대하야 끼친—인용자 공적'에 근거한다고 말했다. 그에 따르면, '우리 민족'은 '세계 인류 중 가장 먼저 일신교의 진리를 영각靈覺한 자者'이며 '세계상에서 공화란 제도와 입헌이란 제도를 가장 먼저 실지實地에 썼'다. 일신교와 입헌공화제를 강조한 것은 근대 서양의 종교와 정치 형태를 가장 진보한 것으로 간주하는 사고방식에 따른 것이다. 여기에는 다신교에서 일신교로, 전제정치에서 귀족정치를 거쳐 입헌공화제로 나아가는 것이 보편적이고 일반적인 발전 경로라는 생각이 전제되어 있다. 계몽주의적 문화사가 제시한 역사의 목표와 전개 법칙을 수긍했을 때, '위대한 역사'는 유럽을 앞지르거나 '세계에서 가장 먼저', 적어도 유럽과 동등한 수준의 진보를 이룬 역사를 의미했다.

최남선이 이와 같은 보편적 역사 전개 법칙에 맞추어 한국의 과거를 설명하는 데 도구로 사용한 개념이 바로 '문화'였다. 주목할 점은 그가 문명=문화를 어느 정도 분석적으로 사고하고 있었다는 점이다. 즉 문화는 정치, 법률, 공예, 상업, 무역, 법교法敎, 학술, 교학敎學, 문학, 미술, 음악, 극희劇戲 같은 하위 범주들로 구성되었다. 이는 총체적인 사회 개념과도 유사한데, 이와 같은 분석적 범주들을 적용함으로써 최남선은 기왕의 왕조사나 단대사斷代史·정치사와는 다른, 민족 생활의 전체상을 제시하는 새로운 역사를 구상할 수 있게 되었다. 이로써 '문화사'는 인간 생활과 관련된 다양한 사회제도를 포괄하는 전체적·종합적 역사가 된다.

또 하나 주목할 점은 최남선이 '역사'의 실행자이자 '문화'의 진보를 수행하는 사회적 총체로 '민족'을 부상시켰다는 것이다. 「해상대한사」에는 영토'반도'와 문화에 대해 영속적인 소유권을 주장할 수 있는 주체는 '민족'이라는 생각이 나타나 있다. 또 여기에는 '역사는 민족에 의해 개시된다'는 생각이 함축되어 있다. 고대사의 전개를 설명하면서 최남선은 민족의 역사적 위대성을 이집트, 지나중국, 인도와 유사한 시기에 혹은 그 이전에 민족-국가를 건설했다는 데에서 찾았다. 즉 고대 문화=문명은 다양한 요소로 구성되지만 문화=문명 발전의 가장 중요한 척도는 민족-국가의 건설 여부에 달려 있었다.[108]

지금까지 살핀 1900년대의 문명론은 1890년대의 개화론과는 약간 차이가 있다. 예컨대 1895년에 출간된 『서유견문』에서 유길준은 미개-반개-개화라는 하나의 직선 위에 민족 또는 국가 들을 배치했다. 이 선 위에서 조선은 반개의 위치에, 서구의 여러 나라는 개화의 위치에 놓였다. 그런데 1900년대에 번역 · 소개된 (비교)문명론에서는 문명을 배타적으로 현재의 서구에 귀속시키지 않았다. 동양/서양, 일본/조선 등을 지리적 · 문화적으로 실체화하는 문명사는 문명이 하나의 단일한 총체로서 서구에서 발원하여 전 세계로

108 "우리 반도의 역사는 본토민족의 건국적 천재(天才)와 국민적 특장(特長)을 발휘함으로부터 시초(始初)하니 단군조선의 건설 당시로 말하면 이 세계가 거의 다 야만초매인(野蠻草昧人)의 소유(所有)오 겨오 한팔한발이나마 문명에 드려노흔 자는 이집트 · 지나와 밋 인도의 양(兩) 삼처(三處)쌘이라 그런데 우리 반도에는 그쌔부터 혹 그 이전부터 이믜 문명의 정도가 국가=제도=군장(君長)을 필요할만큼 진보하얏스며……"(최남선 2003h : 58). 「해상대한사」를 비롯한 1900년대 최남선의 문화사 기술의 특징에 대해서는 김현주 2007 : 230~234를 요약 · 재서술한 것이다.

확산되어 가는 것이 아니라 다원적이라는 점을 전제했기 때문이다. 문명=문화는 인간이 자신의 능력을 발휘하여 자연을 변형시키는 노력을 했던/하고 있는 모든 시간과 장소에서 발견·확인되는 것이었다. 이와 같은 문명사는 상대주의적 관점을 어느 정도 허용했기 때문에 '조선문화', '일본문명' 같은 표현은 개별 문화=문명의 고유성에 눈을 돌리도록 할 가능성이 있었다. 그런데 최남선의 사례를 보면, 1900년대 조선의 지식인은 문화=문명의 특수성보다는 보편성에 주목했다. 계몽주의적 문명사=문화사의 변하지 않는 전제는 문명=문화 발달의 선두에 서 있는 것은 서구의 나라들이라는 점이었다.

이상과 같은 학술적 성격의 담론이 아니라 당면한 정세를 반영하고 또 그에 대응하기 위한 실천을 고무하는 정치적 담론에서는 문명=문화의 의의가 식산흥업과 부국강병으로 수렴되는 경향이 강했다.

① 夫 國家의 文明이 發達됨은 專히 富强의 實力에 係ᄒᆞᆷ으로 現에 泰西列强의 文化程度를 見ᄒᆞ건ᄃᆡ 皆 産業에 增殖으로 由ᄒᆞ야 伴行前進ᄒᆞᆷ은 其 事實에 證ᄒᆞ야 明瞭ᄒᆞᆷ이라.[109]

② 現列强이 競逐ᄒᆞ고 文化人進ᄒᆞ는 時代를 當ᄒᆞ야 何獨韓滿兩界의 民智가 蠢野ᄒᆞ고 人才가 腐敗ᄒᆞ야 隣强의 呑噬를 資ᄒᆞ며 奴役을 被ᄒᆞᄂᆞ뇨 惟其學界缺陷ᄒᆞ야 文明不進ᄒᆞᆫ 緣故라.[110]

109 雲草 玄은(1906), 「殖産部」, 『대한자강회월보』 제1호, p.58.

110 朴殷植(1906), 「滿報譯載後識」, 『대한자강회월보』 제6호, p.70. 한국사데이터베이스의 번역문에는 '인진(人進)'으로 쓰여 있으나 '대진'의 오기로 보인다.

①과 ②는 1906년 대한자강회의 기관지인 『대한자강회월보大韓自強會月報』에 실린 현玄은1860~1934과 박은식朴殷植, 1859~1925의 글에서 발췌한 것이다.[111] 논지의 흐름과 표현의 짜임을 볼 때, 위 인용문에서 '문화'는 문명의 동의어로 채용된 것이 분명하다. 유럽태서열강이라는 본보기에 조선의 상태를 비추어 보고 평가하는 맥락에서 문명의 동의어인 문화가 사용되었는데, 문명=문화는 국가들이 상호 각축하는 시대에 열강에 의해 침탈당하거나 노예로 떨어지지 않기 위해 갖추어야 할 실력국력, 곧 산업'農産'과 '工藝'과 지식을 뜻했다. 아울러 필자들은 문명=문화라는 단어를 발전, 전진, 진보 같은 단어와 결합시킴으로써 발전론적 역사관을 표현했다.

비교문명사 담론의 문명=문화 개념은 지식인들의 담론장을 넘어 학생용 교과서에까지 확산되었다.

> 동양의 제국은 아국과 일본과 지나와 인도 등 국이오 ……인도도 우리 아세아주 남변南邊에 재在하니 문화가 조개早開한 국이오 불교의 시조 석가가 생生한 처處라.[112]

위 인용문은 1909년 현채1886~1925가 편집한 『신찬초등소학』에서

111 대한자강회(大韓自強會)는 1905년 5월 이준(李儁)·양한묵(梁漢默) 등이 조직한 헌정연구회(憲政硏究會)를 확대·개편한 정치단체이며, 그 기관지이자 한말 유일의 정치 잡지인 『대한자강회월보』는 1906년 7월 31일 창간되어 1907년 7월 25일 통권 제13호로 종간되었다.

112 玄采(1909), 『新纂初等小學 제5권』, p.62. 『신찬초등소학』은 1909년 8월 28일자로 사립학교 조선어과 초등학교 학도용으로 학부 검정을 받은 바 있다. 전 6권으로 편성되었으며, 민간에서 편찬·간행된 교과서 중 조선총독부의 검열을 통과하여 한일합방 이후(1913)까지 계속 사용된 점이 특징이다(국어국문학편찬위원회 1994b).

'동서양 제국諸國'에 대해 설명하는 부문인데, 동양=아시아에 인도를 포함하고 인도의 과거를 설명하는 데 문화와 종교를 등장시키고 있다. 이때 문화는 한자사용권에서 유교적 통치 이념을 표현해 온 단어가 아니라 civilization의 번역어인 문명의 동의어로 쓰인 것이며, 불교는 유교와 마찬가지로 서구적 종교 개념에 의거해 동양에서 '발견'된 것이다. 문화의 선도와 종교의 개창을 아시아의 특징으로 부각시키는 논법은 19세기 말 신해영의 글에 이미 나타났던 것이다. 그리고「동서 양 양인의 수학사상」같은 번역 논문에도 고대에는 동양의 지식과 제도가 서양을 앞섰다는 생각이 나타난 바 있다. 일본에서 보편주의적 문명사 담론에 의해 만들어진 동양아시아의 과거에 대한 지식과 이미지가 유학생들의 중개를 거쳐 이제 교육의 장 안에 진입한 것이다.

한편 러일전쟁 이후 일본에서 급속하게 퍼진 제국주의적·식민주의적 문명=문화 담론이 버젓이 보통학교 학생용 교과서에 실리기도 했다.

> ① 아국과 일본의 관계는 유왕유심愈往愈深ᄒᆞ얏도다. 당시에 아국은 문학 공예 등이 조기 발달ᄒᆞ고 일본은 오히려 유치홈으로써 아국의 학자와 장인 등이 다수히 일본에 도항ᄒᆞ야 피국彼國의 문화를 계발ᄒᆞ니라.[113]
>
> ② 일본이 일즉이 구미의 문화를 모방ᄒᆞ야 교육을 성盛히 ᄒᆞ고 농상공업의 발달에 주의ᄒᆞ얏슴으로써 국력이 강대ᄒᆞ야 일청일로日淸日露 양

113 學部 編(1907),『普通學校學徒用 國語讀本』卷6, 大日本圖書株式會社, p.5, pp.27~28.

전역戰役에 승첩勝捷을 주奏ᄒᆞ고 금야今也에ᄂᆞᆫ 세계 육강국에 병렬并列ᄒᆞ얏ᄂᆞ니라.[114]

인용문 ①과 ②는 『보통학교 학도용 국어독본』의 일부인데, 이 책은 일본 통감부하의 학부에서 일본인 참사관에 의해 저술된 보통학교 학생용 국어교과서로서, 당시 일본 국내에서 사용되던 교과서 『국어독본』의 체제를 그대로 모방한 것으로 알려져 있다.[115] ①은 『보통학교 학도용 국어독본 제6권』의 「제2과 삼국과 일본」의 일부로서 삼국이란 고구려, 백제, 신라를 가리킨다. 일본의 문화 발전에 삼국이 도움을 주었다는 설명인데, 일본에 건너간 것은 '백제의 석학碩學과 명공名工'이었다. 이때 문화는 문학'학문'과 공예'기술'를 포함했다. ②는 『보통학교 학도용 국어독본 제8권』 「제23과 세계의 강국」의 일부이다. 위 인용문에 따르면, 구미의 문화는 일본이 '교육'과 '산업농·상·공업'을 발달시키고 궁극적으로는 '국력'을 강화하는 데로 이끌어 주었다. 그런데 이때의 문화는 문치교화라는 고전적 의미로부터 멀리 떨어져 있다. 국력의 강화란 곧 청일전쟁과 러일전쟁을 승리로 이끌고 일본을 세계 6대 강국의 반열에 올라서게 한 '무력군사력'의 강화였기 때문이다. 여기에서 문명=문화는 제국주의적·식민주의적 이념으로 변질되고 있다.

114 學部 編(1907), 앞의 책, p.63.

115 『보통학교 학도용 국어독본』은 8권 8책으로 구성되어 활판본으로 인쇄되었다. 이 교과서는 일본통감부가 당시 자주독립사상을 고취하던 민간의 교과서를 탄압하고 학부 주도하에 교육을 통제하려는 목적으로 발행했다고 알려져 있다. 제재 선정에 있어서도 일본과의 친교 관계를 두드러지게 나타낸 것이 많다(국어국문학편찬위원회 1994a : 357~358 참조).

culture / Kultur의 번역어 '문화'의 등장

앞에서 살핀 것처럼 1890년대 말에 등장한 civilization의 번역어 문명=문화는 1900년대 후반에는 유학생들의 학술지에서 지속적으로 재생산 · 유포되었을 뿐 아니라 언론과 교육의 장으로도 건너갔다. 문명=문화 개념은 공식적이고 공인된 지식이 되어 가고 있었던 것이다. 한편 같은 시기에 culture / Kultur의 번역어인 '문화'가 수용됨으로써 문화라는 단어의 의미장은 더욱 복합적이 되었다.

1) '민족'과 문화

1908년 일본 유학생들의 잡지인 『대한학회월보』에 이동초李東初의 「한반도문화대관」이 2회에 걸쳐 연재되었다.[116] 이 글에서 특히 주목되는 점은 '문화'가 제목으로 등장한다는 것이다. 본문에는 여전히 문화보다 문명이라는 단어가 많이 사용되고 있지만, 문명이나 문화를 시대 · 지역 · 국가 등 다양한 기준에 의거하여 구분하고 있다는 점도 흥미롭다. 문명 또는 문화는 지리적으로도 구분되고 한반도문명 / 한반도문화 · 한토문화, 시대로도 구분되며 고대문명, 정치체 단위로도 구분된다 로마문명 · 고구려문명 · 백제문명 · 신라문명 · 위진문명 / 위진문화. 그리고 계통이나 방위로도 구별된다 지나 계통 문명 · 인도 계통 문명 · 남방문명 · 서방문명. 이와 같이 다양한 층위와 차원의 문화=문명의 존재를 가시화한 것은

116 李東初(1908), 「韓半島文化大觀」, 『대한학회월보』 제2호, pp.38~44 ; 李東初(1908), 「韓半島文化大觀(續)」, 『대한학회월보』 제4호, pp.47~50. 재일본 한국인 유학생 단체인 대한유학생회가 낙동친목회(洛東親睦會)와 호남학회(湖南學會)를 통합하여 1908년 1월 대한학회(大韓學會)를 설립했는데, 『대한학회월보』는 그 기관지로서 1908년 2월 창간되어 그해 11월 통권 제9호로 종간되었다(최덕교 2004 : 190~193 참조).

필자의 의도가 문화=문명의 보편성이 아니라 개별성을 강조하는 데 있었다는 점을 암시한다.

> 我韓半島 民族, 國을 愛ᄒᆞ나냐 ᄒᆞ면 皆 曰 愛國이라 ᄒᆞ되 國을 實際로 尊信ᄒᆞ고 實際로 崇拜ᄒᆞ나냐 ᄒᆞ면 自疑코 自迷ᄒᆞ야 明答에 據ᄒᆞᆯ 바이 업도다. ……雖 然이나 實際로 愛國ᄒᆞᄂᆞᆫ 國民的 自然心이 不著ᄒᆞ야 一般히 國을 尊信崇拜ᄒᆞᄂᆞᆫ 內質上 觀念이 充分치 못ᄒᆞᆫ 一端 因果가 有ᄒᆞ니 此ᄂᆞᆫ 我韓半島 文化의 濫觴이 在昔漢土文化의 系統을 承ᄒᆞ엿ᄂᆞᆫᄃᆡ 其 輸入時代로부터 修身齊家의 道와 禮樂刑政의 學으로 以ᄒᆞ야ᄂᆞᆫ 勸奬ᄒᆞ며 精勵ᄒᆞ엿거니와 國性에 關ᄒᆞᆫ 第一 肝腎ᄒᆞᆫ 國家의 固有歷史學에 至ᄒᆞ야ᄂᆞᆫ 度外로 視過ᄒᆞ야 敎授方策을 不施ᄒᆞᆯ ᄲᅮᆫ 不是라. 史官이 國史를 編纂ᄒᆞ야 國文庫에 安藏ᄒᆞ고 國民으로 ᄒᆞ여금 縱覽을 任意치 못ᄒᆞᄂᆞᆫ 政이 一時에 行ᄒᆞ엿스니 엇지 政의 失이 아니리오.[117]

위 인용문은 서론에 해당하는 부분으로, 이 글의 문제의식과 목적이 잘 드러나 있다. 이동초는 한반도에 살아온 민족'한반도 민족'에게 애국심, 곧 '애국하는 국민적 자연심'이 충분하지 못한 이유를 '한토漢土문화'의 영향으로 설명했다. 한반도문화는 한토문화의 계통을 이어 '수신제가의 도와 예악형정의 학'은 장려했으나 '국성國性'에 제일 필요한 '국가의 고유 역사학'을 국민에게 교육하지는 못했다는 것이다. 여기에서 필자는 문화를 기왕에 그것의 고전적인 의미장을 구성했던 주요 개념인 '도'와 '학'으로부터 분리하여 '국성' 및 '국사'

117 李東初(1908), 「韓半島文化大觀」, 『대한학회월보』 제2호, pp.38~39.

와 연결시키고 있다.

앞 글에서 '문화'는 '민족' · '국(가)' · '국민' · '국사' · '국문고國文庫' · '국성' 같은 단어들에 둘러싸여 있는데, 국민 통합애국심의 기제로 문화를 제안하는 이와 같은 논법에서 우리는 Part 1의 2에서 살핀 메이지 후기 일본의 국수주의 문화론의 영향을 감지할 수 있다. 19세기 말 일본에는 서양의 '문명'과 구별되는 일본의 정체성을 강조하는 민족주의적 '문화'론이 개발되고 있었다. 이는 유럽 중심의 역사에 대비하여 일본의 역사를 주체화하려는 논리였다. 이때 문화는 독일어 Kultur의 번역어였으며, '국민의 고유한 성격' 정도로 풀이되는 '국성'이란 일본에서 nationality의 번역어로 개발된 '국수國粹'의 동의어였다(노대환 2010 : 82~83). 이동초는 문화와 국민 또는 민족의 관계를 부각시키면서 문화에 대한 논의를 보편성이 아니라 차이개별성를 강조하는 방향으로 이끌고 있다.

이동초의 글을 그 직후 최남선이 『소년』에 연재한 「해상대한사」와 연결해 생각해 보면, 1908년 즈음 학회지나 잡지에 한국의 역사를 문화의 관점에서 고찰하려는 글들이 여러 편 게재되고 있었음을 알 수 있다. 문화가 글 제목으로 등장한 것을 비롯하여 이러한 글들에서 문화라는 단어의 출현 빈도는 이전에 비해 한층 높아졌다. '문화사' 같은 새로운 합성어가 등장했고 문화의 주체 및 내포에 대한 이해도 심화되었다. 이러한 글에서 필자들은 여전히 문명과 문화라는 말을 엄밀하게 구별하거나 설명하지 않고 나란히 사용했다. 이동초는 일본의 국수주의자들이 번역한 독일의 Kultur 개념을 들여온 것으로 짐작되지만, 최남선의 '문화'는 좀 더 보편주의적인 civilization의 번역어에 가깝다. 하지만 둘 사이의 거리는 그다지 멀지 않았다. 국민문화나 민족문화라는 개념이 출현하기까지는 이제 반 발자국밖에 남지 않았다.

2) '사회'와 문화

당시의 대표적인 유학생 단체였던 태극학회의 기관지 『태극학보』[118]에는 앞에서 살핀 것처럼 「동서 양 양인의 수학사상」 김낙영, 『태극학보』 제10호과 「세계문명사」 초해, 『태극학보』 제16~22호 같은 계몽주의적 문명사 담론이 소개되었지만, '문화'에 대해 다른 해석체계도 수용되고 있었다.

우경명禹敬命이 번역한 「교육의 목적」에서 필자는 교육의 목적이 인간으로 하여금 자기 자신 · 가족 · 국가 · 사회 · 자연이라는 다섯 가지 대상 각각에 대해 의무를 다할 수 있도록 준비를 하게 해주는 데 있다고 주장했는데, 사회에 대한 의무를 설명하면서 문화라는 단어를 사용했다. 앞에서 살핀 것처럼 정치단체의 기관지나 학술지 · 교과서에서 문명의 동의어로서 문화가 등장했을 때, 문명=문화의 주체는 대개 국가 또는 민족이었다. 그런데 「교육의 목적」의 필자는 문화의 의의를 '국가'와 구분되는 '사회'와 연관하여 논의하고 있다. 문화의 주체로서의 인간이 사회 안에서 살아간다는 인식이 나타나고 있는 점이 주목된다.

118 『태극학보』는 황해도와 평안도 출신 일본 유학생들이 결성한 태극학회의 학술지로, 1906년 8월에서 1908년 11월까지 통권 제27호를 발간했다. 편집 겸 발행인은 장응진(張膺震, 1880~1950)이었는데, 창간 목적은 연설 · 강연 · 토론 등을 통해 학문을 연마하고 저술 · 번역을 통해 조선인의 계몽에 일조하는 것이었다. 『태극학보』에 대해서는 정선태 2009 : 64~65.

大抵 敎育의 目的은 幼弱훈 人을 善導ᄒᆞ야 獨立 自裁ᄒᆞᄂᆞᆫ 域에 達케 ᄒᆞ야ᄡᅧ 將來 社會上에 立ᄒᆞ야 能히 人된 職分을 完全케 홈에 在ᄒᆞ다 謂ᄒᆞ리로다.

……社會에 對훈 關係ᄂᆞᆫ 人은 一般 人類社會 間에 生存ᄒᆞ야 此와 相離치 못홀 關係가 有ᄒᆞ고 社會의 文化로 因ᄒᆞ야 其 心身 諸力의 完全훈 發達을 遂ᄒᆞᄂᆞᆫ 者이며 人은 또 社會에 對훈 義務로 社會의 文明開化를 增進ᄒᆞ며 其 不完全훈 點을 改良ᄒᆞ야ᄡᅧ 後繼者로 ᄒᆞ여금 其 文化의 恩惠를 浴케 홀 義務가 有ᄒᆞ고…….[119]

위 인용문은 인간과 사회를 '문화'로 매개하고 있다. 요지는 인간은 자신이 그 안에 속해 있는 사회와 뗄 수 없는 관계에 있으며, 인간은 사회의 문화에 의해 자신의 능력을 완전하게 발달시킬 수 있는 동시에 문화를 증진시켜 후손에게 물려줄 의무가 있다는 것이다. 문화의 전승과 창조는 사회 속에서 살아가는 인간의 의무인 것이다. 이때 사회는 국경에 의해 나뉘지 않는 인간들의 공동체 전체, 즉 '인류 사회'의 줄임말로 사용되고 있다. 즉 '사회'는 국가라는 실체적이고 구체적인 공동체와는 구분되는 추상적이고 보편적인 공동체이며, '문화'는 이와 같은 사회와 개개인을 매개하는 역할을 한다.

원문의 저자와 출처가 제시되어 있지 않기 때문에 단언할 수 없지만, 문화를 매개로 하여 개인과 사회의 상호 관계를 설명하는 논법을 고려할 때, 위 글에 등장하는 문화는 당시 지식인들의 학회지

119 禹敬命 譯(1907), 「敎育의 目的」, 『태극학보』 제10호, pp.17~18.

나 이인직의 일련의 글에 소개되고 있던 일반적이고 추상적이고 탈정치적인 사회 개념과 연결되어 있었다. 1900년대 후반에는 국가의 행위로서의 정치 영역을 상대화하면서 사람들이 개인 생활을 영위하는 장소로서 사회가 부상하고 있었으며 사회학에 대한 관심도 나타났다.[120] 사회는 어떻게 유지되는가, 사회 속에서 살아가는 인간 즉 사회적 인간의 의무는 무엇인가에 대한 규범적 진술에 등장하는 '문화'는 근대 사회학의 키워드이다. 앞의 인용문에서 '문명개화'는 서구 근대의 진보주의적 역사론을 내장한 civilization의 번역어라기보다 위와 같은 의미의 문화를 풀어 설명한 표현이다.

3) '자아'와 문화

『태극학보』에 소개된 또 하나의 첨단 지식은 근대 서양철학의 문화 개념이었다. 우경명이 번역한 「교육의 목적」에서 문화가 사회라고 불리는 외적인 제도나 실천의 집합과 연관되었다면, 전영작全永爵의 「인생 각자에 관한 천직」은 문화의 의미를 '개인' 또는 '자아'의 차원에서 설명한다는 특징이 있다. 필자는 '학자신사' 곧 지식인의 임무에 대한 논의가 가능하려면 '사회국가'에 대한 인간 일반의 임무라는 문제를 풀어야 하고, 더 나아가 그와 같은 '외타적外他的 관계'를 벗어나 '각자 단위' 즉 '인생 각자'에 관한 임무라는 문제를 풀어야 한다면서 논의를 '철학'의 영역으로 이동시켰다. 지금까지 살펴본 글들이 대개 정치적 · 역사적 담론이었던 데 반해, 이 글은

120 1900년대 '사회'에 대한 이론과 상상의 스펙트럼과 일반적이고 추상적인 '사회' 이해에 대해서는 김현주 2013 : 제2장 참조.

철학적 담론의 성격이 강하며 핵심어인 '문화'와 '문화교육'에는 독일철학의 Kultur 개념의 영향이 뚜렷하다.

전영작의 주장을 개괄하면 다음과 같다. 인간은 자기 목적적 · 절대적 존재인 동시에 대타적 · 상대적 존재이며, 이성적 측면과 감각적 측면을 동시에 갖고 있다. 이성적 자아의 본분은 비아非我에 예속되지 않는 절대적 자아와 일치 · 융화하는 것이므로 '도덕학'은 인간이 자유의사를 수양하여 자기의 본성과 모순되지 않도록 하는 것을 목적으로 한다. 이것이 이른바 '의사의 수양'이다. 그런데 순수한 '자기'와 융합하는 이성적 자아와는 달리 감각적 자아는 비아적 '외계'의 영향을 받아 자기의 본성을 따르지 않으려는 경향이 있다. 여기에서 '문화교육'의 필요성이 대두한다.

> 蓋自我ᄀᆞ 外界를 打克ᄒᆞ고 此를 利用ᄒᆞ고 또 外界的 奴隷를 免케 ᄒᆞᄂᆞᆫ 一種의 技倆을 養成ᄒᆞ라면 此實文化教育이라. 文化教育은 理性을 有ᄒᆞᆫ 人生의 究竟目的을 爲ᄒᆞ야 最上의 手段이라. 否라. 만일 人生을 感覺的 生物의 一面으로 觀察ᄒᆞ면 文化教育은 도리여 人生의 目的이 된다 謂치 아니치 못ᄒᆞᆯ지라. 教化ᄂᆞᆫ 人生感受性에 對ᄒᆞ야 無上ᄒᆞᆫ 至寶로다.
>
> ……文化教育의 進步ᄂᆞᆫ 人類의 面目이라. 哲學이든지 科學이든지 ᄆᆞᆫ일 此에 反ᄒᆞ면 一毫의 價値ᄀᆞ 無ᄒᆞᆯ지라.[121]

위 인용문에서 필자는 자아가 외계를 극복하고 이용하며 또 외계의 노예로 떨어지지 않도록 하기 위해서는 앞에서 말한 '의사의

121 全永爵(1907), 「人生 各自에 關ᄒᆞᆫ 天職」, 『태극학보』 제6호, pp.10~11.

수양' 이외에 감각적 측면의 수양, 즉 '문화교육'이 필요하다고 주장한다. 그런데 이때 문화교육은 이성적 자아의 실현을 위한 한갓 수단에 그치는 것이 아니다. 인간이 감각적 생물이기도 하다는 점에서 관찰할 때, 문화교육은 인생의 목적을 달성하는 데 필수적인 어떤 것이다. 필자는 '철학'과 '과학', 즉 이성의 요구가 감(수)성의 문화=교화를 억압해서는 안 된다고 주장한다.

전영작의 문화론은 칸트가 「계몽이란 무엇인가?Beantwortung der Frage : Was ist Aufklärung?」에서 펼친 문화론과 매우 유사하다. 전영작은 순수하고 무형한 자아와 현실 경험의 자아, 심적心的 자아와 신적身的 자아, 이성적 자아와 감각적 자아를 구별하면서 전자가 후자를 떠나서는 지각되기 어렵다면서 둘의 상보적 관계를 강조했다. 이와 같은 자아 분석은 칸트가 「계몽이란 무엇인가?」에서 말한 '도덕적 유類로서의 인류'와 '자연적 유로서의 인류'에 대응된다. 칸트는 자연적 유로서의 인류와 도덕적 유로서의 인류를 구분하고, 도덕적 인류와 자연적 인류의 충돌 때문에 일체의 악덕이 발생한다고 보았다. 그런데 그는 인간을 악덕으로 유혹하는 자극은 그 자체로서는 선이며, 또 인간의 자연적 소질로서는 합목적적이라고 보았다. 그는 도덕적 유로서의 인류가 내면에 갖추고 있는 소질을 인류의 본분에 따라 발전시키되, 그러면서도 이 도덕적 인류와 자연적 인류가 충돌하지 않도록 하기 위해 문화Kultur가 어떻게 진보해야 하는가를 사유했다. 전영작이 주장한 '문화교육의 필요'가 바로 이러한 의미였다고 할 수 있다. 인간 행위의 의사와 자유의사의 관념이 일치한 '도덕'과 인간의 합리적 의사와 외계적 사물이 일치한 '행복'의 관계에 대하여, 전영작은 행복을 얻기 위해 도덕을 행하려 해서는 안 되고 도덕을 행하는 것이 곧 행복이라고 주장했다. 그는 도덕에 의한 쾌락적 감정의 통제를 주장했는데, 여기에서도 공리주의를 비판한 칸트철학의 영향을 느낄 수 있다.[122]

전영작이 주목한 문화는 몇 가지 점에서 당시 지배적이던 계몽주의적 문명사의 문화와는 구분된다. 첫째, 전영작에게 문화는 문명의 동의어가 아니었다. 계몽주의적 문화사 담론의 저자들은 문명과 문화를 동일한 의미로 간주하고 번갈아 사용하는 경우가 많았다. 하지만 전영작의 글에는 문명이라는 단어가 전혀 등장하지 않는다. 이 글에는 「계몽이란 무엇인가?」에서의 칸트처럼 문화와 문명을 대비하는 내용은 없지만, 전영작은 문명과 문화를 분별하고 있었던 것으로 보인다. 둘째, 계몽주의적 문명사에서 역사의 주체가 국가나 민족 같은 집단이었다면, 전영작은 보편적이면서도 개별적인 '인생 각자', 즉 개별자로서의 '인간'에 대해 말하고 있다. 따라서 이때 문화는 외적인 제도나 실천이 아니라 '내적' 또는 '정신적' 과정, 주관성마음이나 감각, 개인적인 것과 관련된다.

전영작은 문화교육의 개념을 설명하면서 '수양'·'교화' 같은 단어를 사용했는데, 1900년대 후반에는 culture의 번역어인 교양·수양이라는 용어도 소개되고 있었다.

> 人格의 組成에는 先天的 要素와 後天的 要素가 有ᄒᆞ니 先天的 要素ᄂᆞᆫ 容易히 改키 難ᄒᆞ며 <u>後天的 要素ᄂᆞᆫ 教養을 不待ᄒᆞ면 變換키 不能ᄒᆞ나니</u>

122 「계몽이란 무엇인가?」 등에 나타난 칸트의 문화론에 대해서는 니시카오 2006 : 153~156 참조.

此 職責은 實노 敎化에 機能이 擔任흔 바며 敎育의 目的도 쏘흔 此에 不外흐도다.[123]

위의 글은 『태극학보』 제21호1908에 실린 포우생抱宇生의 「수양의 시대」의 일부로서, 인격과 교양/수양의 관계를 설명하고 있다. 인격의 후천적 요소는 교양을 통해서 변화시킬 수 있다는 주장인데, 교양과 유사한 의미로 교화·교육·수양 같은 용어를 사용했다. 『서우』 제14호1908에 실린 「자조론(속)」에는 '실행, 행위, 자수自修, 극기의 교양이 인人을 훈련하여 인생의 직분과 사무의 완전을 수행'하게 한다는 표현이 보인다.[124] 일본에서 나카무라 마사나오가 스마일스의 *Self-Help*를 번역할 때 영어 culture를 주로 '교양'으로 번역했던바, culture의 번역어인 교양·수양이 한국에 수용되고 있었던 것이다. 전영작이나 포우생 등의 글은, 1900년대 말에 일본의 인격주의·수양주의 담론과 함께 단편적이나마 개인이나 자아의 내적 계발 및 완성에 관여하는 독일어 Kultur나 영어 culture의 개념이 유학생들에 의해 한국에 수용되고 있었다는 것을 보여 준다.[125]

그러나 국가론과 정치 담론이 주류를 점하고 있던 학회지에서 이러한 논의는 심화되거나 확장되지 못했던 것 같다. 1905년, 그러

123 抱宇生(1908), 「修養의 時代」, 『태극학보』 제21호, pp.1~2. '不待'는 '不持'의 오기로 보인다.

124 「自助論(續)」, 『서우』 제14호(1908), pp.1~6.

125 남궁영(南宮營)의 「人格을 養成흐는데 敎育의 效果」(『대한유학생회학보』 제1호(1907)), 곽한칠(郭漢七)의 「人格修養과 意志鞏固郭漢七」(『태극학보』 제9호(1907)), 석소 이동초(石蘇 李東初)의 「精神的 敎育의 必要」(『태극학보』 제11호(1907)) 같은 글에서도 인격주의 담론의 수용을 확인할 수 있다.

니까 제국주의 일본의 조선 지배가 전면화하기 시작한 을사조약을 전후한 시기에 신문과 역사·전기소설을 비롯한 문학적 텍스트들, 다양한 종류의 교과서와 학회지는 민족-국민 이야기를 제작하기 위해 심혈을 기울였다. 즉 계몽기 지식인은 다양한 매체를 동원하여 국민의 정의와 필요성, 국민과 개인의 차이, 국민과 국가의 관계, 국민 육성 방법에 대한 논의를 열성적으로 펴게 된다(정선태 2009 : 63~65). 이와 같은 분위기 속에서 전영작이 자아의 진정한 자유를 위해 필요하다고 강조한 감각 또는 감수성의 수양으로서의 문화교육은 종국에는 '국가'로 수렴된다.

> 本述의 主眼도 此에 在ᄒᆞ려니와 文化教育의 必要ᄂᆞᆫ 腐敗ᄒᆞᆫ 國民의 思想을 健全케 ᄒᆞ고 또 青年時代를 經過ᄒᆞ야 學校教育을 受ᄒᆞᆯ 形便이 못되ᄂᆞᆫ 人生에게 感化시키ᄂᆞᆫ 手段中 ᄀᆞ장 必要ᄒᆞ도다. 近日 新聞上에 頻傳ᄒᆞᄂᆞᆫ 自强會에서 設立ᄒᆞᆫ 講演會도 亦此趣旨에 不出ᄒᆞ도다. 今日 本邦形便은 一日이ᄅᆞ도 急急히 一般同胞로 ᄒᆞ야곰 平均ᄒᆞᆫ 智識을 注入ᄒᆞᄂᆞᆫ 것이 最先務오 學校教育은 도리혀 第二의 急務로 思ᄒᆞ노라. 我京中에 多數의 會ᄀᆞ 有ᄒᆞᆫ즉 會ᄆᆞ다 講談會를 設ᄒᆞ고 愛國誠과 社會의 諸般事를 學問的 事實的으로 有志ᄒᆞᆫ 先覺者가 公衆의 感受性을 振起ᄒᆞ면 國家前途의 利害ᄂᆞᆫ 勿論ᄒᆞ고라도 學者紳士의 天職을 盡ᄒᆞᆫᄃᆞ ᄒᆞ리로다.[126]

위 인용문의 주장은 문화교육은 국민의 사상을 건전하게 하기 위한 것이고 특히 학교교육의 대상이 아닌 성인들을 감화하는 중요

126 全永爵(1907), 「人生 各自에 關ᄒᆞᆫ 天職」, 『태극학보』 제6호, pp.11~12.

한 수단이라는 것이다. 전영작은 학교교육보다 더 시급한 것은 '공중'에게 평균적 지식을 보급하는 것이라고 하면서 '자강회' 등 정치단체에서 개최하는 연설회나 강연회 등을 문화교육의 중요한 기제로 들고 있다. 그리고 이와 같은 문화교육을 애국심과 지식을 가진 선각자—'학자신사'—의 임무로 보았다. 이러한 결론은 1900년대 후반에 수용된 내적인 것이나 주관성마음이나 감각, 개인적인 것과 관련된 '문화'가 궁극에서 '국가'로 수렴되던 정황을 보여 준다.

지금까지 살핀 바에 따르면 19세기 말에서 1900년대는 civilization의 번역어인 '문화', culture / Kultur의 번역어인 '문화'가 병존한 최초의 시기였다. 그런데 이 두 단어는 담론장이 서로 어느 정도 구별되었으며 영향력도 차이가 있었다. 이 단어들은 모두 신지식의 주요한 공급처이던 유학생들의 학회지에서 먼저 선을 뵈었다. 그런데 전자가 정치단체의 기관지나 교과서, 학생 대상의 종합잡지 등으로 비교적 빠르게 확산된 반면, 후자는 1900년대까지는 유학생들의 학술지와 학회지 안에서만 유통된 것으로 보인다. 문명의 동의어로서의 문화 개념이 사회적 담론과 교육의 장에서 점차 지배적인 지위로 부상했다면, culture / Kultur의 번역어로서의 문화는 아직은 소수 담론으로 머물러 있었던 것이다.

그러나 culture / Kultur 개념의 수용은 부국강병이 문명의 지배적인 함의가 되고 문명의 이름하에 식민주의적 침략이 가속화·정당화되던 1900년대 후반의 정황에 대한 지적·사상적 대응이었다고 할 수 있다. 국권이 위기에 처한 시기에 지식인들은 자기 정체성의 핵심이 될 국민문화 또는 민족문화라는 개념을 만들어 내려는 참이었다. 그리고 문화는 '사회'나 '인류', '개인자아' 같은 주체성 개념과 결합함으로써 새로운 인식과 실천의 공간을 만들어 내려는 방향으로 움직였다. culture / Kultur의 번역어인 문화의 수용은 계몽주의적 문명=문화 개념으로는 헤쳐 나갈 수 없었던 정치적 · 사회적 요구들이 등장하고 있었음을 반영하고 있다.

Part 2의 1에서 살핀 바 있는 전통적인 문화의 개념과 제도의 역사를 교육(제도)사로 재해석하려 한 일성자의 시도 역시 당시 점차 지배적이 되어 가던, 식산흥업과 부국강병으로 수렴되는 문명=문화 개념이나 민족주의적 문화 개념 등에 대응해 문화가 무엇인지에 대한 대안적 해석을 발전시킬 가능성이 있었다. 물론 세종대의 문화에 대한 해석을 보면, 일성자는 고전적 문화 개념에 내포된 교화적 이념을 국민주의적 윤리나 규범적 사회질서 안으로 통합하려는 지향이 강했다. 하지만 학술지에서 고전적 문화 개념을 '현대화'하려던 시도는 서구적인 문화나 문명 개념의 견지에서는 표현될 수 없거나 내용적으로 입증될 수 없는 어떤 경험, 의미, 가치 등을 살아나게 하거나 실행할 수 있도록 하기 위해서였다고 생각된다.[127]

1900년대에는 한국 사회의 구조 및 변동에 대해 '근대적'이고 '민족주의적'인 설명을 제공하기 위한 지식인들의 노력에 의해 문화의 함의가 점차 복잡해지고 있었다고 할 수 있다. 문화 · 사회 · 개인 · 민족 같은 개념들은 이후 복잡한 변형을 거치게 되는데, 이것들은 나란히 보조를 맞추며 나아갔다기보다 사회적 · 정치적 조건과 요구에 영향을 받으면서 위상과 내포가 변화되었다. 1908년 즈음 생산

127 지배문화에 대해 대안적 혹은 대립적 관계에 놓일 수도 있는 '잔여적인 것'의 의미에 대해서는 윌리엄스 2009 : 197.

되기 시작한 문화사 담론은 민족 개념에 의해 문화 개념이 영향을 받고 있음을 비교적 뚜렷하게 가시화한 반면, 1900년대 말까지 사회나 개인 개념과 문화 개념의 상호 연계는 아직은 맹아적인 단계였던 것으로 보인다. 그러나 전영작이나 우경명 같은 유학생 필자들의 글은 '문화를 무엇으로 보아야 하는가'라는 문제가 사회나 개인에 대한 이해와 긴밀히 연결될 것이라는 점을 암시했다.[128]

대중적 담론에서 개화와 문명, 그리고 문화의 위상

근대적 교과서와 일본 유학생들의 담론장에서 '문화'가 '문치교화'라는 고전적 의미와 번역어 '문명'의 동의어로 통용되기 시작한 것은 19세기 말이며, 그 용어가 지식인과 학생 사이에 좀 더 일반화된 것은 1900년대 후반에 들어서이다. 지식인들은 유교적 교화의 목표를 표현한 문화를 당대의 요구에 부합하게 재해석하고, 문명의 동의어로서의 문화를 한국의 역사를 보편적이고 계몽주의적인 방식으로 기술하기 위한 개념적 도구로 사용하려 노력했다. 아울러 철학과 사회학의 문화 개념 역시 단편적이나마 선을 보이고 있었다. 그런데 이와 같은 '문화'들은 좀 더 대중적인 담론장에는 거의 진입하지 못했던 것 같다. 당시 인기를 얻고 있던 신소설이나 신문의 서사물에서 출현 빈도가 높은 단어는 단연 '개화'와 '문명'이었다.[129]

128 레이먼드 윌리엄스는 문화 개념의 변화와 경제, 사회 같은 사회 이론의 핵심 개념의 변화의 상호 관계에 주목할 것을 주장한 바 있다(윌리엄스 2009 참조).

129 이경훈의 『한국 근대문학 풍속사전』(2006, 태학사)에는 1905~1919년에 발표된 소설과 서사

신소설에는 특히 개화라는 표현이 매우 자주 등장했는데, 흥미로운 점은 당대가 이미 '개화 세상'『홍도화 상』, 「고목화 상」, 『귀의 성』으로 감각되고 있었다는 것이다. '개화 이후'『홍도화 상』, '개화된 이후'『빈상설』, '개화 속 사람들'『치악산 상』 같은 표현이 빈번히 나타나며 '예전 세상'과 '지금 개화한 이 세상'을 구분하는 표현도 자주 등장한다『구마검』, 『홍도화 상』. 한편 개화는 개개인이 취득하거나 성취할 수 있는 가치로 나타나곤 했다. 『혈의 누』에서 옥남이는 아버지에게 "나는 개화하였소"라고 단언을 하는데, 신소설에는 "개화한 아들, 며느리가 있다"『치악산 상』거나 "개화를 했다"『빈상설』, "개화니 무엇이니 한 사람"『목단화』 같은 표현도 볼 수 있다.

이와 같은 표현들은 개화 전과 후를 명확히 구분할 수 있는 어떤 실제적이고 구체적인 지표가 있었다는 것을 의미한다. 신소설에서 '개화'는 무당미신으로부터 해방된 것『구마검』, 관료들이 시종을 줄인 것『빈상설』, 사사로운 체벌이 금지된 것『홍도화 상』, 신분이 아니라 지식이나 공부가 중요시되는 것『빈상설』, 축첩제의 폐지『귀의 성』 등을 가리켰다. 서양 약방이 생기고「황금탑」, 여성이 가정 바깥으로 외출할 수 있고 학교 등 공적 장소에 제한 없이 출입할 수 있게 된 것「모란봉」, 『쌍옥루』, 『춘외춘』, 토반의 딸이 양반에 저항할 수 있다는 점『현미경』 등도 개화의 지표로 포착되었다.[130]

이와 같은 현상은 개화 개념의 '세속화'를 의미한다. 유길준의 『서

물에 등장하는 주요 어휘가 수록되어 있는데, 1910년까지 발표된 35편에서 '개화' · '문명'의 용례는 pp.31～33, pp.172～173을 참조했다.

130 신소설에는 '개화공부', '개화당', '개화소년', '개화관' 같은 다양한 합성어가 등장한다(이경훈 2006 : 33～34).

유견문』에서 '개화'는 인류의 총체적인 진보 과정을 의미했다. 그는 미개-반개-개화의 선상에 국가들을 배치했는데, 이 구도에 따르면 설사 서구라고 해도 개화의 완성태에 도달한 것은 아니었다. 개화는 영원한 진보의 과정이었다. 그런데 신소설을 읽어 보면, 대중의 일상생활에서 개화의 의미는 눈에 보이는 몇 가지 지표나 증거로 축소되고 있었음을 알 수 있다. 예컨대 1895년 갑오경장에 의해 선포된 개혁적 입법 즉 「개화장정開化章程」이 발표됨으로써 한국은 이미 '개화 세상'이 되었다고 인식된 것이다『빈상설』.

유길준이 말한 개화는 신소설에서는 문명이라는 단어로 표현되었다. 그것은 한국이 아직 도달하지 못한 경지였으며, 외국에서 배워 와야 할 것이었다. 문명은 아직도 배타적으로 서구에만 속한 가치였다.

> 우리나라가…… 세계 여러 나라 속에 들어가 한 가지 반열에 참예하기 위하여 정치를 개혁하여 국가의 기초를 든든히 하고 태서 신세계의 문명을 들여 인민 동포 형제의 지식 정도를 널리고자 하였더니…….
>
> —반아, 「몽조」

> 갑진년 시월에 변란이 나고 김씨가 일본으로 도망한 후에 최씨가 시골로 내려가서 재물 모으기를 시작하였는데, 그 경영인즉 재물을 모아 가지고 그 부인과 옥순이를 데리고 문명한 나라에 가서 공부를 하여 지식이 넉넉한 후에 우리나라를 붙들고 백성을 건지려는 경륜이라. 최병도가 동네 사람들에게 재물에는 단단히 굳은 사람이라는 말을 들었으나, 최병도의 마음인즉, 한두 사람을 구제하자는 일이 아니오, 팔도 백성들

이 도탄에 든 것을 건지려는 경륜이 있었더라.

— 이인직, 『은세계』

원래 이 승지가 일찍이 문명 각국에 많이 유람하여 세계 형편을 요연히 아는 고로, 부패한 정부를 공박하여 유신의 사업을 성취코자 하다가 소인의 시기를 인하여 제주 위리안치圍籬安置로 일곱 해를 있더니…….

— 이해조, 『빈상설』

태서의 여자들은…… 무수한 인재를 양성하여 문명을 계발하니 금일 태서 각국의 문명 발달됨이 모두 여자 학문의 발달된 효험이라 하오.

— 김교재, 『목단화』

'문명'은 태서 즉 서구의 성취를 일컫는 말로서 '우리나라'는 아직 가지지 못한 가치이자 이르지 못한 단계였다. '태서 신세계의 문명을 들여오다'「몽조」, '문명한 나라에 가서 공부하여 지식을 넉넉하게 하다'『은세계』, '문명 각국을 유람하다'『빈상설』, '태서 각국의 문명 발달은 여성교육에 의한 것이다'『목단화』라는 표현에 드러나는 것처럼, 문명은 개인의 차원에서 습득하거나 성취할 수 있는 것이라기보다 대개 국가를 단위로 하여 사고되었다. 그리고 문명은 공부나 지식의 습득을 전제로 하며, 그 공부와 지식은 특히 국가/국민을 붙들어 세우거나 건지기 위한 '정치적 경륜'과 연결된다는 의식이 일반적이었다. 즉 문명의 요체인 교육과 학식, 계몽은 국민-국가와 관련된 활동, 즉 정치와 직간접적으로 연결되었다. 신소설에서 개화가 개인의 일상생활이나 활동과 밀접한 제도 · 관습과 연관된 것이었다면,

문명은 대체로 '정치적인 것'과 연결된 가치 또는 성취였던 것이다.[131]

의생 왈 일진회…… 자기들은 이천만 인구 중에 먼저 깨어 문명 진취에 뜻이 있고 천하 대세와 국가 이해를 안다 하여 그러함인지 모르거니와…….

— 「향로방문의생鄕老訪問醫生이라」

이 사람, 딴소리 말게. 지금 판세를 가만히 보면 '개화'니 '문명'이니 한다고 머리는 잘들 깎았나 보네만 속에는 전판 완고의 구습이 가득하니 겉으로는 어찌 개명 진취의 뜻이 있는 듯하나 실상은 잠을 깨지 못하여 길에 다니는 자들이 말짱 코를 골고 다니니 비유컨대 고목나무 겉은 성하나 속은 좀이 먹어 들어가는 모양이라. 참 겉개화라 할 만하여, 내 망건 생애만 조잔하여 갈 뿐이오. 조금 별수는 없을 터이니 자네 복술에는 관계치 아니하리.

— 「소경과 앉은뱅이 문답」

개신유학자 그룹이 주도한 『대한매일신보』에 실린 단편 서사들

131 이인직은 '문명'을 '개화'와 비슷한 의미로 사용하기도 했다. "조선 풍속 같으면 청상과부가 시집가지 아니하는 것을 가장 잘난 일로 알고 일평생을 근심 중으로 지내나, 그러한 도덕상의 죄가 되는 악한 풍속은 문명국에는 없는 고로, 젊어서 과부가 되면 시집가는 것은 천하만국에 부끄러운 일이 아니라. 정상 부인이 어진 남편을 얻어 시집을 간다"(『혈의 누』) ; "글쎄 말일세. 그 부인은 내외를 아니하면 세상에서 문명한 부인이라고 칭찬을 듣지마는, 우리같이 남의 첩의 노릇이나 하고 있는 사람은 일 없이 뻘뻘 나다니면 남의 말 하기 좋아하는 사람들이 별명만 지을 터이니 남의 별명 들어 무엇 하게"(『귀의 성』). 이와 같은 표현은 정치적인 것(국가)에 비해 사회적인 것(일상생활의 세계)의 발전을 근대성의 중요한 지표로 삼은 이인직의 사상을 반영하고 있었던 것으로 판단된다. 이인직의 사회 개념에 대해서는 김현주 2013 : 96~116 참조.

에서는 '문명'과 '개화'의 허구성에 대한 비판적 태도가 강하게 표현되고 있다. 「향로방문의생이라」에서 '의생'은 일진회의 구호인 문명을 허구적인 것으로 의심했다. 「소경과 앉은뱅이 문답」에서 문명과 개화라는 구호는 '피상적인 것''겉개화'으로 비판되고 있다. 이는 문명과 개화의 이념이 친일적 정치단체의 선전 구호로 변질되거나 세속화되는 상황에 대한 개신유학자 그룹의 반응이었다고 할 수 있다. 최찬식 역시 「금수회의록」에서 '개화했다 자칭하고 양복 입고, 단장 짚고, 궐련 물고, 시계 차고, 샐쭉경살죽경—인용자 쓰고, 인력거나 자행거 타고, 제가 외국 사람인 체하'는 세태를 비꼬았다. 개화의 피상성과 문명의 외래성이 비판의 대상이 된 것이다.

개화에 비하면 빈도가 확실히 낮았지만 문명이 이미 신소설에 자주 등장하면서 대중의 어휘집 안에 진입해 있던 상황을 고려하면, 문화는 일반 대중에게 가 닿는 데 더 오랜 시간이 걸렸던 것 같다. 독립협회가 일반인을 대상으로 발간한 『독립신문』에 몇 차례 나오는 문화는 황해도에 속한 지역의 명칭이었다문화군(文化郡). 1898년 8월부터 1902년 10월까지의 『제국신문』에도 문화는 행정 지역의 명칭으로만 사용되었다. 『대한매일신보』에도 1907년 10월 26일자와 1908년 2월 11일자에 문화군에서 의병이 일본 군인들을 공격했다는 기사가 있을 뿐이다.[132] 1908년에는 『공립신보』에서 문화가 유교적 교화의 의미로 쓰인 사례가 있지만,[133] 당시 신문에서는 전

132 『대한매일신보』 1910년 6월 1일자 「학계보」에는 "학교를 방해"라는 표제 아래 1900년대 초반에 설립된 것으로 추정되는 '문화학교'에 대한 기사가 있다. 하지만 이때의 '문화'가 어떤 의미인지는 정확히 알 수 없다.

133 "군웅할거하며 전쟁을 하던 시대에 유도한 선비들이 근심하여 말류의 폐를 구하고자 함에 공

통적 의미든 새로운 의미든 문화라는 말이 거의 사용되지 않았다.

1905~1910년 사이의 단편 서사물과 신소설 35편에는 문화라는 단어가 거의 등장하지 않는다.[134] 지식인의 문명사=문화사 담론에서 영향을 받은 것이 거의 확실해 보이는 소설에도 문명이라는 용어만 등장한다.

> 이 세계를 비교하여 보면 몇백 년 전에 유럽이나 아메리카나 다 캄캄한 밤과 같이 문명치 못하던 그때에 아세아는 낮과 같이 문명한 빛이 있더니 지금은 유럽과 아메리카는 광명한 낮이 되고 먼저 문명하던 아세아는 도리어 광명한 빛이 있으나 보지도 못하고…… 문명의 열매 되는 각종 기계와 물건은 취하여 가지나 문명의 근본된 종교는 알아볼 여지도 없는 고로 눈이 있어도 마땅히 볼 것을 보지 못하게 되었으니 일향 저 모양으로 지내면 백인종의 노예 되기는 우리가 눈 깜짝할 동안 될 것인 줄 확실히 아나이다(김필수 2004 : 99~100).

이 인용문은 1908년에 발표된 『경세종』광학서포의 일부인데, 유럽 · 아메리카와 아세아를 대비시키고 문명의 열매인 기계 · 물건과 문명의 근본인 종교를 구분하고 있다. 핵심 주장은 문명을 이해하기 위해서는 기계와 물건을 취하는 데에서 나아가 그 근본인 종교

자는 춘추를 지어…… 문화로써 태평에 이르게 하였으며……"(『공립신보』 1908. 8. 19). 『공립신보』는 재미동포 단체인 공립협회의 기관지로 1905년에 창간되었다. 1909년 국민회로 개편 · 통합되면서 『공립신보』는 『대동공보』와 통합되어 제119호부터 『신한민보』로 발간되었다.

134 이경훈 2006에는 해당 시기 단편서사물과 신소설에서 '문화'라는 단어의 용례를 찾을 수 없었다.

를 이해할 수 있어야 한다는 것이다. 이러한 논법은 세계문명사 또는 비교문명사=문화사 담론에서 가져온 것이 분명한데, 저자인 김필수는 이러한 담론에서 여러 지식인이 문명의 동의어로 사용하던 문화는 수용하지 않았다. 1900년대까지의 대중적 서사물에서는 고전적인 '문화'는 물론이고 새로운 '문화'도 통용되지 않았던 것이다.

Part 3

1910년대 문명론의 변형과 문화 이데올로기의 등장

1. 식민지 문명론의 특징과 변형의 계기들

19세기 말에 도래한 번역어 '문명'이 한국인의 머리와 마음속에 깊이 새겨진 시기는 바로 1910년대다. 한편에서 문명은 식민 지배 권력이 주도한 정치와 행정, 교육의 영역에서 '조선'이 지향하고 추구해야 할 가치와 목표를 가리키는 개념으로서의 지위가 매우 확고해졌다. 조선총독부는 식민지 조선에서 문명화의 주체를 자임했다. 식민 권력은 조선의 과거와 현재를 야만과 미개로 재현하면서 스스로를 문명의 설계자이자 추진자로 정립하고자 했다.

다른 한편에서 조선의 지식인 집단 가운데 문명 담론의 생산자로 새롭게 부상한 것은 2세대 일본 유학생들이었다. 19세기 말 이래 근대적 문명 개념을 수용하고 확산해 온 계몽적이고 민족적인 지식인들과 1세대 일본 유학생들은 조선이 식민지가 된 1910년 이후에는 정치적 영향력이 크게 위축되었다. 이들의 집결지이던 정치단체 및 언론 매체가 조선총독부에 의해 해체되었기 때문이다. 1910년대 중반부터 새로운 유학생 세대, 즉 조선이 식민화된 이후 일본에서 대학교육을 받거나 학위를 취득한 조선인 청년들이 조선총독부의 감시 속에서도 집단적 목소리를 내기 시작했다. 1914년 일본 도쿄에서 조선유학생학우회의 기관지로 『학지광』을 창간한 것을 필두로 하여, 유학생들은 식민 권력이 제공한 기회를 통해 그리고 스스로 만들어 내거나 접속한 몇몇 민간의 매체와 네트워크를 통해 문명 담론의 유력한 생산자로 부상했다. 정치적 · 경제적 자원 동원력의 압도적 격차라는 조건 속에서도 이 유학생들은 조선의 문명화를 선도할 지위를 둘러싸고 식민 지배 권력과 경쟁하는 동시에 타협했다.

이 절에서는 일본 유학생을 포함한 신지식인 집단이 생산한 문명의 개념 및 이미지를 분석한다. 이들은 스스로를 조선 사회민족의 문명화를 지도하는 주체로 내세웠는데 정치적 독립의 상실, 식민 지배 권력이 추진한 행정 · 경제 · 교육 분야의 개편과 이에 따른 사회규범의 급격한 변화 등에 의해 영향을 받으면서 문명의 내포가 변화되었다. 정신이나 의식, 수양이나 교양, 취미 등 개인의 지적 · 심미적 · 윤리적 능력에 주목하게 하는 새로운 개념들의 수용은 문명 개념의 내용을 변화시킨 중요한 동력이었다.

식민지의 문명론과 문명화 전략

1) 근대 서구 사회의 제도 분석으로서의 '문명론'

1910년대 전반기에는 이미 문명이 일반 대중에게 친숙한 시대 표상이자 슬로건이었다. 당시 단행본 출판에서 적잖은 비중을 차지한 신소설에서는 개화라는 말을 거의 찾아볼 수 없게 되었고 그 자리를 문명이 대체했다. 신소설에는 '문명계'『목단화』, '문명국'『현미경』·『추월색』, '문명 시대'『우중행인』·『안의성』 같은 합성어와 더불어 '문명진화'『월하가인』, '문명진보'『기생』 같은 표현이 나타난다. 신소설의 서술자와 등장인물들은 자주 '이전 어수룩한 시대'와 '지금 이 문명한 시대'「옥동춘」, '전일 야매하던 시대'와 '지금 이십 세기 문명 시대'『안의성』를 대비하곤 했다. 1900년대에 한국인이 스스로 '개화한 세상'에 살고 있다고 느꼈다면, 1910년대 전반기를 산 조선인은 당시가 '문명한 세상'이라고 느낀 것이다.

그렇다고 조선인이 그러한 문명을 온전히 갖거나 누리고 있다는 의미는 아니었다. 신소설에는 '문명한 내지인들', '문명하다고 추앙하는 구미 각국'『비파성』, '문명하다는 서양'『쌍옥루』, '문명으로 세계에 제일가는 북미주'『서해풍파』 같은 표현이 많이 발견된다. '문명을 받다/ 못 받다'라는 표현도 등장한다『소학령』. 이때 문명은 서양·구미 각국·북미주·내지일본가 이미 이룩했거나 선두에서 개척하고 있는 것으로서, 조선이 본받고 뒤따라야 할 가치들을 총칭했다. 조선인들은 '서양 공기를 마시지 못하고는' '문명한 신사'가 될 수 없다고 느끼고 있었다『모란병』.

문명 또는 서양이 성취한 문명의 내용에 대한 이해는 이전과 다소 달랐다. 1900년대 신소설에서는 근대적 국가의 수립이나 독립의 유지 등 정치적 목표와 연관하여 문명이라는 단어가 언급된 경우가 압도적이었는데, 1910년대에는 그러한 의미망이 거의 삭제되었다. 문명은 기왕의 '개화'와 흡사하게 세태를 묘사·비판하거나 개개인의 일상생활에 밀접한 제도, 관습의 변화 필요성을 주장하는 맥락에서 사용되었다. 예컨대 문명은 결혼 관습의 변화『비파성』, 개인의 생명과 재산의 보호『월하가인』·『소학령』, 사적 복수에 대비한 사법적 처리의 정당성『현미경』, 신분에 대비한 지식의 중요성『안의성』, 여성들의 행실『쌍옥루』 같은 사항들과 연관된 가치로 제시되었다.[135]

그렇다면 엘리트 지식인이 생각한 '문명'은 신소설의 그것과 어떻게 달랐을까? 1910년대 후반에 일반 대중과 청년, 학생 사이에서 '동경 유학생' 이광수李光洙, 1892~1950의 이름을 널리 알리는 계기가 된 장편 서사들, 예컨대 「농촌계발」·「무정」·「개척자」에는 문명이라는 단어를 포함한 합성어나 그것을 활용한 표현이 매우 다채로웠다. '문명인', '문명 인사', '문명 세계', '문명운동', '문명 정치', '세계의 문명', '서양의 문명', '현대의 문명', '소리의 문명', '문명의 소리', '조선문명', '문명한 동중洞中', '문명한 야소교인', '문명한 민족', '문명적 교양', '문명을 낳다', '문명을 주다' 등이 그것인데 문명은 비단 어휘의 차원만이 아니라 주제의 차원에서도 이 세 편의 서사의 거멀못이었다. 이 서사들의 목표는 독자가 문명을 제대로 알고 그

135 1910~1915년까지 발표된 서사물과 소설에서 '문명'의 용례는 이경훈 2006 : 173~176 참조. 1910년대 전반기 신소설에서는 문화라는 단어를 거의 볼 수 없다. 다만 최찬식의 『금강문』(1914)에는 '지금갓치 문화가 발달되는 셰상' 등 여성 교육의 당위성을 주장하는 맥락에서 문화라는 단어가 서너 번 등장한다. 이는 문명의 동의어로 사용된 것이다.

것을 소망하도록 하는 데 있었다.

이광수의 문명화 구상이 서사로 구체화된 최초의 글은 「농촌계발」이었다. 유학생 출신 지식인인 '김일 군은…… 조선문명의 근본이 농촌계발에 있음을 깨닫고…… 고향에 돌아왔'던 것이다.

> 彼等마을의 청년들—인용자에게 新教育을 授하여 十五 年만 過하면 彼等은 各各 一個 文明人이 되렷다. 彼等 中에서도 學者도 나고, 教育家도 나고, 商工業家도 나고, 宗教家, 文學者도 나렷다. 彼等은 相當한 社會의 地位와 相當한 財産도 得하게 되렷다. 그리되면 洞中은 面目을 一新하렷다. 五十餘 명 紳士를 有한 洞中이 文明한 洞中이 아니면 무엇이리요. 옳다, 옳다. 나의 理想도 實現되리라 하고 터질 듯한 기쁨을 겨우 참았소(이광수 1962d : 112).

위 인용문은 김일이 고향인 금촌金村을 문명화할 구상을 표현한 부분인데, 그의 목표는 '신교육'을 통해 마을의 청년들을 '문명인' 즉 학자 · 교육자 · 상공업자 · 종교인 · 문학자로 길러 내는 것이었다. 이와 같이 상당한 정도의 사회적 지위와 재산을 가진 '신사'가 많아질 때 고향 금촌은 비로소 '문명한 동리'가 될 것이기 때문이다. 곧이어 발표한 「무정」에서는 문명을 '과학, 철학, 종교, 예술, 정치, 경제, 산업, 사회제도 등을 총칭하는 것'으로 규정했으며 '서양의 문명을 이해한다 함'은 바로 이 '내용을 이해한다는 뜻'이라고 했다(이광수 1962g : 205). 이 밖에도 여러 편의 글에서 이광수는 문명을 '박물학, 물리, 화학, 수학, 천문, 지리'와 '의, 공, 상, 농'과 '철학, 문학' 등 여러 '분과의 집적'이라고 표현하거나 '정치, 법률, 실업, 과학, 철학, 문학, 예술, 종교 및 각종 기예로 성립된 것'이라고 적었다(이광수 1962b : 67 ; 1962m : 539 ; 1962c : 26). 「부활의 서광」에서는 문명은 과학, 경술經術, 공예, 종교, 문학, 예술, 교육, 정치, 상공업 등의 동등한 참여로 이루어진다고 하면서 그 하나하나를 문명의 '요소', '부문', '분자'로 불렀다(이광수 1962k : 38). '분자'나 '부문' 같은 표현이 보여주듯이 이때 문명은 다양한 분야로 이루어진 하나의 전체로 상상되었다.

이광수는 '문명'이 한 사회를 구성하는 다양한 부문들의 활동을 종합한 총체적 성과 혹은 성취라고 생각하고 있었던 것인데, 이 같은 문명론은 근대 서구 사회의 조직 또는 제도에 대한 분석을 바탕으로 하고 있었다. 이광수를 비롯하여 당시 형성되는 중에 있던 새로운 지식인 그룹이 문명을 분석하는 데 사용한 '교육', '문학', '종교', '학문과학', '정치', '경제', '상공업', '역사', '예술' 등은 모두 19세기 후반에서 20세기 초에 걸쳐 일본에서 한자어로 번역되어 정착한 서구의 개념들이다. 이들은 일본의 대학에서 근대적 분과 학문들을 수학했거나 하고 있었던바, 이들이 세계를 지각하고 평가하는 틀은 서양의 개념들에 의거해 있었다. 이들에게 '문명화'란 근대 서구 사회의 조직 원리와 작동 방식을 모델로 하여 조선 사회 전체를 재구성·재편성하는 것으로 상상되었다.

1910년대의 유학생들은 근대 서구 사회에 대한 제도적·기능적 분석을 바탕으로 조선 사회 전체의 서구적·근대적 개편을 목표로 제시함으로써, 앞 시기 유학생과 거리를 두었고 식민 권력과도 경쟁했다. 최두선崔斗善, 1894~1974과 이광수는 철학, 현상윤玄相允, 1893~미상과 염상섭廉想涉, 1897~1963은 역사학, 진학문秦學文, 1894~1974은 영문학, 전영택田榮澤, 1894~1968은 신학, 노익근盧翼根, 생몰연도 미상·장덕수張德秀, 1894~1947·김영만金榮萬, 1891~1934은 경제학, 안확安廓, 1886~1946은 정치학을 전공했다. 학업을 중단한 경우도 있었지만, 이들은 근대적 세계의 기능을 분담하기 위해서는 전문적인 지식이 반드시 필요하다고 생각한 실력주의 세대다. 이들은 자신들이 선배 유학생에 비해 더 실제적이고 현실적으로 문명의 본질에 접근하고 있다고 자부했다. 이들에 따르면, 문명화는 예컨대 정부의 형태 같은 어떤 한 부문의 변화를 통해 이룩할 수 있는 것이 아니라 사회 전체의 재편성을 통해서만 도달할 수 있는 목표였다. 당시 와세다대학早稻田大學 고등예과에 재학 중이던 이광수는 관료가 되기를 꿈꾸는 동료들을 비판하면서 '문명이 발달하여 사회의 조직이 복잡하게 된 금일에는 관계官界는 사회 활동 무대의 일부분에 불과'하고 '실업계, 교육계, 문학계, 종교계, 학자계, 정치계가 다 관계官界와 대등한 지위를 유有'한다고 주장했다(이광수 1962e : 479). 이러한 발언은 조선총독부의 식민지 경영에 참여하기를 꿈꾸는 유학생들을 비판하려는 의도뿐만 아니라 당시 유학생 사이에서 유행한 실력주의의 내용을 보여 주는 것이다. '실력주의'란 바로 이와 같이 다양하게 분화된 부문에서 요구되는 기능을 분담할 수 있는 실제적인 능력전문적인 지식과 기술을 획득해야 한다는 의미였다.[136] 아울러 신지식인은 서구적 근대라는 모델에 의거하여 식민 지배 권력의 문명화론을 상대화할 수 있었다. 예컨대 최남선은 앵글로색슨의 가치관 혹은 근대상은 일본식 근대

136 編輯人(1915), 「日本留學生史」, 『학지광』 제6호, p.16 ; 檢山村人(1915), 「吾儕의 將來問題」, 『학지광』 제6호, pp.33~34.

와 다르고 일본보다 앞선 것이라고 생각했다. 그는 조선의 문명이 일본이 이룬 수준에 미달한다고 보면서도 일본의 근대문명을 서구의 수준에 대비하여 상대적으로 열등한 것으로 설명하거나 '사대적事大的'이라고 비판했다.[137]

2) 문명화 전략 : '정치'의 유보, '예술'과 '상공업'의 발전

'문명화'가 궁극적으로 사회 전체 영역의 근대적 · 서구적 재편성을 의미했다고 하더라도, 그에 도달하기 위한 구체적인 전략 또는 프로그램은 식민지 상황의 제약을 받지 않을 수 없었다. 사실 이들이 처한 상황은 1세대 유학생이 처했던 상황과는 크게 달랐다. 앞 시기의 유학생들은 '비록 단시적이나마, 또 극히 불확실하게 추상적으로나마 독립이라든지 부국강병이라든지를 이상理想'으로 삼고 실천했었다. 하지만 '경술 8월에 일한합병이 실행된 뒤로는' 조선의 유학생들은 그러한 이상을 수립하거나 추진하는 주체가 될 수 없었다(이광수 1963d : 160). 유학생들은 조선의 현 상황이 '조선인 정치가를 요구치 아니하는 처지에 재在'(이광수 1962e : 480)한다는 점을 잘 알고 있었다. 따라서 신지식인들의 문명화 프로그램의 첫 번째 특징은 정치적 문제를 괄호 안에 넣는 것이었다. 이들은 '국가정치'와는 구분되는, 식민 권력의 지배가 전일적으로 관철되지는 않는 산업, 교육, 가정, 종교, 예술 등의 영역에서 근대성을 진척시키고자 했다.

137 최남선(1918), 「自助論 序」, 『청춘』 제13호 ; 최남선(1918), 「譯 自助論 序言數則」, 『청춘』 제13호. 최남선은 특히 영국, 독일, 미국의 문명을 높이 평가했다(최남선 2003c : 388~397 ; 류시현 2009 : 98~103).

1900년대에 언론이나 학회지에서 문명론 및 문화론을 전개한 지식인 가운데 1910년대에도 활발한 활동을 전개한 대표적인 이는 최남선이다. 계몽기에 정치적 독립이나 부국강병에 초점에 둔 문명론을 전개한 박은식이나 신채호申采浩, 1880~1936 같은 개신 · 유학 계열의 지식인들은 1910년 이후 망명의 길을 택했으며, 그 밖에 많은 유학생은 교육이나 실업의 길로 들어섰다. 1906년 와세다대학 고등사범부 역사지리과에 수학한 최남선은 이들과는 달리 1907년에 설립한 출판사인 신문관을 기반으로 1910년에는 조선광문회를 조직하여 민족적 지식의 보존 · 전파를 위해 노력하는 한편,[138] 1914년 10월부터 1918년 9월까지 청년과 학생을 대상으로 한 월간 종합잡지 『청춘』을 발간했다. 이 잡지는 '문학'을 포함한 근대 서구의 지식을 소개하는 데 앞장섰으며, 이광수 · 현상윤 · 진학문 등 신세대 유학생의 담론을 조선 안에 전파하는 역할도 담당했다(한기형 2004a, 2004b). 최남선이 후배 유학생들의 담론을 포용할 수 있었던 이유는 애초에 그가 서양의 근대를 모델로 한 계몽주의적 문명론=문화론을 수용했기 때문이다. 1900년대에 이미 그는 문화를 문명의 동의어로 사용하면서 근대 서양 사회를 문명=문화의 선구자로 인정했다.

우리는 黃人種임을 자랑한다 當初부터 가장 넓고 기름지고 살기 조흔 쌍을 차지하야 일즉부터 物心兩界의 文化가 平均히 發達하고 普遍히 傳及되엇슴을 자랑한다. 五千年以上 쌔지지 아니한 歷史的 國家와 系統的 文明 잇슴을 자랑한다 ……指南車처럼 養蠶法처럼 人造紙처럼 印刷術처

138 최남선과 신문관의 활동에 대해서는 권두연 2011 참조.

럼 大砲火藥처럼 人類生活과 文明進步에 重大한 關係잇는 것이 대개 우리네 손에서 創造되엇슴을 자랑한다 超絶한 宗敎的 闇路며 高尙한 倫理的 敎訓이며 深奧한 哲學이며 緻密한 法律이며 美妙한 文學이며 精麗한 藝術을 남몬저 만드러 가젓슴을 자랑한다(최남선 2003d : 563~564).

위 인용문은 1918년에 간행된 『시문독본時文讀本』의 일부인데, 여기에서 최남선은 다른 글에서처럼 문명을 문화와 동일한 의미로 사용한다. 이때 문화=문명의 진보는 물질적인 것 곧 지남차, 양잠법, 제지술, 인쇄술, 군무기 같은 기계 · 기술 영역과 정신적인 것 곧 종교, 윤리, 철학, 법률, 문학, 예술 같은 '심'적인 영역의 성취를 포괄하는 의미이다. 계몽주의적 이상에 의거할 경우, 문명이란 이 같은 사회 전체 영역의 서구화 · 근대화를 표상했지만, 전략적 차원에서는 조정이 필요했다. 최남선은 「귀천론貴賤論」에서는 '학문 · 교육 · 산업의 영역에서 실력을 통해 성과를 거둔 사람'이 되어야 한다고도 주장했는데, 그의 문명화 전략의 두 축은 '예술'과 '과학기술'이었다.

① 今日의 世界는 文明人의 世界니 오즉 文明人만이 生存의 權利를 享有하며 오즉 文明人만이 尊榮과 威權을 保有하는 世界라…… 대개 藝術은 모든 文化의 精華―라 故로 그 發達은 모든 文明에 後하는 것이오 故로 可觀할 藝術이 有하면 그 文化의 程度를 足히 推測하는 것이오 故로 文化 高의 國에만 高尙한 藝術이 有한 것이오 故로 文化가 早闢한 社會에라도 그 文化가 停滯하는 時에는 반드시 그 藝術이 墮落하고 殘亡하나니…… 藝術의 無함은 文化의 無함일새 一 社會 一 民衆의 最大羞恥오 固有하든 藝術이 殘亡함은 곳 健者로 腐敗하고 高者로 墮落한

證據일새 一 社會 一 민중의 最大 汚辱……(최남선 2003e : 423).

② 所爲 近代의 文明이란 것은 此를 形而下로 觀하면 科學과 및 그 應用의 發達이오 形而上으로 論하면 進步的 情神의 溢露라할지라 文明의 復興은 그 曙光이오 宗教의 改革은 그 先驅오 地理의 發見은 그 嚮導오 機械發明, 産業革命은 그 主動이오 經濟狀態의 驟進과 社會 面目의 一變은 그 結果의 一部一니 此 諸事는 毋論 다 窮理的 勤勉과 實行上 剛勇으로써 日進日新의 功을 累積하야 드대어 二十世紀의 燦爛한 局面을 展開한 것이로다(최남선 2003f : 432~433).

인용문 ①은 「예술과 근면」의 일부로서, '오늘날의 세계에서는 오직 문명인만이 살 권리와 존엄과 권위를 갖는다'는 주장에서 '문명'은 야만이나 미개의 반대 개념으로 작용하면서 타자화 논리를 작동시킨다. 문명이 절대적 가치 개념으로 작용하기 때문이다. 이어서 최남선은 회화 · 조각 · 음악 · 가무 · 건축 등을 포함하는 '예술'과 문화=문명의 관계에 대해 언급했는데, 그에 따르면 예술은 문화 가운데 가장 깨끗하고 순수한 부분, 가장 중요하고 뛰어난 부분으로서 당연히 어떤 문화가 수준이 높아진 이후에야 발달하는 것이다. 그러므로 예술의 유무 및 그 수준으로 문화의 유무 및 고저 정도를 평가할 수 있다. 즉 고상한 예술을 보유했다는 것은 그 나라의 문화 수준이 높다는 증거이며, 예술의 부재는 문화의 부재를 의미하고 예술이 쇠잔한 것은 문화가 부패하고 타락한 것을 의미한다. 예술은 문명=문화의 바로미터인 것이다.

인용문 ②는 「용기론」의 일부인데, 여기에서 최남선은 근대문명이 '과학기술'과 '진보적 정신'이라는 두 개의 바퀴로 전진한다고 설명한다. 자연을 정복하는 과학과 그 응용력기술의 발달이 근대문명의 '형이하'적 측면이라면, 인류가 자연에 대해 이러한 투쟁을 수행해 나가는 데 동력이 되는 진보적 정신은 근대문명의 '형이상'적 측면이라는 것이다. 최남선은 '인간은 자연에 대립하는 영구한 투쟁을 통해 문명을 진척시켜 나간다'는, 진보주의적이고 보편주의적인 역사관에 입각하여 문명을 정의했다.[139] 이어서 그는 근대문명의 발전 과정을 문예부흥, 종교개혁, 지리상의 발견, 기계의 발명과 산업혁명의 순서로 정리하고 그 결과 인류가 경제 발전과 사회 변화를 이룰 수 있었다고 평가했다. 앞의 인용문 「예술과 근면」에서 드러난 예술과 문명의 밀접한 관계에 대한 인식은 서양의 '문예부흥'을 참조한 주장이라고도 할 수 있는데, 흥미로운 점은 근대 서양의 발전 과정을 기술하면서 정치적 변혁, 예컨대 프랑스나 영국에서의 정치혁명이나 미국의 독립전쟁 등을 생략했다는 것이다.

1910년대에 최남선은 앞에서 살핀 이광수와 비슷하게 문명화를 기능적으로 분화된 다양한 사회적 영역 또는 제도 안에서 필요한 기능을 분담할 수 있는 실력을 육성하는 것으로 이해했다. 문명의 경지에 도달하기 위해 개개인은 스스로를 어떻게 변화시켜야 하는가? '실력주의'의 원칙은 사회의 역할과 기능을 분담해야 할 책임과 의무가 개개인에게 주어져 있다는 것이며, 이 원칙 위에서 문명에

139 문명은 자연의 상대어로서, 인류가 자신의 능력(지와 용)을 발휘하여 자연의 법칙에 대항해 투쟁하고 정복하는 행위 자체를 가리켰다. "文明이란 何오. 物質上으로 總言하면, 自然力 征服의 謂니, 곳 造化에 對한 人類의 戰爭이오 人의 智勇으로써 自然의 城塞를 襲破하여, 天藏地秘를 鹵獲利用함이라 國國民民의 戰爭은 一時一部의 變狀이로대 如何히 智勇努力을 要함은 人의 明知하는 바이어니와 文明의 戰은 永遠恒久한만큼 더욱 無限量한 智勇을 要하는 것이오"(최남선 2003f : 435).

대한 사유는 근대사회에 걸맞은 존재가 되기 위해 개개인이 어떤 태도 또는 자세를 갖추어야 하는지를 규정하는 방향으로 나아갔다. 이때 최남선은 지智, 덕德, 용勇 같은 정신적 자질이나 근면, 노력 같은 행동의 규율을 강조하는 경향이 강했다. 「예술과 근면」에서는 예술을 근면이라는 행동 규범과 결합시켰고(최남선 2003e : 405~406), 「용기론」에서는 물질적 문명의 발전을 위해 필요한 덕목은 지용智勇과 노력이라고 강조했다(최남선 2003f : 435). 「민덕론」에서 최남선은 조선의 요구는 오로지 '문명진보'이며 최고의 욕망은 '문명상의 강자 됨'이라고 했는데, 이에 도달하기 위한 '정신적 기초'로서 지 · 덕 · 용을 골고루 갖출 것을 요구했다.[140] 성공의 원천이 개인의 능력에 있다고 믿었으므로 자수성가의 밑거름으로 직무에 대한 지식이나 교육과 함께 강인함, 경쟁력, 적극성 등을 갖출 것을 요구한 것이다.

1910년대 후반 문명화의 전략을 둘러싼 유학생들의 논의에서 '상공업'과 '예술'은 상호 보완하면서 경쟁하는 관계로 편성되었던 것으로 보인다. 와세다대학 정치경제학과에 다니던 추봉秋峯 김영만은 방학을 틈타 조선에 다녀온 후 '경성에서 소위 식자識者라는 사회' 안에는 '문예 방면과 상공업 열이 최성最盛'하다는 소감을 밝힌 바 있다. "누구든지 言必稱 商工業하고 떠들며, 그러치 안으면 文藝思想이 잇서야한다하고 붓을 들어 끄적거립니다. ……무슨 小說은 엇더하고, 商業은 엇더케하여야 猝富가 된다 하는 것은 가장 滋味

140 崔南善(1918. 1. 1), 「民德論」, 『매일신보』, p.2. 한국에서 *Self-Help*의 번역에 대해, 류시현은 한말의 부분 번역에서는 개인－인민－국가의 관계 즉 정치적 측면이 강조되었는데, 최남선의 번역에서는 과학기술의 발전과 함께 자본주의사회에 기여하는 개인의 덕목이 강조되었다고 평가했다(류시현 2009 : 99~106).

잇게 듯습니다."[141] '예술'이 아니라 '문예'와 '소설'이라는 하위 범주들을 거론한 점이 눈에 띄는데, 여하튼 김영만의 관찰은 예술과 상공업이 비단 최남선만의 관심사가 아니었음을 알려 준다. 조선의 신지식인들은 예술 또는 문예의 발전과 상공업의 발전이라는 두 가지 전략을 둘러싸고 논쟁 중이었던 것이다.

산업주의 문명론

1910년대 후반 많은 유학생은 상공업, 특히 산업 부문에서의 실력 양성을 매우 중요한 과제로 삼았다. 이들은 20세기를 경제 경쟁 시대로서 국민의 경제력을 강화하고 생산을 진흥해야 살아남을 수 있는 시대로 판단했다.[142] 국가 간 경쟁의 항목에서 정치적·군사적 힘강병과 경제적 힘부국이 분리되면서 후자가 부상했는데, 이러한 분리는 조선인이 더 이상 정치적·군사적 주체가 될 수 없는 식민지 상황에 의해 '강요된' 것이었다. 유학생들의 전략은 우선 경제산업의 발전을 추진하고 그 성취를 기반으로 하여 차후 정치적 독립을 추진한다는 것이었다.

> 科學普及은 特別히 自然科學의 教育을 意味함이니, 或 僻見이라는 論評이 有할난지 不知커니와, 今日의 朝鮮局面에 在하야는, 精神上 學問보다도 特히 緊하고 急한 것은 오직 自然科學의 發達이라 할 수 잇도다.

141 추봉(1919), 「歸省中所感」, 『기독청년』 제13호, p.13. 도쿄조선기독교청년회는 한국기독교청년회의 분회로서 1906년 도쿄에서 설립되었으며, 1917년 11월 기관지 『기독청년』을 창간했다.

142 盧翼根(1915), 「經濟振興에 對한 余의 意見」, 『학지광』 제6호, p.56.

何者오 하면 現代文明의 特質이 얼픗보면 **哲學에 잇고 論理學에 잇는 듯하나, 其 實相은 水蒸氣에 잇으며 電氣에 잇음**을 보앗슴으로쎄니, 硝子板이 紙窓을 代하고 電氣燈이 油燈을 代하야 各種의 文明的 利器가 우리의 生活을 豊富케하기 前에는 아마도 形而上的 討論이 別노 긴치 안이하고, 藝術이며 戀愛全然히 無할 수는 업스나의 로만스가 그러케 合理的이라고는 말할 수 업지 안을가 하노라. 그럼으로 나는 十人의 칸트와 백인百人의 로셋치前者는 有名한 哲學者, 後者는 有名한 畫家보다, 一人의 마르코니無線電信 發明家와 二人의 에치펠닌飛行船 發明家이 하로밧비 半島안에 生기기를 懇切히 바라는 배며, 朝鮮이 巴里갓치 古畵만코 彫刻品만키로 世界의 藝術中心이란 말을 듯는 것보다, 伯林갓치 발명가 만코 物理學家·化學者만키로 世界의 學問中心이란 말을 하로밧비 듯게 되기를 中心으로 渴望하는 바로다강조는 원저자.[143]

와세다대학 사학과에 재학하며 『학지광』의 발행인 겸 편집인을 맡기도 했던 현상윤은 「강력주의와 조선청년」에서 조선을 발전시킬 방법 세 가지로 무용武勇 정신, 과학 보급, 산업혁명을 들었다. 무용 정신이란 자본주의적 미덕이라고 할 수 있는 경쟁력, 적극성, 강인함 등을 의미했다. 아울러 그는 '현대문명의 특질'이 '철학'과 '논리'가 아니라 '수증기'와 '전기'에 있다면서 문명적 이기가 생활을 풍요롭게 만들기 전에는 형이상학적 토론은 긴요하지 않으며 예술이나 연애의 로맨스도 합리적이라고 말할 수 없다고 했다. 그는 철학자와 화가를 무선전신과 비행선 발명가와 대조하고 예술의 중심

143 玄相允(1915), 「强力主義와 朝鮮青年」, 『학지광』 제6호, p.47.

지 파리와 과학기술의 중심지 베를린을 대조하면서, 조선에는 철학 같은 '정신상 학문'이나 '예술'보다 '자연과학의 발달'이 더 긴급하다고 주장했다.

> 今日 우리는 文明을 要求하고 새 生活을 希望하도다. 一大人物이 나고 大思想이 니러나고 大事業이 니러기를 우리는 祝願하도다. 簡單히 말하면 只今 우리는 어두운 밤을 뚤코 빗잇는 새벽으로 나가려 함이니 '知識의 燈불아 우리의 압길을 빗춰라. 敎化culture의 막대야 우리의 몸을 붓들어라' 함에 우리의 理想이 박혀 잇고 우리의 目的이 定하여 잇다 할 수 잇지 아니한가.
>
> 그러나 이 知識의 燈불은 엇더케 엇으며 敎化의 막대는 엇더케 붓잡을가? 이것이 問題오 이것이 硏究할 點이로다.
>
> 曰 돈이오 왈 富니, 돈이라야 大學校도 세울 수 잇고 專門學校도 세울 수 잇으며 돈이라야 圖書館·硏究所를 세울 수 잇고 돈이라야 書籍雜誌를 發行할 수 잇으며 돈이라야 人物을 養成할 수 잇고 돈이라야 學會가 일어날 수 잇나니, 우리들 오늘날의 先決問題는 金錢에 잇고 富에 잇다지 안을 수 업도다.[144]

위 인용문은 「부富의 필요를 논하여 상공업 발흥의 급무에 급及함」의 일부인데, 필자는 문명의 이상과 목적은 '지식'과 '교화culture'를 통해 달성된다고 보면서도 그것들을 갖기 위해서는 우선 '돈' 즉 '부'가 필요하다고 주장한다. '교화'가 영어 'culture'의 번역어임을

144 編輯人(1917), 「富의 必要를 論하여 商工業勃興의 急務에 及함」, 『학지광』 제12호, pp.35~36.

밝혀 놓은 것이 흥미로운데 지식과 교화를 위한 기관은 학교, 도서관, 연구소, 도서와 잡지, 학회 등이다. 이 글에 따르면 부를 증가시키는 유일한 방법은 상공업의 발전이다.

게이오기주쿠 이재과理財科에 재학하던 노익근은 『학지광』에 경제 관련 글을 여러 편 발표했는데, 그는 민족이 생존을 유지하고 스스로의 가치를 표현하는 데 가장 필요한 것은 경제적 부라고 강조했다.[145] 따라서 조선인이 시급히 이루어야 할 일은 '경제력을 공고케 하고 일반의 생산을 진흥하는 것'이다.[146] 경제의 발전은 무엇보다도 산업상공업의 발전에 의해 가능하다는 생각이 유학생 사이에 널리 퍼졌으며, 따라서 산업 발전의 물질적 · 인적 조건에 대한 논의가 활발해졌다.[147]

경제와 산업, 과학과 기술을 중심으로 문명을 이해하는 이와 같은 태도는 일반 대중에게도 확산되고 있었다. 일상생활에 밀접한 제도나 관습의 변화 필요성과 연결되었다는 측면에서는, 1900년대 후반 신소설의 개화 개념과 1910년대 전반 신소설의 문명 개념은 별반 차이가 나지 않았다. 그런데 1910년대 중반 이후에 들어서자 신소설에서 문명은 조선술이나 항해학 같은 과학기술, 전신이나 전화 같은 기계와 직접 연결되기 시작했다. 이를테면 문명은 '조선물

145 盧翼根(1917), 「經濟界를 不振케 하는 三大原因」, 『학지광』 제13호, p.24.

146 盧翼根(1915), 「經濟振興에 對한 余의 意見」, 『학지광』 제6호, p.56 ; 盧翼根(1916), 「富를 增加함에 對하여」, 『학지광』 제10호, p.23 ; 盧翼根(1917), 앞의 글, 『학지광』 제13호, p.24.

147 李康賢(1915), 「朝鮮産織獎勵契에 對하여」, 『학지광』 제6호, p.49 ; 金孝錫(1916), 「나의 敬愛하는 留學生여러분에게」, 『학지광』 제10호, p.12 ; 李光洙(1917), 「卒業生諸君에게 들이는 懇告」, 『학지광』 제13호, pp.7~9.

산공진회'에 출품·전시될 수 있는 것이었다 이상춘의 『서해풍파』(1914), 안국선의 『기생』(1915). 백대진의 『애아의 출발』 1915 같은 소설에서도 문명은 주로 기술과 산업의 차원에서 감각되었다.

1910년대 후반에는 (근대)문명의 진보에 대한 최남선의 설명도 과학기술의 발전에 초점이 맞추어졌다. 1918년에 완역을 목표로 하여 번역한 스마일스의 *Self-Help* 즉 『자조론』에서도 과학과 기술, 사업 분야가 특별히 강조되었다. 그는 사업가, 기술자, 과학자를 '근대 영웅 modern hero'으로 규정하고 이들이야말로 진정한 위인이며 '금일 문명의 선도자'라고 상찬했다. 산업주의의 영향하 근대문명에서 자연과학 및 기술의 중요성이 강조된 것이다. 주목할 점은 산업이나 기술을 중심에 두는 문명화 전략이 문화=문명의 역사적 전개에 대한 해석도 변화시켰다는 것이다.

'세계문화사'나 '문명사'는 1910년대 유학생들의 세계 인식과 자기 이해에 결정적인 영향을 미쳤다. 1900년대에 이미 계몽주의적 문명사=문화사 담론을 통해 문명의 동의어로서의 문화 개념을 수용하고 그것을 응용하여 '문화사' 「해상대한사」를 기술하려 한 최남선은 1910년대에 이와 같은 문명사=문화사 담론을 더욱 진척시켰다.

> ① 日本文化의 支那的 分子까지도 大槪는 朝鮮을 媒介하여 엇엇스니…… 일본은—인용자 朝鮮을 말미암아 文明의 曙光을 보앗스며, 朝鮮을 말미암아 文明의 길을 엇엇고, 朝鮮을 말미암아 文明의 始作을 이루엇스니…….[148]

148 崔南善(1916. 12. 15), 「東都繹書記 : 翻刻朝鮮書(2)」, 『매일신보』, p.1.

② 由來 朝鮮의 文明은 獨創的이오 夙成함이 特色이지마는 그 他面에는 一時的과 孤立的의 一大 弊端이 잇섯스니…… 무릇 文化는 空間上 傳播와 時間上 繼續을 가지고 비로소 發展하는 것이니 兀立한 天才와 暫發한 事業은 그 價値와 影響을 엇지 갓든지 發達이란 點에 잇서서는 아조 하잘 것이 업는 것이어늘 不幸히 우리의 文化上 功績은 이 弊에 病든 것이 적지 아니하도다(최남선 2003d : 452~455).

앞 인용문 ①은 『매일신보』에 실린 「동도역서기」의 일부이고 인용문 ②는 『시문독보』의 일부로, 이 두 글에서는 '문명'과 '문화'가 동일한 의미로 번갈아 사용되고 있는데, 최남선은 인류의 역사를 '문명 발육의 기록'이자 '문화 발전의 기록'으로 바라보았다. 인용문 ①에서는 이와 같은 보편주의적 역사발전론에 입각하여 일본에 대비한 조선의 문화적 선진성을 강조한 한편, 인용문 ②에서는 조선의 문명에 시간적 지속성과 공간적 전파력이 부족했다고 평가하고 있다. 이는 조선의 문화가 근대 세계를 지배하는 보편적 문화로 발전하지는 못했다는 한계를 지적한 것이다. 그러면서도 최남선은 세계적·보편적 수준의 문명에 대비하여 조선의 문명이 결코 뒤떨어지지 않는다는 증거를 찾아내려고 했다. "고구려와 로마는 당시 문화의 집성적集成的 표현이 된 점에서 동일하다"거나(최남선 2003d : 482), '정음正音'은 조선의 '세계문화사상의 공적'이며 '위대한 문화상의 기보奇寶'라고 한 평가 등이 그 예이다(최남선 2003d : 487). 이러한 작업은 조선 민족은 비록 오랫동안 정체 상태에 있었지만 향후 세계문명사에서 반드시 큰 성과를 낼 거라는 주장을 뒷받침하는 데 필요했다. 이는 1900년대의 계몽주의적 문명사=문화사의 문법을 잇는 것이었다.

1918년에 발표한 「계고차존稽古箚存」(최남선 2003a : 109~172)은 서양을 모델로 하면서도 조선의 과거, 즉 삼국 시대 이전에서 서양의 성취에 필적할 증거들을 찾아낸다는 이중적인 벡터를 내장한 문화사의 아이디어를 서사로 구체화한 고대사 서술이다. 조선의 고대사회에 대해 본격적으로 문명사=문화사적 해석을 시도한 이 글에도 포괄적인 문명=문화 범주가 사용되었는데, 그는 단군 시대의 문화를 정신적인 것과 물질적인 것으로 나누고 물질적 문화에는 산업과 의복 · 주거 · 교통수단 등을, 정신적 문화에는 인민의 기습氣習 · 신앙 · 예술 · 문자 · 가창歌唱 등을 포함시켰다. 흥미로운 점은 '정치와 법제도', 즉 국가 또는 국가의 활동으로서의 정치의 영역을 문명=문화의 영역에서 떼어 내어 따로 다루었다는 것이다.

「계고차존」에서 또 하나 흥미로운 것은 역사, 즉 문화=문명의 발달을 해석하는 이론이다. 최남선은 부여 후기 조선인의 민족적 자각정치적 자각의 근본 원인을 농업의 발달에서 찾았다. 그에 따르면, 부여 후기에는 조선인이 거주하는 전 지역이 농업을 근본으로 삼게 되었다. 농업은 사회상 · 생활상의 발달을 가져왔는데, 특히 애향심을 발달시켰고 이것이 민족의식민족적 자각을 형성시켰다. 이와 같은 해석은 그가 고대에 국가 수립의 기초가 된 민족의식 발달의 토대를 농업의 발전에서 찾았다는 것을 보여 준다. 나아가 그는 농업의 발달이 민풍도덕과 기풍 · 윤리, 신앙, 무역, 기상氣象에 대한 관념, 점복占卜, 음곡音曲과 무악舞樂의 발달도 가져왔다고 보았다. 그는 부여 후기의 정황을 설명하면서 거듭 "농업의 발달은 사회의 제반 방면에 중대한 변화를 초래했다", "제반 문물이 모두 농업을 중심으로 생성 · 발육 · 변이했다"라고 적었다(최남선 2003a : 168, 170). 최남선은 고대사의 발전 동력을 농업, 즉 산업에서 찾고 있었다.

「계고차존」에서 최남선은 총체적인 문명론=문화론을 보존하면서도 문화에서 국가의 활동으로서의 정치(와 법제도)를 제외하고 문화 발달의 메커니즘을 산업의 발전을 중심으로 해석했으며, 그러고 나서 산업의 발전이 정치적 자각민족정신을 필두로 하여 여타 부문의 발전을 자극하고 촉진했다는 논리를 폈다. 약 10년 전에 발표한 「해상대한사」에서 문명=문화의 발달이 반도라는 지리적 조건이나 민족의 본래적 자질에 의해 결정된다고 설명했던 것에 대비하면, 문화의 구조 및 변동에 대한 이해가 크게 진전했음을 알 수 있다. 중요한 점은 최남선이 이와 같은 역사 해석을 통해 당시 유학생 그룹이 주장하던 산업 중심의 문명화 전략실력양성론, 즉 경제산업를 발전시킴으로써 정치적 독립을 준비한다는 기획을 정당화하고 있었다는 점이다. 이렇게 볼 때 「계고차존」은 '산업의 발전이 정치를 포함한 사회 전체의 발전의 토대'라는 산업중심주의가 과거에 대한 해석, 즉 역사 담론에까지 진입했음을 보여 주는 텍스트이다.[149]

정신적 문명론과 학문, 예술, 종교, 도덕

유학생들은 '문예'나 '예술'의 가치를 설명하면서 '정신적 문명'이나 '문명적 교양' 같은 표현을 사용하곤 했는데, 여기에는 두 가지 중요한 의미가 있다. 첫째, 이 표현들은 1910년대에도 문명 또는 문명화의 비전이 보편적인 호소력을 가지고 있었다는 것을 의미한

149 최남선의 「계고차존」에 대한 분석은 김현주 2007 : 234~241을 요약·서술한 것이다.

다. 1917년 말 이후에는 시대정신의 표상으로서 문명의 지위가 다소 흔들렸다. '현대(적)'나 '물질(적)'이라는 단어와 결합한 경우, 문명은 심지어 부정적인 의미를 담아 날랐다. 하지만 1910년대 내내 지식인 사이에서나 대중적 담론에서 문명은 여전히 변화의 열망과 방향성을 제시하는 상징이자 슬로건이었다. '정신적 문명'이나 '문명적 교양'은 그 말이 지시하거나 암시한 대상이 근대 서구 사회를 구성하는 중요한 요소로 간주되었다는 것을 의미한다. 둘째, '정신적 문명'과 '문명적 교양'에서 유학생들이 강조하고 싶었던 것은 실은 정신과 교양이었다. 정신의 동의어로 '의식'이라는 단어가 사용되기도 했으며, 정신이나 의식 개념을 설명할 때는 지정의나 진선미 같은 심리학과 철학의 용어들이 인용되었다. '교양'은 '수양'이나 '교화' 같은 단어로 대체되기도 했는데, 이 용어들은 지식과 취미, 실력과 수양, 지식과 교화를 서로 구분하면서 조화시키려는 논의에서 자주 사용되었다. 아래에서는 우선 정신 또는 의식 개념을 기반으로 하여 문명 담론 안에서 학문, 예술, 종교 같은 개념이 부상하는 국면을 살펴볼 것이다.

1910년대에 문예나 예술의 가치에 주목한 유학생들의 세계 인식은 대체로 이분법적 패러다임에 입각해 있었다. 이광수는 문명을 '정신적 문명'과 '물질적 문명'으로 나누어 생각했다(이광수 1962f : 557). 학문을 '자기 목적적' 분야와 '실용적' 분야로 나누어 보았다(이광수 1962b : 76). 그리고 인간의 행복이나 생활을 이해하는 데에도 이분법을 적용했다. 그는 사람의 행복을 '정신적 행복'과 '물질적 행복'으로 나누었고(이광수 1962b : 75~76), 생활을 '내적 생활'과 '외적 생활'로 나누었다(이광수 1962b : 74). 정신적-내적-비실용적인 것과 물질적-외적-실용적인 것은 대개 상호 보완하는 관계로 설명되었지만, 때때로 전자는 후자에 대해 상대적 우위를 주장하거나 그것을 비판하고 평가하는 위치에 오르기도 했다. 정신적-내적-비실용적인 것이 물질적-외적-실용적인 것보다 '가치'의 측면에서 우월한 것으로 이해된 것이다.

이미 1900년대에도 '정신'은 인간을 정의하는 중요한 요소로 강조되었다. 여러 글에서 인간과 인간 이외의 사물의 관계는 정신과 정신 이외의 영역, 즉 정신/물질의 관계로 파악되고 있었으며, 이러한 구분은 다시 내계/외계, 주관/객관으로 형태를 바꾸면서 반복되었다. 주체/객체 이분법은 서구 근대성의 핵심으로서, 19세기 말이 되면 조선에도 이러한 이분법적 논리가 수용되어 정신/물질, 심/신의 구별이 형성되었고 그 안에서 위계가 마련되고 있었던 것이다. 그런데 이때 인간을 다른 존재와 구별해 주는 속성으로서의 정신은 '감정'이나 '의지' 혹은 '도덕'이라는 비교적 단순한 의미였으며, 더 구체적으로는 유교적 윤리·도덕이나 애국정신·국가 정신 등을 가리켰다.[150] 그런데 다음 인용문에서 설명된 '정신'은 그러한 의미가 아니었다.

> 吾人의 精神은 知·情·意 三방면으로 作하나니, 知의 作用이 有하매 吾人은 眞理를 追求하고, 意의 方面이 有하매 吾人은 善 又는 義를 追求하는지라. 然則, 情의 方面이 有하매 吾人은 何를 追求하리요. 即, 美라. 美라 함은, 即 吾人의 快感을 與하는 者이니 眞과 善이 吾人의 精神的

150 1900년대의 정신 개념에 대해서는 장석만 1994 : 280~285 ; 노대환 2010 : 188~200 참조.

慾望에 必要함과 如히, 美도 吾人의 精神的 慾望에 必要하니라(이광수 1962i : 510).

위 인용문은 서구의 literature 개념을 맨 처음 체계적으로 소개한 글로 평가되는 이광수의 「문학이란 하何오」1916의 일부인데, 여기에서 그는 정신의 구조를 매우 분석적 · 체계적으로 사유한다. 정신은 지정의를 포괄하는 상위 범주이다. 다시 말해 정신은 진선미의 만족을 추구하는, 인간 정신의 본질적 능력인 지정의의 총체를 가리킨다. 이광수도 정신이라는 용어를 의지나 욕망이라는 비교적 단순한 의미로 사용한 적이 있지만 '정신적 문명', '정신적 생활', '정신적 행복', '정신적 욕망'이라고 했을 때의 '정신'은 보통 위와 같이 구조적으로 분화된 세 부문의 능력을 모두 포함했다.

최남선은 1년 전에 이미 「고상한 쾌락」에서 '의식'이라는 용어를 사용하여 위와 유사한 담론을 펼쳤다.

心理學은 가라치어 가로대 吾人의 意識은 세 가지 作用이 잇서 知는 眞理를 求하고 虛妄을 排하며 意는 正義를 貴해 하고 不義를 賤해 하며 그 中에 情은 美와 快를 찻고 醜와 不快를 물리치다 하나니 吾人이 眞理와 正義를 渴求하는 모양으로 美와 快를 구할 것도 自然한 理라(최남선 2003b : 349~350).

위 인용문에서 최남선은 인간의 의식을 지 · 의 · 정으로 분석하고 '지'를 진리의 추구, '의'를 정의의 추구, 그리고 '정'을 미와 쾌의 추구의 원천으로 설명했다. 결론은 인간이 미와 쾌를 추구하는 것은 진리와 정의를 갈구하는 것과 마찬가지로 자연스러운 일이라는 점이다. 일본 유학생들의 대표적인 토론장이던 『학지광』에는 1914년 말부터 이와 유사한 주장을 펴는 글이 다수 게재되었다. 최남선의 아우 최두선은 「문학의 의의에 관하여」에서 인간의 심리를 지정의로 나누고 정情·의意가 만족해야 비로소 '생명'을 경험할 수 있다고 주장했다.[151] 최승구崔承九, 1892~1917는 「감정적 생활의 요구 : 나의 갱생」에서 감성적 생활 및 예술의 가치를 강조했다.[152] 감정이나 문학, 예술의 가치를 주장하는 이와 같은 담론들은 인간의 심리 혹은 정신의식에 대한 분석에 토대를 두고 있었다.

이광수는 인간 정신의 구조적 분화를 설명하는 동시에 그러한 정신의 구조에 상응하는 제도의 성립을 체계적으로 설명했다. 그에 따르면 인간의 정신적 능력이 지정의로 분화됨으로써 과학학문·예술·종교 등의 제도가 성립하게 된 것이다.

> 幸福에 二種이 有하니, 即 精神的 及 物質的이라. 精神的이라 함은 宗敎, 學藝, 文學, 美術, 其他 娛樂 等이니, 宗敎는 實로 人類의 歷史로 더불어 起한 者이라. 民族이 有한 處에 宗敎가 必有하나니, 此는 近來 人類學 及 考古學이 共히 證明하는 바라. 故로 宗敎는 歷史的 事實이니 宗敎의 合理 與否를 論함이 不當하고 人生의 一大 重要現象으로 相當한 敬意를 表함이 至當하도다. 故로 今日 文明諸國은 悉皆 信敎의 自由를

151 崔斗善(1914), 「文學의 意義에 觀하야」, 『학지광』 제3호, p.28. 당시 최두선은 일본 와세다 대학 철학과에서 수학 중이었다.

152 崔承九(1914), 「情感的 生活의 要求 : 나의 更生」, 『학지광』 제3호, p.18. 당시 최승구는 게이오기주쿠 예과 과정에서 수학 중이었다.

許함이며, 次에 學藝라 함은 哲學, 自然科學 등 純理學을 總稱함이나, 學問의 起源은 元來 利用厚生을 爲함이라, 實生活에 應用함이 原目的이로되 漸次 實用을 離하여 學 그 물건이 學問의 目的이 되니, 即 오직 眞理를 探究하는 興味에 끌려 그 慾望을 滿足케 하기 爲하여 學問을 硏究함이라(이광수 1962b : 75~76).

위 인용문은 「교육가 제씨에게」1916의 일부인데 이광수는 종교, 학문, 예술을 인간의 정신적 행복에 관여하는 분야로 규정했다. 먼저 그는 '종교'에 대해 '합리 여부'를 떠나 '상당한 경의敬意를 표함이 지당'하다고 말하고 있다. 종교는 합리성의 요구로부터 자유로운 영역으로서 그 자체로 중요시되고 존중받아야 한다는 것이다. 한편 '학예'란 '학' 자체를 목적으로 삼는, 진리 탐구만을 목적으로 하는 순수학문을 일컫는다. '뉴턴의 만유인력 연구'를 '와트의 증기력 연구'와 구별해 주는 것은 전자가 실용적 필요를 만족시켜야 할 의무가 없는, 외적 요구로부터 자유로운 순수한 진리의 탐구라는 데 있다(이광수 1963a : 76). 응용학문과의 차이를 강조하는 이러한 논리에 의해 '순수과학'은 '실용 기술'로부터 분리될 수 있었다.

彼等도쿄 유학생—인용자이 政治學을 學함은 반드시 政治家가 되려 함이 아니니, 朝鮮의 現狀이 朝鮮人 政治家를 要求치 아니하는 處地에 在함을 彼等도 善知하다. 彼等이 政治學을 學함은 實로 其 學을 學함이요, 其 術을 學함이 아니라. 徹頭徹尾 學者的 態度로 最新政治의 學理를 窮究하여서 一面 世界의 大勢를 理解하며, 一面 學者의 本領을 發揮하려 함이라. 此와 如한 態度로 彼等은 法學을 硏究하고, 經濟學을 연구하고,

文學을 硏究함이니, 彼等이 萬一 豫期한 바와 同한 學者가 되기만 하면, 朝鮮人은 彼等을 通하여 世界의 新文明에 接함을 得하리로다(이광수 1962e : 480).

위 글에서 이광수는 '학'과 '술', 즉 학문과 기술을 구분하고 있다. 학문적 연구는 대상의 이치를 탐구하여 이해하는 데 목표를 둘 뿐 실용에는 관심이 없다는 점에서 '기술'과는 다르다. 따라서 학 자체만을 목적으로 하는 '학문'과 그 수행자인 '학자'는 어떤 실제적인 요구나 이익이 아니라 '세계의 문명'과 관련을 맺는다. 예컨대 정치학은 '학'으로 정의됨으로써 현실의 이해관계로부터 분리되어 '객관적'이고 '중립적'인 진리를 주장할 수 있다.

인간의 정신적 행복에 관여하는 분야로 거론된 나머지 하나는 문학 · 음악 · 미술, 즉 예술이었다.

近世에 至하여 人의 心은 知 · 情 · 意 三者로 作用되는 줄을 知하고 此 三者에 何優 · 何劣이 無히 平等하게 吾人의 精神을 構成함을 覺하며, 吾의 地位가 俄히 昇하였나니, 일찍 知와 意의 奴隷에 不過하던 者가 知와 同等한 權力을 得하여, 知가 諸般科學으로 滿足을 求하려 함에 情도 文學 · 音樂 · 美術 等으로 自己의 滿足을 求하려 하도다. 古代에도 此等 藝術이 有한 것을 觀하건대, 아주 情을 無視함이 아니었었으나, 此는 純全히 情의 滿足을 爲함이라 하지 아니하고, 此에 知的 · 道德的 · 宗敎的 意義를 添하여, 即 此等의 補助物로, 附屬物로 存在를 享하였거니와, 約 五百年 前 文藝復興이라는 人類 精神界의 大變動이 有한 이래로, 情에 獨立한 地位를 與하여 知나 意와 平等한 待遇를 하게 되다(이광수 1962i : 508).

앞 인용문은 「문학이란 하오」의 일부인데 핵심 주장은 '정'은 '지'와 '의'의 노예가 아니며, 따라서 정의 만족을 추구하는 예술은 도덕·학문·종교의 부속물이나 보조물이 아니라 그것들과 어깨를 나란히 할 만하고 오히려 인간과 더 밀접한 관계에 있는 '독립한 일 현상'이라는 것이다(이광수 1962i : 509). 학문으로부터 문학의 분리, 독립은 이미 6년 전에 「문학의 가치」에서도 개진된 생각이었다. 문학은 본래는 학문 일반을 가리키는 말이었지만 "人智가 漸進하여 學問이 漸漸 複雜히 되매, '文學'도 次次 獨立이 되어 其 意義가 明瞭히 되어 詩歌·小說 等 情의 分子를 包含한 文章을 文學이라 稱하"기에 이르렀다(이광수 1962h : 504).

이광수와 최남선 같은 지식인들은 정신이나 의식 개념으로 지정의론 같은 심리학적 인간 이해, 진선미론 같은 가치의 철학을 매개하면서 예술·종교·학문 등이 정치국가·경제산업만큼이나 중요하다는 점을 역설했다. 예컨대 이광수는 「무정」과 「개척자」 같은 소설에서 조선의 청년들이 진출해야 할 분야로 특히 예술과 학문을 제시했다. 이형식과 맺어지기를 단념하고 자살을 결심한 박영채를 구원한 김병욱은 도쿄음악학교에 적을 둔 음악 학도이다. 황주에서 함께 생활하면서 박영채는 병욱으로부터 '예술이라는 말'을 배우고 그 '뜻'을 알아 가며 드디어 '自己도 藝術家다. 藝術家가 되는 것이 내 天職'이라는 생각에 이르게 된다(이광수1962g : 236). 소설의 말미에서 병욱은 일본에서 음악학교를 마치고 다시 베를린으로 유학을 떠나며, 영채 역시 일본에서 음악학교를 졸업한다. 두 여성은 모두 음악가가 되어 귀국하며, 남자 주인공 이형식은 윤리학과 교육학을 전공한다. 한편 「개척자」의 남자 주인공 김성재는 일본 도쿄고등공업학교를 졸업하고 화학자가 되어 귀국하며, 그의 여동생 김성순이 사랑한 민은식은 화가였다. 소설에서 이광수는 청년 남녀를 젠더화된 문화의 양식들에 나누어 배치했다.

한편 「교육가 제씨에게」에서는 물질/정신의 이분법이 일반론의 차원을 넘어서 점차 근대 사회의 문제점을 분석하는 데에도 적용되었다.

> 然하나 精神的 幸福과 物質的 幸福에 等級을 定한다 하면 無論 前者를 右에 置할 것이라. 그렇다고 物質的 幸福을 賤히 여길 것은 아니니, 理想은 다만 物質도 精神化하여, 或은 物質과 精神을 適當하게 調和하여서 此 兩者가 合하여 人生에 可能한 最大幸福이 되게 함이라(이광수 1962b : 76).

위에서 이광수는 '정신'을 물질중심주의가 야기하는 사회적 문제들에 대한 '공리주의적' 해결책으로 고려하고 있다.[153] 류시현은 최남선을 필두로 한 신지식인이 1910년대 중반에는 주로 종교, 철학, 사상 등 문화 영역의 발전에 기여한 '문화적 영웅'에 관심을 보이다가 1910년대 후반에는 대개 '공예적 영웅'으로 관심을 옮겼다고 평가한 바 있다(류시현 2009 : 99~106). 앞에서 살핀 것처럼 유학생 사이에는 상공업 중심의 문명론이 만연했던 것이 사실인데, 그와 같은 물질중심주의를 보완하기 위해 그리고 그것이 야기하는 눈에 보이는

153 이광수가 '정신'을 지정의로 분석하고 이에 바탕하여 학문, 예술, 종교라는 제도의 성립을 정당화한 데 대해서는 김현주 2005 : 116~130을 요약·재서술한 것이다.

폐해를 교정하기 위해 정신적 영역의 발전이 필요하다는 주장도 힘이 있었다.

와세다대학 정치학과에 재학하며 『학지광』 제14호1917. 11, 제15호1918. 3, 제17호1919. 1의 편집을 맡았던 최팔용崔八鎔, 1891~1922은 자신의 호인 당남인塘南人으로 발표한 글 「우리 사회의 난파」에서 그릇된 실리주의를 사회에 해를 끼치는 태도로 보았다. 그는 사회를 다만 물질적 방면으로만 이해하는 것을 경계했다.[154] 아래 글은 추봉의 「물질계를 논하야 정신계에 급及함」의 일부인데, 그는 현대의 새로운 '종교'인 물질만능주의와 배금주의 등을 우려하면서 '정신적 문명'을 제안했다.

> 今日의 狀態를 보라. 貧窮에 쫏기난 우리 同胞난 老少를 勿論하고 돈이 잇셔야 한다, 돈을 모아라함으로 因하야 우리난 物質萬能主義一黃金萬能主義를 唱導하게 된 것이다. 그럼으로 父兄된 이난 其子弟를 訓戒할 때에 經濟를, 商業을, 工業을 배호라 한다. 나난 이것을 奇異하다 안이한다. ……그러면 우리난 物質을 넉넉히 하여야 하겟다. 안이 누구든지 맛당히 할 바이다. ……우리가 物質만 萬能하다 生覺하게 되난 것을 因하야, 一種의 迷信性을 가진 宗教 즉 拜金教가 생길 것이다. 안이 現在 우리가 볼 수 잇다. 이 教야말로 勢力이 宏大하다. 朝鮮에셔 무슨 教派, 무슨 宗派가 잇다 하드래도 이 宗教갓치 信徒 만흔 教宗은 업슬 것이다. ……우리에게 物質이 넉넉지 못하면 안 될 것이매, 그것은 不可避의 事實이다. 그럼으로 物質을 求하난 우리난 其 救濟策으로 精神界

154 塘南人(1919), 「우리 社會의 亂波」, 『학지광』 제17호, pp.8~10.

를 振興식힐 것이다.

이제 우리가 生覺하기를 物質만 잇스면, 사람노릇을 할 것 갓다. 그러나 事實은 不然하니, 萬若 우리가 物質을 本位로 하고 精神을 重히 녁이지 안음으로 일어나난 모든 不道德을 막을려면, 곳 精神界 그것이 안이고난 불가능이다. ……물질 본위로 前路를 개척하난 우리에게난 큰 결함 즉 정신계가 침체함이다…….

大體 精神界의 價値난 얼마나 한가 生覺해보자. 무릇 文明이란 單純히 物質的 文明으로난 완전히 못되고 비로소 精神的 文明과 握手를 한 후에야 참된 文明을 형성할 것이다. 우리난 物質도 요구하난 동시에 精神도 渴望하여야 하겟다…….

우리 生活에난 精神과 物質이 다 必要하다. 엇던 것을 빼지 못할 것이다. 그러나 現代를 보면 物質界만 偏主하난 것 갓다. 그 結果난 道德이 破壞되여 감으로, 그 救濟策으로서 精神界를 振興식히쟈난 것이다…….[155]

추봉은 현대사회에서 물질에 대한 추구가 돌이킬 수 없는 추세라는 점을 전제하고 나서, '물질을 본위로 하고 정신을 중히 여기지 않'음으로써 초래될 '부도덕'을 예방하기 위해 '정신적 문명'을 고려하고 있다. 즉 그는 배금주의, 물질만능주의, 이기주의에 대한 '구제책'으로 '정신계의 진흥'을 제안하면서 '물질적 문명'과 '정신적 문명'의 '악수'를 통한 '참된 문명'의 형성을 기대했다. '정신적 문명'은 자본주의적 산업화와 그것을 뒷받침한 경제주의, 산업주의가 야기

155 추봉(1918), 「물질계를 논하야 정신계에 급(及)함」, 『기독청년』 제11호, pp.7~8.

하고 있는 다양한 폐해에 대한 교정책이자 해독제로서 제안되고 있었던 것이다. 추봉이 진흥해야 할 것으로 제안한 '정신계'란 한 사회의 정신지정의의 발달을 책임지는 집단으로서 영국의 셰익스피어, 이탈리아의 단테, 러시아의 톨스토이 같은 '사상가, 종교가, 철학가, 문학가, 시인 같은 이'로 구성된다.[156] '정신적 문명'은 문명이라는 단어를 사용하여 권위와 가치를 보증받는 동시에 정신이라는 단어를 사용하여 기왕의 문명 개념과는 구별되는 의미를 전달한다는 이중의 목표를 보여 준다.

문명적 교양론과 지식 / 취미의 구분

앞에서 살펴본 것처럼 문명론 안에 문학이나 예술의 자리를 마련하고 그 가치를 긍정하는 작업의 기초는 정신=의식에 대한 새로운 규정에 있었다. 최남선은 의식 개념을 심리학에서 배워 온 것이라고 말하지만, 그나 이광수가 의식이나 정신이라는 단어를 사용하여 학문이나 종교 · 문학 · 예술의 가치를 강조한 맥락은 철학적 이상주의에 닿아 있었다고 할 수 있다. 인간의 정신이나 의식을 지인식 · 정감정 · 의의지로 분석하는 틀은 심리학 이론에서 가져온 것이라고 하더라도,[157] 그러한 분석을 바탕으로 인간이 지향해야 할 '가치'나 '이상'의 담론을 구성해 낸 것은 철학이기 때문이다.

심리학적 인간 이해와 가치의 철학이 결합하여 형성한 사상은

156 추봉(1918), 앞의 글, p.8.

157 1910년대 '지정의'론의 특성과 심리학의 관계에 대해서는 권보드래 2000 : 75~79 참조.

자유주의적 인문주의휴머니즘였다. 즉 최남선이나 이광수 등이 비평이나 소설 등을 통해 주장하고 형상화한 것은, 지정의라는 세 방면의 정신의식 작용은 각기 독자적인 역할과 기능을 하며, 인간은 그것들의 조화로운 계발을 통해 자신의 본질과 능력의 완전한 실현 즉 인간의 인간다움진선미을 실현할 수 있다는 점이었다.

> 何人이 完全히 發達한 情神을 有하다 하면 其人의 眞善美에 대한 慾望이 均衡하게 發達되었음을 云함이니, 知識은 愛하여 此를 渴求하되, 善을 無視하여 行爲가 不良하면 萬人이 敢히 彼를 責할지니, 此와 同理로 眞과 善은 愛하되 美를 愛할 줄 不知함도 역시 畸形이라 謂할지라. 물론, 人에는 眞을 偏愛하는 科學者도 有하고, 善을 偏愛하는 宗敎家 · 道德家도 有하고, 美를 偏愛하는 文學者 · 藝術家도 有하거니와 此는 專門에 入한 者라. 普通人에 至하여는 可及的 此 三者를 均愛함이 必要하니 玆에 品性의 完美한 發達을 見하리로다(이광수 1962i : 510~511).

위 글은 「문학이란 하오」의 일부인데, 핵심 주장은 그 자신의 본질적 능력인 '정신', 즉 지정의의 완전한 발달을 바탕으로 '진선미에 대한 욕망'의 '균형적 계발'을 통해 '품성의 완미한 발달'에 도달하는 것이 인간의 목표라는 점이다. 이러한 주장은 '문화 가치를 내면화하고 그 성과에 기초하여 인간적 풍요를 획득한다'는 근대적 문화교육 이념의 토대가 된다. 왜냐하면 근대의 휴머니즘 교육사상은 교육 본래의 기능을 '인간을 인간답게 하는 것', 즉 인간성의 실현과정으로 파악하는 데 그 특징이 있기 때문이다. 이로써 '인간'은 인간성에 대한 권위를 스스로 가지고 있는 인간, 자신을 자유롭게

형성하는 인간이라는 내용을 얻게 된다.[158]

이러한 인문주의적 이상에 의거하여 지식/취미, 지식/교화, 실력/수양교양이라는 새로운 구분선이 만들어졌다.

> 趣味의 高下가 智識程度의 高下에 關聯될 것은 毋論이라 그러나 이미 吾人의 意識狀態를 知情意로 난호고 快不快가 情의 作用임을 알고본즉 獨立한 情의 修養으로 足히 趣味의 度를 놉힐수 잇을지니 그러나 情의 作用은 매오 廣大한지라 다만 趣味만이 情의 작용의 全體인줄은 아니라 그럼으로 文明諸國 敎育制에도 趣味의 養成을 매오 重히 녀기어 音樂과 美術과 文藝 舞蹈等 學科를 加하는 것이며 또 少年 靑年 家庭等 讀物이 無非 高尙한 趣味를 鼓吹하려 하는 本意라…… 知的活動은 衣食을 求하려 함이오 情的活動의 一部分 卽 趣味는 快樂을 求하기 爲함이라 衣食이 足하고 高尙한 快樂이 넉넉함이 사람의 理想이니 이럼으로 知的 敎育을 하는 동시에 趣味 涵養의 必要가 잇슴이라(최남선 2003b : 353~354).

위 인용문은 최남선의 「고상한 쾌락」의 일부로서 정情의 수양을 통해 취미의 수준을 높일 것을 주장하는 부분이다. 이와 같은 주장의 전제는 생활을 유지하기 위한 '지식지적 활동'과 쾌락을 구하기 위한 '취미정적 활동'의 구분이다. 취미란 '쾌락을 선택하는 힘' 즉 정신적 쾌락과 관능적 쾌락, 고상한 쾌락과 열등한 쾌락을 판별하는 능력인데, 최남선에 따르면 문명한 나라들은 이미 학생들과 일반 대중

158 서양 근대의 휴머니즘적 교육 이념의 바탕으로서 '자기 창조적 인간' 개념과 '교양', '문화'의 관계에 대해서는 황종연 2000 : 35~37 참조.

이 '고상한 취미를 갖도록' 하기 위해 음악·미술·문예·무용을 학과목으로 채택하고 도서들을 발간하고 있다. 앞 인용문의 결론은 물질적 필요를 충족하기 위한 '지적 교육'과 고상한 쾌락의 필요를 충족하기 위한 '취미 함양'이 병행되어야만 '사람의 이상'에 가까이 다가갈 수 있다는 것이다(최남선 2003b : 353).

'취미'는 영어 taste의 번역어로서 일본에서는 1900년대 후반에 이미 유행되었다고 한다. 이 단어는 메이지의 문명개화가 물질적인 발전을 이루어 냈지만 정신 구조까지 변화시키지는 못했다는 반성에서 출발한 '문화개량운동'을 통해 확산되었는데, 그 중심에 『와세다문학』의 자매지로 1906년 쓰보우치 쇼요坪内逍遙, 1859~1935가 창간한 잡지 『슈미趣味』가 있었다. 권두언에서 쓰보우치는 '슈미'가 토머스 칼라일Thomas Carlyle, 1795~1881이 말한 taste의 번역어로서, '진정으로 높고 큰 것을 감지하는 것', '아름다운 것, 질서 있는 것, 선한 것을 감지하고 사랑하고 공경하는 마음의 작용'을 의미한다고 했다. 쓰보우치의 목표는 '고급'문화의 보급과 '저급'문화의 향상이었는데, 양자의 중간에 있는 문화를 '슈미'라 불렀다. 그것은 순수한 문학이나 예술보다는 통속적이면서도 대중적인 오락보다는 수준이 높은 것이었다. 그는 고급 취미를 보급시키는 운동을 통해 중간문화를 창출할 수 있다고 보았다(문경연 2011 : 41~42). 와세다대학의 문학자들은 매튜 아놀드, 토머스 칼라일이 대표하는 영국의 낭만주의철학과 문학비평의 culture 개념에서 영향을 받고 있었다.

문경연에 따르면, 일본에서 메이지 말기에 taste의 번역어로 만들어진 趣味는 곧 한국에 수용되었다. 1900년대 후반에 이미 취미라는 단어는 서적, 잡지, 공연, 활동사진의 광고와 각종 신문물 관련 기사에 자주 등장하면서 새로운 시대적 가치로 자리매김했다. 이때 '취미'는 '실익'의 상대 개념이었는데, 이는 앞에서 살핀 쓰보우치 쇼요의 문화개량운동에서 등장한 표현법이었다(문경연 2011 : 43). 취미 교육의 당위성과 잡지 『슈미』의 문화개량운동이 조선에 보다 체계적으로 번역 · 소개된 것은 1910년대이다. 일제의 식민정책을 보완할 목적으로 발간된 잡지 『신문계新文界』나 경성에서 발간된 일본어 잡지 『조선朝鮮』, 『조선과 만주朝鮮及滿洲』 등을 통해 취미 담론이 소개되었다. 중등 이하의 간이簡易한 학문을 통해 학생이나 청년 등에게 '실익'과 '취미'를 제공하는 것을 목표로 삼은 『신문계』는 '학술'과 '취미'를 동등하게 가치 있는 것으로 평가했는데, "취미가 없으면 인생이 존재하기 어렵다"고도 했다. 『조선』, 『조선과 만주』도 취미, 취미화 같은 단어를 실어 날랐다. 그런데 이러한 매체에서 취미 담론은 개인의 개성을 강조하거나 사적 주체의 내밀한 행위로 의미화되지 않고 '공공적', '사회적'이라는 한정어를 달고 있었다. 취미에 대한 논의는 대개 '도서관, 음악당, 극장, 오락장'과 같은 '정신상의 취미오락기관', '공공적 취미오락기관', '공공취미'의 설비의 필요성에 대한 주장으로 수렴되었다(문경연 2011 : 50~53).[159]

일본의 취미 담론은 조선의 신지식인들에 의해 더 널리 유포되었다. 앞에서 살핀 「고상한 쾌락」에서 최남선이 강조한 '고상한 취미'는 일본의 취미 담론과 긴밀히 연관된 것이었다. 이광수 역시 취

159 학교에서 육성되어야 할 것으로 간주되고 학적부와 같은 공식 기록을 통해 개인의 성격이나 특징을 표상하는 항목이 된 '취미'는 감각적이고 물질적인 것에 대한 취향을 의미하는 '기호(嗜好)'와 구분되며, 유원지나 명승고적 등의 단순 관람이나 활동사진 관람 같은 활동과도 구분되었다(문경연 2011 : 61~62).

미 담론의 전파자였다. 「무정」의 서술자는 예술을 문명을 구성하는 중요한 제도로 간주했으며, 예술에 대한 '취미'가 없고 그 가치를 이해하지 못하는 것을 충분히 문명화되지 못한 징표로 해석하고 있다.

> 다른 나라 신사 같으면, 종교화 밖에도 한두 장 세계명화를 걸었으련마는, 김 장로는 아직 미술의 취미가 없고 또 가치도 모른다.
>
> 그는 그림이라 하면 종교에 관한 것이라야 가치가 있는 것으로 알고 기타에는 옛날 산수풍경이며 지란매죽 같은 그림은 얼마큼 귀하게 여기되, 이러한 그림은 서양식으로 차려놓은 방에는 부적당한 줄로 안다. 그리고 서양식 인물화라든지 그중에도 미인화 나체화裸體畵 같은 것은 별로 보지도 못하였거니와 보려고도 아니하고 본다 하더라도 아무 가치를 인정하지 아니 할 것이다.
>
> 그는 미술이라는 말도 잘 알지 못하거니와 대체 그림 같은 것이 무슨 필요가 있는가 한다. 더구나 조각彫刻 같은 것은 아마도 그의 오십 년 생활에 생각해본 적도 없을 것이다. 그러므로 서양 사람들이 종교와 같이 귀중히 여기는 예술藝術도 그의 눈에는 거의 한 푼어치 가치도 아니 보일 것이다.
>
> 서양 사람의 생각으로 그를 비평할진대 「예술을 모르고 어떻게 문명인사文明人士가 되나」 하고 의심할 것이다. 실로 문명인사치고 예술을 모르는 사람은 없다(이광수 1962g : 204).

주미 공사駐美公使를 지냈으며 기독교 장로인 개화 인사 김 장로는 서양을 안다고 하지만 서양문명의 '내용'은 모르는 인물이다.

그의 한계는 '과학科學을 모르고 철학과 예술과 경제經濟와 산업產業을 모르는' 데 있었다(이광수 1962g : 204). 그런데 앞 인용문에서 강조된 김 장로의 무지는 다른 무엇보다 예술에 대한 무지였다. 종교화 이외에 인물화, 미인화, 나체화 등 '순수—인용자미술의 취미가 없고 또 가치도 모른다'는 사실은 그가 얼치기 선각자임을 드러내는 가장 확실한 증거였다. 회화와 조각, 나아가 예술에 대한 식견은 문명인의 필수 요건이기 때문이다(소영현 2003 : 77). 이때 예술에 대한 취미, 곧 체험과 이해는 정신적 · 내적 · 자기 목적적 가치를 추구하는 활동으로서 인간의 윤리적 · 미적 성숙과 관련된다. 취미는 개개인이 분화된 사회적 영역들을 분담하는 하나의 기능이 아니라 한 사람의 완전한 인간이 되기 위해 갖추어야 할 능력이자 자격 조건이었다.

「개척자」의 서술자는 돈이나 육체性가 아니라 정신, 즉 종교 · 문학 · 사교 · 미술 등으로부터 즐거움을 얻는 능력을 발전시키기 위해 '교양'의 함양이 필요하다고 주장했다.

> 그함명은—인용자의 일생의 이상理想은 돈이었었다. 그러다가 이상하였던 돈을 모으고 나니, 이제 남은 이상은 쾌락일 것이다. 그는 생래生來에 돈과 주색酒色 외에 사회에 무슨 고상한 추구물追求物이 있는 줄을 모른다. 그는 금전거래부金錢去來簿 외에 서적이라고 들어 본 것이 없었고 금전 거래 외에 사람과 교제하여 본 적이 없었다. 그러니까 그가 사업이라면 돈 모으는 것 이외에 없는 줄 알고, 쾌락이라면 동물의 본능적 욕망 이외에 없는 줄 안다고 반드시 책망도 못할 것이다. 실로 종교라든지, 문학이라든지, 사교라든지, 미술이라든지 — 이러한 것을 쾌락으로

알게 되려면 십수 년간 문명적 교양이 필요한 것이다(이광수 1962a : 365).

함명은은 「개척자」에서 주인공인 화학자 김성재의 아버지를 죽게 만드는 인물이다. 김성재의 화학 실험이 계속 실패하자 그의 아버지 김 참서는 집문서와 모아 두었던 땅마지기를 차례로 빚쟁이의 손에 넘기다가 마침내 가대문권家垈文券마저 함명은의 전당포에 저당을 잡히기에 이른다. 함명은은 예전에 포목점을 하다가 실패했을 때 전당포를 시작할 수 있도록 도와주었던 김 참서와의 정의情誼를 무시하고 변호사를 동원해 그의 재산을 가차압한다. 위 인용문에서 서술자는 함명은이 돈에 맹목적으로 집착하고 본능적 욕망을 만족시키는 쾌락만을 좇는 인물이라고 설명하는 한편, 종교 · 문학 · 사교 · 미술 등 '고상한 추구물'이 주는 쾌락을 느껴 본 적이 없었다는 점을 그가 타락하게 된 중요한 원인으로 제시하고 있다. 서술자에 따르면, 함명은의 패덕의 원인은 궁극적으로 '문명적 교양'의 부재에 있다.

앞에서 살폈듯이 최남선은 총체적 문명=문화 개념을 계속 사용하면서 '고상한 취미'에 대한 강조를 통해 내면성, 진정성, 정신성을 강조하던 영국의 개인주의적 culture의 이상을 옮겨 오고 있었다고 할 수 있다. 이광수의 '문명적 교양'에서 '교양' 역시 개인의 인간적 · 도덕적 성숙이라는 차원에 초점을 두고 있었다. 영문학에 관심이 깊었던 이광수는 토머스 칼라일, 매튜 아놀드, 러스킨 등 19세기 영국의 낭만주의 비평과 문학의 culture 개념으로부터 많은 영향을 받았다. 유학생 잡지인 『학지광』에는 종교 등에 대한 담론에서 이와 같은 culture, taste 개념이 소개되고 있었다. 메이지학원 교수 하푸 섬머는 「종교와 생활」에서 종교 생활의 세 요소로 기도, 신과의 소통, 사회적 생활과 종교적 생활의 일치를 들었는데, 새뮤얼 존슨 Samuel Johnson, 1709~1784, 토머스 칼라일 등을 인용하면서 기도로써 수양하는 영적靈的 생활이야말로 인생 최고, 최선의 내용을 구비한 취미 생활이라고 주장했다.[160] 세속의 도덕과 구분되는 종교의 가치에 대한 이러한 해석은 영국 낭만주의 비평 및 철학의 culture 개념, taste 개념에 연결된 것이다.

유학생들이 마음속에 품게 된 수양이나 교양, 교화의 이상은 다이쇼 시대1912~1926 일본의 지식층과 청년, 학생 사이에 만연한 수양주의, 교양주의에서 배양된 것이다. Part 1의 2에서 살핀바, 인격의 기초로서 내적 자각을 강조하고 인격의 완성을 목적으로 하는 수양을 강조한 것은 메이지 시대 말기 일본에서 형성된 수양주의 · 인격주의의 특징이었다. 이를 기반으로 하여 다이쇼 시대에는 서구적 근대화를 주장한 자유주의적 지식인에 의해 교양주의가 형성되었다. 일본의 '취미' 담론에는 와세다대학의 문학자들이 수용한 영국의 낭만주의 철학과 문학의 culture 개념의 영향이 강력했는데, 이는 일반 대중에게 고급문화를 보급함으로써 취미의 향상을 도모한다는 발상이었다. 다른 한편 엘리트 학생이나 지식인을 주체로 한 교양 담론에는 독일 신인문주의의 Kultur, Bilbung 개념의 영향도 나타난다. 일본에서 이러한 개념의 수용을 선도한 것은 철학자들이었다. 독일 신칸트학파의 '문화철학'은 예술, 학문, 종교, 도덕, 기술, 법률, 경제 등 인간의 노력의 산물인 문화가 갖는 유기적 가치

160 明治學院 敎授 하푸 섬머(1918), 「종교와 생활」, 『기독청년』 제8호, p.7.

를 강조하면서도 특히 정신이 만들어 내는 문화와 그 문화를 창조하고 향수할 수 있는 내적 통일성을 지닌 인격의 형성을 중시했다. 이는 개인의 인격 가치와 사회의 자율성에 대한 주장을 뒷받침한 한편, 교양 계층으로서의 문화인 즉 지식인의 역할을 강조했다. 다이쇼기 일본의 지식 청년, 학생 사이에는 서양의 철학, 문학, 예술 등 '교양'의 섭취를 통해 인격의 완성을 지향한다는 태도교양주의가 일종의 규범처럼 여겨졌다.

1910년대에 일본에서 중등 과정이나 대학 과정을 수학한 조선인 유학생들은 이와 같은 분위기에서 많은 영향을 받았다. 인문주의적 교양주의는 조선으로도 건너왔는데, 공원 벤치에 앉아 독서하는 청년의 모습을 그린 『청춘』 창간호의 권두 화보는 이와 같은 분위기를 잘 전달한다.[161] 이광수는 「동경잡신」에서 일본의 제일고등학교 학생들이 데카르트, 칸트, 쇼펜하우어의 줄임말인 '뎃칸쇼'를 떠들썩하게 외치면서 몰려다니는 풍경을 경이롭고 부러운 심정으로 묘사한 바 있는데(이광수 1962e : 476), 이는 철학서 등 난해한 인문학 서적을 읽는 것 자체를 교양의 상징으로 여기던 당시 일본의 엘리트 고등학생들의 분위기를 전한 것이다. 「무정」에서도 도쿄에서 돌아온 지 4~5년이 된 중학교 영어 교사 이형식의 독서열과 그가 총애한 학생들의 독서 취향에는 서양의 철학과 문학에 대한 경배심이 뚜렷이 나타난다.

161 『청춘』의 창간호 권두 화보는 당시 도쿄미술학교에 재학하던 고희동이 그린 것인데 표제는 「공원(公園)의 소견(所見)」이다. 고희동은 한국 최초의 서양화가로서, 1906년 조석진과 안중식의 문하생으로 미술에 입문했고 1909년 도쿄미술학교 서양화과에 입학하여 5년 동안 과정을 이수하고 1915년에 귀국했다. 이후 고희동은 스승 안중식과 더불어 『청춘』의 삽화를 담당했다.

이형식은 '책을 사는 버릇'이 있는 교사다. 그는 월급을 받는 날이면 반드시 일한서방日韓書房에 가거나 도쿄의 마루젠 같은 책방에 책을 우편 주문했다. 그는 자신의 책장에 영어와 독일어로 금박이 박힌 책이 늘어나는 것을 유일한 재미로 여겼으며 책장에는 거의 1백여 권의 양장 책이 꽂혀 있었다. 이형식의 독서목록은 루소의 『참회록』과 『에밀』, 셰익스피어의 『햄릿』과 괴테의 『파우스트』 등 근대 서양의 문학과 철학의 고전들을 포함하고 있었다. 그는 크로포트킨, 타고르, 엘렌 케이 등 현대의 사상 동향과 문학평론에도 관심이 있었다. 또한 그는 소설을 창작하는 열의도 있었다(이광수 1962g : 181). 교사 이형식의 독서 취미는 학생들에게 옮겨졌다.

또 형식은 삼사년급 학생들에게 은연중 문학을 장려하였다. 그래서 학생 중에는 혹 소설도 보며, 철학에 관한 서적도 보며, 잡지도 보는 자가 생기고, 그중에는 가장 문학자인 체, 사상가인 체, 철인哲人인 체하여 무슨 큰 생각이나 하는지 고개를 숙이고 다니는 학생도 몇 사람이 생기고, 또 그러한 학생들은 다른 교사들을 아주 정신생활이라는 것을 알지 못하는 유치한 사람들이라고 비웃기도 한다.

형식이 보기에 이는 학생들의 진보함이라 기쁜 일이언마는 다른 교사들 보기에 이는 학생들이 타락함이요 주제넘게 됨이었다. 교사들뿐 아니라 학생 중에도 이 희경 일파가 글자 적은 어려운 책을 들고 다니는 것과 그들의'그 달의'의 오기—인용자 발행한 잡지를 들고 다니는 것을 비웃었다(이광수 1962g : 178).

위 인용문은 영어 교사 이형식이 일본의 엘리트 고등학교에서 목도한 인문주의적 분위기를 조선의 중학교에 옮겨 놓으려 했음을 보여 주는데, 그를 따르고 모방한 '이희경 일파'를 비롯한 학생들은 서양의 저명한 문학가 · 철학자 · 종교인의 이름과 그들이 저술한 책 이름을 외우는 것을 자랑으로 여겼으며, '인생이란 무엇이뇨', '우주란 무엇이뇨' 같은 어려운 질문을 던지곤 했다. 이들은 고상한 '정신생활'을 영위한다는 데에서 자부심을 느꼈다(이광수 1962g : 178).

조선의 유학생들은 '교양'이나 '수양', '취미'를 문명인이 갖추어야 할 소양, 즉 자기 계발의 차원에서 사고했다. 최남선과 이광수가 지식과 취미 또는 교양을 구분한 것과 유사하게 다른 유학생들도 지식과 교화, 실력과 수양 등을 구분했다. 김영섭이나 장덕수 같은 유학생은 전문적인 지식'실력'과 더불어 '신信' · '망望' · '애愛'의 수양을 강조했으며, '진인眞人' 또는 '전적全的 사람'을 실현하려면 반드시 '내적인內的人 · inner men의 자각'이 필요하다고 주장하기도 했다.[162] 유학생 사이에는 개개인이 입신출세의 욕망을 실현하기 위해 '지식실력'을 습득하는 한편, '인격'을 수양하는 노력이 필요하다는 분위기가 형성되었다(소영현 2006).

162 金永燮(1914), 「理想的 人物의 實力과 修養」, 『학지광』 제3호, pp.12~14 ; 張德秀(1915), 「意志의 躍動」, 『학지광』 제5호, p.40.

2. 제도로서의 문화

1910년대의 일본 유학생들은 계몽주의적 역사 발전 이념에 근거하여 총체적 문명=문화 개념을 활용하면서 문명의 모델을 근대 서구 사회로 고정시켰으며, 이때 문명에 대한 담론은 근대 서구 사회의 제도 분석의 형태를 띠었다. 한편 문명의 하위 개념으로서의 문화는 하나의 전체로서 문명이 기능적으로 분화된 다양한 제도로 구성된다는 생각에 근거하고 있었다. 근대 서구에서 발전한 학문, 예술, 종교 같은 제도들의 상위 개념으로서 문화는 정치, 경제와 함께 문명한 사회를 구성하는 한 부문으로 인식된 것이다. 유학생들의 문명화 전략은 식민 권력에 의해 장악된 '정치'의 영역을 괄호 치고 상공업과 예술 같은 '사회'의 영역을 근대화·서구화하는 길을 향했다. 상공업과 예술또는 문예 중 후자를 선택적으로 강조하거나 그 둘 사이의 조화를 희구하는 주장은 보통 물질과 정신, 실력과 수양교양, 지식과 취미 등을 구분하는 담론에 의해 뒷받침되었다. 이와 같은 구분은 '문화'가 문명의 동의어에서 벗어나 독자적인 의미들을 발전시키는 토대가 되었다. 이 절에서는 근대사회의 기능적 분화 과정의 일부로서 문화 이데올로기의 제도화 과정을 살펴본다.

정치 · 경제의 상대 개념으로서의 문화

1910년대 내내 조선의 청년, 학생이나 일반 대중을 독자로 상정한 글에서 '문화'에 대한 섬세한 정의나 의미 분석은 찾아보기 어렵다. 문화 이데올로기의 선창자인 이광수도 문화라는 단어를 일관된 의미로 사용한 것은 아니다. '方今, 西洋 新文化가 浸浸然襲來하는지라. 朝鮮人은…… 此 新文明 中에 全身을 沐浴하고'(이광수 1962i : 512)에서 문화는, 최남선의 용법과 유사하게 문명의 동의어였다. 한편 '朝鮮人에게 學術과 事業과 社會와 名譽와 歷史와 文化의 諸般 人類의 寶物을 이해하게 추구케 하려면'(이광수 1962o : 501)에서 문화는 인류의 성취를 표현하는 제도 또는 활동 가운데 하나이며, 맥락상 예술이나 종교 등을 포함할 것으로 짐작된다. 그런데 '학술'을 따로 제시하고 '사업'이나 '명예' 같은 의미가 다소 모호한 어휘들을 함께 배열한 것을 미루어 보면, 문화라는 단어의 의미가 엄밀하게 고려되었던 것 같지 않다.

1916년 9~11월 『매일신보』에 연재한 「동경잡신」에서 이광수는 '문명의 발달'과 '문화의 발달'을 같은 의미로 쓴 한편, '조선의 문화'와 '조선의 산업'을 대응시키는 표현이나 '조선의 문화와 부富' 같은 표현도 사용했다(이광수 1962e : 478~479). 아래는 1916년 11월부터 1917년 2월까지 『매일신보』에 연재된 「농촌계발」에서 문명 세계라는 근대 서구의 성취를 표현하는 개념 아래 산업과 문화를 함께 배치한 장면이다.

> ① 또 우리의 精神과 知識의 暗昧함은 차마 二十世紀 文明世界에 他民族을 對하기가 赧面하리만큼 蒙昧하고 幼稚하외다. 産業의 發達이나 文化의 發達이나 爲先 人民의 情神과 知識이 새롭게 되고 高尙하게 되기 前에는 어려울 것이라(이광수 1962d : 85~86).[163]
>
> ② 그네(금촌의 남녀노소—인용자)는 歷史를 解하고, 政治를 解하고, 文學과 宗敎를 解하고 人類의 理想을 解하고 科學과 藝術을 解할 것이외다. 따라서 그네는 圖書館을 두고 詩會를 두고 演劇場을 둘 것이외다. 그네의 庫間에 米穀과 金銀이 充溢하는 모양으로 그네의 書齋에는 科學과 藝術의 書籍이 들어 있을 것이외다(이광수 1962d : 137).

인용문 ①에서 문화는 문명(세계)의 동의어가 아니라 그것을 구성하는 한 부분이다. 문화는 문명 발전의 두 축 가운데 하나로서 산업과 동렬에 있다. 서술자는 산업과 문화의 발전은 '지식과 정신'에 의해 뒷받침될 때 가능하다고 주장했는데, 이 같은 개념쌍은 part 3의 1에서 살핀 '지식과 취미', '실력과 수양' 같은 개념쌍을 변주한 것이다. 산업은 지식 · 실력과 연결되고, 문화는 정신 · 취미 · 수양과 연결된다. '새롭고 고상한 지식과 정신'의 내용은 인용

163 '문화의 발달'은 이경훈 2006에 유일하게 수록된 '문화'의 용례다.

문 ②에서 역사, 정치, 문학, 종교, 인류의 이상, 과학, 예술로 구체화되었다. '인류의 이상'은 다소 생뚱맞게 느껴지지만, 보편주의적이고 이상주의적인 지향을 전하는 표현이다. 이광수는 지식과 정신의 거처로 도서관과 시회, 연극장을 제시했다. '산업과 문화'는 '곳간과 서재', '금은, 미곡과 과학, 예술의 서적' 등으로도 환유되었다.

사실 이광수가 「농촌계발」에서 조선을 문명화할 프로그램의 두 축 가운데 하나로 '문화의 발달'을 적시한 것은 다소 돌출적인 일이었다. 이즈음의 여러 글에서 이광수는 문화라는 단어를 직접 사용하기보다 문화를 구성하는 하위 개념 또는 제도를 하나하나 열거하는 표현을 선호했다. 「무정」에서는 '문명이라 하면 과학, 철학, 종교, 예술, 정치, 경제, 산업, 사회제도 등을 총칭하는 것'이라고 했으며(이광수 1962g : 205), 「우리의 이상」에서는 문명을 '정치, 경제, 과학, 철학, 문학, 예술, 사상'으로 분석했다(이광수 1963d : 157). 이러한 글들에서 사회적 제도에 대한 분석의 수사적 공통점은 문화의 하위 형식들제도들을 나열한 것이었다.

당시에 예술, 문예문학, 학문 등의 가치에 주목한 다른 유학생 필자들도 그것들을 포괄하는 상위 범주로 문화를 사용한 경우가 드물었다. 예술, 문학, 종교, 학문 등의 상위 개념으로 문화를 전면화하지 않은 이유는 무엇일까? 첫째, 이 시기 유학생들의 목표는 문학, 예술, 종교, 학문 같은 서구적 · 근대적 제도들 각각의 가치를 정당화하고 그 권위를 인정받는 데 있었다. 개념을 나열한 것은 독자들이 그것들 하나하나에 주목하기를 원했기 때문이다. 이러한 의도는 그것들 각각을 정치, 경제와 동렬에 배치하거나 심지어 앞자리에 배치한 데에도 나타난다. 둘째, 문화라는 단어의 사용은 독자들에게 혼란을 줄 수 있었다. 1900년대부터 언론과 학교에서는 문화를 문명의 동의어로 사용해 오고 있었다. 문화사 같은 역사 담론에서 특히 빈번했지만, 다른 글에서도 문명의 동의어로서의 문화는 일반화되어 있었다. 따라서 문화는 자칫 문명의 동의어로 오해될 수 있었다.

하지만 일본 유학생들의 잡지인 『학지광』은 1916년 9월에 이미 졸업생들에게 주는 글에서 산업과 문화를 한 쌍의 개념으로 사용한 바 있다. 「졸업생에게 하賀하노라」의 필자는 '사회'에서 '산업'과 '문화'의 관계를 '사람'에서 '육신'과 '정신'의 관계에 비유하면서 산업은 있으나 문화가 없는 사회는 「베니스의 상인」에 나온 '샤일록'과 다름없다고 했다. 그리고 졸업생들에게 조선을 '건전한 사회'로 만들기 위해서는 농촌의 개량과 함께 '문화 보급'에 힘써야 한다고 당부했다.[164] 이렇게 보면 유학생들이 개개인의 수양이나 교양의 프로그램이 아니라 조선 사회 전체 차원의 문명화 프로그램을 제시하고자 했을 때, '산업'의 상대 개념으로서 문화라는 용어가 부상했다고 볼 수 있다.

"정치와 문화 둘 다를 가질 수 없다면 나는 차라리 문화를 선택하겠다"라는 문제적 선언을 담은 이광수의 「우리의 이상」이 발표된 것은 1917년 11월『학지광』 제14호이었다. 이 글은 문화를 정치의 상대 개념으로까지 밀어 올렸다는 특징이 있다.

> 나는 政治史上의 朝鮮族의 位置를 말하려 아니하오. 어떤 民族의 歷

164 編輯人(1916), 「卒業生에게 賀하노라」, 『학지광』 제10호, pp.4~5.

史上 位置를 말한 때는 政治史的과 文化史的의 二種이 있겠지요. ……그러나 그렇다고 반드시 文化는 政治의 從屬的 産物이라 할 수도 없고, 따라서 어떤 民族의 價値를 論할 때에 반드시 政治史的 位置를 判斷의 標準으로 할 것은 아닌가 합니다. 만일 저 로마帝國과 같이 政治的으로나 文化的으로나 같이 優越한 地位를 占할 수 있다 하면 게서 더 좋은 일이 없건마는, 그렇지 못하고 만일 二者를 不可兼得兼할 境遇에는 나는 차라리 文化를 取하려 합니다. 政治的 優越은 그때 一時는 매우 赫赫하다 하더라도 그 勢力이 衰하는 同時에 朝露와 같이 그 榮光도 스러지고 마는 것이로되, 文化는 이와 反對로, 그 當時에는 그대도록 榮光스럽지 못한 듯하나 永遠히 人類의 恩人이 되어 不滅하는 榮光과 感謝를 받는 것이외다(이광수 1963d : 153~154).

위 인용문의 주장은 민족의 자긍심을 '정치'가 아니라 '문화'에서 찾아야 한다는 것인데, 이광수는 정치적 힘의 일시성 · 특수성에 대비하여 문화적 영향의 영원성 · 보편성을 들어 그 가치를 주장했다. 그는 정치 · 경제 · 과학 · 철학 · 문학 · 예술 · 사상 가운데 하나만 성공하더라도 조선 민족은 생존한 보람을 느낄 것이라고도 했는데, 언뜻 보면 모든 부문에 동등한 지위를 부여한 것 같지만 그렇지 않다. 이광수는 과학 · 철학 · 문학 · 예술 · 사상 각각을 정치 · 경제와 동렬에 놓는 방식으로 문화적 형식들에 상대적 가중치를 부여했다.

이광수는 개개인을 평가하는 데 있어서도 정치적 · 경제적 분야에서의 업적보다 사상이나 과학 분야에서의 업적이 더욱 가치가 있다고 주장했다. "秦始皇이나 項羽 같은 이보다 吾人은 도리어 累累然 집 잃은 개와 같던 孔聖을 더욱 讚揚하며, 로스차일드나 카아네

기보다도 뉴우턴이나 에디슨을 더욱 讚揚하지 아니합니까"(이광수 1963d : 153~154). 그는 정치적·군사적 영웅보다 도덕적 가르침을 준 성인을, 경제적 영웅인 기업가보다 과학자와 발명가를 높이 평가했다. 즉 이광수는 문화가 정치나 경제와 어깨를 나란히 하는 독립적 영역임을 주장하는 차원을 넘어서 그것들보다 더 가치 있는 영역이라고 주장한 것이다.

이어서 이광수는 조선인 가운데에는 '현대의 문화' 즉 "醫學, 數學과 理化學, 法學, 經濟學, 哲學, 文學, 藝術을 徹底하게 理解하는 사람이 없다"라고 개탄한 한편(이광수 1963d : 157), 남양南洋이나 아프리카의 민족들은 현재로서는 아무리 애를 써도 '문화'를 산출할 수 없다고 단언했다.

> 南洋이나 아프리카 土人이야, 數十世紀 後면 모르되 現在에서야 아무리 애를 쓴들 무슨 文化를 産出할 能力이 있겠습니까. 能히 모든 科學과 複雜하고 高尙한 모든 思想을 理解할 能力이 있고사 비로소 文化를 産出할 資格이 있다 할 것이니, 이는 곧 精神力이외다(이광수 1963d : 158).

위 글은 남양이나 아프리카의 민족들이 문화를 산출할 수 없는 이유로 '정신력'의 부재를 들었다. 이때 '정신력'은 '모든 과학과 복잡하고 고상한 모든 사상을 이해할' 수 있는 인식적知·심미적情·도덕적意 능력을 의미한다. 이와 같은 문장들에서 이광수가 말한 문화는, 매튜 아놀드의 유명한 정의를 따른다면 '우리가 관심을 가진 모든 문제에 있어 세상에서 생각되고 말해진 최상의 것'이라는 의미와 비슷하며, 더 구체적으로는 인류가 산출한 가장 수준 높은 지적·미학적 산물 즉 고급 지식과 예술을 가리킨다. '토인'이라는 표현이 드러내듯이 문화를 '진화'한 '고상'하고 '복잡'한 정신의 산물로 규정하는 태도는, 문명 담론과 마찬가지로 타자화의 권력을 작동시킨다.

『기독청년』에서 추봉 김영만은 직접 이광수의 「우리의 이상」을 언급하면서 도서관 건립의 필요성을 주장했는데, 이 글에서 그는 '농農·공工·상商·무武'와 '문화'를 대응시켰다.

> 京城을 사랑하는 京城 人士들. 京城 人口가 二十四萬이나 된다 하면셔 學者를 알어주는 標徵되는 圖書館 하나이 업이, 이것이 羞恥가 안이라 하랴. ……슬프다. 半島의 文化는 高句麗 以後 繼々承々 二千有餘年에 東으로 日本에 傳하얏든 그 文化이다. 말하면 우리 文化는, 우리가 發揮할 價値가 잇고 義務가 잇다한다. 假令 自古 及 今에 半島는 農·工·商·武에 赫赫한 偉業이 繼續的이지 못되얏다 하더라도 文化는 繼續的이엇다. 現代의 半島는 文化도 亦 頹廢하려하는, 이때에 諸君은 復活식히려 하는 大精神이 업나뇨. 이러한 精神을 부활식히려는 데는 圖書館갓치 必要할 것은 업슬 것이다. 圖書館이 잇고 보면 文藝쑨아니라 그 外 各方面에 關한 모든 學理가 여긔에셔 울어나올 것이다.[165]

추봉이 '과거에는 조선의 문화가 일본에 전달되었다'라고 썼을 때, 여기에서 문화는 최남선이 문명사=문화사 담론에서 사용한 문

165 추봉(1918), 「도서관설립 필요설(說)을 경성 인사에게 정(呈)함」, 『기독청년』 제6호, p.9.

명의 동의어로서의 문화가 아닌 '문예'와 '학리學理'의 상위 개념이다. 추봉은 농·공·상·무와 문화를 구분하면서, 비록 농·공·상·무의 위업을 계속 이어 오지 못했지만 문화의 위업만은 계속 이어 온 조선이 이제 문화마저 퇴보하게 되었다고 우려하고 있다. 문화의 상대 개념으로 '농·상·공업' 즉 '산업'에 '무' 즉 군사력을 추가한 것은, 추봉이 「우리의 이상」에서 이광수가 펼친 문화론정치 및 군사의 상대 개념으로서의 문화의 영향하에서 글을 쓰고 있었다는 것을 보여준다.

현상윤이 「우리의 이상」에 대해 "君이 우리의 民族的 理想을 말할 때에 文化 한 가지만을 말한 것은 무슨 까닭인가"라고 이의를 제기하며, "잘사는 生活에서 政治를 빼고 經濟를 빼고 엇지 잘사는 生活이 되며 進步적 生活이 되리오"[166]라고 비판했다는 것은 널리 알려진 사실이다. 현상윤은, 조선이 정치와 경제를 포함한 사회 전체의 '원만'한 발전을 이상으로 삼아야 한다고 주장하면서 이광수의 '절름발이' 근대화론을 비판했다.[167] 현상윤의 글은 문화의 기획이 가진 맹목의 지점을 지적한 것인데, 다른 한편 문화가 산업의 상대 개념에서 정치·경제의 상대 개념으로 의미가 확장되고 위상이 격상되었음을 방증한다고도 볼 수 있다.

지금까지 1910년대 후반 유학생들이 문화라는 용어를 새로운 방식으로 사용하기 시작했음을 살펴보았다. 이들은 문화를 시빌라이제이션의 번역어인 총체적 문명의 동의어가 아니라 예술이나 문예,

166 玄相允(1918), 「李光洙君의 우리의 理想을 讀함」, 『학지광』 제15호, pp.56~57.
167 玄相允(1918), 앞의 글, p.56.

학문 등의 상위 개념으로 사용했다. 이와 같은 '문화'의 등장은 Part 3의 1에서 살핀바, 유학생들이 정신이나 의식 개념을 필두로 하여 지정의 · 진선미 등 심리학적 · 철학적 개념체계를 수용하고 지식과 정신, 지식과 교양, 실력과 수양을 구별하는 논리를 개발해 온 과정과 연관되어 있었다. 정신이나 교양, 수양의 필요성은 우선은 산업주의 문명론에 대응한, 그리고 그것의 결함을 보완하기 위한 담론에서 강조되었다. 이와 같은 담론에서 식민지 상황 즉 '정치'는 괄호 안에 묶여 있었는데, 1917년 말 이후 일부 지식인은 그 괄호를 풀어내어 정치와 문화를 대면하게 하고 전자를 상회하는 위치로까지 후자를 밀어 올리려 시도하기도 했던 것이다. 한국에서 문화가 식민지 근대의 정치적 · 경제적 모순과 문제 들을 비판하고 또 그에 대응해 해결책을 제시하려는 담론의 핵심어로 부상하는 때는 1920년대 초이지만, 1910년대 후반에 이미 문화의 기획은 이와 같은 복잡한 길항의 벡터를 내장하고 있었다고 할 수 있다.

비평批判이라는 신사상

이광수 등의 유학생들은 새로운 '정신' 개념에 의거해 '문화'를 정치적 · 경제적 논리와 일상적 생활의 필요로부터 분리하여 자기 입법성과 자기 타당성을 갖는 자율적 세계로 정립하고자 했다. 나아가 이들은 정신의 구조적 분화라는 논리에 기초하여 문화의 하위 형식인 종교, 예술, 문학, 학문을 각각 스스로 입법할 권한을 가진 자율적 제도로 정립하고 그것들 사이의 관계를 설정하는 논리들을 개발했다. 문화와 그 하위 형식들의 제도화를 뒷받침한 담론은 자유주의적 휴머니즘, 즉 인간의 정신적 능력인 '지'와 '정'과 '의' 각각에 동등한 가치를 부여하고, 이와 같은 세 능력의 조화로운 발전을 추구한다는 방향이었다. 따라서 진, 선, 미, 그리고 성聖 사이의 균형이 중요시되었다. 새로운 인간'인격'을 만들어 내기 위한 기제로서 문화의 제도화의 기반은 과학, 도덕, 예술, 종교 가운데 어느 하나의 영역이 다른 영역들을 침해하는 것에 제동을 거는 '비판'의 정신이었다.

> 「내가 그것을 觀察하고 推理해 보니 이러하다」 하여 自己라는 主體의 自覺이 分明하고 그 分明한 自己의 눈으로 精密히 觀察하고 그 精密한 觀察로써 얻는 材料를 自己의 理性으로 嚴正하게 判斷한 然後에야 비로소 善惡·眞僞를 안다 함이 批判이외다. 특히 批判이라 함은 政治라든지 倫理, 法律, 習俗 같은 人事現象의 批評判斷에 쓰는 말이외다. 批判의 反對는 獨斷과 迷信이외다. 人類의 理性이 비록 不完全하다 하더라도 吾人에게는 理性 以上 또는 理性 外에 더 확실한 主權者를 가지지 못하였으니, 理性밖에 믿을 것이 없읍니다(이광수 1962m : 519~520).

위 인용문은 「신생활론」1918에서 이광수가 비판'비평 판단'의 본질과 작동 방식에 대해 설명한 부분이다. 비판은 '나'의 '눈'과 '이성'에 의거하여, 즉 자기의 관찰력과 판단력에 의거하여 정치, 윤리, 법률, 습속 같은 사회 제반 현상의 선악·진위를 판단하는 인식 작용이다. 다시 말해 비판이란 '관찰'과 '추리'의 주체로서 '나'를 자각한 위에서 행해질 수 있는 인식과 판단의 작용이다. 이광수는 비판을 '독단과 미신'에 대척되는 것으로서, '진보의 근본적 동력'이자 '문명인

의 최대한 능력이며 자랑'으로 평가했다(이광수 1962m : 519).[168]

'비평 판단'은 이광수만의 돌출한 인식이나 실천이 아니었다. 이즈음 『기독청년』에 실린 이일의 「조선 청년 등의 신앙상 이동은 개방? 타락?(속전)」을 읽어 보면, 비판 또는 비평이 유학생 사이에서 첨단의 신지식이자 담론 실천으로 각광 받고 있었음을 알 수 있다. 이일에 따르면 기독교계 학생들은 일본에 유학을 오게 됨으로써 부형에 의해 강제되던 '무의미한 신앙옥信仰獄'에서 빠져나와 '자유천지'에 들어섰는데, 이 해방의 공간에서 비평이라는 새로운 사상의 영향에 노출되었다.

> 勿論 우리덜은, 理性을 縱橫無盡하게 活動식일 自由를 享有하얏고, 또 이 自由를 放棄하야서난 아니되난 故로, 如何히 高名한 學說이던지, 權威 잇난 宗敎던지, 吾等의 眼目의 接觸되난 百 事物은, 有形·無形을 不問하고, 其 價値判斷할 自由를, 가지지 아니할 수가 업습니다. 旣定된 事物에 대하야, 判斷함이 업시 다만 盲從만 하면, 그것은 奴隷에 不過함으로, 熱誠도 없고 生命도 업슴으로 吾等은 업난 判斷力과, 批評眼을 養成하야 가지고, 社會上에 存在한 모든 것을, 辭讓함이 업시, 膽大하게, 判斷하여야 되겟슴니다.[169]

위에서 이일은 자신의 이성을 자유롭게 활동시켜 모든 것의 가치를 스스로 판단한다는 비평의 의의를 인정하고 있다. 이는 자기

168 이광수의 비판 개념에 대한 분석은 김현주 2005 : 165~168을 요약·재서술한 것이다.

169 설오당하인(雪汚堂下人) 이일(1918), 「조선 청년 등의 신앙상 이동은 개방? 타락?(續前)」, 『기독청년』 제6호, pp.5~6.

판단 없이 기성의 사상에 맹종하는 것은 노예에 다름없는 것이므로 각자 '판단력과 비평안을 양성하여' '사회상에 존재한 모든 것'을 자유롭게 비판해야 한다는 뜻이었다.

『기독청년』 제3호1918. 1에 실린 현상윤의 「가인불가인론可人不可人論」[170]에 대해 제월霽月 염상섭이 「현상윤 씨의게 여與하야 「현시 조선 청년과 可人不可人의 표준」을 갱론함」을 『기독청년』 제6호1918. 4, pp.11~14에 게재함으로써 촉발된 현상윤과 염상섭 사이의 논쟁 역시 '비평'이라는 글쓰기에 대한 논의와 연결되어 있었다. 제월의 글에 대해 현상윤이 「제월 씨의 비평을 독讀함」『기독청년』 제7호(1918. 5), pp.12~13으로 반박하고 이에 대응해 다시 제월이 「비평. 애. 증오」『기독청년』 제9호(1918. 9), pp.9~10를 썼다. 뒤의 두 편의 글에서 현상윤과 염상섭은 비평criticism의 본질에 대해서도 논의했다. 현상윤은 초월적 비평과 내재적 비평이라는 다소 형식적인 구분을 한 데 비해 제월은 보다 보편적인 접근을 했는데, 그는 비평이라는 말을 우리나라에서는 보통 '험담'한다는 뜻으로 사용하므로 그 주체가 되거나 대상이 되는 것을 피하지만 비평의 목적은 궁극적으로는 인류의 행복을 증진하는 데 있다고 보았다. 이를 좀 더 상세하게 풀면 비평은 ① 확실한 지식을 얻기 위한 노력이며, ② 그 대상이 인류 사회에 대해 갖는 가치진위·선악·미추를 판단하려는 실천이다. 아울러 비평은 ③ 민중을 교양·계몽하는 데 기여한다. 제월은 특히 ③을 강조하

170 『기독청년』은 1917년 11월 창간되어 1919년 11월까지 총 15호 발간되었는데, 제1~4호는 소재 불명이고 제14호(1919. 2)와 제15호(1919. 11)는 목차만 존재한다. 염상섭이 비판한 현상윤의 글은 1918년 신년호로 발간된 『기독청년』 제3호에 실려 있었을 것으로 추정된다.

면서 위대한 사상가, 예술가와 더불어 훌륭한 비평가가 나와서 민중을 지적으로 향상시켜야 한다고 주장했다.[171]

유학생들이 일본에 와서 접하게 된, '이성을 자유롭게 활동시켜 학문, 사상, 예술, 종교를 포함한 만반사물의 가치를 판단하고 비평하는 활동'을 고취하는 '신사상', '현대사상', '현대사조'는 바로 칸트의 비판철학Kritic이었다. 칸트는 비판Kritic, 즉 과학 비판, 윤리 비판, 예술 비판, 종교 비판이 모두 제대로 이루어질 때 '문화Kultur'가 인간의 자기실현의 장이 될 수 있을 것으로 전망했다. 칸트에 따르면, 문화의 목적은 자연 속에 주어져 있는 소질과 가능성을 완전히 개발하는 데 있는 동시에 단순히 사실성 · 자연성 · 실천성에 근거한 것이 아니라 이성의 자기 활동성으로서, 이성이 자기 능력에 대한 비판을 통해 자기를 인식하는 단계로 고양해 가는 과정과 밀접하게 관련된다. 과학, 도덕, 신앙종교, 예술이 상호 견제를 통해 균형을 이룬다는 목표는 '이성'의 활동인 '비판'에 의해 가능한 것이다. 이론적 이성에 대한 자기비판을 통해 과학기술이 물物 자체마저 인위적으로 입법하고 소유하는 형태가 되지 못하도록 해야 하며, 실천적 이성에 대한 비판을 통해 모든 것을 단순히 행복의 도구로만 삼는 형태를 막아야 한다. 또한 미감적 능력에 대한 비판을 통해 모든 것을 쾌락의 도구로만 삼으려는 형태를 막아야 한다. 아울러 믿음의 능력에 대한 비판을 통해 모든 것을 복과 연결 짓는 기복성祈福性을 제어해야 한다. 과학적 가치진, 도덕적 가치선, 예술적 가치미, 종교적 가치성를 합목적적인 전망 속에서 조화시키려는 이와 같은 노

171 제월(1918), 「비평. 애. 증오」, 『기독청년』 제9호, pp.9~10.

력에서 이성의 자기비판은 필수적인 것이었다. 즉 칸트에게 문화는 자연과 이성 사이의 경계선에서 진행하는 지속적인 활동으로서 자연에서 인류로, 욕망욕정에서 이성으로 나아가는 역사적 과정에 자리하고 있었다. 칸트에게는 완전한 문화, 즉 도덕성이 확립되어 있는 단계로 나아가는 길이 바로 역사가 된다. 완전한 문화는 인간이 나아가야 하는 목표가 되는 것이다.

칸트철학이 한국에 본격적으로 수용된 것은 1920년대 이후였다고 하는데,[172] Part 2의 2에서 보았듯이 일본에서 '문화'로 번역된 칸트의 Kultur 개념은 단편적이나마 1900년대 후반에 이미 선보였다. 이광수가 「동경잡신」에서 일본의 엘리트 고등학생 사이에 독일의 관념철학이 크게 유행하는 정황을 전해 준바, 1910년대 일본에 유학한 조선인 학생들은 그 철학의 Kultur 개념에 접했던 것으로 보인다. 일본 철학계에 '문화철학' 같은 번역어가 등장한 것은 1915년이었으며, 『학지광』에는 다이쇼 데모크라시의 주창자로서 '문화국가'라는 표현을 처음 사용한 오야마 이쿠오의 사상이 소개되었다. 이광수나 이일의 글로 미루어 볼 때, 독일어 Kritic을 번역한 '비평' 또는 '비판'은 유학생 사이에서 문학이나 예술 · 학문 · 종교 등 문화적 제도의 정당성 및 그 근거를 둘러싼 논쟁을 고양시켰던 것 같다.[173]

172 식민지기 한국에 수용된 서양철학은 거의 대부분 독일철학이었으며 그 가운데 가장 많이 다루어진 철학자가 칸트였다. 칸트의 철학이 한국에 본격적으로 유입된 것은 1920년대 이후이다. 식민지 시기 독일철학 및 칸트철학의 연구에 대해서는 백종현 1998 : 45~69 참조.

173 칸트의 'Kritic'은 메이지 시대에는 '비판(철학)'이 아니라 '비평(철학)'으로 번역되었다고 한다. 일본에서 '비판'은 대체로 자기 입장(근거)으로부터 다른 것을 공격한다는 의미이고, '비평'은

문화의 하위 범주들

유학생들이 지속적으로 토로한바, 당시 조선에는 문화 영역의 발전 정도가 전체적으로 매우 제한적이었다. 문학 등 예술계는 독립적인 조직이나 매체를 아직 갖지 못했다. 『매일신보』나 『청춘』 등의 신문 · 잡지를 통해, 그리고 일본에서는 『학지광』 등의 잡지를 통해 문학가가 되기를 희망하는 청년 학생이 등장하고 있었지만 '문단'이라고 불릴 만한 문인 집단은 아직 형성되지 못했다. 대학교 등 고등교육기관이 존재하지 않았으므로 자율성이나 독립성을 주장할 수 있는 학계 자체가 없었다고 보아야 한다. 기독교와 천도교 등 종교 영역은 그나마 독자적인 조직과 매체를 가지고 있었지만, 조선총독부의 통제하에서 자율성이 매우 취약했다. 당시에 학문 · 예술 · 도덕 · 종교의 자기 정립 및 상호 경쟁은 이와 같은 정치적 · 사회적 상황에 영향을 받으면서 진행되었는데, 이러한 담론에서 '문학' · '문예' · '과학' · '철학' · '사상' · '윤리' 등의 개념이 등장한다. 이 개념들의 정착은 한국에서 문화의 의미장과 이미지가 형성되는 과정에 깊이 관여되어 있으므로 그것들 각각이 수용 · 정착된 형태와 맥락에 대한 상세한 검토가 필요하다. 아래에서는 1910년대 후반에 문화 및 학문, 예술, 도덕, 종교의 제도화 과정에서 드러난 몇몇 특징적 면모를 간략히 짚어 볼 것이다.

오히려 자신의 입장(근거) 자체를 되묻는다는 뜻으로 사용된다. 칸트의 Kritic은 영국의 헨리 홈이 쓴 책에서 유래한 단어로서, 칸트는 형이상학의 보편성의 근거를 되묻는다는 후자의 의미로 썼다. 니시다 기타로(西田幾多郎)는 칸트의 Kritic을 '비평'으로 번역했는데, 1920년대에 칸트철학이 지배하던 풍토에서 고바야시 히데오(小林秀雄)의 '문학비평'이 칸트가 말한 비평이라는 형태를 취하게 되었다. 이때부터 철학에서는 문학비평으로부터 스스로를 구분하기 위해 칸트의 철학을 비판(철학)으로 부르게 되었다고 한다(가라타니 2002 : 7~9 참조).

1) 예술, 문예, 문학

최남선은 「고상한 쾌락」에서 예술의 하위 장르로 회화 · 조각 · 음악 · 가무 · 건축을 제시했고, 이광수는 「문학이란 하오」에서 문학의 하위 장르로 시 · 소설 · 극 · (문학적) 논문을 제시했다. 서구적 근대를 문명의 모델로 택한 신지식인들에게 예술이나 문학이 우선적으로 발전시켜야 할 제도로 선택된 이유는 무엇일까? 아래에서는 유학생들이 예술 및 문학을 중요한 문화적 제도로 정립해 간 과정과 그 논리를 살펴볼 것이다.

'산업과 문예' 같은 표현에서는 문예로 예술 전체를 제유하기도 했는데, 문예라는 명칭은 학문으로부터 독립했다는 의미 즉 문학의 예술적 성격을 강조하려는 취지에서도 사용되었다. 유학생들은 문학과 예술이 학문이나 도덕 · 종교로부터 독립되어야 하는 근거로 정과 미의 추구의 정당성을 주장하는 한편, 이러한 추구를 다른 문화적 형식들 즉 학문이나 도덕 · 종교의 추구와 어떻게 관계 맺도록 해야 할지에 대해서도 고민했다. 예컨대 최남선의 '고상한 쾌락'이라는 표현은 정-미-쾌락에 대한 추구를 '윤리'로 견제하려는 취지를 담고 있다. 그는 "쾌락이란 무엇이뇨 일언一言으로 폐지弊之하면 '정을 만족시킴'이오 고상한 쾌락이라 함은 '윤리적 의미로 정을 만족하게 함'이라"라고 한 것이다(최남선 2003b : 353~354). 이광수의 경우에도 최남선과 유사하게 심미적 추구를 도덕이나 종교와 조화시키려고 했다. 「무정」에서는 감각적인 인간, 감정적인 인간을 억눌러 온 옛 도덕을 비판한 한편, '사람'을 만들어 내기 위한 감정교육의 기제로 '예술'과 함께 '종교'를 거론했다. 이와 같은 태도를 유교적 잔재라고만 볼 수는 없는데, 유학생들은 학문 · 종교 · 도덕 등 현대문

화의 복합적 맥락 속에서 문학·예술의 존립 근거를 정립해야 했기 때문이다.[174]

Part 3의 3에서 더 자세히 점검하겠지만, 이광수 같은 이는 문학적 체험이 조선인을 근대적 개인으로 양성할 뿐만 아니라 그 개인들을 묶어 근대적 공동체로 만들어 내는 데 중요한 역할을 할 것으로 기대했다. 문학이 '정'의 자각을 바탕으로 자유주의적 개인을 창출하고 '동정정의 상호 교환 및 합일'을 통해 개인들의 자발적 결속을 이룸으로써 근대적 사회 또는 민족을 구성할 수 있다고 생각한 것이다. 아울러 이광수는 문학문예을 민족의 문화적 통일의 중심축으로 고려했다. 그는 일찍이 '문학은 일 민족을 대표하는 표현'이라고 말한 바 있으며(이광수 1962e : 481), 1918년경에는 문화의 민족적 성격을 강조하면서 특히 문예를 염두에 두었다. 이광수에 따르면 문예는 민족의 정신생활을 표현하는 가장 중요한 문화적 형식이었다(이광수 1962k : 34).

그런데 문학이나 예술에 대한 유학생들의 열광은 종종 자유로우면서도 민족적인 주체를 형성한다는 목표를 넘어 더 멀리까지 나아갔다.

> 現今 學生의 思潮는 如何오. 今日은 以前보다 매우 逈異한 點이 有하야 實力主義로 熱心勉强하는 者이 多하며 또한 眞實한 精神을 修養하는 風이 流行할 샏 안이라 相愛扶助하는 義를 尙하니 實로 今日 學生의 思潮는 奇特한 成績이 多하도다. 然이나 小說哲學的 趣味를 尋하여 文弱

174 근대적 문학 개념 및 담론의 형성에 대해서는 황종연 1997 : 457~480 참조.

에 流하는 弊가 行함은 現今 學生의 弱點이라. 是는 學理를 硏究함과 時勢의 영향으로 其 風이 生한 듯하나…….[175]

위 인용문은 1915년경 유학생 집단의 분위기를 전달해 주는데, 필자는 유학생 사이에 '실력주의'와 함께 '진실한 정신을 수양하는 풍조'와 '상애부조하는 도리를 숭상하는 경향'이 형성되고 있음을 긍정적으로 평가한 한편, '소설철학적 취미'가 심각해져서 문약의 폐해가 나타나고 있는 점을 우려했다. 이때 '진실한 정신의 수양'과 '상애부조하는 도리의 숭상'이란 바로 자유로우면서도 민족적인 '개인'을 형성하는 데 필요한 덕목이었다고 할 수 있는데, 위 글의 필자는 소설과 철학에 대한 몰두가 이와 같은 목표에서 벗어난 지점을 포착한 것이다. 예컨대 『학지광』에서 최승구 같은 유학생은 예술적 실천의 자유를 더 멀리 밀고 나가 일종의 예술중심주의를 표명하기도 했기 때문이다.[176]

과학기술의 발전을 문명화의 핵심으로 본 현상윤은 유학생들이 문학이나 예술 · 철학에 경도되는 것을 줄곧 우려해 왔는데, 그는 당시 유학생들의 '소설철학적 취미'에 영향을 끼친 '학리'에 대해 자세히 설명한 바 있다. 그에 따르면, 유학생들 안에 형성된 '내적 생활'에 대한 관심, 생의 요구나 각오를 바탕으로 한 '자아'와 '예술'에 대한 갈망, '이상향'에 대한 추구 등의 풍조는 워즈워스의 시, 투르게네프의 소설, 에머슨 · 오이켄 · 베르그송의 철학에서 영향을 받

175 「日本留學生史」, 『학지광』 제6호(1915), p.16.
176 崔承九(1914), 「情感的 生活의 要求 : 나의 更生」, 『학지광』 제3호, p.18.

고 있었다.[177] 이와 같은 독서 취향은 「무정」에서 중학교 교사 이형식이나 그를 추종한 중학생들의 '고전적인' 독서 취향과는 차이가 있었는데, 지적 유행에 민감한 유학생들은 19세기 영국과 러시아의 낭만주의문학과 함께 20세기 초 구미에서 부상한 신이상주의 또는 문화주의철학으로부터 영향을 받고 있었던 것이다.

한편 게이오기주쿠 사학과에 다니던 염상섭은 현상윤의 「현시 조선 청년과 가인불가인의 표준」을 비판하는 논리를 펼치면서 '민중을 위한 예술'이라는 관점에서 연극의 의의를 강조하기도 했다.

> 假令 只今 여기 엇더한 俳優가 잇서서 徹底한 見識과 相當한 藝能을 가지고 藝術을 自己의 生命보다 重히 역이고 藝術의 世界를 自己의 生存慾을 滿足식히는 舞臺로 삼아 健實히 努力한다 하면 舊思想으로 보면 一種의 墮落이오 娼妓나 광대갓흔 賤業이라고 擯斥할지요 또 氏의 標準으로 보면 無精神 無誠意 無經綸한 者, 一卽 '不可人'이라 誹謗할지나 藝術의 尊不尊, 貴不貴라든지 當者의 主觀의 成功 不成功은 姑捨하고라도 이것이 果然 公共圖利에 寡效할가? 現時 流行되난 民衆藝術의 時急을 告함은 무엇을 意味하나? 더구나 우리 朝鮮 갓치 全然히 思想으로 指導 안이치 못할 民衆의게는 이 演劇 갓치 第一 必要한 것은 업다고 생각한다. 實로 우리의게는 이갓치 外形的으로 社會와 密接한 利害가 업는듯한 모든 努力이 그 實은 가장 緊急하고 重要하다 강조는 원저자.[178]

177 소성(1914), 「동경 유학생 생활」, 『청춘』 제2호, p.113. 소성(小星)은 현상윤의 호이다.

178 霽月(1918), 「현상윤 씨의게 여(與)하야 「현시 조선 청년과 가인불가인(可人不可人)의 표준」을 갱론(更論)함」, 『기독청년』 제6호, p.12. 제월은 염상섭의 호이다.

앞에서 염상섭은 현상윤이 공/사, 사회/개인, 외형적인 것/내적인 것을 구분한 논리를 반박하면서 현상윤이 사적=개인적 추구로 분류한 연극 등의 예술 활동이 어떤 의미에서 공적=사회적 가치가 있는지를 웅변하고 있다. 이를 바탕으로 그는 현재 조선에는 민중의 사상적 지도에 가장 긴요한 것이 연극이라고 주장했다. 그리고 음악도 '국민의 취미성을 향상'시키는 제도로서 의미가 있다고 했다. '취미성의 비열은 곧 도덕적 타락을 유치誘致'하게 되므로, 사회로부터 환영과 이해를 못 받고, 그래서 생활난의 고통을 받으면서도 황무지를 개척하듯 노력하는 예술가들이야말로 '진정한 애국자'라는 것이다.[179]

민중교육을 위한 연극의 중요성에 대한 관심에서는 당시 일본에서 많이 읽힌 로맹 롤랑Romain Rolland, 1866~1944의 『민중예술론*Le Théâtre du Peuple*』의 영향이 느껴진다. 이 글은 일본 최초의 사회주의 사상가인 고토쿠 슈스이幸德秋水, 1871~1911에 의해 무정부주의적 색채가 가미되어 번역된 바 있는데, 염상섭의 '민중극'에 대한 주장은 다이쇼기에 들어서 문화주의와 민주주의가 부흥하던 분위기에서 유행한 와세다대학의 문화주의 연극론을 배경으로 하고 있었다. 와세다대학의 쓰보우치 쇼요가 이끌던 문화사업연구회나 시마무라 호게쓰島村抱月 등 문학자들은 공중연극 혹은 시민연극을 통해 일본인의 정서를 개조하고 나아가 일본의 문화를 개조해야 한다고 주장했다. 그 일원인 가네코 지쿠스이金子筑水는[180] 『태양』 제19권 제2호

179 霽月(1918), 앞의 글, p.13.

180 가네코 지쿠스이의 다른 이름은 가네코 우마지(金子馬治)이다. 그는 와세다대학에서 철학, 심리학, 근대 미학을 가르치며 폭넓게 활동하였다(홍선영 2005 : 457~468 참조).

1913. 2에 발표한 「예술과 사회의 진보藝術と社會の進步」에서 '예술의 평민화'라는 문제를 제기하면서 다양한 계층에 폭넓은 지지를 받는 '포퓰러 예술'의 출현이 시급하다고 주장했다. '민중예술론'은 당시 연극계에서 개척해야 할 장르로서 거론된 '통속연극론'과 상통했으며 '평범주의'의 유행은 다이쇼기 데모크라시 사조와 관련이 깊었다(구인모 2008 : 99~100). 염상섭의 예술론은 이와 같은 사상들로부터 복합적으로 영향을 받고 있었던 것으로 판단된다.

2) 학문, 과학, 철학

1910년대에 조선 안에는 근대적 학문의 물질적 · 제도적 기반이 거의 없었다. 1906년 평양의 숭실학교는 대학부를 개설하고 전문학교를 설립하기 위해 노력했으며, 1910년에는 이화학당에 대학부가 설치되었다. 언더우드Horace G. Underwood, 1859~1916를 비롯한 선교사 집단도 college 또는 university에 대한 이상을 품고 고등교육기관을 설립하기 위해 노력했으나, 1917년 연희전문학교를 설립하는 데 그쳤다(김도형 2013). 대학이 없는 상태에서 전문적인 학술의 영역은 존재하기 어려웠고, 따라서 학문의 자율성을 주장할 집단 자체가 없었다. 당시 유학생들이 쓴 소설에는 대학생이나 중등학교 교사는 등장해도 대학 교수나 학자는 등장하지 않는다.

그렇지만 근대적인 학문 개념은 지속적으로 소개 · 확산되었다. 이광수는 「교육가 제씨에게」에서 '실생활의 요구로부터 벗어나 학 그 자체를 목적으로 삼는' 활동 전체를 포괄하는 명칭으로 '학예'라는 단어를 쓴 바 있는데, 이는 '학문'이나 '과학'의 동의어였다. 같은 글에서 학문을 '철학과 자연과학 등 순리학純理學을 총칭'하는 말이라고도 했는데, '순리학'이라는 표현이 보여 주듯이 철학과 자연과학의 본질은 모두 순수하게 진리를 추구하는 데 있다고 여겨졌다. 「문학이란 하오」에는 "지知에 대한 추구를 제반 과학에서 만족시킨다"라는 표현이 있고 「농촌계발」에는 '문학 · 종교 · 과학 · 예술', '과학과 예술' 같은 표현이 있는데, 이때 과학은 모두 학문의 동의어로 쓰인 것이었다. 「농촌계발」이나 「동경잡신」에는 '학자'라는 표현이 자연스럽게 쓰였다.

그런데 현상윤 같은 이는 이미 '과학'을 여러 분과 학문의 상위 개념인 학문의 동의어가 아니라 그것을 구성하는 한 분야를 가리키는 명칭으로 사용했다. 「강력주의와 조선 청년」에서 현상윤은 '과학'과 '철학'을 대비하는 표현을 매우 자연스럽게 썼다. 같은 글에서 철학을 '정신상 학문'으로 표현한 것을 감안하면, 과학을 자연을 연구 대상으로 삼은 학문으로 생각했던 것 같다. 그가 '학문'이라고 말했을 때조차 머릿속에서는 자연과학을 떠올렸을 것으로 짐작되는 문장도 있는데, 이때 자연과학은 순수과학이기보다 '문명적 이기'로 직접 연결될 수 있는 응용과학과 기술에 가까웠다.

하나의 전체로서 학문을 과학과 철학으로 나누어 생각하는 논법은 바로 일반화되었던 것 같다. 「무정」, 「금일 조선 야소교회의 결점」, 「우리의 이상」에는 학문을 과학과 철학으로 나누는 어법이 등장했는데, 여기에서는 굳이 '자연과학'이라고 쓰지 않고 그냥 '과학'이라고 써도 그것은 하나의 전체로서의 학문의 동의어가 아니라 그 일부를 의미하게 되었다. 그리고 이러한 과학의 이미지는 점점 기술과 가까워졌다. 「개척자」에서 김성재를 도쿄고등공업학교 졸업생으로 만든 것은 이와 같은 기술주의 과학관의 표현이었다. 김성재의 화학 실험은 순수한 학문 탐구가 아니라 '발명', 곧 기술화 및 산업화에의 욕망에 의해 추진되고 있었다.

(자연)과학의 상대 개념으로서 철학은 순수인문학 전체를 대표하고 상징했다. 「동경잡신」에는 "정치학, 법학, 경제학, 문학을 연구한다"라는 표현이 나오는데(이광수 1962e : 480) 이때 문학은 하나의 학문 분과를 가리켰다. 하지만 근대적 학문의 주요 분과를 나열할 때 문학이 포함된 경우는 거의 없었다. 역사학에 대한 언급도 별반 없었다. '근대 인문학의 3분과는 문 · 사 · 철'이라는 표상은 아직 형성되지 않았으며, 철학이 (자연)과학의 상대 개념으로서 '정신상 학문' 전체를 환유하는 경향이 있었다.

'소설철학적 취미'라는 표현이나 「무정」에서 이형식과 학생들의 독서 목록에 보이는바, 철학은 문학과 함께 인문주의적 교양의 상징으로 부상했다. 인격의 수양이나 교양을 주장하는 맥락에서 철학이 특히 중요하게 언급되었는데, 이때 상상된 것은 대체로 서양철학이었다. 그런데 1918년에 발표한 「부활의 서광」에서는 민족의 사상 · 감정 등 정신생활을 직접적으로 표현하는 방법으로 종교 · 문학 · 예술과 함께 철학을 들었으며(이광수 1962k : 33), 고대에 철학을 산출한 민족으로 인도와 희랍, 그리고 "좀 부족하지만 중국이 있다"고도 했다(이광수 1962k : 29). 동양의 민족들도 철학을 소유했다는 점에 주목하게 된 것이다. 대체로 상상과 관념의 차원에 머물러 있었지만, 1910년대 후반은 철학이 각광을 받은 시대였다.

학문을 (자연)과학과 철학으로 구분하는 사고틀에서는 사회과학의 정체성과 지위가 매우 불분명했다. 실제로는 여러 유학생이 대학에서 정치학 · 경제학 등을 전공했지만, 이와 같은 분야들을 한데 묶는 '사회과학'이라는 개념은 아직 일반화되지 않았다.

3) 도덕, 윤리, 사상

문화론의 이론적 토대로서 '정신'이나 '의식'의 구조적 분화를 논의할 때는 보통 지정의론과 진선미론이 동원되었다. 이때 '의'와 '선'에 해당되는 것이 '도덕'이었다. 도덕규범의 근대화는 유학생들의 대단히 중요한 목표였는데, 최남선은 도덕 대신 '윤리'라는 어휘를 주로 사용했다. 그는 「고상한 쾌락」에서 '고상한 쾌락이란 윤리적 의미로 정을 만족하게 하는 것'이라는 주장을 편 바 있다. 도덕이라는 말이 개인의 바깥으로부터 부과된다는 의미에서 외적이고 타율적인 규범이라는 의미가 강했다면, 윤리는 내적이고 자율적인 규범이라는 의미가 강했다. 도덕이 전통적 · 유교적 자장 안에 있는 어휘였다면, 윤리는 서구적 · 근대적 의미를 전달하는 어휘였다. 『시문독본』에 '종교 · 윤리 · 철학 · 문학 · 예술'이라는 표현이 있는데, 적어도 최남선의 머릿속에서는 윤리가 문화적 형식의 하나를 가리키는 명칭으로 어느 정도 정착했던 것 같다.

이광수는 「문학이란 하오」에서는 '지적 · 도덕적 · 종교적 · 예술적 만족'을 모두 거론했지만, 「금일 조선 야소교회의 결점」 같은 글에서는 문화의 하위 영역으로 보통 과학 · 철학 · 예술 · 문학 · 종교 등을 들었다. 이는 학문, 예술, 종교로 요약된다. 이와 같은 개념연결망에 도덕이 포함된 경우는 거의 없었다. 한편 「무정」에서 이형식에게 '윤리학'을 전공하게 한 것은, 최남선과 마찬가지로 이광수도 근대적 윤리 개념을 중요시했음을 뜻한다. 「신생활론」에서 '비판이라 함은 정치라든지 윤리, 법률, 습속 같은 인사 현상의 비평

판단에 쓰는 말'이라고 했을 때, '윤리'는 '도덕' 대신 선택한 어휘였을 것이다.

한편 '사상'이라는 단어의 쓰임에도 주목할 필요가 있다. 신사상, 구사상, 신구사상 같은 표현은 당시 유학생들의 글에서 일종의 관용어처럼 쓰였다. 「동경잡신」에는 "유학생의 사상계"라는 소제목이 있는데, 이때 '사상'은 사고의 방식이나 태도 · 경향 등을 포괄하는 느슨한 의미였다(이광수 1962e : 478). 이러한 포괄적 사상 개념은 안확의 글에 이미 나타난다. 안확은 계몽주의적 관점에서 하나의 전체로서의 문명의 발전을 주장하는 한편, 문화의 국민적 특징에 대해서도 관심을 가지고 있었다. 그는 「조선의 미술」『학지광』 제5호에서 '미술'을 정신과 사상의 표현으로 정의하고 '국민의 문화사상을 관觀함에는 미술과 여如한 자가 무無'p.47 하다고 주장했다. 그는 정신과 사상, 또는 문화사상 같은 개념을 사용하면서 민족적 관점에서 미술이나 문학 등 예술 형식들의 가치를 부각시켰다.[181]

Part 3의 3 중 "전후戰後 담론으로서의 탈식민주의적 문명주의와 동양/민족"에서 더 자세히 살펴보겠지만, '사상'은 근대=서구문명을 비판하는 맥락에서 동양/민족의 정체성에 대한 관심과 결합하면서 하나의 문화적 형식으로 부각된 듯하다. 예컨대 「우리의 이상」에는 '과학, 철학, 문학, 예술, 사상'이라는 표현이 등장하고 '현대의 고상하고 복잡한 과학과 사상을 이해할 수 있는 능력'이라는 표현도 있다. 같은 글에서 이광수는 쇼펜하우어, 베르그송 이래로 서양에서는 '동양사상을 현대문명에 가입하려는 경향'이 생겼다면

181 安廓(1915), 「朝鮮의 美術」, 『학지광』 제5호, pp.47~52.

서 도덕적 영웅의 사례로 공자를 제시하기도 했다(이광수 1963d : 157, 160). 추봉 김영만은 민족의 가치를 선양할 '정신계'의 인사로 '사상가 · 종교가 · 철학가 · 문학가 · 시인'을 들었으며,[182] 최남선은 '서양문명'의 상대 개념으로 '동양사상'을 사용했다.[183] 이와 같은 용법의 함의를 더 상세히 추적해 보아야겠지만 사상이라는 단어는 예컨대 유학처럼 근대 서구의 발명품인 철학이나 종교 같은 개념으로 설명하기 어려운 동양의 문화적 성취를 설명하기 위해 채용되었던 것 같다.

4) 종교

1910년대 중반 이후 문화적 형식 가운데 가장 크게 논란의 대상이 된 것은 종교이다. 앞에서 살핀 것처럼 이광수는 「교육가 제씨에게」에서 '종교 · 학예 · 문학 · 미술 · 기타 오락', 「문학이란 하오」에서 '지적 · 도덕적 · 종교적 · 예술적'이라는 표현을 사용했고, 「금일 조선 야소교회의 결점」 같은 글에서는 문화의 하위 영역으로 '과학 · 철학 · 예술 · 문학 · 종교'를 들었다. 이러한 종교의 자리는 진선미에 '성聖'을 추가했을 때 만들어질 수 있었다. 종교는 문화의 다른 형식들, 예컨대 도덕이나 학문 · 예술 등과 어떤 관계를 설정해야 할 것인가, 또 종교는 외부 사회의 요구에 어떻게 응해야 할 것인가가 논점이 되었다.

초창기 『학지광』에서 기독교 담론의 주류는 세속의 도덕과 구분되는 종교의 가치를 강조한 것으로서, 영국 낭만주의철학의 culture 개

182 추봉(1918), 「물질계를 논하야 정신계에 급함」, 『기독청년』 제11호, p.8.
183 六堂生(1918. 8. 6), 「『朝鮮佛敎通史』에 對ᄒᆞ야(六)」, 『매일신보』, p.1.

념에서 영향을 받고 있었다. 이에 따르면 영적·신앙적 생활은 가장 가치 있는 정신생활이었다. 신앙의 절대적 우월성을 주장하는 이와 같은 담론은 기독교계 유학생 사이에 널리 퍼져 있었다. 앞에서 살핀 「조선 청년 등의 신앙상 이동은 개방? 타락?(속전)」에서 이일은 실은 기독교계 유학생들이 '비평'이라는 '현대사조'에 영향을 받고 있는 상황을 크게 우려했다. "우리는 현대사조에 마취된 결점과 종교에 대한 냉냉한 태도를 가진 것을 자책지 아니할 수 있는가." 이일은 '종교에 대한 열렬한 태도와 신앙의 권위'를 자유로운 이성에 입각한 비평의 '외부'에 놓기 위한 논리를 펼쳤다.

> 三은 信仰에 對한 熱誠의 不足이니 吾等이 恒常 어떠한 事實에 接觸할 쌔난, 熱誠을 가지고 그것을 正確하게 理解하고, 包含한 眞理를 發見하려고 努力하난 것보다, 冷靜한 態度와 批評眼을 가지고, 同情 업시 判斷을 宣言할 時가 만이 잇슴으로, 따라서 其 內部에 潛在한 眞理를 把握하기에, 失敗하는 일이 업지 아니합니다. 더구나 信仰問題에 對하야서난, 冷靜한 態度난 最嚴한 禁物일 것이외다. 勿論 다른 사람이 信仰하난 것을 咀○함이 업고, 是非曲直을 判斷함이 업시, 無能하게 服從을 要求하난 것은 아니로되, 熱々한 態度를 가지고, 腦首만 活動식일 섄 아니라, 마음의 活動을 兼하야 信仰問題를 생각하쟈난 말이외다. 腦首로만 信者가 되지 말고, 마음을 合한 信者가 되쟈난 말이외다. 腦首의 活動만 가지고 宗教를 보면, 이 社會에서 安寧秩序를 維持하려난 法律의, 一步 더 一 前進된 勸善懲惡하난 道德과, 同等되난 道德의 變體 或은 同體로밧게 더 아니 보이난 것인 故로, 政治家의 眼目으로 보난 宗教난, 勸善懲惡하는 道로밧게 더 되지 아니할 것임니다. 그럼으로 學者가 宗教를 硏究하

거나, 政治家가 國政을 料理하난 手段의 一部分으로, 宗教를 利用하는 時난, 그런 宗教에서난 生命을 엇을 수 업습니다. 우리의 腦首에만 드러온 宗教난, 滋味잇난 학설과 갓치, 研究할 趣味가 生할난지 모르거니와, 生命은 업습니다. 宗教가 우리의 머리를 通해서, 마음에 드러온 後라야, 眞正한 生命이 되고, 熱々한 信仰이 生합니다. 宗教에 對할 時에, 科學에 對하난 時와 갓치, 研究心과 批評眼만 가지고난, 信仰을 엇을 수가 업고, 宗教의 眞髓를 맛볼 수가 업습니다. 宗教난 人生의 全體, 所謂 Ganzen mensch라난 것을 요구합니다. 곳 머리와 마음을 要求합니다.[184]

위의 인용문에서 이일은 '신의 문제에 대해서는 냉정한 태도는 금물'이라는 주장을 펼치고 있다. 이때 냉정한 태도란 현실적 필요와 과학적 접근을 가리킨다. 실용적인 정치가의 안목에서 종교는 사회의 안녕질서를 유지하는 법률이나 도덕의 변체 또는 동체로밖에 안 보이고, 학자에게 종교는 과학적 연구의 대상일 뿐이다. 이일은 학자가 대상화하거나 정치가가 도구화하는 '종교에서는 생명을 얻을 수 없'다고 한다. 특히 과학이 그 대상을 대할 때처럼 '연구심과 비평안'으로 종교를 대해서는 신앙을 얻을 수 없고 종교의 진가를 맛볼 수 없다는 것이다. '뇌수'와 '마음'을 대비하고 '냉정'과 '열정' 또는 '동정'을 대비하면서 이일은 종교는 마음에 들어온 후에야 진정한 생명이 되고 신앙이 되는 것이라고 주장한다. 종교는 '인간의 모든 것'을 요구하기 때문이다.

184 설오당하인 이일(1918), 「조선 청년 등의 신앙상 이동은 개방? 타락?(續前)」, 『기독청년』 제6호, p.6. ○는 해독하기 어려운 글자이다.

이일의 글은 당시 유학생들 안에서 신앙의 자율성을 주장하는 담론과 신앙에 대한 이성의 비판을 주장하는 담론이 경쟁하고 있었음을 보여 준다. 이광수는 1916년에 발표한 「교육가 제씨에게」에서 종교는 합리성의 요구로부터 자유로운 영역이므로 그 자체로 중요시되고 존중받아야 한다고 주장한 바 있다(이광수 1962b : 75~76). 그런데 1917년에 발표한 「야소교의 조선에 준 은혜」, 「금일 조선 야소교회의 결점」 등에서 이광수의 기독교 비판은 그와 같은 종교의 근거 자체를 되묻는 의도를 가지고 있었다. 특히 1918년에 발표한 「신생활론」에서 그는 조선에서 기독교의 이데올로기적 기능을 종합적·체계적으로 비판했다.

이광수가 조선 기독교의 결점으로 지적한 것은 교회 안팎의 위계적 관계, 교회지상주의, 교역자의 무식함, 미신적 경향 등 크게 네 가지였다. 기독교의 미신적 경향에 대해 이광수는 조선의 기독교계가 성경에서 '논리적·사회적 요소보다' '미신이라 할 만한 종교적 요소를 중히 여긴다'고 비판했다. 그는 천당지옥설과 사후 부활, 기복만능설 등 기독교가 인간의 '이지'를 초월해서 '초경험적'이고 '신비적'인 성격을 띠는 것을 경계했다(이광수 1962c : 26 ; 1962m : 551). 아울러 그는 조선에서 기독교의 '교회지상주의'가 낳은 배타주의, 반反지성주의, 반反현세주의도 비판했다.

> 敎會至上主義에서 나오는 弊端 중에 最大한 것이 三이니, 一은, 排他的 性質이 强하게 되어 같은 信徒 間의 愛敎的 精神이 强해질수록 歷史的 同族을 사랑하는 精神이 稀薄하게 됨이니, 이는 일찍 儒林, 四色 等 黨派의 感情에 比할 것이외다. 二는, 新舊約 全書와 神學 以外의 모든

學術을 賤히 여김이니, 이 亦是 儒敎에서 하던 바이라 社會의 文明을 沮害함이 큰지요, 三은, 現世를 賤히 여김이니 現代文明의 努力의 理想은 現世의 天國化인즉, 現世를 賤히 여김은, 卽 現代의 모든 文明을 賤히 여김이라(이광수 1962m : 554).

위 인용문은 「신생활론」의 일부로 요점은 교회가 신앙적 의무, 신학적 지식, 내세의 관념을 절대시하는 데 대한 비판이다. 이광수는 신앙적 결속력이 강해질수록 '역사적 동족' 즉 민족에 대한 의무가 경시되고, 종교적 지식 이외의 학문을 천하게 여기는 태도가 '사회의 문명'을 방해한다고 판단했다. 아울러 그는 내세를 지향하면서 현대문명을 경멸하는 태도를 세속주의의 입장에서 비판했다. 「금일 조선 야소교회의 결점」에서도 그는 조선의 기독교계는 종교가 사회의 '제諸 분과分科의 일-에 불과하는 줄을 부지不知하고 학술, 기예를 경멸하고 제반 문명 사업을 비신성시하여' 사회의 진보를 가로막고 있다고 비판했다(이광수 1962c : 26).

당시에 아오야마가쿠인靑山學院 신학부에 재학하면서 재일조선기독청년회에서 열성적으로 활동하던 전영택 같은 이는 이광수의 비판에 공감했다. 『기독청년』에서 전영택은 조선의 기독교에 필요한 것으로 정신적 각성, 물질적 각성과 함께 사회적 각성을 꼽았다. 그는 개인 영혼의 구제가 아니라 사회 전체의 구제, 사회 전체에 대한 공헌을 강조하면서 '기독교의 사회화'를 주장했다.[185] 이어서 그는 한 민족의 역사의 골격이자 생명은 통일적 사상이라는 이광수의 주

185 추호(1918), 「조선 기독교의 각성」, 『기독청년』 제5호, pp.4~7. 추호(秋湖)는 전영택의 호이다.

장을 인용하면서 한 민족의 흥망의 근본 원인은 정치나 경제, 산업이 아니라 그 민족을 지배하는 종교(사상)의 유무와 힘에 달린 것이라면서 조선인을 근본적으로 치료하기 위해서는 '문화의 중심이 될 완전한 종교', 곧 기독교를 주어야 한다고도 주장했다.[186] 추봉 김영만도 사상 통일의 문제를 종교 통일의 문제로 이해하면서 '기독교를 개혁하자는 주장을 막을 수 없게 되었다'고 보았다.[187] 기독교계 유학생 사이에서 '사회의 요구'에 응답할 수 있도록 기독교를 변화시킬 필요가 있다는 주장이 등장한 것이다.[188]

기독교를 둘러싼 이와 같은 논의는 문화 장의 헤게모니 경쟁의 성격도 갖고 있었다. 이광수의 기독교 비판을 읽어 보면, 그는 기독교가 근대적 주체로서 '이성적 개인'을 생산하는 데 결함을 드러내고 있을 뿐만 아니라 조선인을 '민족' 또는 '사회'의 구성원으로 주체화하는 데에도 방해가 된다고 판단했다. 즉 이광수는 개인의 주체화와 더불어 민족/사회의 주체화 기능이라는 관점에서 기독교의 역할을 문제 삼고 있었다. 궁극적으로 그는 종교와 다른 문화적 형식들과학·예술 등을 상호 견제 및 조화의 관계로 정립하고자 했던 것이다.

그런데 전영택이나 이광수 같은 유학생들의 지향은 당시 조선총독부의 종교정책에는 다소 역행하는 흐름이었다. 1910년 이후 조선총독부는 「사찰령」, 「경학원규정」, 「사립학교규칙」 등 일련의 법을

186 추호(1918), 「사상 통일의 종교로 기독교를 논하야 교회의 각성에 대한 청년의 사명에 급함」, 『기독청년』 제7호, pp.5~7.

187 추봉(1918), 「조선 청년의 소래」, 『기독청년』 제8호, p.11.

188 '기독교의 사회화' 논의에 대해서는 김현주 2013 : 298~300 참조.

제정하여 종교 단체가 다른 사회적 영역에 개입하지 못하도록 규제했다. 식민 권력은 종교가 벗어나서는 안 되는 범위를 정해 놓는 한편, 그 범위 안에 머무는 '진정한' 종교에 대해서는 여러 가지 특혜를 약속했다. 법률에 의해 강요된, 종교의 사사화私事化와 탈정치화는 정교분리의 이데올로기를 확산시켰다(장석만 2013 : 75~84). 앞에서 살핀 이광수의 기독교 비판 담론과 그에 공명한 기독교계 유학생들 사이에 형성된 '기독교의 사회화' 담론은 식민 권력이 고착화하려 한 정교분리의 관념 즉 사적 영역 안의 종교, 정치와 분리된 종교 범주에 균열을 내려는 실천이었다.

이상에서 살펴본 바와 같이 1910년대 후반 이후 문화적 형식들에 대한 다양한 담론은 서구의 근대를 모델로 하여 사회를 재편성해 가는 작업의 일부였다. 문화적 형식들이 각각 자기를 정립하고 또 다른 형식들과 상호 견제 / 조화의 관계를 설정해 가는 과정에서 학문, (자연)과학, 학예, 예술, 문예, 문학, 철학, 사상, 윤리, 도덕, 종교 같은 다양한 제도에 대한 관념이 서로 경쟁하고 결합했다. 여기에는 보편성 / 특수성, 객관성 / 주관성, 합리성 / 초월성, 지성 / 감성, 과거 / 현재 등을 분할하고 배합하는 '특정한' 논리와 맥락이 드러난다. 하지만 이 시기 문화적 형식들의 제도화의 공통 원리는 근대, 서구, 엘리트, 남성 중심적이었다.

3. 문화 이데올로기와 근대적 주체 구성

이 절에서는 문화 이데올로기의 주체 구성 기능을 두 단계로 나누어 살핀다. 전반부는 제2세대 일본 유학생들이 문명 담론의 주요 생산자로 등단한 『학지광』과 『청춘』이 창간된 1914년 이후부터 「무정」에 이르는 1916년경까지이며, 후반부는 제1차 세계대전의 종전을 즈음한 1917년 말 이후이다. 서구 근대사회의 제도 분석의 성격을 띤 문명의 동의어로서의 문화가 소통되던 중, 한편에서는 그러한 문명을 구성하는 하나의 기능이자 제도로서의 문화의 위상이 보다 뚜렷해졌다. 다른 한편에서는 서구 근대를 모델로 한 문명의 영향력과 싸울 수 있는 동양문명=문화의 현재적·미래적 가치에 주목하는 흐름도 형성되기 시작했다. 이로써 문화 담론의 벡터가 보다 복잡하고 모순적으로 되었다.

심미적 체험과 개인 / 사회

식민 지배 초기인 1910년대에 조선총독부는 문명의 이름으로 조선인을 제국의 순량한 신민으로 변형시키고자 했다. 식민 권력은 조선인 사회를 무질서, 무규범 상태로 재현하면서 문명화의 조건으로 질서와 규범을 요구했다. 공중도덕 담론이 대표적인 것이었다. 아울러 충이나 효 같은 전통적인 유교적 규범을 활용하여 조선인을 일본제국의 충량하고 순량한 '신민'으로 개조하고자 했다. 규범화되고 규율화된 문명 개념은 조선총독부가 주관하거나 개입한 이데올로기적 기제들학교, 종교 단체, 신문 매체을 통해 확산되었다.

'순량한 신민' 담론에 대해 조선의 신지식인은 '근대적 사회-개인' 담론으로 대응했다. 니혼日本대학에서 정치학을 전공한 안확은 「자각론」에서 계몽주의적 사회계약설을 참조하여 개인과 사회의 관계를 설명했다. 그에 따르면, '사회'는 이성을 가진 동등한 '개인들'에 의해 형성된 것으로서, 그 사회의 총체는 각인이 분담하여 책임을 져야 하는 것이지 결코 사회의 주인이 따로 존재하는 것이 아니다(안확 2004 : 39). 신지식인들의 실력양성론은 개인의 자기 노력, 자기 책임을 강조하는 성격과 사회에 대한 소속감과 기여를 강조하는 성격을 함께 가지고 있었다.[189]

1910년대 유학생들의 글에서 '교양'이나 '수양'은 바로 개인과 사회의 조화, 즉 자율적인 개인과 그들의 자발적인 응집력에 바탕을 둔 사회를 형성하기 위해 필요한 것이었다. '인간을 인간답게 한다'

189 1910년대 조선총독부의 '순량한 신민' 담론과 신지식인들의 '개인–사회' 담론에 대해서는 김현주 2013 : 121~198 참조.

는 목표 즉 내면적인 것과 외적인 것, 사적인 부분과 공적인 부분을 조화시킨다는 목표에서 특히 주목된 것은 심미적 교양 즉 '정'의 발달에 기초해 '미'의 명령을 표현한 산물의 체험 또는 교육이었다. 예컨대 문학에 대한 이광수의 담론들은 궁극적으로는 미적 교육에 대한 것이었다고 할 수 있다. 「농촌계발」에서 그는 청년들의 정신과 지식을 새롭고 고상하게 하기 위해서는 '도서관'과 함께 '시회', '연극장'이 필요하다고 주장한 바 있다(이광수 1962d : 137). 장편소설 「무정」은 미적 교육 혹은 교양의 이념을 상징화한 성장소설 · 교양소설Bildungs Roman의 형식을 취하고 있는데,[190] 여기에는 예술 · 문학 교육의 목표와 필요성에 대한 개념과 상상적 이미지들이 더욱 풍부하다. 「무정」은 주인공 이형식을 중심으로 청년 남녀의 야망 · 환상 · 기대 · 갈망 등 내면의 불안정성을 보여 주면서, 그와 같은 내면의 사회화 과정에서 문화적 양식의 체험과 학습이 중요함을 강조한다.

「무정」에서 문학과 예술의 풍부한 체험은 개개인이 '사람'으로 성장하는 데 필수적인 요목이다. 남자 주인공 이형식이 자신의 정체성의 토대로서 '속사람' 즉 내면을 발견할 수 있었던 것은, '인생이라는 불세례'(이광수 1962g : 73)라는 말로 여러 차례 비유된 풍부한 실제 경험과 더불어 '종교와 문학이라는 수분'에 의해 '한 「사람」의

190 허병식에 따르면 교양소설은 개인의 자율적 성장과 사회적 통합, 자유와 행복, 정체성과 변화, 안정성과 변모라는 문화 혹은 교양의 이중성 또는 모순성을 상징하는 형식이다(허병식 2016 : 21~38). 『교양의 시대』에서 허병식은 교양의 이념이 추구하는 보편적 문화와 시민사회의 정립이라는 이상이 근본적으로 한계를 지닐 수밖에 없는 식민지 상황 속에서 추구된 교양 서사의 특징을 분석했다.

씨 되는 「속사람」'이 충분히 불어 껍질을 깰 준비를 하고 있었기 때문이다(이광수 1962g : 75). 또 이형식을 가운데 두고 경쟁한 박영채와 김선형 등 청년기 여성 인물들의 '인간적' 성숙에도 문학과 예술의 체험은 중요한 의의가 있었다. 예컨대 박영채를 새 삶으로 인도한 일본 유학생 김병욱은 "문학이라든지 예술이라든지에서 인생이라는 것을 퍽 많이 배웠다"(이광수 1962g : 295). 병욱의 고향 황주에서 병욱과 영채의 생활을 구성한 중요 부분은 바로 예술적 · 미적 체험이었다(이광수 1962g : 235~236).

「무정」의 서술자는 선형이 형식, 병욱, 영채에 비해 미성숙한 것은 다른 무엇보다도 문학적 · 예술적 체험의 결여에 기인한다고 지적한다.

> 그선형—인용자는 아직 난 대로 있다. 화학적으로 화합되고 생리학적으로 조직된 대로 있는, 말하자면 아직도 실지에 한 번도 써보지 아니하고 곳간에 넣어둔 기계와 같다. 그는 아직 사람이 아니로다.
>
> 그는 예수교의 가정에 자라났으므로 벌써 천국의 세례는 받았다. 그러나 아직도 인생이라는 불세례를 받지 못하였다. 소위 문명한 나라에 만일 선형이가 낳았다 하면 그는 어려서부터 — 칠팔 세부터 — 혹은 사오 세부터 시와 소설과 음악과 미술의 이야기로 벌써 인생의 세례를 받아 십칠팔 세가 된 금일에는 벌써 참말 인생인 한 여자가 되었을 것이다.
>
> 그러나 선형은 아직 사람이 되지 못하였다. 선형의 속에 있는 「사람」은 아직 깨지 못하였다. 이 「사람」이 깨어 볼까말까는 하느님밖에 아는 이가 없다(이광수 1962g : 72~73).

선형은 형식, 영채, 병욱에 비해 아직 미숙하다. 선형의 '속사람'은 아직 깨어나지 않았고 따라서 선형은 '사람'이 되지 못했다. 첫 번째 원인은 물론 실제 경험의 부족이다. 그녀는 '아직 한 번도 사용하지 않은 기계'와 같다. 두 번째 원인은 예술교육의 결여이다. 소위 문명한 나라에서는 어려서부터 시 · 소설 · 음악 · 미술 그리고 이야기의 교육을 통해 인생을 가르치는데, 뒤떨어진 조선에 태어난 선형은 그러한 것을 교육받지 못했다. 선형의 성숙이 지체된 데에는 예술교육의 부재라는 원인이 있었던 것이다.

서술자는 선형이 유학행 기차 안에서 형식과 영채가 만나는 장면을 상상하면서 안절부절못하는 것도 인생 경험의 결여, 더 특별하게는 그녀의 '종교적 · 문학적 체험의 결여' 때문이라고 설명한다(Shin 1999 : 283).

> 선형은 지금껏 방안에 갇혀 있었다. 그는 공기 중에 독균이 있는 줄도 몰랐다. 그리고 그는 우두도 놓지 아니하였다. 그런데 지금 질투라는 독균이 들어갔다. 사랑이라는 독균이 들어갔다. 그는 지금 어찌할 줄을 모른다. 그가 만일 종교나 문학에서 인생이라는 것을 대강 배워 사랑이 무엇이며 질투가 무엇인지를 알았던들 이 경우에 있어서 어떻게 하여야 할 것을 분명히 알았을 것이언마는 선형은 처음 이렇게 무서운 병을 당하였다(이광수 1962g : 296~297).

「무정」에서는 '사람이 되어 가는' 과정이 감정교육과 긴밀한 연관 속에서 서술되고, 문학이나 예술 같은 제도들이 감정교육의 필수 기제로 제시된다. 인생이 '사랑을 배우고 질투를 배우고 분노하기와 미워하기와 슬퍼하기를 배우는' 과정이라고 했을 때(이광수 1962g : 295), 인생의 풍부화 또는 완성이라는 비전에서 (감)정의 교육은 필수적인 프로그램이 된다. 여기에서 사랑, 분노, 공포, 기쁨, 슬픔, 혐오, 미움 등의 심리 작용은 그 자체 제거되어야 할 불순한 것이 아니라 함양되고 심화되어야 하며 궁극적으로 균형과 조화를 이루어야 할 것이 된다. 「무정」에서 감정교육을 위해 특히 주목한 기제는 문학, 미술, 음악 등 예술이었다.

한편 미적 교육의 목표에 대한 이광수의 상상에는 '개인의 정의 각성'이라는 원리뿐만 아니라 '정의 상호 교환과 합일'이라는 원리가 개입한 양상이 뚜렷하다. 그 하나가 바로 「무정」에서 영채의 유서를 읽는 장면이다. '「李亨植 氏 前 上書이형식 씨 전 상서」'로 시작하여 '죄인 박영채 읍혈백배'로 끝을 맺는 영채의 유서는, 형식을 찾아가서도 차마 말하지 못한 사연 즉 옥에 갇힌 아버지와 오빠를 구하기 위해 기생이 되었으나 오히려 그로 인하여 그들을 죽게 만든 일과, 그후 오로지 형식과 맺어지기만을 염원하며 정절을 지켜 왔으나 결국 그것마저 잃고만 사연을 '흐르듯한 궁녀체 언문'으로 서술하고 있다(이광수 1962g : 130~132). 영채의 유서는 그것을 읽는 형식과 하숙집 노파와 신우선에게 새로운 감각을 부여했다. 다시 말해 그들로 하여금 상상력과 감정이입을 통해 영채의 고통과 상처를 예리하게 느끼고 그에 대해 공감적 동일화에 이를 수 있도록 한 매개물은 영채의 '글'이었다. 사실 맨 처음 형식을 찾아왔을 때부터 영채의 말은 '문학적 색채'가 있었고(이광수 1962g : 34), 그의 말솜씨는 형식과 하숙집 노파의 눈물을 자아냈다. "실로 형식과 노파가 그렇게 서러워하고 눈물을 흘린 것은, 영채의 불쌍한 경력보다도 그 경력을 말하는 아름다운 말솜씨였다"(이광수 1962g : 47). 영채의 이야기와 언문 편지는 '(국)문학'의 은유인데, 여기에서 문학은 흩어져 있는 개인들의 감정을 한데 모으는 매개체로서 기능한다.

삼랑진의 음악회 또한 '예술'의 공감적 기능에 대한 은유이다.[191] 형식 일행은 삼랑진역 대합실 무대에서 수해를 당한 농민에 대한 '동정'을 호소하고자 음악회를 열었다. 병욱은 바이올린으로 〈아이다〉의 한 소절을 연주했고, 영채는 찬미가를 불렀고, 영채가 한문으로 짓고 형식이 언문으로 번역한 노래를 일행 모두가 합창했다. 여기에서 네 사람은 모두 예술가가 되었고 예술을 통해 하나가 되었다. 청중 또한 감격과 감동으로 이들과 하나가 되었다. 그들은 마침내 모두 울었다. 음악회는 원망, 질투, 의심으로 흩어져 있던 네 명의 청춘남녀 사이에, 그리고 그들과 청중민중 사이에 일체성의 가상을 만든 중요한 매개체였다. '무정無情'이라는 제목은 이 소설의 수사적 목표가 감정교육, 즉 개개인의 정의 교육과 그것의 공감적 합일을 주장하는 데 있다는 것을 분명하게 보여 준다.[192]

「무정」은 식민지에서 청년이라는 근대적 주체의 출현 가능성을 탐구한 교양소설인 동시에 부르주아 주체성의 형성 가능성을 탐색한 교양소설이기도 하다. 이광수는 「무정」에서 고아인 영어 교사 형식과 선형을 약혼시키는데, 선형의 아버지는 재산가이며 근대적 부르주아라고 할 수 있지만 Part 3의 1에서 살핀 것처럼 예술에 대

191 영채의 유서와 삼랑진의 음악회를 문학과 예술의 은유로 본 글로는 Shin 1999 : 280~283.

192 「무정」에서 심미적 체험(문학과 예술)과 정・동정의 연계 관계에 대해서는 김현주 2005 : 160~164를 요약・재서술한 것이다.

한 취미나 교양은 없는 '겉개화꾼'이었다. 이에 대비한 형식의 정체성은 다른 무엇보다도 '교양'의 영역에서 확보되었다. 「무정」의 전망은 재산을 가진 부르주아와 근대적 교양을 가진 청년의 결합에 있었다. 식민지 조선에서 교양소설은 서구 또는 식민지 본국인 일본에 의해 제공된 사회성의 형식들근대식 교육, 유학 등을 차용하여 부르주아적 주체성이 형성 가능한지를 탐색하는 형태로 나타난 것이다(허병식 2007 : 340~353).

그런데 1917년 10월부터 1918년 3월까지 이광수가 『매일신보』에 연재한 소설 「개척자」에서는 「무정」에서와 같은 긍정적이고 낙관적인 분위기를 더 이상 느끼기 어렵다.

> 성순은 민이 하던 말을 잘 기억한다. 자기가 미술을 배움은 조선인에게 복된 눈 하나를 주려 함이다. 사시四時의 산색山色을 보고 기뻐할 줄 아는 눈, 석양에 물든 서천의 구름을 보고…… 우리 조선祖先이 남겨 준 위대하고 미려한 예술품을 보고 기뻐하는 눈―. 그러한 눈을 주려 함이다. 자연은 인생에게 세 가지 세계를 주었다. 진眞의 세계, 선善의 세계, 미美의 세계. 진의 세계의 재산은 과학으로 찾을 것, 선의 세계의 재산은 아름다운 사회와 가정과 개인의 품성品性에서 찾을 것, 그리하고, 미의 세계는 예술로 찾을 것이다. ……성재의 시험관도 이 의미로 뜻이 깊고 자기의 화필도 이 의미로 뜻이 깊다. ……성순은 이러한 민의 말을 잘 기억하여 두었다(이광수 1962a : 399).

위 인용문은 등장인물의 입을 빌려 작가의 의도를 매우 직접적으로 서술한 부분으로서, 민은식의 '미술예술 : 미의 세계'과 김성재의

'화학과학 : 진의 세계'은 김성순의 비타협적인 순수한 '사랑사회 · 가정 · 개인의 품성 : 선'과 함께 조선의 젊은이가 추구해야 할 문명화의 나침반으로 제시되었다. 진선미는 자유주의적 휴머니즘의 이상을 표현한 것이다. 이런 의미에서 이 세 청년은 바로 문화의 '개척자'로 선택된 것이다. 여기에서도 예술은 근대적 자아의 출현에 핵심적인 것으로 나타난다. 오빠인 김성재를 맹목적으로 따르는 아이이고 현실적인 욕망을 가지지 못한 미성숙한 인간이었던 김성순이 독립적인 개체, 개성을 지닌 존재로 새롭게 태어나는 과정에서 연인인 화가 민은식의 예술적인 열정과 순수한 감정이 핵심적인 역할을 수행하기 때문이다(김종욱 2002 : 296).

그런데 과학, 예술, 사랑의 개척자들은 도처에서 고난에 부딪혔다. 「무정」에서 청년들의 성장에 필수적이며 그들이 간절히 원한 사회적 공간에 대한 탐색이동성이 일본과 미국 등 선진국에의 '유학'으로 구체화된 데 반해, 「개척자」에서 일본 도쿄고등공업학교를 졸업하고 귀국한 김성재는 집 안에 유폐되고 만다. 그는 가산을 담보로 잡히고 얻은 빚으로 7년 동안 자신의 집 안에 있는 실험실에서 틀어박혀 실험에 몰두했지만, 실험은 계속 실패한다. 빚을 갚지 못해 집마저 내놓게 된 김성재의 아버지는 화병으로 사망하고 김성재는 가솔의 생계를 책임지기 위해 막노동꾼으로 나서게 된다. 한편 성순은 애정 없는 결혼 생활을 하고 있는 화가 민은식과의 사랑을 성취하지 못하고 결국 자살하고 만다. 과학과 예술과 사랑의 '개척자'들의 길은 결국 닫히고 말았다.

전후戰後 담론으로서의 탈식민주의적 문명주의와 동양 / 민족

'구주대전歐洲大戰', 즉 제1차 세계대전의 종전을 즈음한 시기 조선에서는 문명 / 문화 담론의 벡터가 다소 복잡해졌다. 일종의 '전후戰後 담론'에서 '현대'·'서구'·'물질' 같은 개념으로 문명의 의미를 제한하면서, 이에 대응하여 '동양'이나 '조선'의 정체성·전통 그리고 정신성 등을 강조하는 탈식민주의적 문명주의의 흐름이 형성되었기 때문이다. 지식인들은 동양사상, 조선문학 같은 개념을 사용하면서 탈서구적·탈식민적 가능성을 탐색하기 시작했다.

앞에서 이광수의 「우리의 이상」에서 문화 개념이 부상한 국면을 살펴보았는데, "정치와 문화를 둘 다 가질 수 없다면 차라리 문화를 택하겠다"라는 주장에서 주목할 것은 유학생들의 머릿속에 자리 잡고 있던 상공업 / 문예, 산업 / 문화의 상대 관계를 해체한 지점이다. 당시 유학생들의 근대화 프로그램의 특징은 정치를 괄호 안에 넣고 산업의 발달과 문화의 발달을 상호 경쟁적인 동시에 보완적인 관계로 편성한 것이다. 그런데 「우리의 이상」에서는 산업과 문화 사이의 긴장 / 보충 관계가 매우 획기적으로 해체되었다. 이광수는 '정치'를 둘러싸고 있던 괄호를 풀어내어 정치와 문화를 선택 가능한, 동등한 대상으로 만들어 버렸기 때문이다.

학문·예술·종교·도덕의 상위 개념으로서의 문화는 본래 서구적·근대적 문명의 일부로 고려된 것인데, 이광수의 글에서와 같이 그것이 다른 부문들, 예컨대 정치와 경제의 논리를 초월하는 권위를 주장하면서 비약하게 되면 문명 개념과 갈등 관계에 놓일 수 있다. 그러니까 이광수의 '문화'는 비단 산업경제에 초점을 둔 유학생들의 실력양성론뿐만 아니라 19세기 말 이후 문명화 기획의 핵심으로 간주되어 온 근대적 국가 수립이나 독립정치이라는 목표를 부차적인 것으로 강등시킬 가능성이 있었다. 현상윤이 지적한 것이 바로 이러한 지점이다. 흥미로운 점은 이광수가 '문화'를 문명의 대립 개념으로 비약시키지 않고 서양문명 / 동양문명, 물질문명 / 정신문명을 대립시키는 수사를 구사했다는 것이다.

사실 「우리의 이상」에는 두 가지 문화 개념이 등장한다. 하나는 지금까지 살펴온, 서구가 앞서서 펼쳐 가고 있는 문명의 일부로서 이제 조선도 가져야 할 근대적 제도를 가리키는 '문화'이다. 이광수가 '우리'는 '조선족의 것이라 일컬을 신문화'를 창출하는 것을 새로운 '이상'으로 삼아야 한다고 했을 때(이광수 1963d : 156, 160), 이는 근대적 문화 형식인 학문 · 예술 · 종교 · 도덕 등의 분야에서 조선인이 뛰어난 성취를 이루어야 한다는 취지였다. 그런데 아래 인용문에 등장하는 '동서문화의 융합'에서의 문화는 그러한 의미가 아니었다.

> 이번 歐洲大戰亂은 現代文明의 어떤 缺陷을 暴露한 것인즉, 이 戰亂이 끝남을 따라 現代文明에는 大混亂, 大改革이 생길 것이외다. 假令 國家主義의 可否라든지, 經濟組織의 不完全이라든지, 精神文明에 대한 物質文明의 偏重이라든지, 女權問題라든지, 國際法, 國際道德問題라든지, 이러한 것은 가장 分明하게 일어날 大問題외다. 그런데 이러한 問題를 解決함에는 現代文明에 너무 深醉하여, 그것에 대하여 一種 偏見과 迷信을 가진 西洋人보다도 도리어 아직도 이러한 偏見과 迷信을 아니 가진 東洋人이 가장 冷靜하게, 公平하게 窮究할 利益을 가진 듯합니다. 더구나 西洋人은 西洋文明만이 文明의 全體로 알아 오다가 印度와 中國에 根源을 發한 東洋文明에 相當한 價値를 認하여 쇼우펜하우에르, 베르그

송 以來로 東洋思想을 西洋文明에 加入하려는 傾向이 顯著하게 되었습니다. 그런데 西洋人의 頭腦는 過去 5世紀 間의 過勞에 疲憊하여서 東西文化 融合의 大司命은 차라리 우리 東洋人의 손에 있는지도 모릅니다 (이광수 1963d : 157~158).

위 글을 보면 한국에서 최초의 문명 비판 담론은 전후 담론으로 출현했다고 말할 수 있다. 제1차 세계대전은 현대문명=서구문명=물질문명의 결함을 폭로한 사건으로서, 이광수는 이 전쟁이 종결된 후 세계가 격변하리라고 예상했다. 민족주의의 폐해, 자본주의 체제의 모순, 물질주의의 편중, 남녀 관계의 불평등, 국제적 갈등 등이 문제로 대두하리라는 것이다. 이제까지 근대 서구의 정치적·경제적·사회적 진보의 성과로 평가되어 온 민족국가, 자본주의, 과학기술의 발전, 민주주의 등이 반성과 비판의 대상으로 떨어진 것인데, 현대=서구문명에 중대한 결함이 있다는 판단은 동양문명 동양사상에서 문제 해결의 열쇠 혹은 지혜를 얻을 수 있으리라는 기대를 동반했다. 동서문화를 융합할 사명 또는 책임은 동양에 있다는 것이다.

위와 같은 주장을 뒷받침하는 전제는 '서양문명'과 '동양문명'의 대립 구조이다. 서양문명 / 동양문명은 문화 연구에서 보통 문명주의라고 불리는 태도가 취하는 전형적인 틀이다. 문명주의에는 두 가지가 있는데, 하나가 18세기 이래 형성된 서구의 문명론과 그 문명론을 계승하고 있는 새뮤얼 헌팅턴식 제국주의적·식민주의적 문명주의라면, 다른 하나는 그에 대한 대응으로 형성된 탈식민주의적 문명주의이다. 이는 서구 식민주의의 문화적 영향력과 싸울 수 있는 토대로서 동양적 전통, 예를 들면 중국이나 인도의 문명적 정체성을 강조한다. 이때 동양문명=문화는 과거 아시아의 정체성이나 우월성을 주장하기 위한 것이 아니라 현재적 · 미래적 가치를 가진 것으로 의미화된다(Chen 1998). 이광수에 따르면, '현대문명'은 서양에 의해 주도되어 왔다는 의미에서 서양문명이며, 현대문명=서양문명은 '정신문명'에 비해 '물질문명'에 편중되어 있다. '동서문화'라는 복합어를 풀어서 동양문화/서양문화라는 개념쌍을 구성할 수 있는데, 여기에서 문화는 문명의 동의어로 쓰인 것이다. 그런데 이때 문명=문화는 서구 근대성을 역사철학적 목표로 삼는 것이 아니라 지역이나 민족의 정체성을 중요시하는 상대주의적 · 다원주의적 의미였다. 동양문명=문화와 서양문명=문화의 관계는 수준이나 단계로 차별될 수 있는 것이 아니라 다만 성격의 차이였다.

Part 1의 1에서 살펴보았듯이 18세기 후반 이후 서구에서는 civilization에 대한 비판이 culture나 Kultur의 이름으로 진행되었다. 근대 자본주의 및 제국주의에 대한 낭만적이고 전前 마르크스주의적 비판을 담은 culture/Kultur 개념은 제1차 세계대전을 전후한 시기에 정점에 달했다. 유럽에서 제1차 세계대전에 대한 성찰이 서구 근대문명의 기계적 속성, 추상적 합리주의, 산업 발전의 비인간성, 속물적 물질주의와 식민지 경쟁으로 점철된 제국주의에 대한 비판으로 귀결되는 분위기에서 culture / Kultur는 민족 집단의 영적이고 지적인 특수성, 자연의 생명력, 예술 활동과 이데아 같은 초월적이고 선험적인 것들의 가치를 주장하면서 근대주의와 제국주의의 대안으로 부상했다. 즉 전후 유럽의 문화주의는 반문명주의 · 반서구주의 · 반근대주의에 결부되어 있었으며, 프랑스의 시빌리자시옹과 영국의 시빌라이제이션에 대립하여 독일 국민의 자의식으로 발전한 쿨투어에는 이와 같은 (신)낭만주의적 지향이 농후했다(유선영 2014 : 367~368). 독일의 문화(철)학을 직수입한 일본에서도 '문화'가 반문명주의, 반근대주의, 반서구주의의 경향을 띠곤 했다(유선영 2014 : 380). 앞에서 「우리의 이상」에서 인용한 문장들을 읽어 보면, 이광수는 이와 같은 문명 비판적 문화주의를 호흡하고 있었던 것이 분명하다.

이광수는 1917년 11월 『청춘』에 발표한 소설 「어린 벗에게」에서 문명 비판 담론을 자못 진지하게 재현하기도 했다. 이 소설은 임보형이라는 청년이 쓴 편지 네 통으로 구성되어 있다. 임보형은 와세다대학 정치학과에 유학할 때 친구의 누이인 김일련을 만나 연정을 느꼈지만 이미 결혼한 처지이기에 마음을 밝힐 수가 없었다. 이후 두 사람은 중국 상하이에서, 그리고 러시아 블라디보스토크로 가던 배가 침몰하게 된 위기의 순간에 다시 만나게 된다. 아래 인용문은 소설의 마지막에 임보형과 김일련이 눈 덮인 벌판을 달리는 기차를 타고 정처 없는 길을 떠나면서 나눈 대화이다.

「……地球上에는 이 두 발 달린 짐승이 過히 繁盛하여서 모처럼 하나님이 數千萬年 품 들여서 만들고 새겨 놓은 地球를 말 못 되게 보기 숭하게 만듭니다. 自然을 이렇게 버려 놓은 모양으로 사람의 靈性에도 붉은 물도 들이고 푸른 물도 들이고 깎기도 하고 새기기도 하여 모양 없이 만들어 놓습니다. 보시오. 우리 身體도 그러합지요. 모두 무슨 凶物스러운 헝겊으로 뒤싸고 禮儀니 習慣이니 하는 오랏줄로 꽁꽁 동여매고…….」

……

「그래도 衣服도 없고 文明도 없으면 이 추운 땅에서야 어떻게 삽니까?」

「못 살지요. 元來로 말하면 地球가 이렇게 식어서 눈이 오고 얼음이 얼게 되면 차차차차 赤道地方으로 몰려가 살 터이지요. ……그러니까 赤道地方에 사는 사람들은 天命대로 自然스럽게 살아가지마는 溫帶나 寒帶에 사는 사람들은 所謂 「자연을 정복」 한다 하여 꼭 天命에 거슬리는 生活을 합니다그려. 그네의 所謂 文明이라는 것이 卽 天命을 拒逆하는 것이외다. 爲先 우리로 보아도 한 時間에 十里씩 걸어야 옳게 만든 것을 꾀를 부려 百餘里씩이나 걷지요. 눈이 오면 추워야 옳을 텐데 우리는 지금 따뜻하게 앉았지요. ……그러니까 文明 속에 있어서는 하나님을 섬길 수 없어요.」

「아 그러면 先生님께서는 文明을 詛呪하십니다그려. 그러나 우리 人生치고 文明 없이 살아갈까요? 톨스토이가 제아무리 文明을 저주한다 하더라도 그 역시 「家屋」 속에서 「料理」한 음식 먹고 「機械」로 된 衣服 입고 지내다가 마침내는 鐵道를 타다가 停車場에서 「醫師」의 치료를 받다가 죽지 아니하였습니까」(이광수 1962n : 57~58).

임보형은 인간이 물리적 '자연을 버려 놓은 모양'으로, 스스로의 자연 즉 '사람의 영성'과 '신체'도 버려 놓았다는 논리를 펼치고 있다. 아울러 '천명대로 자연스럽게 살아가'는 '적도 지방에 사는 사람'과 '천명을 거스르는 생활을' 하는 '온대나 한대에 사는 사람들'을 대립시키면서, '자연을 정복'하려는 투쟁인 '소위 문명이라는 것이 즉 천명을 거역하는 것'이라고 주장한다. 이런 논법에 의하면 인류의 역사는 진보가 아니라 타락의 시간이 되고 자연과 문명의 가치는 완전히 역전된다. 곧 진화된, 고상하고 복잡한 것이 아니라 원시적이고 단순한 것이 높이 평가되는 것이다. 주목할 점은 앞의 대화에서는 문명의 내포가 의식주 등 생활의 필요를 충족시키기 위한 자연 정복 활동의 결과물, 곧 '물질문명'으로 축소되고 있다는 것이다.

「우리의 이상」의 속편이라고 할 수 있는 「부활의 서광」의 핵심어는 '정신(적)문명'이다. 이광수는 자신이 수학하던 와세다대학의 교수 시마무라 호게쓰가 「조선 소식朝鮮だより」『와세다문학(早稻田文學)』에 쓴 "朝鮮人의 過去에는 文藝라고 할 만한 文藝가 없다. 工藝 비슷한 것은 多少 있었겠지마는 詩도 없고, 小說도 없고, 劇도 없다. 精神文明의 象徵이라고 할 것은 全無하다"라는 문장을 인용했는데(이광수 1962k : 28), 이때 '정신문명의 상징'으로 꼽힌 것은 문예와 더불어 철학·종교·예술이었다. 이는 「우리의 이상」에서 문화로 칭한 것이었는데,[193] 「부활의 서광」에서 이광수가 자주 사용한 것은 바로 물질과 정신의 대비였다.

「부활의 서광」에서 철학, 종교, 문학, 예술이 강조된 이유는 그것들이 '민족의 정신생활이 직접으로 표현되는 방법'이었기 때문이다(이광수 1962k : 33). 「부활의 서광」에서는 '조선문학'·'민족문학' 같은 개

193 「부활의 서광」에는 문화라는 단어를 단 한 번만 사용했다. "적어도 李氏朝鮮 五百 年間에는 吾人은 「우리 것」이라 할 만한 哲學, 宗教, 文學, 藝術을 가지지 못하였었다. 吾人 中 가장 幸福되고 無能한 一階級이 漢土의 文化의 糟粕을 빨 뿐이었었다. 吾人은 우리 祖先이 왜 그다지 無能하여 吾人에게 精神的으로 아무 遺産을 끼치지 못하였는가를 암만번 원망하여도 足할 줄을 모르겠다"(이광수 1962k : 28).

념을 사용하면서 문학을 '민족의 정신생활의 주류'로 본 점이 특히 주목된다. '대개 現代에 있어서 가장 直截·端的인 靈의 發揚은 文藝가 있을 뿐'이라는 시마무라 호게쓰의 말을 인용하면서, 이광수는 조상으로부터 전해 오는 것이면서 현대에도 생명을 가질 자격이 있는 민족정신이 문학의 중심 주제가 되어야 한다고 주장했다.[194]

그런데 이러한 논의에서 '정신'은 낭만주의적 색채를 띠었다. 유학생들이 문화와 그 하위 형식인 종교, 예술, 문학, 학문을 각각 스스로 입법할 권한을 가진 자율적 제도로 정립하고 그것들 사이의 관계를 설정하는 논리를 개발할 때 채용한 정신 개념은 지, 정, 의, 성으로 분석되는 것이었다. 이성의 비판을 통해 이것들을 상호 견제 및 균형 관계로 정립함으로써 도달할 수 있는 완전한 '문화'야말로 인간이 나아가야 하는 목표였다. 그런데 「부활의 서광」에서 '민족정신'은 이와 같이 구조적으로 분화되는 정신이 아니라 '영혼'이나 '영' 같은 개념과도 자연스럽게 호환되는 다소 상징적인 것이었다.

제1차 세계대전이 막바지로 치닫던 1918년 여름 최남선은 이능화가 편찬·저술한 『조선불교통사』를 소개하면서 '世界의 大勢로서 觀하건대 細觀的·分類的·差別的·動作的 又 物質 偏欲의 西洋文明의 缺陷이 漸露하고 補足이 急要하매 大觀的·包括的·一如的·精息的 又 精神 加重의 東洋思想의 意義가 頓生'한다고 썼다.[195] 최남

194 '區區한 政治問題 같은 것에 잡혀서는 못쓴다. 傳說을 貫하여 現代에 사는 靈魂의 核心으로 각성된 것이라야 한다. 그리하고 靈魂의 核心에 붙여 놓은 불은 當然히 文藝가 되어 불길을 내일 것'이다(이광수1962k : 34).

195 최남선(1918. 8. 6), 「『조선불교통사』에 대하여(6)」, 『매일신보』, p.1. 『조선불교통사』는 이능화가 편찬·저술하고 최남선이 교열한 한국불교 최초의 종합역사서이자 불교백과사전으로 알려져 있다.

선 역시 제1차 세계대전의 종전을 전후한 시기에 대두한 서구의 근대문명에 대한 성찰의 조류를 접하고 있었는데, 이 글에서 그는 서양문명에 대응하는 의미로 동양사상이라는 표현을 썼다. 그의 주장은 서양문명의 결함을 동양사상으로 보완할 필요가 있다는 것이었다. 서양문명/동양사상이라는 틀은 최남선의 조선불교의 재평가 작업과 연동되어 있었다. 최남선은 '조선불교'라는 인식이 부족하고 연구가 미흡한 원인으로 '一切의 精神的 原泉이 總히 枯渴하고 一切의 文化上 靈能이 總히 錮廢'된 점을 들었다. 그는 제1차 세계대전이 종결됨과 더불어 세계의 대세가 변화할 것으로 전망하면서 불교의 진흥이 조선 사회뿐만 아니라 물질문명 자체의 문제점을 해결하는 대안이 될 수 있을 것이라고 주장했다.

최남선은 조선불교의 특수성이 아니라 세계 불교 속에서 조선불교의 역사적·사상적 의미를 부각하려고 했다는 점에서 민족주의적이라기보다 보편주의를 지향했다(류시현 2011 : 123~129). 보편주의는 1908년에 발표한 「해상대한사」에서부터 최남선의 문화사 인식에 일관되게 나타나는 태도이다. 1910년대의 글에 나타난 변화는 서양을 보편으로 보는 사고에서 벗어났다는 점이다. 최남선은 '세계'와 '인류'라는 시야를 확보하고 영국, 프랑스, 독일, 러시아, 미국을 현대문명의 강자로 평가하면서도 세계로부터 서양 또는 유럽을 구분하고 서양의 보편성을 상대화했다. 아울러 조선의 문화를 세계적 문화의 업적과 등가로 설명하거나 조선문화의 세계적 기여를 강조하는 내용을 구성했다.[196]

196 최남선의 보편주의에 대해서는 류준필 2013 참조.

이상의 논의를 정리하면, 1917년 말 이후 전후 담론의 일종으로 문명 비판 담론이 대두하면서 문명 / 문화 담론의 벡터가 복잡하고 다중적으로 되기 시작했다. 유학생과 지식인 들은 민족의 영적이고 지적인 특수성, 자연의 생명력, 정치적 · 경제적 근대성에 대비하여 문예나 예술 같은 문화적 형식들의 초월성 등을 주장하면서 탈근대주의적 · 탈식민주의적 지향을 보였다. 그런데 이들은 문화의 이름으로 문명을 공격하거나 반박하는 전략이 아니라 서양문명 / 동양문명, 물질문명 / 정신문명의 대비를 활용했다. 이로써 서양문명은 현대적인 것과 물질적인 것으로 의미가 제한되었고, 그와 같은 서양문명의 영향력과 싸울 수 있는 토대로서 동양적 · 민족적 · 전통적 · 정신적인 것이 부상하였다. 동양문명, 동양사상, 민족문학, 조선문학 같은 표현이 그와 같은 내용을 담아 날랐다.

유학생과 지식인 들이 문화가 아니라 동양문명이나 동양사상으로 서양문명을 반박한 이유는, 이들이 사용한 문화라는 말에 이미 서구 · 근대라는 의미가 주입되어 있었기 때문으로 보인다. 이광수는 「우리의 이상」에서는 "아프리카 토인은 문화를 생산할 능력이 없다"라고 단언했던바, 정치나 경제의 발달이 아니라 문화의 발달을 민족의 이상으로 삼자는 제안은 문화적 형식들을 '현대화' · '서구화'하자는 의미였다. 이와 같이 서구, 근대 같은 의미들로 충전되어 있는 문화를 서구적 근대성'문명'의 대립 개념으로 바로 전용하기는 어려웠을 것이다.[197]

197 이 시기 이광수는 춘원(春園)이라는 필명으로 「극웅행(極熊行)」이라는 시를 『학지광』에 발표한 바 있다. 북극곰을 소재로 보편사적 흐름 안에 민족적 상상력을 서사적으로 표현한 이 시에서 이광수는 인류사의 보편적 전개의 핵심을 '쿨투르(文化)'로 재시했다. 춘원(1917), 「極熊行」,

탈식민주의적 문명주의는, 보편적이고 일반적인 진보, 객관적인 과학, 인간과 국가의 이성에 대한 확신에 바탕을 둔 서구문명론의 식민주의적 성격을 폭로할 구상으로서의 가능성을 가지는 동시에 더욱 고도한 식민주의적 기획에 봉사하는 이념이 될 수도 있다. 탈식민주의적 문명주의는 식민주의적 문명주의의 논리적 전제인 이분법적 패러다임, 즉 서양 / 동양, 이성 / 감정, 물질 / 정신, 남성 / 여성, 과학문명 / 예술문화이라는 근대의 전형적인 이분법을 재생산하기 때문이다. 「우리의 이상」에도 나타나 있듯이 '동양문명', '동양사상'에 대한 담론은 쇼펜하우어와 베르그송을 포함한 19세기 말에서 20세기 초 서양의 지식인에서 기원한 것으로 그 발상법이 지극히 오리엔탈리즘적인 것이었다. "동서문화 융합의 사명은 동양인에게 있다"라는 이광수의 선언은 그러한 오리엔탈리즘의 시선 안에 있었다.

『학지광』 제14호, pp.69~75 참조. 앞 Part 3의 1에서 『학지광』에서 영어 culture의 번역어로 '교화'가 사용된 예를 살펴본 바 있는데, 이광수가 「우리의 이상」 같은 글에서 사용한 '문화'는 독일어 Kultur의 번역어였던 것이다.

Part 4

1920년대 문화 개념의 민주화, 정치화, 이데올로기화

1. 포스트 3·1운동 담론으로서의 문화[198]

1918년 말까지 조선에서 '문화'는 기껏해야 일본 유학생 사이에서나 거론되는 이슈였지만, 1919년 이후에는 그 말의 무게가 크게 달라졌다. 우선 제3대 총독으로 부임한 사이토 마코토齋藤實, 1858~1936가 1919년 9월 조선총독부의 행정조직 및 권한에 대한 규정을 개정할 방침을 포고하면서 문화라는 단어를 사용했다. '무단통치'에서 '문화통치'로의 전환을 알린 글로 널리 알려져 있는 9월 4일의 「총독훈시」에 쓰인 표현은 '문명적 정치'였는데,[199] 엿새 뒤 훈시를

198 Part 4의 1 중 "문화의 시대"와 "한·중 민족운동/사회운동의 접점으로서의 '문화(운동)'"은 김현주 2018의 일부를 수정·보완한 것이다.

199 「總督訓示」, 『매일신보』 1919. 9. 4, p.1. 「총독훈시」는 '문명적 정치의 기초를 확립'하기 위해

요약한 「유고」에서는 표현이 '문화적 정치'로 바뀌었다.[200] 한편 문화정치에 의해 조성된 상대적 유화 국면에서 발간이 허용된 조선인들의 신문, 잡지 등도 바로 문화를 주창했다. 1920년 4월 1일 창간사에서 『동아일보』는 3대 주지主旨의 하나로 '문화주의'를 천명하고,[201] 이어서 '문화운동'을 통한 '신문화 건설'을 민족운동의 목표로 제시했다.[202] 1920년 6월 천도교청년회의 기관지로 창간된 종합잡지 『개벽』도 그해 9월에 「조선 신문화 건설에 대한 도안圖案」을 게재하고 '문화운동'을 주창했다.[203] 이 절에서는 3·1운동 이후 조선에서 문화라는 단어의 사용이 폭증하고 내포가 팽창하던 국면을 살펴볼 것이다. 우선 "문화의 시대"에서는 『동아일보』의 창간사를 중심으로 하여 3·1운동의 이념을 계승·확장한 민족운동의 새로운 이념적 푯대로 문화가 부상하는 양태를 검토한다. "한·중 민족운동/사회운동의 접점으로서의 '문화(운동)'"과 "일본의 개조론과 문화주의의 수용"에서는 초창기 『동아일보』가 중국의 문화운동 담론과 일본의 문화주의 담론을 참조하면서 문화에 개혁적 열망과 기대를 불어넣던 정황에 주목할 것이다.[204] 그리고 "문화 개념의 탈정치화 또

사법과 행정사무의 근본 방침을 일부 수정함을 공표하고 있다. 이 글에 '문화'라는 용어는 세 번 등장하지만 관제 개정의 근본 방침을 지시하는 역할을 하지는 않는다.

200 「諭告」, 『매일신보』 1919. 9. 10, p.1.

201 「主旨를 宣明하노라」, 『동아일보』 1920. 4. 1, p.1.

202 「世界改造의 劈頭를 當하야 朝鮮의 民族運動을 論하노라(四)」, 『동아일보』 1920. 4. 7, p.1.

203 李敦化(1920), 「朝鮮新文化 建設에 對한 圖案」, 『개벽』 제4호.

204 1920년 4월 1일 창간한 『동아일보』는 9월 25일 사설 「제사문제(祭祀問題)를 재론하노라(二)」가 문제 되어 무기 발행정지 처분을 받게 되고 경영난이 겹쳐 1921년 2월 20일에야 속간하게 된다. 따라서 이 글에서는 정간되기 이전까지를 '초창기'로 간주한다.

는 사회혁명론과의 결별"에서는 1921년을 전후하여 문화라는 말에서 이와 같은 정치적 열정이 사그라지는 양상을 살펴본다.

문화의 시대

1920년 4월 1일 『동아일보』 창간사에는 지금 한국인이 문화라는 말을 사용하는 다양한 방식이 나타난다.

> 世界人類의 運命의 大輪은 한번 回轉하도다. 「쯔아」는 가고 「카이사」는 쪼기도다. 資本主義의 貪婪은 勞働主義의 挑戰을 밧고 强力에 基本한 侵略主義와 帝國主義는 權利를 擁護하는 平和主義와 正義를 根本한 人道主義로 轉換코자 하난도다. 그런즉, ① 人民으로 말미암은 自由政治와 勞働으로 말미암은 文化創造와 正義人道에 立脚한 民族聯盟의 新世界가 展開하려 하는 것이 아닌가.
>
> ……世界의 大勢들[205] 如實히 論할진대 一便에 新勢力이 잇난 同時에 又一便에 次와 對立하야 舊勢力이 잇서 서로 鬪爭하난도다. 換言하면, ② 政治로나 經濟로나 社會로나 文化로나 各方面에 解放과 改造의 運動이 잇난 同時에 곳 이 모든 것을 抑壓하랴 하는 一大運動이 存在하도다…….
>
> (三) 文化主義를 提唱하노라.
>
> 이는 個人이나 社會의 生活內容을 充實히 하며 豐富히 함이니 곳 ③ 富의 增進과 政治의 完成과 道德의 純粹와 宗敎의 豊盛과 科學의 發達과

205 '世界의 大勢를'의 오기로 보인다.

哲學藝術의 深遠奧妙라. 換言하면, 朝鮮民衆으로 하야곰 世界文明에 貢獻케 하며 朝鮮江山으로 하야곰 文化의 樂園이 되게함을 高唱하노니, 이는 곳 朝鮮民族의 使命이요, 生存의 價値라 思惟한 緣故라.

要컨대…… 太陽의 無窮한 光明과 宇宙의 無限한 生命을 三千里 江山 二千萬 民衆 가운데 實現하며 暢達케 하야써 自由發達의 局을 잇고자 하노니 (一) ④ 朝鮮民衆이 各正性命하야 保合大和하는 一大文化의 樹立을 期하며 (二) 天下萬衆이 各得其所하야 上下與天地로 同流하는 一大樂園을 建設함에 同力共助하기를 원함은 本日報의 主旨로다.[206]

①의 문화는 매우 포괄적인 의미로서 인간의 활동에 의해 산출된 모든 것을 가리키는 듯하다. 그런데 '인민'에 기반한 '자유정치'와 '정의인도'에 기반한 '민족연맹' 가운데 '노동'과 '문화 창조'를 연결하여 넣은 표현은 그와 같은 일반적 의미를 뛰어넘는다. 전제주의, 군국주의, 자본주의, 침략주의, 제국주의의 쇠퇴와 노동주의, 평화주의, 인도주의의 부상을 세계사 또는 인류사의 전환으로 포착하고 있는 앞 문장의 영향을 받으면서 노동에 기반한 문화 창조라는 표현은 자본주의체제의 착취를 비판하는 자못 급진적인 뉘앙스도 풍긴다.

②의 정치, 경제, 사회, 문화는 사회조직에 대한 체계적 분석을 보여 주는 것이다. 하나의 전체로서 사회는 기능이 상이한 영역들로 구성된 체계로 조감되고 있으며, 이때 문화는 정치정치체제 · 경제

206 「主旨를 宣明하노라」, 『동아일보』 1920. 4. 1, p.1. 밑줄과 원문자 번호는 인용자가 넣은 것이며, 다른 번호는 원문에 표시된 것이다.

시장·사회일상생활와 더불어 하나의 독립적인 사회 영역으로 설정된다. 이러한 문화는 보통 종교, 예술, 학문과학, 도덕 같은 이데올로기 형식제도들을 포괄하는 상위 범주이다.

③에서 문화는 사람들의 생활과 관련된 다양한 부문 즉 경제'부', 정치, 도덕, 종교, 과학, 철학, 예술 등을 포괄하면서 한 사회의 발달 정도를 측정하는 총괄적 지표로 사용된다. 이를 요약하는 표제로 제시된 '문화주의'는 이 같은 문화의 충실하고 풍부한 발전을 지향하는 이념이라고 이해할 수 있다. 그런데 경제, 정치와 동렬에 도덕, 종교, 과학, 철학, 예술을 열거한 표현은 ②에서 구분한 하나의 독립적인 사회 영역으로서 문화 영역을 강조하려는 의도를 드러낸다.

④는 『동아일보』가 문화주의를 표상하기 위해 고전적인 문화론의 관용적 표현들도 활용했다는 것을 보여 준다. "각정성명 보합대화各正性命 保合大和"는 『주역』의 「건위천乾爲天 괘효사卦爻辭」에 나오는 문장으로서, "만물이 각기 자신의 성과 명을 바르게 하면서 서로 합하여 큰 조화를 보전한다"라고 풀이된다. '성'은 하늘로부터 부여받은 본바탕, '명'은 하늘이 내려 준 임무로서, 이를 풀면 '성명'은 원천적인 생명을 가리킨다. 각정성명은 하늘이 준 생명을 바르게 한다는 의미로서, 『주역』에서는 이와 같은 유교적 수양을 통해 '내이정乃利貞', 곧 널리 이롭고 바른 상태에 도달할 수 있다고 보았다(백종현 2004).[207] 창간사에서는 이를 '문화의 수립'으로 표현했는데, '일대문화의 수립'이라는 표현은 뒤이은 사설 「세계 개조의 벽두를 당하야 조선의 민족운동을 논하노라(4)」1920. 4. 7에도 등장한다.

207 백종현, 2004(http://terms.naver.com/entry.nhn?docId=995984&cid=41978&categoryId=41986).

『동아일보』는 창간사에 바로 이어 신문의 이념 및 과제를 좀 더 자세히 밝히는 사설 「세계 개조의 벽두를 당하야 조선의 민족운동을 논하노라」를 연재했는데, '민족운동'의 방향을 제시한 3회차 기사에 중요한 문화 개념이 또 하나 등장한다.

> 民族은 歷史的 産物이라. 歷史의 共通的 生命 곳 國民的 苦樂을 한가지로 맛 본 經驗과 國民的 運命을 한가지로 開拓한 事實이 업스면 到底히 民族的 觀念을 生하지 못하나니 이 업시 엇지 言語와 慣習과 感情과 禮儀와 思想과 愛着 等의 共通連鎖가 有할 수 잇스리오. 이는 곳 民族을 形成하는 要素로다.
>
> …….
>
> 民族은 歷史的 産物인 故로 血統 關係는 그다지 重要한 問題가 아니니 天下 만흔 民族 中에 純然히 自己의 血統만 固守하야 一點이나 他民族의 血을 混치 안은 자 能하[208] 잇지 못하도다. ⑤ 오즉 共通生活의 歷史로 共通한 文化를 有한 者는 곳 한民族이라 稱할지니 우리 朝鮮民族은 惑 漢民族의 血을 混合하얏슬 것이오, 惑 日本民族의 血도 流入되얏슬 것이로되 그는 民族이란 槪念上에 重大한 要素가 못되는 것임으로 如前히 共同生活로 말미암은 共通文化를 有하는 一個 朝鮮民族으로 存在하도다.[209]

위 인용문에 따르면 민족은 역사와 문화를 공유한 집단이다. 첫

208 '能히'의 오기로 보인다.

209 「世界改造의 劈頭를 當하야 朝鮮의 民族運動을 論하노라(三)」, 『동아일보』 1920. 4. 6, p.1.

째, 민족은 '역사'의 산물이다. 민족의식, 곧 '민족적 관념'은 혈통의 동일성이 아니라 '고락을 함께 맛본 경험'과 '운명을 함께 개척한 사실', 곧 역사를 공유함으로써 형성되는 것이다. 따라서 역사를 떠나서는 민족을 생각할 수 없다. '역사는 결코 일편一片 지상紙上의 공문空文이 아니요 곧 생명이며, 과거의 사물死物이 아니요 현재 사회생활 중에 발발潑潑히 약동하는 활물'이다.[210] 둘째, 민족은 '문화'를 공유한 집단이다. 민족적 관념이란 궁극적으로는 공동생활의 역사에서 유래한 '언어와 관습과 감정과 예의禮儀와 사상과 애착 등의 공통연쇄'에 의해 형성되는 것이다. 공통의 역사가 현재의 생활 속에도 살아 숨 쉰다고 했을 때, 역사가 약동하고 있는 장소는 바로 공통의 언어 · 행동 · 예의 · 도덕이며 의식주 같은 일상생활의 양식이기 때문이다. 결론은 민족은 '공통생활의 역사로 공통한 문화를 가진 자'라는 것이다.

⑤에서 문화라는 주제에 접근하는 방식에는 두 가지 특징이 있다. 첫 번째 가정은 각각의 문화는 분리될 수 있으며 경계가 뚜렷한 실재라는 것이다. '역사는 지리와 인종상 관계를 수隨하여 각각 특이한 발달을 수遂'하는 것이다. 그러한 역사 발달의 산물로서 민족은 '각각 그 특징이 유有하며 또한 단일한 실체를 구성하여 타와 혼합치 아니하려는 성질'을 가진다.[211] 문화는 일정한 영토를 지니며 공통의 역사 경험과 공통의 언어로 표현되는 독특한 세계관을 공유하는 특정 인간 집단민족에 속한 것으로 간주된다. 두 번째 가

210 앞의 글, p.1.

211 앞의 글, p.1.

정은 문화는 '전통'과 결부된다는 것이다. 특수한 역사적 맥락 속에서 형성된 특수한 생활양식을 가리키게 되면서 문화는 전통이라는 관념과 얽히기 시작했다. 문화는 사상, 신념, 관행, 제도 등 '이미 존재하는 어떤 것'으로 간주되며 그것은 의식적으로 창조되거나 발명된다기보다 여러 세대에 걸쳐 전승되는 것으로 여겨진다.

지금까지 살펴온 바를 요약하면, 1920년이야말로 한국에서 문화라는 말의 근대적 의미망이 어느 정도 완성된 형태로 등장한 때였다고 할 수 있다. 흥미로운 점은 하나의 텍스트 안에 인식적 기반이 서로 상이하고 내포에 차이가 있으며 강조점이 다른 문화가 병렬적으로 존재하고 있었다는 것이다. 이것들은 공존하거나 융합할 여지가 있지만, 때에 따라서는 대립할 가능성도 있었다. 예를 들어 ③의 사회 전체의 총체적 발전을 표상하는 문화와 ①의 정신적 영역을 강조하는 문화 또는 ④의 고전적 문화는 서로 경쟁하는 이질적인 담론들의 구성 요소였다. 또한 보편주의적이고 미래 지향적인 문화 ①, ③와 민족적이고 전통적인 내용을 강조하는 문화 ⑤ 사이에는 대립과 긴장의 여지가 있었다. 창간 당시 『동아일보』에서 문화 간 갈등과 대립이 표면화하지 않도록 제어하고 봉합한 것은 정치적 이상주의의 흥분과 열정이었다고 판단된다. 제국주의, 식민주의, 자본주의의 극복과 민주주의, 민족주의의 실현이라는 낙관주의적 흥분과 열정에 영향을 받으면서 문화가 상징화·추상화·이데올로기화되었기 때문이다. 앞의 인용문에 제시된바, 문화주의는 급기야 『동아일보』의 3대 주지 가운데 하나로까지 부상한 것이다.[212]

212 「主旨를 宣明하노라」, 『동아일보』 1920. 4. 1, p.1. 『동아일보』의 3대 주지는 ① 조선 민중의

초창기 『동아일보』의 '문화(주의)'는 Part 3의 2와 3에서 검토한 1910년대 후반 일본 유학생들의 인식을 계승하는 동시에 초과한다. 1914년 일본에서 창간된 유학생 잡지 『학지광』에서 '문명'에 대한 이해는 대체로 근대 서구 사회의 조직 또는 제도 분석의 형태를 띠었으며, 1916년 이후 이광수 · 현상윤 · 김영만 등 유학생들은 그와 같은 문명론의 테두리 안에서 '상공업과 문화', '농 · 공 · 상 · 무와 문화', '정치 · 경제와 문화' 같은 논제를 다루었다. 이들은 조선을 문명화하는 도정에서 문학이나 예술 · 종교의 위상 또는 가치를 가늠하려고 했는데, ②의 문화는 이러한 용법을 잇는다. ③에 등장한 사회의 발전 정도를 측정하는 종합적 지표로서의 문화는 언뜻 보면 문명과 내포가 흡사하다. 그런데 ③에서 문화를 이데올로기화하려는 문화주의라는 단어는 생소한 것이었다. 더욱이 문화를 세계사적 전환의 조류 즉 반전제주의민주주의, 반자본주의, 반제국주의의 흐름과 결합시켜 정치화하려는 ①의 시도는 제1차 세계대전 종전을 전후한 시기에 등장한 탈식민주의를 더욱 급진화한 것이었다. ④는 '오래된 낯선' 의미였다.

창간사에 세 차례 등장하는 문명이라는 단어도 1910년대에 통용된 일반적 의미에서 다소 변형되었다. "신문명의 자파姿婆와 신시대의 서광이 보인다"라는 표현에서 문명은 종전처럼 자연이나 야만, 미개와 대립하는 것이 아니라 그 자체가 '구'와 '신'으로 분열되는 것이었다. 즉 문명 자체에서 신/구의 전환이 발생한 것이다. 그리고 '개개의 민족은 고유한 문명을 가진다'는 생각은 서구의 근대만

표현 기관을 자임하노라, ② 민주주의를 지지하노라, ③ 문화주의를 제창하노라였다.

을 문명으로 칭하는 유럽중심적 · 보편주의적 문명론이 아니라 다원주의적 문명론을 표현한다. ③에는 '조선인은 자신의 문화를 발달시킴으로써 세계의 문명에 기여해야 한다'는 생각이 나타난다. 신문명, 민족의 문명, 세계의 문명 같은 표현에서는 제1차 세계대전의 종전을 전후하여 이광수나 최남선 등의 글에 나타난 탈식민주의적 문명주의의 영향을 짐작할 수 있다.

주목할 점은 위와 같은 내용을 가진 문명이 곧 문화에 자리를 내주게 된다는 사실이다. 그 증거로 창간사에서 탈식민주의적 지향을 표현한 '민족의 문명'이 닷새 후의 사설 「세계 개조의 벽두를 당하야 조선의 민족운동을 논하노라(3)」에서 ⑤ '민족의 문화'로 교체된 점을 들 수 있다. 사설은 국가학의 개념으로서의 국민과 인류학적 · 역사학적 개념으로서의 민족을 구분하면서 조선의 '민족운동'은 '국가학적 개념의 국민의 운동'이 아니라 '역사학적 혹은 인류학적 개념인 민족의 운동'이라고 정의했다. 민족을 이루는 핵심 자질은 '역사'와 '문화'의 공유였다.[213] 이제 지식인들은 민족의 고유한 정체성을 강조하고 싶을 때 문명이라는 용어 대신 문화를 사용하게 된 것이다.

물론 『동아일보』에서 문화에 대한 해석과 실천은 식민 권력의 제한을 받았다. Part 4의 2에서 더 자세히 살펴보겠지만, 그것은 문관총독과 보통경찰, 그리고 문화 시설의 정비라는, '문화정치'의 정책 테두리 밖으로 벗어나지 못하도록 하는 강력한 통제 아래 놓여 있었다. 즉 조선총독부는 식민지민이 추진한 문화주의와 문화운동을

213 「世界改造의 劈頭를 當하야 朝鮮의 民族運動을 論하노라(三)」, 『동아일보』 1920. 4. 6, p.1.

자신의 문화(정치)론 안에 포섭하고 제한하려 했다. 하지만 앞에서 『동아일보』의 창간사에서 살펴보았듯이, 1920년에 문화는 식민 권력에 의해 그어진 한계 안에 머무르려는 현실주의와 변혁의 열망을 품은 이상주의의 지향이 섞이고 부딪친 복잡한 실천과 해석의 공간이었다.[214] 종전과 대비해서는 물론이고 현재의 사용법에 비추어 볼 때에도 다소 과장된 듯싶은, 과대 표상화야말로 당시에 문화가 강력한 시대표상으로 부상하는 중이었음을 실감하게 한다.

초창기의 『동아일보』가 문화를 시대표상으로 격상시키기 위해 지적·사상적 자원으로 동원한 것은 일본의 문화주의철학이었다. 『동아일보』는 일본 사상계를 매개로 삼아 각종 외래 사조를 수용했는데, 문화운동을 뒷받침한 사상은 개조주의와 결합한 문화주의로 알려져 있다. 3·1운동기의 혁명적 정세와 공명하면서 『동아일보』는 문화주의를 세계와 인류를 정치적·사회적·윤리적으로 혁신할 평화, 자유, 정의, 평등, 인권 같은 개념을 내포한 사상으로 수용했다.

다른 한편 초창기 『동아일보』의 문화(운동)는 중국의 문화운동에서도 큰 영향을 받고 있었다. 한국에서 중국의 지식·담론의 수용은 한국이 일본의 식민지가 된 1910년 이후 크게 위축되었다가 1920년 조선어 민간 신문·잡지가 창간되면서 재개되었는데, 첫 번째 접점이 바로 '문화운동'이었다. 한국과 마찬가지로 중국에서도 1910년대까지는 문화의 위상과 내용이 매우 불명확했다. Part 1의 2

214 1919년 3월부터 1922년 초 워싱턴회의가 종결되기까지 한국에는 혁명적 정서가 광범위하게 고조되었다(임경석 2000 : 79~92).

가운데 "중화민국 시대 및 5 · 4운동기의 원화"에서 살펴본 것처럼 중국에서 문화운동이라는 표현은 1919년의 5 · 4시위 이후 등장한 것인데, 1920년 이후에는 5 · 4운동을 그 이전에 시작된 일련의 변화와 연결지어 '(신)문화운동'으로 해석하는 담론이 널리 퍼졌다. 앞에서 1920년 4월의 『동아일보』에서 살펴본 내용을 떠올리면 중국에서 문화(운동)가 부상한 시기와 맥락은 한국의 경우와 매우 유사했는데, 초창기의 『동아일보』와 『개벽』은 중국의 국내 정치 상황과 국제 관계에 관심이 많았지만 문화운동에도 주목했다.[215] 특히 『동아일보』는 중국의 문화운동의 성격과 전개 양상을 실시간으로 참조 · 인용 · 평가했다. 다음에서는 1920년 『동아일보』에서 문화가 시대표상으로 부상하는 양상을 중국의 문화운동과 일본의 문화주의의 연관성 속에서 살펴보겠다.

한 · 중 민족운동 / 사회운동의 접점으로서의 '문화(운동)'

『동아일보』는 창간사를 게재한 이튿날인 4월 2일부터 네 차례에 걸쳐 신문의 이념과 그것을 실천할 방향을 구체화한 논설 「세계 개조의 벽두를 당하야 조선의 민족운동을 논하노라」를 연재했다. '세계 개조의 벽두'라는 표현이 드러내듯이, 현재는 세계사적 전환기

215 이기훈에 따르면, 1920년대 『동아일보』의 중국 관련 사설과 기획 연재기사를 1920~1923년, 1924~1926년, 1927~1930년의 세 시기로 구분할 수 있다. 제1기인 1920년대 초 4년 동안 총 2백 개의 중국 관련 기사 중 정치와 국제 관계에 대한 기사가 약 50퍼센트를 차지하는데, 1922~1923년에는 문화와 사상, (혁명)운동에 대한 기사와 정치와 국제 관계에 대한 기사의 비율은 3대 2가 된다(이기훈 2017 : 66).

라는 판단에 기반하고 있는 이 연재사설의 결론은 '조선의 민족운동은 정치운동이 아니라 사회운동으로 실행되어야 하며 사회운동의 목적은 문화운동'이라는 것이었다. 4월 7일자의 4회차 사설에 문화운동이라는 표현이 처음 등장했는데, 여기에서 민족(운동)-사회(운동)-문화(운동)의 개념연결망이 만들어졌다.

> 文化는 반드시 政治的 正義를 意味하거니와 政治的 獨立을 반드시 文化를 意味함이 아니라. 그러면 엇지 聰明한 우리 民衆이 政治的 義味로서만 적와갓흔 一大運動을 惹起하얏스리오. 오즉 異民族의 統治下에서는 圓滿한 文化의 樹立을 期치 못하리라 確信함그 是非曲直은 別個問題 으로 遠大한 理想을 實現하기 爲하야 그 第一步를 踏出함이니 곳 自卑昇高의 理를 從함이라. 二千萬 朝鮮民衆 가운데 一大文化를 樹立함이 엇지 그 窮局目的이 아니리오.[216]

'이민족의 통치하에서는' 불가능한 '원만한 문화의 수립'을 추구하는 문화운동에서 문화는 의미가 매우 복합적이었다. 즉 인민의 생활과 관련된 모든 영역의 발달 수준을 평가하는 총체적 지표로서의 '문화'에는 서구적 근대성을 목표로 삼는 지향과 그것의 한계를 극복하려는 지향이 동거하고 있다. 후자의 경우, 문화는 단순히 정치의 상대 개념이 아니라 '정치적 정의'를 구현하는 것을 포함한 더 '원대하고 궁극적인 이상'을 표상했다. 창간사를 참조하면 문화는 반전제주의, 반자본주의, 민족주의 및 탈식민주의의 표상으로 정치

216 「世界改造의 劈頭를 當하야 朝鮮의 民族運動을 論하노라(四)」, 『동아일보』 1920. 4. 7, p.1.

화·이데올로기화하는 중이었다.

이와 같은 이중적 목표를 가진 문화운동을 실행하는 방법인 사회운동에서의 '사회' 역시 이중적이었다. 현실적으로 국가권력 또는 정치의 영역에 개입하거나 그것을 동원할 수 없던 식민지민이 사용할 수 있는 '민족운동의 사회적 방법' 또는 '사회운동'의 실천 방법은 단결, 문명 수입과 완고頑固 폐기, 경제 발달 도모, 교육 확장, 문명 촉진의 동력 배양, 사회의 악습 개량, 도덕의 유신維新 등으로 제한되었다.[217] 이러한 사회운동의 주체이자 대상으로서의 사회는 국가의 영역정치을 제외한 다양한 생활 영역에서 여러 차원과 형식으로 결합한 개인들의 집합체였다. 사회는 그 자체 정치적 주체들의 조직체라고 할 수는 없지만 그러한 주체를 육성할 공간으로 상정되었다고 할 수 있다.

그런데 당시 『동아일보』의 사회론은 이와 같은 의미로만 제한되지는 않았다. 「세계 개조의 벽두를 당하야 조선의 민족운동을 논하노라(2)」에는 19세기의 역사 곧 '현대문명 및 제도'와의 고별告別이라는 문제의식하에 성격이 다른 사회 개념이 등장한다. 사설의 필자는 자유, 평등, 우애를 기치로 내건 프랑스혁명에서 출발한 유럽의 근대가 19세기에 성취한 '현대문명현대 물질문명과 현대 정신문명'은 자유와 평등을 철저히 실현하지 못했다고 평가했다. 민족주의와 함께 가장 중요한 두 가지 성취 가운데 하나인 입헌주의는 '정치적' 자유를 보장한 데 불과하며 '사회적' 자유를 보장하는 데에는 미흡했다는 것이다. 정치적 자유가 국가의 입법에 관계하는 참정권의

217 앞의 글.

문제였다면, 사회적 자유는 그보다 한층 광범위한 것으로서 개개인의 생활상의 자유와 관련된 문제였다. 사설은 19세기에 입헌정치가 보장한 정치적 자유는 유산계급에 제한되어 일반 민중에게가 닿지 못했으며 경제적으로 자본주와 노동자 사이의 불평등을 낳았다고 지적했다. 따라서 '세계 개조'란 19세기 유럽이 만들어낸 '자본주의적 · 유산계급적'인 '현대문명과 제도'를 극복하고 자유와 평등의 이상을 실현하는 민주주의와 정의인도의 정신을 실현하는 영원한 평화를 수립하는 것을 의미했다.[218] '정치적 자유'와는 구분되는 '사회적 자유'에서 '사회'라는 말에는 경제적 관계, 즉 노동과 생활이 조직되는 관계의 불평등에 대한 문제의식이 포함되어 있었다.

문화론과 사회론의 이와 같은 이중성은 당시 『동아일보』의 일반적인 논조를 반영했다. 초창기 『동아일보』는 부르주아 민족주의의 주장뿐만 아니라 사회주의적 주장 또한 적지 않게 반영하고 있었기 때문이다. 당시 『동아일보』의 논지를 주도한 이는 장덕수, 김명식金明植, 1890~1943, 이상협李相協, 1893~1957으로 알려져 있다. 이 가운데 이상협은 민족주의 계열이었고, 장덕수와 김명식은 사회혁명당 계열이었다. 김명식이 마르크스주의에 가까웠다면, 장덕수는 분배 구조를 개선함으로써 합리적으로 통제된 자본주의 경제체제를 지향하는 비마르크스주의적 신자유주의의 경향이 강했다.[219] 이에 따라 초

218 「世界改造의 劈頭를 當하야 朝鮮의 民族運動을 論하노라(二)」, 『동아일보』 1920. 4. 3, p.1.

219 장덕수와 김명식은 1920년 6월 서울에서 신아동맹단을 모체로 사회혁명단을 결성하는 데 주도적 역할을 했으며, 사회혁명당은 1921년 5월 상해파 고려공산당이 창립되자 상해파의 국

창기 『동아일보』의 문화(운동)·사회(운동) 담론에는 신자유주의 또는 '사회적' 민주주의가 작용했는데,[220] 창간사에서 '문화(주의)'가 '노동(주의)'과 연결되어 자본주의의 탐욕을 반박하는 맥락 속에 배치된 것에도 이러한 지향이 나타난다.

그런데 이와 같은 『동아일보』의 문화운동론은 중국의 문화운동에 대한 관찰 및 해석과 긴밀히 연동했다. 1920년 4월 6일 『동아일보』에는 「중화 청년의 현상 : 북경대학 총장 채원배 박사 담談」이 게재되었는데, 이 글은 사상의 자유, 관습으로부터의 해방, 개성의 자유 등을 주장한 것이다.[221] 이후에도 중국의 학생운동과 사회운동을 보도한 짧은 기사가 계속 게재되는데,[222] 『동아일보』가 문화운동을 처음 주창한 4월 7일부터 6월 하순에 일본 유학생들의 순회 강연회를 계기로 삼아 그 슬로건을 전면화하기까지 문화운동이라는 단어는 중국과 관련된 기사에만 등장한다. 4월 7일부터 7월 3일까지 총 12회에 걸쳐 간헐적으로 연재된 주요한朱耀翰, 1900~1979의

내부로 전환되었다. 초창기 『동아일보』의 논지는 한편에서는 사회혁명당이, 다른 한편에서는 민족주의자들이 주도했으며, 1921년 2월 속간된 이후에도 이러한 상황은 당분간 지속되었다(윤덕영 2017 : 1~11 참조).

220 『동아일보』의 주지 가운데 하나였던 '민주주의'는 국내 정치에서는 자유주의, 국제정치에서는 연맹주의, 사회생활에서는 평등주의, 경제조직에서는 노동 본위의 협조주의를 지향했다. 즉 선거참여권 같은 좁은 의미의 정치적 차원에서의 데모크라시가 아니라 사회체제로서의 데모크라시를 요구했으며, 이러한 요구는 전제주의와 자본주의 그리고 식민주의에 대한 비판을 포함하고 있었다. 초창기 『동아일보』 편집 주체들의 정치사상을 사회적 민주주의로 본 이태훈 2003 : 4~9 참조.

221 「中華靑年의 現狀 : 北京大學總長 蔡元培 博士 談」, 『동아일보』 1920. 4. 6, p.1.

222 「中國靑年會排貨」, 『동아일보』 1920. 4. 10, p.2 ; 「中國學生電請」, 『동아일보』 1920. 4. 13, p.2 ; 「中國學生同盟休校」, 『동아일보』 1920. 4. 17, p.2 ; 「英日同盟再訂과 中國 上海 : 各團體 意見書提出」, 『동아일보』 1920. 4. 17, p.2.

「상해잡신」은 중국 관련 최초의 기획기사로서, 당시 중국에서 전개되고 있던 문화운동을 직접 관찰하고 해석한 것이었다.[223] 초창기 『동아일보』는 중국에서 진행되고 있는 문화운동을 깊은 관심을 가지고 참조하고 평가하고 또 전유하는 참이었다.

「상해잡신」의 1회차 4월 7일 기사의 소제목은 "지나의 민중운동(1)"이었다. 민중운동이라는 소제목을 계속 쓸 생각으로 번호를 붙였던 것 같은데, 2회차인 4월 19일 기사에서는 소제목이 "중국의 문화운동"으로 수정되었다.[224] 1회 기사에서는 제1차 세계대전 종전 이후 중·일협정 체결에 대한 반대에서 시작하여 1919년 파리강화회의에서 산둥반도의 일본 할양이 결정된 데 대한 반대에 이르기까지 반일 학생운동의 전개 과정을 기술하고, 이제 그 운동의 목표가 '국가의 개조' 즉 '신중화 건설을 목표로 하는 민중운동'으로 확장되었다고 평가했으나, 2회 기사에서는 '문화운동'으로 평가를 수정했다. '국가의 개조' 같은 표현은 이후에는 다시 등장하지 않는다. 4월 20일 3회 기사의 제목은 "중국의 문화운동(속)"이었다. 「상해잡신」은 1920년 7월 1~3일 연속 3회가 게재되고 종료되는데, 이때의 소제목은 "문화운동의 전기轉機"였다. 약 3개월에 걸쳐 연재된 「상해잡신」의 가장 중요한 주제는 문화운동이었다.

"중국의 문화운동"이라는 소제목이 달린 2~3회의 글에 따르면,

223 頌兒(1920. 4. 7~7. 3), 「上海雜信」, 『동아일보』(총 12회 연재). 제1회에서 필자명을 어린아(於麟兒)로 표기했지만 제2회부터는 송아(頌兒)로 표기했으며, 주요한은 통신원 자격이었다.

224 於麟兒(1920), 「上海雜信 1」, 『동아일보』(1920. 4. 7), p.1. 제1회에서는 '지나'라고 썼다가 제2회부터 중국으로 고친 것은 일본 동양학의 표상체계로부터의 이탈 의지를 드러낸 것이라고 할 수 있다. 그런데 '영·일동맹 문제', '신차관단과 지나' 등 국제정치 문제가 다루어질 때에는 지나라는 명칭이 다시 등장한다.

당시 중국에서 문화운동은 '외형상'으로는 문예와 학술을 중심으로 한 종합지나 학생 단체의 잡지 등 다양한 잡지와 신문의 발간으로 진행되고 있으며, '내용상'으로는 정치운동 · 사회혁명 · 문예 혁신 · 부인 해방 · 풍습 개량으로 진행되고 있다. 이 글에서는 정치운동과 사회(혁명)운동의 양상만 보도되었는데, 이 부분에서 주목할 점은 전자보다 후자에 방점을 찍고 있다는 것이다. 배일민족운동과 산동차관 문제, 그리고 군벌 간 싸움 등 국내외 '정치 문제'에 쑨원孫文, 1866~1925과 다이톈추戴天仇, 1890~1949의 사회혁명당[225]과 천두슈 등 계몽운동자는 '냉담'하다고 했다. 사회혁명당은 자본주의 단계를 넘어 사회주의 시대로의 전환을 꾀하고 있으며, 쑨원은 광둥 정부의 총재 지위를 내놓고 사상 고취의 신운동에 착수했으며 천두슈 일파와 굳게 악수했다고도 했다. 이어서 주요한은 '사회(혁명)운동'의 주체학생 혹은 대학을 졸업한 청년, 주력 대상하급 사회 · 빈민계급, 목표노동자 각성과 사상 고취를 소개했으며 신문 · 잡지에서 사회주의, 공산주의, 무정부주의, 볼셰비즘 등의 학설과 노동운동, 부인운동, 계급투쟁, 그리고 일본과 구미 각국의 혁명운동 등이 이슈가 되고 있는 정황을 꼼꼼히 전달했다. 일본의 언론도 중국의 정치적 분쟁보다 이와 같은 '문화적 운동에 더 주의'한다고 전했다.[226]

225 다이톈추의 원래 이름은 다이지타오(戴季陶)이다. 그는 쑨원 계열의 정치인으로 5 · 4운동을 지지했으며 1920년대 전반기에는 사회주의에 접근하여 천두슈를 지원했다고 알려져 있다.

226 頌兒(1920. 4. 19), 「上海雜信 2」, 『동아일보』, p.1 ; 頌兒(1920. 4. 20), 「中國의 文化運動(續)」, 『동아일보』, p.1. 일본에서 중국의 문화운동 담론이 유포되던 정황에 대한 기사도 있다. 도쿄의 중국 유학생들이 1920년 5월 1일 5 · 4운동을 기념하는 행사를 열었는데, 이때 잡지 『신청년』의 기자 가오이한(高一涵)이 중국에서 전개되고 있는 '문화운동'을 설명했다(「中國學生

후속 기사는 문화운동에서 노동운동의 비중이 강화되고 있는 정황에 대한 것이었다. 1920년 5월 27일 「상해잡신 4」의 소제목은 "5 · 1, 5 · 4 양兩 운동"인데, 그해 5월 1일에 열린 중국 최초의 노동절 행사의 의미를 전한 것이다. 기사에 따르면, 노동절 행사는 '세계적' 추세와 공명하는 실천이었으며, 정치권력을 둘러싼 투쟁이나 반일 민족주의 투쟁과는 다른 '문화적 운동'이었다. 그런데 그것은 '통상의 문화운동이 아니라 자본주의에 대한 경고이고 사회제도상의 절대의 정의를 주장하는 제4계급 각성의 소리'였다. 이런 점에서 그것은 '사회적 운동'이었다. 주요한은 '5 · 1운동'에 대한 다이텐추의 평가를 인용했는데, 그에 따르면 1920년의 5 · 1운동은 1919년 5 · 4운동이 진일보한 결과이며 향후 사회운동의 방향을 제시한 것이다. 주요한은 문화운동의 이념 변화를 '애국 → 문화 → 노동'으로 정리하는 한편, 노동을 표방한 5 · 1운동을 문화운동의 일환으로 평가했다.[227]

1920년 4~5월 중국의 문화운동에 대한 주요한의 해석의 특징은 문화운동의 형식이 아니라 내용에 초점을 둔 점, 그 내용을 정치운동 · 사회혁명운동을 포함한 매우 포괄적인 개혁운동으로 이해한 점, 이 가운데 특히 사회혁명운동의 주도성을 포착한 점이다. 이때 사회혁명운동은 노동운동에 중심을 둔 사회주의적 혁명을 지향하는 운동을 의미했다. 그는 운동의 초점이 문화에서 노동으로 이동하고 있다는 점도 포착했다. 앞 Part 1의 2 가운데 "중화민국 시대

의 國耻紀念大會」, 『동아일보』 1920. 5. 12, p.3).

227 頌兒(1920. 5. 27), 「上海雜信 4」, 『동아일보』, p.1.

및 5·4운동기의 원화"에서 살핀 중국의 문화운동의 분화 양상을 참조하자면, 주요한은 후스나 량수밍 등의 문예 혁신·사상운동이 아니라 뤄자룬·천두슈 등의 사회(혁명)운동에 비중을 두고 문화운동을 관찰했다. 흥미로운 점은 주요한이 이와 같은 중국의 문화운동과 조선의 문화운동의 '유사성'을 주장했다는 것이다. 「상해잡신」 3회 연재분인 "중국의 문화운동(속)"의 말미에서 주요한은 "중국의 문화운동이 우리나라의 현금 맹아를 보이는 문화운동과 흡사한 점이 많다"라고 했는데,[228] 이는 그가 『동아일보』가 주창한 문화운동에서 '사회(혁명)적' 지향이 주도적이라고 판단하고 있었다는 것을 의미한다. 사실 「세계 개조의 벽두를 당하야 조선의 민족운동을 논하노라(2)」에서 정치적 자유의 한계를 지적하면서 사회적 자유를 주장한 논리는 정치혁명과 사회혁명을 구분한 천두슈의 논리와 동일했다. 지금까지의 논의를 요약하면, 초창기 『동아일보』의 문화에 대한 해석은 중국의 문화운동에 대한 참조·인용·평가와 밀접하게 연동하고 있었다.

초창기 『동아일보』는 대체로 문화운동을 추진하기 위해 자신이 구상한 이념 모델, 즉 민족-사회-문화의 연결망에 의거해 중국의 문화운동을 해석했다. 「최근 중국사상계」에서는 중국의 문화운동을 신해혁명이 실패한 이후 정치적 권력투쟁과 거리를 둔 자각한 민중이 수행해 온 민족운동으로 규정하고 5·4운동 이후 그 영향력이 확대되고 강력해졌다고 보았다. 그리고 문화운동의 조류 중에서 천두슈가 대표하는, 노동운동에 중심을 둔 '사회혁명운동'에

228 頌兒(1920. 4. 20), 「中國의 文化運動(續)」, 『동아일보』, p.1.

주목했다.[229] 사회혁명에 대한 관심은 앞에서 살핀 것처럼 19세기 유럽문명과의 고별이라는 역사의식 속에서 형성되었다. 사설 「중국의 신희망」에서 "앞선 자 뒤지고 뒤진 자 앞선다"라는 명제는 역사 발전의 길에서 선후가 뒤바뀔 수 있다는 판단을 드러낸다. 사설에 따르면, 유럽의 역사가 이미 그 증거를 보여 주고 있었다. 과거 전제국 · 압제국이던 러시아는 자유주의를 주장하는 국가가 되었고, 군국주의 전제국이던 독일은 진보국이 되었다. 이에 반해 과거 자유국, 문명국으로 자부하던 영국과 프랑스는 보수국, 군국주의 침략국이 되었다. 필자는 현재 유럽에서 역사를 진보시키고 있는 나라는 과거 변방이었던 러시아와 독일이라고 평가했다. 따라서 중국 문화운동의 사회혁명적 움직임은 동아시아의 역사 발전 경로를 전도시킬 수도 있는 새로운 희망으로 인식되었다. 필자는 '日本은 止할바에 至하고 中國은 進할바에 來하얏'다고 주장했다. 현재 일본과 중국은 사회질서 · 문물 발달 · 주권 확립에서 천양지차가 있지만, 그 격차가 오히려 장래의 가능성을 보여 준다는 것이다. '일본 국회의 추체醜體'와 대비하면서 필자는 중국에서 일어나고 있는 '정치 개혁'의 움직임을 '사회 개혁'의 일부로 평가하고 환영했다.[230]

이렇게 볼 때, 초창기 『동아일보』가 중국의 문화운동을 최초로

229 「最近中國界想界」, 『동아일보』 1920. 8. 18. 앞의 '界'는 '思'의 오기로 보인다. 사설은 당시 중국 문화운동의 중심 사상을 무정부주의, 사회주의로 판단하고 있다("現代中國文化運動은 其主潮를 無政府主義에 置하고 世界的人類의 提携를 理想으로 하야 露國過激派와 共鳴하는바가 有한대……").

230 「中國의 新希望」, 『동아일보』 1920. 8. 6, p.1.

접했을 때 중요하게 관찰·참조·전유한 것은 '민족'이 아니라 '사회'였다. 앞에서 살폈던바 『동아일보』의 문화론과 사회론은 이중적이었다. 문화는 서구적 근대성을 목표로 삼는 지향과 그것의 한계를 뛰어넘으려는 혁신적 지향을 함께 갖고 있었다. 사회는 정치적 주체를 육성할 조직체로서의 의미와 함께 경제적 관계의 불평등에 대한 문제의식도 포함했다. 중국의 문화운동을 관찰하면서 『동아일보』와 주요한은 대체로 문화와 사회의 두 번째 의미를 활성화하려 했다. 궈자룬과 천두슈가 사회혁명운동을 문화운동으로부터 분리해 내려고 했다면, 주요한은 그것을 문화운동 안으로 끌어들이려 노력한 데 차이가 있었다. 『동아일보』는 '문화'와 '사회'를 분리하기보다 문화라는 기호 안에 생활이나 경제적 불평등 같은 의미로 충전된 사회를 내재화하려고 애쓰면서 문화를 정치화·이데올로기화하려 했다.

일본의 개조론과 문화주의의 수용

『동아일보』의 문화운동은 부르주아 민족주의 또는 자유주의 경향의 지식인들이 주창한 것으로서 개인 수양, 풍속 개량, 농촌 개량, 청년회의 결성, 민립대학 설립운동, 학교 설립, 교육진흥운동, 야학, 청년운동, 교육보급운동, 실업 부흥 등을 추진했다고 평가되고 있다.[231] 그리고 이를 뒷받침한 사상으로는 보통 일본의 문화주

231 장덕수를 포함한 초창기 『동아일보』 편집진의 문화론을 자유주의적 민족주의로 해석한 윤상현 2014 : 320~324 참조.

의철학이 거론되어 왔다(박찬승 1992). 그런데 초창기 『동아일보』에 진입하여 영향을 끼친 문화주의는 개조주의와 결합한 문화주의였다. 이때 문화는 제2차 세계대전 종전 후 국제 질서의 변동과 일본에서 형성된 현실 타파, 개혁, 개조의 사조와 연결되어 있었다.

제1차 세계대전 종전 이후 국제 질서의 균형이 격심하게 흔들렸다. 수세기 동안 유지되어 온 유럽중심주의는 결정적인 타격을 입었고 승전국과 패전국으로 분할된 유럽의 국가들은 약해지고 작아졌다. 반면에 미국과 러시아의 국제적 지위는 급상승했다. 러시아의 안정화를 바탕으로 사회주의는 세력을 확장해 나갔고, 이에 대응하여 미국은 1919년 파리강화회의에서 민족자결주의와 국제연맹론을 내세운 윌슨주의를 제창했다. 구 식민지 및 신생 독립국에서는 민족주의운동이 고양되었다. 전쟁의 파국을 넘어 새로운 문명을 수립한다는 기대가 부풀어 올랐다(홉스봄 1997 : 34). 아시아의 강국으로 부상한 일본도 급격한 변동의 와중에 있었다. 일본은 제1차 세계대전의 누수 효과로 경제성장의 가도를 달린 한편, 1918년의 '쌀소동'이 보여 주듯이 민중운동이 크게 성장했다. '세계개조' · '사회개조' · '인생 개조'는 세계가 개편되고 혁신될 수 있다는 희망, 사회 전체가 완전히 바뀌어야 한다는 요구를 압축한 표어였다. 문화주의는 데모크라시, 사회주의와 함께 세계 개조의 3대 방향으로 거론되었다. Part 1의 2에서 살폈듯이 다이쇼기 일본에서 문화주의는 독일의 신칸트학파의 철학을 직수입한 것이었는데, 이는 본래 정신이 만들어 내는 문화와 그 문화를 창조하고 향수할 수 있는 내적 통일을 지닌 인격의 형성교양 · Bildung을 지향하는 철학이었다. 1910년대 말에는 이와 같은 문화주의가 개인적 실천주의를 벗어나 일본이 대면한 다양한 정치적·사회적 문제들을 해결하고 개혁할 방향성을 지칭하면서 이데올로기화되었다. 문화주의는 사회개량주의로 대표되는 절충주의적 개조론의 형성에도 영향을 주었다.

일본에 유학하는 조선인 유학생들도 이와 같은 '개조주의'의 열망과 요구를 호흡하는 문화주의에 공감했다. 유학생들에게 당시는 '유사 이래 처음이었던 세계대전이 종식되고 인류 전체가 타락에서 벗어나 모든 부자유한 상태가 자연한 상태로 회복되는' 시대로 감각되고 있었다. 즉 제1차 세계대전 종전 후 국제정치의 흐름은 자본주의의 실패와 제국주의의 위험을 자각한 세계 개조의 요구로 파악되었으며, 조선의 지식인은 자유평등·정의인도·데모크라시·세계평화 같은 표어를 내걸고 초국적 보편성에 호소함으로써 세계의 일원으로서의 자격을 보장받고자 했다(허수 2009 : 40~41 ; 정미량 2007 : 45). 『동아일보』가 민주주의, 민중주의와 함께 내세운 '문화(주의)'는 이와 같은 지향을 총괄하고 수렴한 슬로건이었다.

『동아일보』에는 정치, 경제, 사회를 포함한 모든 이슈에서 개혁주의적 문화주의의 발상과 표현이 크게 유행했다. 앞에서 창간사에 등장한 '노동으로 말미암은 문화 창조'라는 표현을 주목한 바 있는데, 『동아일보』는 노동자 단체인 조선노동공제회의 창립에 부친 사설에서도 '노동의 문화 가치'를 강조했다. 노동을 '문화의 원동력이오 산출자'로 규정했는데, 그 근거는 '지식·도덕·종교·습관과 사회상 문물제도가 모두 민중의 자연 개척과 사회 유지의 노동의' 결과물이라는 것이었다. 유진희俞鎭熙, 1893~1949라는 필자는 「세계 노동운동의 방향」에서 인류가 유사 이래 획득한 문화는 인류 공동의 재산이며 그런 의미에서 문화의 목적은 공통적이라고 했다. 그는 군

국주의에 대립되는 것으로 '문화적 정신', '문화적 완성'을 들었다.[232]

무력주의나 군국주의에 대립하는 사상으로 이해된 문화주의에서 고전적 문화 개념과의 유사성을 포착할 수도 있지만, 문화주의의 지향은 '교화'의 의미망을 멀리 뛰어넘는 것이었다. 『동아일보』의 사설 「군비축소의 문화적 의의 : 일본 군벌의 조락」은 군비축소의 정치적 · 경제적 의의가 아니라 문화적 의의를 주장하는 데 핵심이 있었다. 네 가지 근거를 들었는데, 군비축소는 국내 통치와 국제 관계에서 무력이나 위력, 이기주의나 자만을 배제하고 인민의 도덕, 국가 간 상호 양해와 협조, 공공성과 겸손의 미덕을 수호하는 의미가 있다는 것이다.[233] 요약하면 초창기 『동아일보』에서 문화주의의 '문화'는 인간이 자연을 개척하고 사회를 유지하기 위해 행하는 모든 종류 노동의 산물을 의미하는 한편, 민주주의론과 민중주의론이 표방한 자유 · 평등 · 해방 · 연대 같은 이념들과도 결합되었다.

비단 『동아일보』의 주도자뿐만 아니라 대체로 일본 유학생 출신으로 구성된 조선의 신지식층은 당시에 '문화(주의)'를 평화 · 자유 · 정의 · 평등 · 인권 같은 개념을 내포한, 세계와 인류를 정치적 · 사회적 · 윤리적으로 혁신할 사상으로 수용하고 있었다. 장도빈은 문화주의를 '정신 · 물질의 발달 · 연구를 군사상보다 평화 · 교통 · 산업 · 예술 등에 노력하며, 정치는 압제보다 민중 의사를 더 중시하며, 경제는 자본가 보호보다 노동 본위를 주의하며, 식민지

232 兪鎭熙(1920. 5. 5), 「世界勞働運動의方向(寄)」, 『동아일보』, p.1.

233 「軍備縮少의 文化的意義 : 日本軍閥의 凋落」, 『동아일보』 1921. 11. 23, p.1.

통치책도 다소 완화를 실현하고, 국제 간 문제도 국제연맹을 협의하는 것'이라고 설명했다.[234] 즉 문화주의는 무력주의, 전제주의, 자본주의, 제국주의와 식민주의를 비판하고 지양하는 혁신적 사상이었다. 여러 지식인이 문화(주의)를 이상주의적 색채를 다분히 포함한 변혁의 사상으로 수용한 것이다.

문화적이라는 파생어를 포함한 여러 표현 즉 문화적 가치, 문화적 의의, 문화적 완성, 문화적 정신 등을 운용하는 발상법도 일본의 문화주의철학에서 가져온 것인데, 1920년에 조선의 지식인에게 문화(주의)는 군국주의, 자본주의, 제국주의, 전제주의 등을 비판하고 극복하기 위한 정치 · 사회사상으로 수용되었다. 문화는 자유평등, 정의인도, 민주주의, 세계 평화 같은 정치적 이상주의의 영향을 받으면서 정치화 · 이데올로기화된 것이다. 이로써 문화(주의)는 어떤 구체적인 지시 대상을 갖기보다 세계와 인간을 질곡으로부터 해방시키는 모든 가치와 지향을 포괄할 정도로 팽창되었다. 문화는 절대화되고 추상화되었다.

문화 개념의 탈정치화 또는 사회혁명론과의 결별

앞에서 살핀 것처럼 초창기 『동아일보』의 문화론은 근대 서구에서 구조화된 사회적 · 경제적 · 정치적 질서의 파괴와 혁신을 향해 나아갔다. 이를 문화의 정치화라고 평가할 수 있을 텐데, 문화의 강

234 張道斌(1920), 「現代의 思潮와 我人의 素質」, 『서울』 제4호, p.3(박찬승 1992 : 209에서 재인용).

렬한 정치적 지향은 그 신문이 일본 유학생들이 조직한 계몽 활동을 문화운동으로 선전하기 시작한 1920년 6월 말에는 해체되기 시작한 것으로 보인다.

『동아일보』는 1920년 6월 말부터 7월 중순까지 도쿄유학생학우회가 하기방학을 맞아 귀국한 유학생 청년들을 조직하여 전국 각지로 내려 보내 개최한 순회강연회를 '문화운동'이라는 표제 아래 대대적으로 보도했다. 제1회 「순회강연대회휘보」에 따르면 유학생들의 연설 주제는 '현대를 논하여 우리의 개조책을', '조선과 공업', '개조와 우리 청년', '문화 발전과 언론 자유', '공동생활과 노동', '인생과 종교', '협동의 필요', '사회의 파란 급及 아등我等의 각성', '교육에 관하여', '인생의 목적', '사회와 오인의 관계' 등이었다.[235] 1921년 7월에 행해진 제2회 순회강연회의 연설 제목은 '문화운동의 의의', '문화생활의 내면', '책임 관념의 도덕적 지위', '이상과 가치', '개성의 발휘와 현대의 문화', '문화교육', '조선 청년의 각오', '사회와 개인', '신문화 건설의 노력', '우생학과 부인', '무의식적 생활에서 유의식적 생활에', '현대와 조선 청년의 사명', '문화운동의 정신', '조선문화의 과거와 현재', '형식에서 내용으로', '크로포트킨의 상호부조론', '금주禁酒의 필요' 등이었다.[236]

제1회 순회강연회1920의 강연 제목에 비해 제2회 순회강연회1921의 강연 제목에는 '문화'가 훨씬 많이 등장하는데, 특히 신문화·문

235 「巡回講演大會彙報 : 初日에 旗幟가 鮮明」, 『동아일보』 1920. 7. 11, p.3.
236 「新人의 新絶叫」, 『동아일보』 1921. 7. 16, p.3 ; 「第二回學友會巡廻講演」, 『동아일보』 1921. 7. 22, p.3 ; 「第二回學友會巡廻講演」, 『동아일보』 1921. 7. 28, p.3.

화운동 · 문화생활 · 문화교육 등 문화라는 단어를 포함한 복합어들에 주목할 필요가 있다. 1920～1925년『동아일보』의 기사 제목에 '문화'와 그 단어를 활용한 표현이 무려 3백 회 이상 등장하는데, 이 가운데 '신문화' · '문화사업'은 각각 30회가 넘고, '문화운동'은 25회가량, '문화정치' · '문화생활'은 10회가량 등장한다. '문화주의', '문화사', '문화정책', '문화사상', '문화 가치', '문화교육', '문화 정황', '문화 문제', '문화경찰', '문화 시찰' 등 복합어들도 마치 한 단어처럼 자연스럽게 쓰이고 있다. 제2회 순회강연회의 연설에 표제어로 등장한 신문화 · 문화운동 · 문화생활 · 문화교육 같은 표현의 빈도수가 단연 높은 것은, 이 용어들이 순회강연회의 현장을 넘어 신문사나 학교 · 종교 단체 · 청년회 등의 네트워크를 타고 널리 퍼져 나갔다는 것을 방증한다. 강연회의 연설 제목에 있는 다른 표제어들, 예컨대 도덕 · 내면 · 책임 · 이상 · 가치 · 개성 · 의식 등도 '문화'와 함께 확산되었을 것으로 추정할 수 있다. 주목할 점은 이 단어들은 중국의 문화운동론이 아니라 일본의 문화주의철학의 용어집에 수록된 것이었다는 것이다.[237]

한편 제1회 순회강연회가 열릴 즈음의『동아일보』에서는 중국의 문화운동에 대한 해석과 평가가 다소 변화했다. 순회강연회가 한창 선전되던 1920년 7월 1～3일 주요한의「상해잡신」이 연재되었다. 소제목 "문화운동의 전기"가 드러내는 것처럼 이 글의 핵심 주장은 중국에서 문화운동의 성격이 변화하고 있다는 것이었다. 그는 문화운동을 출판 사업의 경향과 학생운동의 변천에 초점을 두고 기술했

237 문화주의철학의 개념 구조는 다음 절의 논의 참조.

는데, 형식 면에서 신문 · 잡지 · 소책자의 발간 등 출판계가 성황을 이룬 반면 내용 면에서는 "사회혁명, 부인 해방, 문예 해방, 도덕 해방 등이 개념적 · 이론적 주창에 불과하여 실지상 효력을 기대할 수 없다"라고 평가했다. 그리고 학생운동에 대해서는, 배일운동이 사상운동과 정치운동으로 분화했다가 이제 정치운동은 끝났고 사상운동은 교육제도 개선과 교육 확장 문제로 전환했다고 하면서 후스의 대학교육 개혁운동을 예로 들었다. 이로써 "중국문화 부흥 혹 건설의 대사업의 본 막이 열리고 있다"라고 평가하면서, 주요한은 교육개선운동이야말로 '실질적인 문화운동'이라고 규정했다.[238] 이러한 평가에서 기정사실화된 것은 중국에서 문화의 중심이 학술과 교육으로 이동했다는 점이다.[239] 주요한의 글에서 중국의 '문화운동'은 정치적 · 사회적 변혁운동과 거리를 두면서 '가능하고 실리적인' 교육개선운동을 지칭하게 되었다.

당시 『동아일보』에는 중국에서 문화운동이 전개되는 과정에서 '사회'가 함유하게 된 정치적 · 경제적 의미를 '억압'하기 위해 사회라는 키워드를 사용하는 경향도 나타난다. 1920년 6월 초 『동아일보』에는 중국 남부에서 일어난 군벌 사이의 전쟁과 관련된 사설이

238 頌兒(1920. 7. 1~3), 「上海雜信」, 『동아일보』.

239 1920년 8월에는 중국 문화운동의 사상지형에 대한 좀 더 분석적인 기사가 실렸다. 이에 따르면, 남방의 문화운동이 쑨원을 중심으로 한 부르주아계급이 정치권력을 획득하기 위한 '정치적 문화운동'이라면, '북방'은 두 가지로 나뉜다. 하나가 후스가 대표하는 문교 · 사상 · 예술에 중심을 둔 문화운동이고, 다른 하나는 천두슈가 대표하는 노동운동에 중심을 둔 사회혁명운동이다. 이 기사는 천두슈의 사상이 문화운동의 지배적인 사상이라고 말하고 있었지만, 한편에서는 문화운동과 사회혁명운동을 구별하고 있었다. '후스의 길'을 가리키는 말로 '문화운동'을 사용한 것이다(「最近中國界想界」, 『동아일보』 1920. 8. 18, p.2).

연이어 실렸는데, 필자는 신해혁명의 실패, 위안스카이袁世凱, 1859~1916의 복벽 시도와 지속되는 군벌 간 전쟁에 의한 혼란을 서술하면서 그 원인을 '정부 교체', '국가 개조'를 목표로 한 정치운동의 한계로 파악했다. 그러고 나서 '정치(혁명)'에서 '사회(혁명)'로 목표를 변환해야 한다고 주장했다. 이 글에서 주목되는 점은 앞에서 주요한이 중국의 문화운동에 대해 보고한 내용을 자세히 참조·인용·요약하고 있었다는 것이다. 다만 필자는 주요한이 '문화운동'의 내용으로 거론한 정치운동·사회혁명·문예 혁신·부인 해방·풍습 개량 등을 '사회운동'으로 지칭했으며, 주요한이 '애국→문화→노동'으로 정리한 중국 청년계의 사상적 추이를 '배일→문화→사회 혁신'으로 수정했다.[240] 이 사설은 중국의 문화운동을 '사회의 혁명', '사회 혁신', '사회 개조'라는 관점에서 해석하고자 했는데 아래는 이와 같은 해석의 근거를 제시한 부분이다.

> 大槪 國家는 一種의 社會라 分散的으로 보아 社會라 하는 同時에 集合的으로 보아 이를 國家라 하나니 換言하면 國家는 곳 政府로 組織된 社會라. 故로 國家의 本體는 社會라 하는도다. 社會의 內容을 形成하는 者는 勿論 人民이니 人民은 社會의 根本이오 따라 國家의 基礎라 그 人民이 道德에 腐敗하며 智識에 蒙昧하면 그 社會나 그 國家가 엇지 健全

240 「新中華建設의 大任을 自負하는(二)」(『동아일보』 1920. 6. 8, p.1)의 필자는 『동아일보』 제5호, 제17호, 제18호, 제55호의 기사를 참조했다고 밝히고 있는데 그 기사들은 바로 「상해잡신」 제1~4회였다. 필자는 1918년 말 시작되어 1919년의 5·4운동에 이른, 반일민족주의의 성격을 띠던 학생운동→1919년 가을 문화운동(하급 사회, 빈민계급 즉 노동 사회의 주체화를 통해 근본적 사회개조를 단행하려는 운동)→1920년의 5·1운동(노동운동)으로 나아가는 과정에 대한 주요한의 기술을 충실히 요약했다. 다이톈추의 평가도 매우 자세히 인용했다.

하며 튼튼할 수 잇스리오. 이에 吾人은 言하노니 政治나 法律이나 國家의 組織이나 社會의 制度나 모다 그 人民의 文化 程度를 表現하는 것이라 하노라…….

要컨대 兄弟여 兄弟가 從來 着目하야 온 바는 政治革命이오 社會革命이 아니라 곳 人民 그 自體의 改造가 아니엿섯도다. 人民의 腦髓와 心臟을 改치 아니하고 엇지 그 表現된 바 政治를 改革할 수 잇스리오……. 오즉 언제든지 人民의 開明發達을 期치 아니하고는 國家社會의 健全을 기치 못할 터인즉 人民의 改造가 곧 根本要點이라.[241]

'국가의 본체는 사회'라는 말에 나타나는 것처럼, 필자는 '사회'를 '국가'를 건설하기 위한 매개체가 아니라 국가보다 더 근본적인 조직체로 규정했다. 따라서 사회혁명은 정치혁명보다 더 근본적인 혁명이다. 이 글의 주장은 사회는 인민을 근본으로 한 구성체이므로 사회를 혁명하기 위해서는 인민의 '문화', 곧 '도덕'과 '지식'을 개조해야 한다는 데로 수렴된다. 결론에서 필자는 '문화의 기치를 높이 들고 이상의 광명에 욕浴하'는 신중국의 현출을 요망했다.[242] 그런데 이 글에서 사회는 그 내용과 능력이 매우 추상적이었다. 사회를 구성하는 '인민'이 추상적이었기 때문이다. 인민은 '다 같은 한 덩어리의 인류'라는 보편적 주체로 환원되었고, 그러한 보편성을 뒷받침하기 위해 필자는 '본연의 속사람內人'이나 '인성의 근본적 요구'

241 「新中華建設의 大任을 自負하는(二)」, 『동아일보』 1920. 6. 8, p.1.

242 「中國又復動亂」, 『동아일보』 1920. 6. 6, p.1 ; 「新中華建設의 大任을 自負하는(二)」, 『동아일보』 1920. 6. 8, p.1.

같은 문화철학의 개념들을 활용했다.[243] 이로써 '사회'는 생활하고 노동하는 인간 대신 인격을 가진 인간으로 구성되는 공동체로 변화되었다. 이 글에 등장하는 문화, 사회, 인류, 내인內人, 인성, 도덕, 지식 등은 문화주의철학의 핵심 개념이거나 그에 의해 재해석된 개념이었다.

1921년 제2회 순회강연회가 준비되던 시점에서 『동아일보』는 사설 「사회 발전의 계단 : 문학 혁신, 산업혁명」을 통해 그간의 문화운동은 '사상'과 '산업' 방면에서 모두 '실효'가 없었다고 반성하면서, 신문화를 건설하려면 문학을 혁신해야 하며 산업을 조장하려면 생산 방법을 개량해야 한다고 주장했다. 아울러 필자는 자본주의가 발전된 이후에야 계급 대립에 따른 사회운동이 발생할 수 있다고도 주장했다.[244] '문학 혁신을 통한 신문화 건설'과 '생산 방법 개량을 통한 산업 조장'이라는 슬로건에서는 1910년대 후반 유학생들이 활용하던 '문화'와 '상공업'이라는 틀이 떠올려진다. 이때 문화는 문학이나 사상의 상위 개념이라고 할 수 있다.

「학우회의 순회강연」은 제2회 순회강연회에 맞추어 한국의 '신문화운동'이 나아가야 할 방향을 표명한 사설이다. 이 글에서 특히 강조된 것은 과학의 발달을 통한 경제의 발전이었다. 필자는 조선의 청년은 유학생들을 통해 '현대문명'이 무엇인지 깨달아야 한다고 했는데, 그에 따르면 현대문명의 가장 중요한 성취는 과학의 발달을 바탕으로 한 물질적 시설의 완비이다. 인간 생존의 기초적 조건

243 「新中華建設의 大任을 自負하는(一)」, 『동아일보』 1920. 6. 7, p.1.
244 「社會發展의 階段 : 文學革新, 産業革命」, 『동아일보』 1921. 6. 17, p.1.

은 경제이며, 인류문명의 기초적 조건은 그와 같은 경제를 발전시키는 과학의 발달이라고 했다. 정치적 힘과 도덕적 향상 이전에 생활의 안정이 기반이 되어야 한다는 것이다.[245] 신문화운동의 목표는 '현대문명'에 대한 충실한 이해와 그것을 따라잡는 것이 되었으며, 이로써 초창기 문화운동론에 나타났던 '사회적' 지향 즉 '자본주의적 · 유산계급적 현대문명'에 대한 대결 의식은 해소되었다.

문화운동에 내재되어 있던 '실리적인' 내용이 표면화된 것은 1921년 말이다. 제1차 세계대전의 처리를 종결하기 위해 강대국들이 소집한 워싱턴회의의 전개 과정을 지켜보면서 조선의 지식인은 세계 개조와 민족 해방의 기대가 사실상 실현 불가능해졌다는 것을 감지했다. 정치적 · 사회적 변혁에 대한 이상주의적 열정이 급속히 식었다. 일간신문과 잡지 등 언론에서 식민 권력의 시정을 비판하는 실제적 준거로서, 그리고 대중을 설득하고 동원하기 위한 구체적인 목표로서 '문화(주의)'를 제시했을 때, 그것은 대개 사회 모든 영역의 '근대적' 발전을 의미했다. 일간지와 잡지, 강연을 통해 사회의 모든 분야의 근대적 발전을 의미하는 '문화(주의)'가 지지 · 확산되던 가운데, 문화운동의 당면 과제로 산업의 증진과 교육의 확대가 대두했다. 가장 중요한 문제는 '교육이오 산업'이며 '정치, 종교, 법률, 도덕이 모두 교육과 산업을 위함'이라는 것이다.[246] 문화운동의 주창자들은 과학, 기술과 기계의 진보, 산업의 발전, 자본주의적 경제체제의 확립을 추구했다.[247] 따라서 이와 같은 목표에 도달하

245 「學友會의 巡回講演」, 『동아일보』 1921. 7. 17, p.1.

246 「産業調査會의 設置 : 文化政治의 表徵乎」, 『동아일보』 1921. 6. 10, p.1.

247 「經濟的能力과 政治上權利 : 經濟는 政治의 基礎」, 『동아일보』 1921. 8. 16, p.1.

기 위해 교육의 확장, 악습의 개량, 도덕의 혁신이 필요했다. 이제 '문화'는 정치적 · 사회적 혁신주의나 이상주의와는 선을 긋고 경제력의 증진이나 이를 뒷받침하기 위한 지적 · 도덕적 발전이라는 관념과 연결되었다. 문화라는 말은 서구문명을 비판하고 극복하는 지향이 아니라 그것을 욕망하는 지향을 표현하게 되었다.

2. 문화론의 의미장과 갈래들[248]

1910년대 중반에 이미 일본 유학생들은 문학이나 예술 · 종교 · 학문의 자율성과 가치에 대한 담론들을 소개하기 시작했지만, 그 상위 개념인 '문화'의 위상은 분명치 않았다. 유학생들은 문화라는 용어를 일관성 있게 사용하지 못했으며 그것의 상위/하위/유사 범주들을 구조화하지 못한 채 나열하곤 했다. 문화라는 말의 의미를 체계적으로 분석하거나 설명하려 한 시도도 없었다. 이 같은 이력에 비추어 볼 때, 1920년대 초반은 문화에 대한 개념적 · 이론적 논의가 심화되었다는 특징이 있다. Part 4의 1에서 살펴본 것처럼 1920년

248 이돈화(李敦化)와 김현준(金賢準)의 문화론에 대한 이 절의 논의 일부는 김현주 2008 : 328~333을 요약 · 재서술한 것이다.

당시에는 문화가 해방과 변혁에 대한 열정에 의해 내용이 부풀려졌기 때문에 지시 대상이 불분명했다. 그 같은 잠시 동안의 고양기가 지난 후, 그러니까 1921~1922년을 거치면서 잡지 등을 통해 훨씬 정제된 문화론이 등장했다. '문화란 무엇인가'라는 질문에 직접 답하려는 글들도 등장하기 시작했는데, 일본 유학생이나 유학파 지식인은 독일어 Kultur나 영어 culture의 어원과 역사적 변천을 소개하고 그 함의를 비교·분석해 보려고 했다. civilization이나 enlightenment 등과의 유사성 또는 차이에도 관심을 보였다. 문화 개념의 의미론적 장이 더 체계적으로 구성되었으며 문화학의 다양한 갈래가 소개되었다. 이 절에서는 1920년대 초반에 일본의 문화주의철학을 참조·원용하면서 진행된 문화의 개념적·이론적 논의를 살펴보겠다.

문명civilization에서 문화Kultur로의 전환

김항복金恒福은 「문화의 의의와 기其 발전책」에서 광의의 문화는 '문명이라는 말과 전연 동일한 의미를 유有한 자者'라고 했다. 그에 따르면, 문화는 '독어의 쿨틀Kultur과 영어의 컬튜아— culture란 말의 역어譯語'이고 문명은 '영어 시빌라이제이슌civilization의 역어'이다. 유럽에서 이 세 단어는 애초에 똑같이 인간의 내적 성질의 수양을 가리키다가 근대에 들어 생활 수단인 기술과 도구의 발명까지 포함하게 되었다. 현재는 "내內로 예술을 중심으로 한 정심精心적 수양과 외外로 사이엔스를 중심으로 한 물질적 발전을 병칭하야 문명 혹은 문화라 하게 되었다." 종합하면 문화는 문명과 마찬가지로 인간이

'야만미개의 상태에서 벗어나 심육 양 방면의 덕화·교화됨을 통칭' 하는 말이다. 김항복은 예술과 과학, 정신과 물질을 서로 구별되는 동시에 보완하는 관계로 편성하면서 '전 인류의 모든 활동은 다 이 문화의 의미에 포용될 것'이라고 주장했다.[249]

아래 인용문은 신식申湜, 생몰연도 미상의 「문화의 발전 급及 기其 운동과 신문명」의 일부인데, 그는 문화에 대해 확실하고 명료한 정의를 제시할 수는 없다면서 아래와 같이 설명했다.

> 우리 人類界에서 쉬지 안코 進化하야 나가는 모든 流動의 狀態를 가르처 文化라고 할 수 밧게 업다. 그러케 말하면 勿論 宗敎나 藝術이나 科學이나 産業이나 物質 精神 兩方面의 온갓 것이 擧皆 包括될 줄로 생각한다. 넘우 迂遠한대 빠졋슬른지 알 수 업지만 나는 우리 人類生活의 持續하는 동안의 어느 特別한 한 時代나 한 方面이나 한 部分的에 지나지 못하는 무엇을 갓다가 文化라는 말 알에 普遍的 意義로는 부칠 수 업는 줄 안다. 될 수 잇는 대로는 狹意의 解釋을 避하고 廣義의 意味를 取하는 것이 文化라는 말 알에서 忠實한 本意를 잇지 안흘 줄로 생각한다.[250]

신식에 따르면, 문화라는 말에 대한 충실한 해석은 되도록 넓은 의미를 취하는 것이다. 그는 종교, 예술, 과학, 산업 등 물질 방면과 정신 방면 모두를 포함하는 문화는 '인문'이나 '문물'이라는 말과 유사한 뜻을 갖는다고 했다. 이와 같은 문화는 자연계나 다른 생물계

249 金恒福(1921), 「文化의 意義와 其發展策」, 『학지광』 제22호, pp.38~39.
250 在東京 申湜(1921), 「文化의 發展 及 其 運動과 新文明」, 『개벽』 제14호, p.23.

에는 없는 '우리 인류 사회'만이 갖는 특징이다. 그리고 문화는 특정한 시대나 분야에 국한되는 것이 아니라 인류 '공통 보편의 이상적인 총합체의 표현'이며 고정된 것이 아니라 쉼 없이 '진화'·'유동'하는 것이다. '문화의 발전은 인류 진보의 척도'라거나 "인류의 진보는 문화 발전의 여부를 따라 측정할 수 있다"라는 표현에서 보편주의적 문화 개념은 근대의 진보적 역사철학과 바로 연결되었다. 따라서 문화 발전에 대한 공헌 정도는 개인 인격의 고하高下나 국가/사회의 문야文野의 척도가 되는 것이다. 신식은 예수와 석가는 정신상 문화 발전에 공헌했고 과학자와 발명가는 물질상 문화 발전에 공헌했다면서, '구미열강이 현세에 웅비 활약하는 것도 인류문화상 공헌한 바가 다른 곳보다 다소간 우승한 점이 있는 까닭'이라고 평가했다.[251]

김항복이나 신식의 설명은 계몽주의적 문명=문화 개념의 주조를 유지하면서도 문화를 이해시키는 데 목적이 있었다. 김항복이 '넓은 의미의 문화는 문명과 같은 뜻'이라고 썼을 때, 여기에는 인류의 정신적·물질적 발전 과정과 그 성과를 표상하는 데 문명 대신 문화를 사용하겠다는 의도가 드러난다. 이들의 글에서 문화는 인간 정신의 성장과 물질의 발전을 종합한, 인간이 자연 상태에서 벗어나 사회화되는 과정 및 그 성과 전체를 표상하는 보편적·일반적 개념으로 나아가고 있다.

지식인들은 기왕에 문명으로 불렀던 것을 문화로 부른 한편에서, 두 단어의 범주를 구분하려는 시도도 했다. 한 가지 방식은 문화를

251 在東京 申湜(1921), 앞의 글, pp.23~24.

포괄적이고 총체적인 범주로 사용하면서 시빌라이제이션이나 문명을 상대적으로 협소한 의미로 사용하는 것이었다.

> 元來 文化의 意味라고 하는 것은 여러 가지 意味를 包含한 것이다. 英國의 말로 文化Civilization「시비리세이숀」이라고 하는 文明의 意味와 共通도 될 人類의 凡百이 野蠻狀態에서 벗어난다는 漠然한 意義로 解釋할 수 잇는「시비리세이숀」의 意味를 取하며 文化라고 하는 것도 잇지마는 余는 이러한 文化를 말하는 것도 아니요, 더욱이 新聞 3面 記者가 解說하는「文化發展으로 共同沐浴湯 設始云云……」하는 그러한 淺薄한 意味에 使用하는 文化도 母論 아니다. 적어도『컬트아Cultre』即 敎化·敎養·德育·文化의 意味이나 그러치 아니하면『엔리끼텐멘트Enlightenment』 敎化·啓明·開明·開發·光照·照明·文化의 意味이나 한 層 더 深刻하게 獨逸의『쿠르투르Kultur』의 意味를 가진 文化라는 말이니 이것을 한 번 詳細하게 말하면 獨逸國民이 18世紀의 末葉으로부터 19世紀에 이르러 希臘의『휴마니씀Humanism』의 收得者라하야 다른 國民보담도 한層 더 明白한 希臘人으로써 歷史上에 光榮잇는『쿠르투르』를 自己네들이 所有한 國民이라고 自處하얏다.[252]

위 인용문은 현철玄哲, 1891~1965의「문화사업의 급선무로 민중극을 제창하노라」의 일부인데, 설명에 따르면 civilization·culture, enlightenment·Kultur는 모두 문화라는 용어로 번역되지만 그 의미는 다소 차이가 있다. 영어 civilization의 번역어인 문명의 동의

252 玄哲(1921),「文化事業의 急先務로 民衆劇을 提唱하노라」,『개벽』제10호, p.108.

어로서 문화는 인류가 야만으로부터 벗어난다는 다소 단순하고 초보적인 단계를 가리키며, culture는 교화 · 교양 · 덕육 · 문화를 의미하고, enlightenment는 교화 · 계몽 · 개명 · 개발 · 광조 · 조명 · 문화를 의미한다. 현철은 civilization, culture, enlightenment의 의미를 가진 문화와 대비하여 '한층 더 심각'한 '독일의 쿠르트르의 의미를 가진 문화라는 말'에 주목한다. 그에 따르면, "文化事業의 急先務라고 하는 文化는 『시비리세이숀』의 文化라는 것도 아니고 『컬트아』의 文化를 말한 것도 아니며 『엔리끼텐멘트』의 文化도 아니요 『쿠르투르』의 文化라도 一元的 『쿠르투르』 中의 文化가 아니고 二元的 意味를 包含한 『쿠르투르』 即 文化를 가르쳐 한 말이다."[253] 현철은 문화에 대한 일면적 해석, 즉 '물질생활뿐으로 인간 생활의 전부라고 하'며 '예술과 학문은 무용의 장식물이라고 하'는 사회주의자뿐만 아니라 '문화를 한갓 정신생활로만 보는' 오이켄의 해석도 경계했다.[254] '쿠르투르'의 의의는 물질생활과 정신생활 모두의 조화로운 발전, 개인과 사회 모두의 조화로운 전체성에의 도달을 목표로 한다는 데 있었다. 이는 그리스의 휴머니즘을 계승한 독일 국민의 자의식을 표현한 개념으로서, 물질생활과 정신생활의 조화 또는 합체, 영혼과 육체의 일치를 통한 인격의 완성을 목적으로 하는 것이다.[255]

253 玄哲(1921), 앞의 글, p.110.

254 玄哲(1921), 앞의 글, p.109. 『개벽』에서 독일의 철학자 오이켄의 사상은 권덕규(창간호) · 황의돈(제6호) 등의 글에서 소개되었으며, 「오이켄 박사의 독일자랑」(제3호)도 실렸다. 오이켄은 영적 개조, 정신생활을 강조하는 문맥에서 그리고 독일의 문화와 학문의 특징을 강조하는 문맥에서 수용되었다. 일본을 거친 오이켄사상의 수용에 대해서는 손유경 2005 : 89~90 참조.

255 玄哲(1921), 앞의 글, p.109.

문명과 문화의 범주를 구분하는 다른 한 가지 방식은 그것들을 상대적 범주로 사용하는 것이다. 김항복은 협의의 문화란 광의의 문화에서 '과학적 · 물질적 문명'을 제외한, '고상한 정신적 산물, 즉 예술 · 종교 · 학술 · 도덕을 포괄한 명칭'이라고 했다. 그는 인간의 내적 · 정신적 능력, 곧 지정의의 능력이야말로 인간으로 하여금 진 · 선 · 미 · 성의 가치를 추구하도록 하는 것이며, 이러한 '인격적 가치'의 객관적 상관물이 바로 학문 · 도덕 · 예술 · 종교라고 설명했다.[256] 신식도 문화라는 단어로 '외적 물질문명과는 다른 내적 정신문명'을 가리키곤 했다.[257] 황의돈黃義敦, 1890~1964은 영육 양 방면의 생활의 개조를 주장했는데, 이 가운데 영적 생활을 '문화'와 연결시켰다.[258] 이동예는 독일어 Kultur와 영어 culture를 동의어로 파악하고, 이 단어들이 모두 현실적 · 자연적 사실을 초월하여 정신적 가치를 창조한다는 뜻이라고 설명했다. 그는 civilization이 현실적 · 물질적인 것을 대표한다면 Kultur=culture는 이상적 · 정신적인 것을 대표한다고 정리했다.[259]

문화에 대한 현철이나 김항복 등의 강조는 정신보다 물질을, 영혼보다 육체를 중시해 온 데 대한 반성과 비판에 바탕을 둔 것으로서, 현철이 '인간 생활의 최고 구경의 목적'이라고 본 '문화주의'는 특히 예술 · 과학 · 도덕 · 종교 등 정신적 산물을 매개로 하여 인간

256 金恒福(1921), 「文化의 意義와 其發展策」, 『학지광』 제22호, pp.39~40.

257 在東京 申湜(1921), 「文化의 發展 及 其 運動과 新文明」, 『개벽』 제14호, p.27 참조.

258 黃義敦(1920), "文化發展을 催促하라," 「各地靑年團體에 對 한 現代名士의 要求」, 『개벽』 제6호, p.34.

259 李東藝(1923), 「文化主義란 무엇?」, 『공영(共榮)』 제2호, p.24.

의 개성의 본질에 따라 인격을 조장하고 완성하는 것을 목표로 하는 사상이었다. 즉 '진정한' 의미에서 개인과 사회를 발전시키고자 하는 노력으로서 문화주의는 예술·과학·도덕·종교 등의 '객관문화', 즉 진·선·미·성같이 인간이 추구해야 할 보편적 이상 또는 가치를 표현하는 문화적 산물들을 중시했다.[260] 이로써 문화는 인간의 활동과 성취 전체가 아니라 그 가운데 특정한 부문을 가리키는 좁은 의미로도 널리 사용하게 되었다.

문화는 문명보다 심원하다거나 그것을 포괄하면서 넘어서는 것이라는 식의 표현이 직접 등장하기도 했거니와,[261] 문화는 문명 개념을 상대화하는 수준을 넘어 그것을 반성하고 비판하는 우월한 위치에 오르려는 지향도 보였다. 1921년 이돈화李敦化, 1884~1950는 『개벽』 창간 1주년을 기념한 특집호 권두 논설인 「혼돈으로부터 통일에」에서 갑오년1895 이후 40년 동안 유행한 용어의 변천을 개화→문명→문화의 순서로 정리했다. 1895년청일전쟁부터 '개화'가 신용어로 유행하다가 1904년러일전쟁부터 그것이 '문명'이라는 용어로 변화되었으며, 제1차 세계대전 종전 이후에는 '문화'가 새로 대두했다는 것이다.

> 最近 兩3年以來 — 各種 團體의 蔚興이며 青年의 向學熱이며 父兄의 教育熱이며 新聞雜誌의 進步이며 女子解放의 運動 등 모든 覺醒의 길이 空前의 活氣를 가지고 進展하는 中에 잇다. 그리하야 이제껏 文明이라

260 玄哲(1921), 「文化事業의 急先務로 民衆劇을 提唱하노라」, 『개벽』 제10호, p.109.
261 「朝鮮人의 胸中」, 『동아일보』 1922. 8. 16, p.1.

稱하던 用語가 世界 大勢를 應하야 文化라 云하는 用語로 變하는 中에 잇슴은 特히 注意할만한 일이다. ……대개 學者들이 이 3個 用語에 就하야 解釋하는 말을 들으면 曰 開化, 文明, 文化라 함에 本來 意義上 大한 差違가 잇는 것은 아니다. 그러나 그 用語의 發展한 形跡으로 보면 多少의 差異點이 업지안타 하나니 卽 開化는 未開하엿던 社會가 처음으로 形式上 或은 精神으로 눈을 열엇다 함이니 이를 1日의 過程으로 말하면 欲明未明한 曉頭라 하는 말과 恰似함이요 文明이라 하는 것은 精神이나 形式에 燦然한 文物이 展開하엿다는 意味일지나 그러나 大體文明이라 하면 這間에 精神으로보다 物質的이라 하는 便이 過重하여젓다 하는 意味이며 文化라 함은 그의 反動으로 精神的에 置重되는 말이라 함이 大槪 一般 普遍의 容認이라 하면 朝鮮에 在한 開化, 文明, 文化라 稱하는 3用語의 3過程도 또한 這個의 意味가 업지안타 云치 아니치 못할지라.[262]

위에서 이돈화는 문화를 대체로 물질적인 것에 편중한 문명에 대한 '반동으로' 정신적인 것을 중시하는 말이라고 설명하고 있다. 여기에서 문화는 기왕의 문명 개념과 구별될 뿐만 아니라 심지어 대립하는 개념으로 떠오르고 있다. 위 글에는 '물질적 문명'과 '정신적 문화'의 구분이 명확한데, 이돈화는 문명의 한계를 지적하고 반성하려는 의도를 표현하기 위해 문화라는 용어가 사용된다는 점을 암시했다.

문명civilization에서 문화Kultur로의 이행은 역사 해석에 변형을 가져

262 李敦化(1921), 「混沌으로부터 統一에」, 『개벽』 제13호, pp.5~6.

왔다. 1920년대 초는 세계 개조, 사회개조, 인간 개조에 대한 희망과 기대가 부풀어 올랐던 시기이다. 조선이 사회주의혁명의 길을 가는 것이 가능한지를 타진하는 글에서 '인류 최고의 행복은 현대 문명을 파괴한 후에야 성취된다'라는 주장이 보여 주는 것처럼,[263] 1920년대는 현재 서구의 성취를 목표로 하여 일직선으로 전진하는 진보론에 대한 비판과 의심이 처음으로 진지하게 제기된 시기였다. 이는 제1차 세계대전을 치르면서 유럽이 스스로 개척한 성과 대부분을 파괴하고 출발점으로 되돌아가 자기반성의 국면에 접어들었다는 판단이었다. 1926년에 김윤경金允經, 1894~1969은 「인류 사회 발전 과정의 분류」라는 글에서 인류의 발전 단계에 대한 알렉산더 서덜랜드 등의 구분법을 소개했는데, 이에 따르면 인류는 야만인 · 미개인 · 문명인 · 문화인의 단계를 밟아 발전해 나간다.[264] 문명을 지나간 단계로 상대화하고 문화로 새로운 시대의 인식과 지향을 표현하는 역사론이 확산되기 시작했다.

문화라는 단어로 생활의 전체성을 포괄하려 하거나 그 안의 특정 영역을 강조하는 과정에서 문명의 의미는 제한되거나 가치가 하락했다. 특히 현실 타개적이고 변혁적인 담론에서 '현대'나 '물질' 혹은 '서구'라는 용어와 결합한 문명은 자본주의체제 자체나 산업화, 근대화의 부산물을 표상했다. 문명과 문화의 차이를 뚜렷이 구별하려는 의도를 보이지 않은 글에서도 문명이라는 용어는 '서양인이나 일본인의 문명', '현대문명', '현대문명인들', 일본 사람과 서양

263 「問題의 解決은 自決이냐 他決이냐」, 『개벽』 제33호(1923), pp.10~11.

264 金允經(1926), 「人類社會發達程道의 分類」, 『동광』 제7호, pp.22~25, pp.82~85.

사람의 '현대의 신문명', '과학적 문명' 같은 표현에서 주로 사용되었다.[265] 추후에는 이와 같은 인식론이 단단해지면서 문명과 문화는 상보적이면서도 역평행적인 이중나선double helix의 형태를 띠게도 되었다. 즉 서구 · 현대 · 물질 같은 개념과 결합한 '문명'과 동양 · 민족 · 전통 · 정신 같은 개념과 결합한 '문화'가 상보적 대쌍 관계로 연결되고, 문명과 문화는 각각 나선 형태를 취하며 역평행선을 달리게 된 것이다.[266] 한국에서는 1920년대에 문화가 문명에 대해 상대적이거나 대립적인 위치로 비약함으로써 두 개념이 이중나선을 형성하기 시작했다.

철학적 문화론의 의미장

'문화'에 대한 김항복 · 신식 · 현철 · 이돈화 · 이동예 등의 해설은 앞에서 살핀 것처럼 인격 · 가치 · 이상 · 진선미 · 도덕 · 철학 · 예술 · 학문 같은 개념들로 이루어져 있었는데, 이는 일본의 문화주의 철학의 주요 개념들을 뽑아서 조합한 것이다. 철학적 문화론의 개념들을 선택적으로 조합해 만든 주장들이 1920년 후반부터 이미 다양한 단체 및 매체를 통해 유포 · 확산되었다. 『개벽』은 권두 논설에서 제1차 세계대전 종전 이후 세계가 인도정의의 시대에 접어들

265 北旅東谷(1922), 「東西의 文化를 批判하야 우리의 文化運動을 論함」, 『개벽』 제29호, pp.81~94.

266 이중나선은 생명계 내에서 DNA가 취하는 일반적 형태를 이르는 표현이다. 이때 수소 결합으로 연결되는 염기의 쌍은 상보적(complementary)이며, 이중나선의 두 가닥은 역평행적(anti-parallel)이다.

었다고 진단하면서 '인도정의라 함은 인격의 최고 진선미의 발휘를 목표함일 것이니 인간 세계의 모든 경영과 모든 활동을 오로지 인격의 최고 진선미에 표준'해야 한다고 주장했다.[267] 조선청년회연합회는 기관지 『아성我聲』의 창간호 권두언에서 '내적으로 스스로 동動하여 이상적 문화'를 달성하는 것을 조직의 목표로 내세우고, 이를 위해 '주의主義는 오로지 수양을 표방하여 인격적 최고의 목적을 위해 전진할 뿐'이라고 천명했다.[268]

철학적 문화론의 주요 개념의 수원지는 도쿄제국대학의 철학과 교수 구와키 겐요쿠桑木嚴翼의 철학이었다. 독일 신칸트주의의 입장에서 철학사와 철학개론, 칸트 연구서 등을 발표하여 일본 아카데미 철학의 초석을 놓은 인물로 알려져 있는 구와키 겐요쿠는 인식주관으로서의 자아를 개인적 자아를 초월하는 보편적인 공아公我로 규정하고, 이 보편타당한 선험적 주관으로서의 공아에 기초하여 제반 가치를 설정했으며, 인격적 생활의 이상은 '진선미'라는 문화 가치의 실현에 있다고 주장했다. '문화주의'라는 표현은 1919년 구와키 겐요쿠와 소다 기이치로左右田喜一郎가 맨 처음 사용한 용어로 알려져 있다.[269] 앞에서 살핀 현철의 「문화사업의 급선무로 민중극을 제창하노라」는 구와키 겐요쿠의 「세계 개조의 철학적 기초」『개조』

267 「人道正義 發展史로 觀한 今日以後의 모든 問題」, 『개벽』 제4호(1920), p.4.

268 「天性과 地性」, 『아성』 제1호(1921).

269 구와키 겐요쿠의 사상에 대해서는 미야카와 · 아라카와 2001 : 153~155 참조. 1920년대 초 조선에서의 구와키 겐요쿠의 문화철학 수용에 대해서는 일찍이 박찬승이 논의한 바 있으며, 이어서 허수가 이돈화의 구와키 겐요쿠 수용의 특징을 상세히 분석했다(박찬승 1992 : 176~185 ; 허수 2004 : 121~168). 이돈화의 문화주의철학 수용에 대해 체계적으로 검토한 성과로는 허수 2011b가 있다.

제2호(1919. 5)를 요약·발췌한 글이다.[270] 뒤에서 자세히 살펴보겠지만, 일본의 문화학의 지형을 맨 처음 체계적으로 소개한 김현준金賢準, 1898~1950의 「문화적 생활과 철학」은 구와키 겐요쿠의 『문화주의와 사회문제文化主義と社會問題』1920, 東京 : 至善堂書店를 발췌하여 번역한 글이다.

이돈화의 「문화주의와 인격상 평등」도 구와키 겐요쿠의 『문화주의와 사회문제』를 부분 번역한 것이다.[271] 이 글에서 이돈화는 문화에 관한 학문과 자연에 관한 학문은 연구 방법이 다르다고 설명했다. '자연과학'이 자연물을 개괄한 결과를 바탕으로 대상을 분류하는 것을 목적으로 삼는 학문인 데 반해, '문화과학'은 '가치적 사고'로써 정신현상의 '의미'를 평가하고 탐구하는 학문이라는 것이다.[272] 이어서 그는 정신, 이상, 가치, 인격, 자유 같은 단어들을 사용하여 문화를 설명했다.

270 『개벽』에서 독일의 쿨투어 개념의 수용 및 전개에 대해서는 이민영 2008 참조. 김승묵의 「문화주의의 고저」(『신민공론』, 1922. 1)도 구와키 겐요쿠의 『문화주의와 사회문제(文化主義と社會問題)』를 발췌·번역한 것이다. 이에 대해서는 나연준 2011 : 16 참조.

271 이 글은 구와키 겐요쿠의 『문화주의와 사회문제』의 「제1장 세계의 개조와 문화주의(世界の改造と文化主義)」를 발췌·번역한 것인데, 앞부분은 "제2절 문화주의(文化主義)"(pp.173~179)를, 뒷부분은 "제1절 세계 개조의 철학적 기초(世界改造の哲學的基礎)" 중 "인격적 평등(人格的平等)"(pp.163~165)을 부분 발췌한 것이다. 자세한 비교·분석은 허수 2004 : 130~138 참조. 이외에도 이돈화는 「사람性의 解放과 사람性의 自然主義」(『개벽』 제10호), 「時代精神에 合一된 사람性主義」(『개벽』 제17호)에서도 위 글을 부분 인용하면서 주장을 전개했다.

272 白頭山人(1920), 「文化主義와 人格上 平等」, 『개벽』 제6호, p.10. '자연과학(Natur Wissenschaften)'과 '문화과학(Kultur Wissenschaften)'을 대비하는 표현은 이미 1920년 8월 『개벽』 제3호의 「자연과학에 대한 인생관」에 등장한다. 필자인 박용회(朴庸淮)는 인생의 모든 현상을 본능에 의해 지배되는 인과필연의 작용으로 보는 '자연주의(기계론)'에 대비하여 '이상주의'를 주장하면서, 자연과학의 방법으로는 다룰 수 없는 '가치'와 '이상'을 포함한 경험을 다루는 문화과학의 의의를 강조했다〔朴庸淮(1920), 「自然科學에 대한 人生觀」, 『개벽』 제3호, pp.80~84〕.

文化라 云하는 語를 解釋함에 當하야는 第一로 對立할 만한 者는 自然이라는 그것이엇다. 卽 文化의 意義를 明白히 함에 먼저 自然과 對立을 一言치 아니함이 不可하다. 元來 一文化의 意味에는 價値라 云하는 者를 包容한 語니…….

次에 文化에는 努力 卽 價値가 有하다 云하는 點으로부터 更히 文化에는 스스로 어떤 理想이 伴隨하엿다 함을 可得할지니…… 如斯히 文化는 但히 自然이라 云하는 一般의 者와 對立할 뿐만 아니라 他方面에서 卽 理想과 實現을 區別하는 點에서 特히 實際上 實益에 合하는 事와 不然한 자를 區別하야…….

次에는 人生의 理想 方面의 本質 問題니 그는 理想이라 云하는 事에는 價値가 中心의 觀念이 되어잇스나 價値 그것은 現在의 事實 卽 現實과는 다른 것이엇다. ……此와 同한 意味에서 現實로는 說明키 難한 價値 生活의 全體되는 文化는 自由라 云하는 事와 極히 密接한 關係를 가지고 잇도다. 文化는 한갓 變遷하야 가는 것이 아니라 어떤 一定의 法則에 依하야 必然的으로 發達하야 가는 것이다. 然이나 그 一側面에는 또 如何한 事일지라도 得爲하리라 할 만한 人의 能力이 結合하야 잇나니 此能力이야말로 人의 人되는 特色이엇다. 自由라 云하는 것은 여러 가지로 選擇이 되나 如하턴지 意志의 自由라 云하는 것이 道德 說明 上의 基礎觀念이 되어잇스며 그리하야 또 그 意志의 自由와 文化는 關係를 깁히 맷고 잇겟다. 意志의 自由가 有한 人이야 卽 人의 人되는 本性을 具備한 것인데 그 人된 本性이라 함은 卽 人格이엇다. 故로 文化는 人格과 密接不離한 關係를 가지고 잇는 것이엇다.[273]

273 白頭山人(1920), 「文化主義와 人格上 平等」, 『개벽』 제6호, pp.10～12.

앞 인용문은 철학적 문화주의의 기본 개념을 잘 보여 준다. '자연'에 대립하고 '현실' 또는 '실제상 실익에 합하는 일'과 구분되는 문화를 특징 짓는 핵심 개념인 '이상'은 가치와 자유라는 두 개의 관념을 이끌고 있다. 먼저 '이상'의 중심 관념은 '가치'이다. '理想이라 云하는 事에는 價値가 中心의 觀念이 되어잇스나 價値 그것은 現在의 事實 即 現實과는 다른 것'이다. 문화는 '자연과 대립되고 현실적 요소와도 대립되는, 정치, 법률, 경제 등과는 구별되는 이상적이고 가치적인 사고'이다.[274] 이상과 가치가 끌어당기는 또 하나의 핵심 개념은 '자유'이다. '이상은 장래에 도달할 만한 표적'이고 '가치생활'은 '현실로는 설명키 난難한' 것이다. 따라서 이상과 가치의 전제가 되는 '문화는 자유라 운云하는 사事와 극히 밀접한 관계'를 가지고 있다. 다시 말해 '의지의 자유'야말로 '인人의 인人 되는 본성'이며 '인격'이다. 실제적인 효용에 구속될 수밖에 없는 사회의 여타 영역들과 구분되는 동시에 인격의 완성에 관여하는 것이라는 근거를 들면서, 이돈화는 '문화는 인人의 능력의 자유 발달이라 운云하는 사事에 귀착할 것'이라고 총괄했다.

即 人은 人格을 가지고 잇는 것인데 그 人格잇는 人으로의 여러 가지 自由로 發展케 하는 事가 即 文化라 할 것이다. 即 문화란—인용자 單히 道德이라던가 或은 學術이라던가 云하는 狹義의 者에뿐 止치 아니하고 여러 가지 人의 活動力이 自由로 發達하야 向上에 向上을 加하는 發展이 엇다. 딸아서 此 文化로써 生活의 中心으로 하는 思想에 即 文化主義라

274 白頭山人(1920), 앞의 글, p.11.

할 것은 多言을 不要할 것이엇다.[275]

문화에의 참여의 조건으로서 인격은 '자주적 도덕'에 대한 요청으로 연결되었다. 이돈화는 「생활의 조건을 본위로 한 조선의 개조사업」에서 자율적 도덕이란 타인의 명령에 따라 기계적으로 수행하는 것이 아니라 '자기라 하는 개체의 인격을 주로 하여 그 주체로부터 우러나오는 도덕'이라고 설명했다. '자주주의의 도덕에서는 자기 스스로가 입법자가 되며 사법자가 되며 행정가가 되어 자기의 사事를 자기로 능히 처변處辨할 만한 도덕의 주체가 되어야' 한다고 했다.[276] 이때 인격이란 자율적 도덕성을 의미했다. 앞의 인용문에서 이돈화는 '가치'와 '이상'을 내재한 '문화'를 창조할 수 있는 조건인 자유는 '의지의 자유'라고 말했던바, 의지의 자유란 곧 도덕적 자율성을 뜻했던 것이다.

김항복과 이동예도 문화철학의 주장을 '인격', '자유', '이상'을 중심으로 받아들였다. 김항복은 문화가 '각인의 내부 생활 즉 기其 자아가 자유로운 발전을 함'을, 개개인이 '인격자로 전全 능력을 자유로 발달시키는' 것을 목표로 한다고 보았다.[277] 문화의 목적은 자아의 자유로운 발전이다. 이동예도 인격을 자유와 관련하여 설명했다. 인간은 "인류 본연의 자주, 자유에 기基하여 활동하며 하등의 속박을 수受하지 아니하고 자발적으로 자연을 순화하며 이상화하

275 白頭山人(1920), 앞의 글, pp.12～13.

276 李敦化(1921), 「生活의 條件을 本位로 한 朝鮮의 改造事業」, 『개벽』 제15호, pp.11～12.

277 金恒福(1921), 「文化의 意義와 其發展策」, 『학지광』 제22호, pp.39～40.

려 하는 노력에 맹진할 것이외다. 여사如斯히 하여 문화 가치의 창조에 참여하는 인격자로서 생生하려 하는 것이외다."[278] 김항복과 이동예에게 문화 또는 문화적 가치는 개개인의 인격적 발전의 토대이자 목표였으며 그 동력은 인간 본연의 자유의 발현이었다.

한편 「문화주의와 인격상 평등」에서 이돈화는 구와키 겐요쿠로부터 '인격적 평등'에 관한 관념도 수용했다. 이돈화에 따르면, 문화는 경험적 내용을 초월한 선천적 기초 위에 성립하는 것이므로 선험적 자아 즉 인격이 중요시된다. 인격이 있는 이상, 사람은 동등한 가치를 지니며, 따라서 문화에 참여할 자격에는 하등의 차별이 있을 이유가 없다는 것이다. 그러므로 "文化라 云하며 改造라 云함은 먼저 此와 如한 人格의 存在를 豫想할 것이며 그리하야 此와 如한 人格의 上에는 平等觀이 成立치 아니치 못할 것이로다."[279] 이돈화는 문화철학의 중심 개념인 '인격'을 평등 개념과도 연결시켜 받아들인 것이다.

1920년대 초 문화철학의 주요 개념은 지식인들의 담론장을 넘어 이미 대중에게 전파되고 있었다. Part 4의 1에서 살펴보았듯이 1921년 7월 조선유학생학우회가 지방 도시들을 돌면서 주최한 강연회의 연설 제목에는 이미 '문화운동', '문화생활', '문화교육' 같은 복합어들이 등장한다. 함께 사용된 '내면'이나 '책임 관념의 도덕적 지위', '이상과 가치', '개성의 발휘' 같은 표현들도 문화철학의 기본 개념이었다.[280] 이런 용어와 표현 들은 강연장을 넘어서 신문, 잡지 들과

278 李東藝(1923), 「文化主義란 무엇?」, 『공영』 제2호, p.25.

279 白頭山人(1920), 앞의 글, p.13.

280 「新人의 新絶叫」, 『동아일보』 1921. 7. 16, p.3 ; 「第二回學友會巡廻講演」, 『동아일보』

지방의 청년회나 종교 단체 등을 통해 널리 확산되었다. 1922년 발행된 유행어 사전인 『현대신어석의現代新語釋義』는 당시에 새로운 지식으로 각광받던 것이 철학적 이상주의를 내포한 '문화'였음을 명료하게 보여 준다.

文化 : 元來 文化의 意義는 甚히 漠然흔 것이나 一般으로 藝術, 科學, 道德, 宗教 等 總體의 精神的 產物로써 個々에 人格을 助長完成하야 社會의 眞發展을 期ᄒ는 것을 意味함이니라.

文化主義 : 前條 '文化'의 意義를 徹底히 홈으로써 人生々活의 究竟, 最高의 目的이 된다는 主義.[281]

사전 편찬자는 '문화'의 원래 의미는 매우 막연하다고 하면서도 당시에 사용되던 문화라는 말의 '일반적' 의미를 분명하게 정의하려고 했다. 이 사전에서 문화는 예술 · 과학 · 도덕 · 종교 등 정신적 산물들의 상위 개념이며, 이는 개인과 사회의 진정한 발전을 위해 필수적인 것으로 설명되었다. '문화주의'는 이와 같은 문화의 의의를 철저히 구현하는 것을 인간의 최고 목적으로 생각하는 태도 또는 인생관으로 정의되었다.[282]

1921. 7. 22, p.3 ; 「第二回學友會巡廻講演」, 『동아일보』 1921. 7. 28, p.3.

281 한림과학원 2010 : 338〔崔錄東 편(1922), 『現代新語釋義』, 문창사, p.25〕.

282 이 사전은 '문명'을 '문화'와 거의 유사한 의미라고 설명한다. "문명 : 문화의 뜻과 대략 비슷한 의미로 사용한다. 문명비평 : 문화 발달에 관해 그 경향 혹은 가치 등을 비평하는 것. 비평하는 사람을 문명 비평가라 한다"〔崔錄東 편(1922), 앞의 책, p.25(한림과학원 2010 : 39)〕.

문화학의 세 갈래

문화학의 갈래를 맨 처음 체계적으로 설명한 글은 구와키 겐요쿠의 『문화주의와 사회문제』를 발췌·번역한 김현준의 「문화적 생활과 철학」이다. 일본 도요대학東洋大學에 재학하던 김현준은 이 글에서 문화학 및 문화 개념의 갈래에 대하여 설명하고 있는데, 이는 당시 일본에서 전개되던 문화 담론의 지형을 이해하는 데 도움을 준다. 아울러 이 글의 내용은 당시 조선에서 문화에 대한 다양한 해석학이 갈등적 요소를 내장한 채 공존하던 모습과도 겹쳐진다.

> 文化라 하는 말이 近日 盛히 流行한다. 爲先 日本에 流行하는 意義를 볼진댄 外國語 그대로 其 意味대로 流行이 된다. 勿論 우리 社會에나 日本社會의 言語學史 及 思想史에난 볼 수 업는 것이다. 그러면 本來 外國語인 故로 原語부터 硏究할 必要가 잇다. 文化라 하는 말은 獨語에 「쿨튜얼Kultur」 譯이다.[283]

위 글에 따르면 1922년 당시 일본이나 조선에서 크게 유행하던 문화라는 말은 '본래 외국어'이다. 그것은 기왕에 없던 단어이자 사상으로서 외국어의 의미가 그대로 유통되고 있는 상황이므로, 문화에 대한 논의는 그것의 원천어에 대한 연구에서 시작해야 한다. 김현준은 문화의 원천어가 독일어 '쿨투어'라고 못 박고 있다.

「문화적 생활과 철학」에서 문화를 탐구하는 철학문화철학에 대한

283 김현준(1922), 「문화적 생활과 철학」, 『신생활』 제6호, p.68.

논의를 좀 더 읽어 보면, 쿨투어의 번역어인 문화의 의미와 그에 접근하는 두 가지 방법을 알 수 있다. 문화를 일반적 · 보편적 가치의 종합이라고 보았을 때, 그러한 문화는 한편에서는 사실적 · 경험적 · 상대적 보편성의 차원에서 접근할 수 있고, 다른 한편에서는 초경험적 · 절대적 보편성의 차원에서 접근할 수 있다는 것이다. 전자는 '문화의 이해'를 목표로 삼는 것 즉 문화에 대한 심리학적 · 사회학적 · 역사적 연구와 과학적 연구를 포함하고, 후자는 '문화의 창조'를 목표로 삼는 것 즉 미래의 문화 이상을 건설하거나 현재의 문화 상태를 평가하기 위해 보편타당한 규준을 확립하는 것을 임무로 삼는다. '문화철학'은 문화에 대한 두 방향의 연구를 총괄하는 명칭으로서, 좀 더 일반적인 용어로 바꾼다면 '문화학'이라고 할 수 있다.

문화학에 대한 이와 같은 구분은 다이쇼기에 일본 철학계가 독일의 문화학을 수용 · 변형한 두 경향을 보여 준다. 일본의 지식인은 독일의 문화학 — 문화철학빈델반트, 문화과학리케르트, 문화심리학분트 · 딜타이, 문화사회학셸러 · A. 베버 등 — 을 직수입하는 과정에서 문화 개념을 재발견하게 되었다고 하는데(니시카와 2006 : 224), 김현준은 '생활'과 '철학학문'의 관계를 기준으로 삼아 유럽의 문화학을 초경험적 실용주의와 경험적 실용주의로 나누었다. 전자는 피히테 · 셸링 · 헤겔로 이어지는 독일 관념론이상주의의 계열로서 문화에 대해 초월적 실재주의 또는 타당주의의 입장에서 접근하며, 후자는 딜타이 · 베르그송 · 듀이로 이어지는 '경험적 · 현실적' 접근으로서 문화에 대한 '발생학적 고찰이며 정신물리적 의의'가 있다. 문화학의 두 갈래는 각각 규범적 · 이상적 문화 개념과 경험적 · 사실적 문화 개념을 바탕으로 하고 있다.[284] 이상의 분석을 바탕으로 하여 김현준은 문화의 개념을 아래와 같이 세 가지로 구분했다.

> 文化의 意義난 廣活하야 社會問題를 考察하는대나 此를 理解 及 解決하난대나 其他 온갓 諸般問題를 觀察하는대난 반다시 文化的 意義가 關聯된다. 그런대 이 文化의 意義를 解釋할진대 三種이 有하니 第一「文化와 文明 卽 文化의 社會學的 一般槪念」第二「文化의 哲學的 硏究 卽 文化哲學的 硏究」第三「現代文化의 一般的 特質 卽 색루조아文化와 푸로레타리아문화」此 三槪念이니…….[285]

첫 번째인 문화의 사회학적 일반 개념을 설명하기 위해 김현준은 우선 일본에서의 문명 개념과 문화 개념의 관계를 정리했다. 이에 따르면, 문명과 문화의 개념은 역사적 발달상으로 근본적 차별이 있다. 일본에서 문화는 독일어 Kultur의 번역어로 성립했으며, 문명은 영국·미국·프랑스·이탈리아에서 발전한 civilization의 번역어였다는 것이다. 문화와 문명의 의미에 대한 설명에는 독일 학자 빌헬름 분트Wilhelm Wundt, 1832~1920가 '민족심리학'에서 '문화와 역사'의 관계를 설명한 부분을 원용했는데, 그에 따르면 문화Kultur는 물질적 방면과 정신적 방면 모두를 포함하며 문명Zivilisation보다 심원한 기초를 가진다. 문화는 표피적이고 물질적인 문명뿐만 아니라 정신적인 것까지 포함한 인간 생활의 전체성을 표현하는 개념

284 김현준(1922), 앞의 글, pp.68~72.

285 김현준(1922), 앞의 글, p.66.

이었다.[286]

김현준은 문화에 대한 이 같은 접근이 '사회학적인 것'이라고 했는데, 그의 설명에 따르면 사회학이 탐구하는 문화는 '경험적 사실 혹은 경험적 실재의 일 종류'로서 인간이 상호 단결과 협동으로 사회를 형성하여 생활의 여러 목적을 달성하기 위해 행하는 제반의 활동과 그 산물 가운데 일반적이고 보편적인 효용을 인정받을 수 있는 모든 것을 가리킨다.[287] 이와 같은 의미의 문화는 인류를 자연계와 존재론적으로 구별해 주는 집합명사로서, 시공간을 가로질러 과거에 살았거나 지금 전 세계에 분포되어 살고 있는 다양한 사람을 단일하게 묶어 주는 원리가 되는 개념이다. '사회문화'라는 표현도 사용하고 있거니와, 이 같은 문화는 사회라는 범주와 내포가 유사하며 사회=문화에 대한 분석은 보통 진화론과 기능주의적 체계론에 기반을 둔다(크리언 2004 : 67~68). 체계적 문화 개념에 의거할 경우, 하나의 전체로서 사회=문화는 서너 개의 하위 영역으로 분석된다. 김현준의 글에서 이와 같은 의미의 '문화'는 경제적 문화, 정치적 문화, 정신적 문화라는 세 부문으로 구분되었다.[288] 여기에서 설명된 것은 '문화의 이해'를 목표로 삼고 있는, 근대 사회(과)학 일반의 문화 개념이라고 할 수 있다.

두 번째 문화 개념은 '문화의 철학적 연구 즉 문화철학 연구'에서

286 분트의 민족심리학은 19세기 말에서 20세기 초에 걸쳐 일본 학계에서 널리 유행했는데, 분트는 역사를 인간성과 민족성의 실현을 향한 발전 과정으로 보았으며 언어・종교・관습 등 정신적인 산물(문화)의 창조를 중요시했다(윤상현 2014 : 331~332).

287 김현준(1922), 앞의 글, pp.66~67.

288 김현준(1922), 앞의 글, p.66.

자세히 설명되는데, 이는 문화에 대한 사회(과)학적 접근의 한계를 극복하기 위한 것이다. 김현준은 "사회문화를 과학적 연구로 득得한 인식, 즉 경험적 실재의 문화 개념적 지식은 과학적 인식으로 하여 매우 중요시된다. 그러나 문화철학의 개념 및 근본 문제라는 견지에서 볼 때, 문화의 사회학적 인식 방면으로는 문화의 본질을 충분히 이해하기 어렵다"라고 말했다. 사회(과)학이 대상으로 하는 문화, 즉 경험적 사실 혹은 실재를 낳는 욕망의 대상목표은 시공간적으로 제한된 것이기 때문이다. 예컨대 '경제적 문화'에서 어떤 대상이 인간의 욕망을 충족하는 효력은 시간적 · 공간적으로 제한을 받는다. 그런데 이와는 달리 시공간을 초월하는 절대적 가치를 요구하는 문화 부문이 있다. "이 절대적 요구라 함은 어떤 것을 표준하기 어려우나 일언하면 진, 선, 미와 같은 자者이니 오인은 예술적 욕망의 대상, 윤리적 욕망의 대상, 종교적 욕망의 대상을 요구한다." 이와 같은 '절대적' 가치 및 요구는 사회학적 접근으로는 충분히 이해하기가 어렵기 때문에 철학적 연구가 필요하다. 철학은 대상의 '실재'가 아니라 '가치'를 판단하는 학문으로서, 철학이 탐구하는 문화는 경험적 사실이나 실재로서의 문화가 아니라 인류사의 발전이 실현하는 절대적 가치요구의 총체로서의 문화이다. 이러한 의미의 문화는 '문화의 창조'를 목표로 삼는 (문화)철학의 탐구 대상이 된다.[289]

세 번째 문화 개념은 문화학을 분화시킨 앞의 두 가지 문화 개념과는 좀 동떨어져 있다. 제3절의 제목은 "현대문화의 일반적 특질

289 김현준(1922), 앞의 글, p.67.

즉 부르주아문화와 프롤레타리아문화"인데, 여기에서 현대사회의 본질은 부르주아의 지배와 이에 대한 프롤레타리아의 투쟁이라는 관점에서 분석된다. 설명에 따르면, 현대사회는 부르주아계급의 지배하에 있으나 그 사회조직 안에서 생성된 노동자계급이 사회조직을 근본적으로 개조하려는 투쟁을 벌이고 있는 상황, 즉 사회조직의 존속/혁파를 둘러싸고 부르주아계급과 노동자계급이 싸우는 중이다. 따라서 현대문화의 특질은 부르주아계급의 지배하에 생성된 부르주아문화와 발전하는 중에 있는 노동자문화가 경쟁한다는 점이다.[290] 여기에서는 사회적 지배와 문화적 지배의 관계가 주목되고 있는데, 문화 간 위계 또는 권력 관계는 사회계급 간 지배/종속 관계에서 비롯한다.

김현준의 글에는 서로 다른 내포를 가진 세 가지 문화 개념이 병렬·공존하고 있는데, 이것들 사이의 관계는 갈등적 요소를 내장하고 있었다. 문화에 대한 철학적 연구는 사회학이나 인류학 등 사회과학에서 개발된, 인류 또는 민족의 생활양식을 포괄적이고 객관적으로 표상하는 문화 개념과 선을 그으면서 인간의 정신이나 가치와 관련된 활동 또는 영역을 강조하는 것이었다. 한편 문화철학이 중요시한 것은 시공간현실을 초월한 절대적·보편적 가치로서의 문화인데, 세 번째로 소개한 '현대문화론' 즉 문화의 계급성에 대한 분석은 그것과 날카롭게 대립할 소지가 있었다.

김현준이 제시한 문화 개념의 스펙트럼은 조선의 담론지형을 분석한 결과가 아니지만 당시 조선에서 문화에 대한 다양한 해석이

290 김현준(1922), 앞의 글, pp.67~68.

갈등적 요소를 내장한 채 공존하던 모습과도 겹쳐진다. 1910년대 후반 이래 서구적 · 자본주의적 근대라는 목표를 상징하거나 그 관점에서 사회를 분석하고 기술하는 범주로 사용되어 온 '문명=문화' 론이 시의성을 잃어 가던 중에 서구의 철학, 인류학, 민속학, 마르크스주의 등에 의해 개발된 문화론들이 수용됨으로써 문화의 의미 지형은 복잡하고 역동적인 형상을 띠게 되었다. 지시 대상이 복잡해진 문화라는 단어는 발화자에 따라, 그리고 국면과 목표에 따라 매우 다양하게 사용되었다. 다음에서는 1920년대 전반기에 문화라는 이름을 내걸고 전개된 주요한 담론 실천들을 살펴보겠다.

3. 문화 담론의 지형도

1920년대 전반기에는 인격의 평등, 인간의 개성과 자발성자유에 대한 믿음, 세계의 개조와 변혁의 가능성에 대한 신뢰, 미래에 대한 낙관적인 기대의 분위기가 조성되었으며 대체로 자율화의 기운이 감돌았다. 한편 그와 같은 낙관주의와 자율화의 요구가 만들어 낸 그림자로서, 다양한 계층과 집단의 권리 주장 및 해방에의 요구는 도덕적 타락과 데카당스의 징후로 감지되기도 했다. 정치적 분열과 사회적 갈등이 심화되고 있다는 불안감이 점증하면서 민족적 통합을 요구하는 목소리 또한 고조되었다. 이런 점에서 1920년대 전반기는 계몽주의 / 낭만주의, 세계주의 / 민족주의, 전통주의 / 현대주의, 보수주의 / 혁신주의가 뒤엉켜 복합적이고 역동적인 상황을 만들어 낸 시기이다.

이 시기에 '문화'에 대한 식민 권력과 피식민 지식인의 관심은 현실 비판과 미래 기획의 필요성에 의해 자극을 받고 있었다. 특히 지식인들이 문화에 대한 다양한 이론과 해석학을 수용하고 활용한 것은 당면한 현실과 사회심리의 복잡한 벡터들을 해석하고 통제하고 개선하고 극복하기 위한 지적 대응이자 실천이었다. 따라서 '문화'는 전승/창조, 보수/진보, 전통/미래, 이성/감정, 자연/인공, 과학·기술/철학·종교·예술·도덕, 현실/이상, 보편/특수, 효율성/가치, 지식/교양, 지식인엘리트/민중대중, 부르주아/프롤레타리아, 인류/민족, 사회/개인 등 서로 상이하고 대립적이기까지 한 가치와 지향, 그리고 정체성이 경합을 벌이는 장소가 되었다.

이 절에서는 1920년대 전반기에 식민 권력과 피식민 지식인이 문화의 함의들을 이론화하고 실천 방침으로 만든 다양한 방식을 살펴보겠다. "식민 권력의 문화(정치)론"에서는 조선에 대한 통치정책의 전환을 표상한 '문화정치'를 중심으로 하여 식민 권력의 문화론을 검토한다. "자유주의적 문화론 및 문화생활론"에서는 자유주의적 문화주의에 바탕을 둔 '문화운동'을 점검하고 그 이념이 대중의 담론과 시장에서 전용된 양상'문화생활'을 살펴본다. "사회(개량)적 문화주의"에서는 근대 서구문명에 의해 구조화된 사회적·경제적·정치적 질서를 비판하고 보완하려는 방향에서 문화 개념을 활성화한 경향을 검토한다. "미학적 문화주의와 민중예술론"에서는 예술과 문학 등을 사회의 근대적·자본주의적 전환 과정에서 초래된/초래될 여러 부정적 현상을 예방하고 완화하는 데 기여할 수 있는 중요한 가치이자 제도로 부각시킨 시도를 살펴본다. "민족문화론"에서는 문화를 민족의 역사 또는 전통과 결합시켜 정치적 분열과 사회적 갈등을 극복하고자 한 노력을 점검한다. 마지막으로 앞의 내용을 종합하여 1920년대에 문화 개념의 전개를 시간화, 민주화, 정치화, 이데올로기화라는 측면에서 설명한다.

식민 권력의 문화(정치)론

조선총독부가 1919년 가을 '문화정치'를 선언했을 때 조선에서 문화 개념의 '정치화'가 개시되었다고 할 수 있다. 1910년대 후반 유학생 사이에서 소통되던 문화는 대개 문명의 동의어이거나 정치, 경제와 함께 사회를 구성하는 한 부문이었다. 문화와 정치를 상호 독립적인 영역으로 간주했기 때문에 이광수는 "정치보다 문화가 더 중요하다"라고 선언할 수 있었으며, 현상윤 같은 이는 이와 같은 문화 중심적 발상의 위험성을 지적했다. 이와 같은 맥락에서 볼 때, 조선총독부가 표방한 문화(적) 정치란 문화와 정치 사이의 기왕의 관계를 매우 혼란스럽게 하는 것이었다. 문화정치 담론은 어떤 역사적 맥락에서 등장한 것인가?

일본은 1868년 메이지유신을 통해 본격적으로 근대화의 길로 접어들어 1870년대부터 류큐琉球와 홋카이도北海道를 차례로 복속했고 청일전쟁의 승리1895를 통해 대만을 식민지로 만들었다. 러일전쟁의 승리1905를 통해 일본은 1,800만 명 이상의 인구를 가진 조선에 대한 독점적 지배권을 획득했으며, 1910년에는 조선을 식민지에 추가했다. 조선을 병합함으로써 일본은 제국의 외양을 완성했다. 제국이 지정학적으로 확대됨으로써 체계적인 식민정책이 필요했던 일본은 1909년에는 도쿄제국대학에 식민정책학 강좌를 설치했다.

그러나 조선에 대한 초기의 통치는 전적으로 군사력에 의존했으며, 사상적으로는 19세기 후반에 제기된 동종론同種論이나 하라 다카시 등이 제기한 내지연장주의에 의존했다. 이는 체계적인 통치 이념이라기보다 조선에 대한 강제 병합을 합리화하기 위해 동원된 사상이었다.

1920년대로 접어들어 일본은 식민정책을 전환하여 소위 문화정치를 표방했는데, 조선총독부는 지방자치, 관리 임용의 차별 개선, 태형 금지 등과 함께 도서관 등 문화 설비의 확충, 신문 · 잡지의 발행, 집회 · 결사의 묵인, 교육의 확대, 산업정책 및 산미 증산 등을 문화정치의 시정 목표로 내세웠다.[291] 이 같은 정책의 의도와 관련하여 많이 인용되는 1919년 7월 27일자 『오사카 아사히신문』의 사설에 따르면, 일본은 1919년의 3 · 1운동을 '가혹한 무단정치에 대한 조선 민중의 필연적 항거'로 평가하고 '현대의 식민정책'은 '교화'를 주안으로 한 '문화정치'로 이루어져야 한다고 판단했다(전상숙 2004 : 24).

식민정책사의 관점에서 보자면, 문화정치로의 전환은 1919년 조선의 3 · 1운동의 정치적 충격 때문만은 아니다. 문화정치는 내지연장주의에 입각한 동화주의적 정책의 실패에 대한 인정과 함께, 정치적 황금기를 구가하던 다이쇼 데모크라시의 사상적 영향 속에서 구상되었다고 보아야 한다. 제1차 세계대전 종전 이후 일본의 정치인, 관료, 지식인은 국제 정세가 새로운 질서로 편성되는 것을 목도

291 「朝鮮統治方針(3)(波多野承五郎氏談)」, 『매일신보』 1921. 4. 12, p.1 ; 金丸(1924. 5. 11), 「문화정치의 一轉機(상) : 조선민족 자각의 秋」, 『매일신보』, p.1.

했다. 특히 자유주의적 정치인과 관료 사이에 기왕의 식민정책에 대해 다양한 차원에서의 비판적 인식이 형성됨으로써 식민정책의 전환이 논의되기에 이르렀다. 문화정치는 일본 내 정당정치의회 세력이 군부 세력을 밀어내고 식민지 지배정책을 주도하기 위해 내세운 전략이었던 것이다.[292]

그런데 식민지에 대한 통치정책의 전환을 알리는 데 왜 '문화'라는 단어가 사용된 것일까? Part 1의 2에서 살핀 것처럼, 독일의 관념론과 문화철학이 발전시킨 Kultur 개념은 19세기 후반에 이미 일본에서 문화로 번역되었지만, 대략 제1차 세계대전을 전후한 시기부터 큰 힘을 발휘하기 시작했다. 메이지기의 국가주의와 권위주의에 질려 '데모크라시'를 주창하던 지식인들은 Kultur 개념을 자유주의적·세계주의적으로 전유하기 위해 노력했으며, 이들의 해석은 학교와 언론 등을 통해 널리 확산되었다. '메이지의 문명'을 타자화하는 '다이쇼의 문화'라는 관념이나 '문화국가'라는 슬로건이 보여주듯이, 다이쇼기 일본에서 문화는 지식인의 자의식을 표현하는 데 그치지 않고 시대의 에피스테메로 부상했으며 국정의 이념으로까지 격상되는 중이었다.

조선총독부의 관료로 근무하던 다카하시 도루高橋亨, 1877~1967[293]는 1923년 잡지 『태양』에 실은 「조선의 문화정치와 사상문제朝鮮の

292 일본의 식민정책의 전개 과정과 자유주의적 전환에 대해서는 이석원 2003 : 1~14.

293 다카하시 도루는 한성관립중학교 교사로 조선에 부임하여 조선총독부 학무국, 취조국, 조선도서관 촉탁을 거쳐 1926~1939년 경성제국대학 법문학부 조선어·조선문학 전공 교수를 역임하면서 일본의 조선학 형성의 일익을 담당한 인물이다(구인모 2010 : 161).

文化政治と思想問題」에서 당시 '조선의 보편적인 표어'였던 문화정치의 의의를 두 가지로 설명했다.

우리가 이해하는 문화정치에는 두 가지 의의가 있다. 첫째, 정치와 행정의 분위기와 방식이 문화적이라는 의미이다. 이 경우 문화적이란 무단적武斷的 관료와 정반대의 표현으로서 문관도 총독이 될 수 있는 제도가 설립되고, 관리가 일제히 제복을 벗고 허리에 찬 검을 풀게 된 분위기를 가리킨다. 이러한 의미에서 문화적 통치는 평민주의적 통치와 합치하는 것으로, 일반 조선인은 이전보다 자유로운 기분으로 관헌이나 내지인과 접할 수 있게 되고 보다 많은 자유를 얻었다고도 할 수 있다. 예를 들자면 같은 사람이라도, 앞으로 나아가지 않는 누군가에게 "앞으로 나가!"라고 하면 무단적이고 관료적이고, "앞으로 나가 주세요"라고 하면 문화적인 것이다.

…….

둘째, 문화의 의미를 인간의 정신적 · 물질적 생활의 개선과 향상으로 보자면, 그것은 오늘날 일본인이 지닌 문화를 조선인이 지닌 문화보다 훨씬 높은 경지에 있다고 믿고, 일본인이 지닌 높은 문화로 조선인의 문화를 진전시키는 것을 가리킨다. 그리하여 조선인이 높은 수준의 문화를 향유하기에 이르러, 문화정치를 진정으로 이해정치적 · 사회적으로 이해하게 되어, 이로써 조선인이 자발적으로 조선 문제는 궁극적으로 해결되었다고 믿도록 하는 것을 가리킨다. 그러니까 일본인이 지닌 조선인에 비해 우월한 학문적 능력 · 도덕적 능력 · 예술적 능력 · 정치적 능력 · 경제적 능력으로 조선인을 계몽시키고, 조선의 자연을 개척하여, 마침내 조선인의 도덕 · 학문 · 예술 · 정치 · 경제의 능력을 일본과 평준화하고,

조선의 자연의 생산력을 내지와 같은 수준에 이르게 하는 것이다.[294]

문화정치의 첫 번째 의의에서 문화가 '정치와 행정의 분위기와 방식'을 무단적이고 관료적인 것에서 자유스러운 기분을 느끼게 하는 것으로 변화시킨다는 의미였다면, 두 번째 의의인 '인간의 정신적·물질적 생활의 개선과 향상'으로서의 문화는 자유주의적 문화주의의 기본 개념이었다. 다카하시 도루는 "조선의 현재 표어인 문화정치의 주안점은 곧 둘째 항목의 의의에 있다"라고 말했는데, 그는 조선의 도덕·학문·예술·정치·경제의 능력을 일본과 같은 수준으로 끌어올리는 '교육 사업'과 자연의 생산력을 일본과 같은 수준으로 끌어올리는 '개척 사업'을 문화정치의 핵심으로 보았다.

일본에서 문화 개념의 전개를 연구한 야나부 아키라는 1919년 이후 일본 정계에서 빈번히 사용된 문화정치, 문화정책이라는 표현이 독일적인 문화와는 다른 맥락에서 발화된 것이라고 평가했다. 그에 따르면, 다이쇼 시기 이후 일본에서 문화라는 말에는 고대 중국에서 도래한 의미문치교화와 근대 이후 들어온 독일어 쿨투어의 의미가 혼재해 있었으며, 특히 조선에 대한 통치의 새로운 기조로 발화된 문화정치의 '문화'는 무武와 대립하고 정치와 용이하게 결합하며 문文에 의해 교화한다는 전통적 의미가 다분히 강한 것이었다(야나부 2013 : 44~56). 이는 다카하시 도루가 논의한 첫 번째 의미에 가깝다. 그런데 두 번째 의미, 즉 교육 사업과 개척 사업을 주안으로

294 高橋亨(1923), 「朝鮮の文化政治と思想問題」, 『太陽』 第29巻 第5號(다카하시 2010 : 125~126에서 재인용).

하는 문화는 전통적 의미가 아니라 우월한 문명국의 국민이 이주하여 후진적 사회를 근대화한다는 자유주의적 식민정책학의 착상을 표현한 것이다. 교육 사업에 대한 다카하시 도루의 설명을 더 읽으면, 그의 문화(정치)론이 독일의 쿨투어론을 국민주의적으로 전유한 결론이었음을 알 수 있다.

> 나는 조선에서 교육은 단순한 교육사업 그러니까 영국식의 인격 본위의 교육 이외에도 독일식의 교화정책의 의미를 더한 것이어야 한다고 믿는다. 뿐만 아니라 궁극적으로는 국민화nationailzation의 기능도 실현해야 한다고 믿는다. ……그리고 국민화 정책은 국어 · 종교 · 인종의 차이가 있음에도 불구하고 시행되어야만 하는데, 그 시행 방책의 중심은 공통교화에 있고, 이에 공통교화정책이 국가주의 국민화 정책에서 가장 중요하다고 하겠다. 그러므로 공통교화를 통해 교육을 받은 학생들이 설사 서로 인종 · 언어 · 종교가 다르고 습속이 다르더라도, 언젠가 부지불식간에 동일한 사상 · 취미 · 판단 · 사고방식을 지니게 되어, 국민적 성격 양성의 계기를 얻게 될 것이다(다카하시 2010 : 130).

다카하시 도루는 조선에서 교육정책의 기조는 영국의 culture 개념에 기반한 '인격개인 본위의 교육'에 독일의 Kultur 개념에 기반한 '교화'의 의미를 더한 것이어야 하며 궁극적으로 '국민화'를 목표로 해야 한다고 주장했다. 즉 문화정치는 자유주의적 정책을 통해 국민주의적 목표를 달성하려 한 정책이었다고 할 수 있다. 뒤에서 살펴보겠지만, 조선총독부의 실제 정책은 식민지-본국 관계를 자유주의적 관점에서 편성하기보다 종전처럼 동화주의의 연장선상에서 편성했기 때문에 식민 권력의 문화(정치)론은 조선의 자유주의적 지식인들의 문화론과 충돌할 수밖에 없었다(이석원 2003 : 37).[295]

자유주의적 문화론 및 문화생활론

조선에서 문화(주의)에 대한 해석을 총독부가 독점할 수 있었던 것은 아니다. 허수는 1920년대 전반기 조선에서 문화론 생산의 주체와 지형을 네 가지로 구분한 바 있다. 첫째 『동아일보』의 창간사에 표명된 생활 전체 영역의 보편적 발전을 지향한 문화주의, 둘째 구와키 겐요쿠의 영향을 받은 안확과 이돈화를 비롯한 『개벽』의 편집진과 『현대신어석의』가 강조한 철학적 문화주의, 셋째 현철과 잡지 『아성』의 필자들이 주장한 민중문화론, 넷째 친일 단체인 대동동지회의 기관지 『공영』에 실린 이동예의 부르주아적 문화생활론이 그것이다. 그런데 이 네 가지 문화론은 생산 주체와 강조점에서 다소 차이가 있지만, 큰 틀에서 보면 일본의 문화주의철학에 젖줄을 대고 있다.[296] 다시 말해 서로 지향과 목표가 상이한 지식인 집

295 일본에서 자유주의적 식민정책학이 구체화된 것은 1920년대 중반 이후였으며, 자유주의적 식민정책을 주장한 야나이하라는 1926년 「조선 통치의 방침」에서 '문화정치의 직접적 효과는 민중의 문화적 욕망'이라고 평가하면서, 일본의 조선 통치정책이 식민지 민중의 욕망을 실현하지 못한 채 오히려 재정적 부담만 가중시키고 민족부르주아지와 노동자계급의 갈등을 심화시키고 있다고 진단했다(이석원 2003 : 29 참조).

296 한국의 문화론에 대한 허수의 분석은 일본의 문화론의 지형에 대한 분석에 근거해 있다. 그에 따르면 일본의 문화론은 ① 소다 기이치로와 구와키 겐요쿠의 문화주의철학, ② 민중문화주의, ③ 스스로를 중류계급에 포함시키며 문화생활을 제창하는 경향으로 나뉜다(허수 2009 : 43~52 참조). 그런데 이는 일본의 문화론 전체가 아니라 철학적 문화 개념이 분화한 세 가지 주요 형태라고 볼 수 있다. 근대 일본이나 한국의 문화 개념에 대한 검토는 인류학이나 역사학의 문화론, 마르크스주의 문화론 등도 포함해야 한다.

단은 철학적 문화론의 강조점을 변화시키면서 현실에 대한 서로 다른 인식과 판단의 담론을 생성해 냈고, 또 현실의 문제에 대한 서로 다른 해결책을 제안했던 것이다.

이 가운데 첫 번째인 사회 전체의 근대적 발전을 지향한 문화주의와 네 번째인 문화생활론은 자유주의적 · 부르주아적 문화론의 연속선상에서 이해할 수 있다. 3 · 1운동에 의해 고양된 정치적 · 사회적 변혁에 대한 이상주의적 열정이 가라앉은 후 일간지와 잡지, 강연 등을 통해 사회적 담론을 주도한 지식인들은 문화와 문화라는 말이 들어간 복합어들을 실천 가능한 대중운동의 표어로 사용했다. 문화운동, 문화사업 담론에서 '문화'나 '문화적'이라는 말은 대체로 조선 사회의 근대적 · 자본주의적 재편과 발전에 대한 기대를 표현했다. 이와 같은 의미의 문화는 대중적 담론과 시장에서는 새로운 상품과 생활양식을 상징하는 데 전용되었다. '문화생활'이 그 대표적인 경우다.

Part 4의 1 중 "문화 개념의 탈정치화 또는 사회혁명론과의 결별"에서 살핀바, 『동아일보』에서 사회혁명론과 결별한 '문화운동'은 과학의 발달, 경제의 발전, 자본주의문명을 추구하는 데로 향했는데, 『개벽』에도 문화에 대한 해석이 이상주의로 흐르는 것을 경계하는 흐름이 있었다. 이돈화는 세계가 모두 물질문명을 배척할지라도 조선인은 물질문명을 열렬히 숭배해야 한다고 주장했다.[297] 다음은 이돈화와 함께 초창기의 『개벽』을 이끈 김기전金起瀍, 1894~1948의 글인데 그의 견해도 엇비슷했다.

297 李敦化(1920), 「朝鮮人의 民族性을 論하노라」, 『개벽』 제5호, pp.2~10.

歐洲大戰의 終結과 共히 平和의 暖流가 世間에 漲溢하고 正義人道의 叫號가 四處에 喧藉하며 文化主義의 宣傳이 此에 繼하매 우리 兄弟의 多大數는 그 原因과 結果, 或은 表面과 裏面의 如何한 것을 不究하고 但曰 平和平和, 但曰 正義人道, 但曰 文化文化하야 그 調子가 正히 이제는 弱肉强食의 20世紀原則도 잇고 適者存 適者亡의 自然界理法도 잇고 自助者 天助之의 金言도 생각지 못하는 것 갓다. ……只今은 文化, 第一의 時代라 하야 物質文明의 弊를 濫說하며…… 壯成하기도 前에 老成人이 되고저 하는 섭섭한 傾向이 보이는 것은 비록 微하다 할지라도 事實이라.[298]

김기전은 문화주의라는 표어와 문화라는 단어가 '남용'되는 것을 경계했다. 제1차 세계대전 이후 '평화', '정의인도'와 함께 외쳐진 '문화주의'는 이상주의적 개조의 열망을 부추겼다. 김기전은 문화주의나 문화에 대한 이상주의적 해석이 약육강식, 적자생존의 현실을 잊어버리게 하여 자립의 움직임을 약화시킬 것을 우려했다. 특히 정신문화라는 이념에 근거하여 물질문명의 폐해를 비판하는 풍조에 대해 '장성하기도 전에 노인이 되기를 바라는 형국'이라며 비판했다. 그는 종교, 산업, 지덕, 예술, 사상, 습관 등 사회의 모든 방면에서 '인류 최고의 문명을 수득收得'하자고 역설했다.[299] 1922년 이돈화는 근대성을 향한 노력의 발자취를 갑신정변→을미의 경장→융희의 유신운동→근래의 개조운동→문화운동으로 요약하고 문

298 金起瀍(1921), 「鷄鳴而起하야」, 『개벽』 제7호, pp.4~5.
299 金起瀍(1921), 앞의 글, p.8.

화운동이 '교육'과 '산업'의 조직화와 실천화로 구체화되고 있다고 평가했다.[300]

이와 같이 일반적이고 대중적인 담론에서는 문화가 반근대주의로 나아가는 일이 드물었다. 초창기 『동아일보』에서 '문화운동'론이 밟아 간 길이 보여 주듯이, 서구적 문명과 물질적 근대성을 반박하는 문화 개념은 지식인 사이에서 널리 설득력을 얻기 어려웠으며 대중에게 공감을 얻기는 더더욱 어려웠을 것이다. 『동아일보』에 이어 문화운동을 선전한 『개벽』이 제시한 '신문화 건설'에서 신문화란 농·상·공업과 정치, 법률, 종교, 문학 등 사회 전 부문의 발전을 의미했다.[301] 문화에 대한 일반적 이해는 계몽주의적 해석학에 끈을 대고 있었고 그것을 완전히 대체하거나 제압할 수 없었다. 그래서 문화를 문명과 대립하거나 모순하는 가치라기보다 그것의 상위 가치로 받아들이려는 지향이 강했다.

문화주의철학에서 문화생활이라는 말은 본래 '문화를 인간의 정신적·물질적 생활의 개선과 향상으로 본다'는 입장에서 나온 것이다. 『동아일보』에서 문화라는 단어와 생활이라는 단어가 함께 등장하는 글은 1920년에 이미 1백여 회를 기록하는데, '문화생활'이라는 복합명사가 등장하는 첫 번째 기사는 「반도의 경제상 지위를 논하야 금후 경제발전책에 급及함(3)」이다. 글의 제목이 암시하듯이 필자는 문화생활을 '의미가 있고 가치가 있는 천국 생활'이라고 평가하면서 이를 영위하기 위해서는 물질적 생활을 향상시켜야 한다고

300 「文化運動의 昔今」, 『개벽』 제21호(1922), p.2.

301 李敦化(1920), 「朝鮮新文化 建設에 對한 圖案」, 『개벽』 제4호, pp.9~16.

주장했다.[302] 이후 기사들에도 문화생활이라는 표현이 자주 등장하는데, 이는 단순한 생존이 아니라 보다 높은 수준의 생존, 즉 사람이 자신의 본래의 인격을 어떤 타협과 장애도 없이 완전하게 실현하는 생활을 의미했다.[303] Part 4의 2에서 살펴보았듯이 가치, 인격 등은 철학적 문화론의 기본 개념이었다.

1921년에 들어 지식인들은 문화생활을 향유하기 위한 방도를 더욱 구체적으로 논의했다. 이광수는 「소년에게」에서 '교육과 산업과 문화'의 진흥을 주창했다. 문화운동에서 일반적으로 강조된 교육과 산업에 문화를 추가한 것인데, 그는 서적 출판 · 도서관 · 오락기관 · 체육장 등이 '문화생활의 기초'가 된다는 의견을 내놓았다(이광수 19621 : 238, 248). 신식은 학교교육 개선, 일반 사회의 교양, 도시의 개량, 농촌의 지도 등을 '문명의 소지를 배양하고 문화생활의 기초를 공고케 하기 위'한 노력으로 간주했다. 김항복도 학교 외에 도서관, 청년회와 구락부, 여성교육, 교회의 혁신, 민중 극장의 건설 등이 필요하다고 주장했다. 이러한 글들에서 문화적 생활은 '가치 있는 생활', '참된 생활' 등으로 평가되었는데 이때 문화는 내면의 각성이나 정신성의 계발, 인간성의 성장 또는 인격의 완성과 연결되었다.

문화운동론과 문화생활론은 총독부의 문화(정치)론의 프레임 안에 포괄되는 것이었다. 앞에서 살폈듯이 조선총독부가 조선에 대한 안정적 포섭 구조를 확립하기 위해 사용한 슬로건으로서 문화는 군경軍警에 의한 무단통치—'군치軍治'—와 대비하여 '문치文治'를 강

302 「半島의 經濟上地位를 論하야 今後經濟發展策에 及함(三)」, 『동아일보』 1920. 8. 7, p.1 ; 「半島의 經濟上地位를 論하야 今後經濟發展策에 及함(四)」, 『동아일보』 1920. 8. 10, p.1.
303 「國家의 理性及政策과 眞理의 反抗」, 『동아일보』 1920. 9. 17, p.1.

조하는 한편, 산업 발전과 교육 확대를 중심으로 사회 영역의 근대적 발전을 표상했다. 문화운동론과 문화생활론의 문화는 식민 권력이 표방한 문화(정치)론과 공유하는 지점이 매우 넓었다. 그런데 '문화주의'나 '문화생활'에 대한 강조는 식민 권력이 의도하지 않은 결과를 초래하기도 했다.

> 문화정치의 표방이 인민 특히 다소 신학문을 익힌 젊은 조선인에게 문화생활을 동경하는 마음가짐을 더욱 강하게 하는 뜻밖의 결과를 낳게 되었다. ……문화정치의 표방은 젊은 조선인 남녀로 하여금 오늘날 조선인의 생활에 대한 불만을 대단히 크게 만들었다. 따라서 그들은 예전에 근검저축을 표어로 삼았던 시대와는 정반대로 일을 싫어하고, 실업을 천시하고, 학교에 다니지 않는 청년들까지 쟁기와 보습을 들고 논밭에 가는 일을 어리석은 일로 여기게 만들었다.
>
> …….
>
> 문화정치의 일성을 듣고 문화생활을 해야만 한다고 생각하여 노동을 싫어하는 것과 마찬가지로, 갑자기 조선에 고도의 언론의 자유를 허락해야 한다고 생각하는 것은 계란을 닭이라고 착각하는 것이다. 문화정치와 언론자유를 결부하여 생각하는 것은 조선의 온전하고 착실한 발달을 저해하는 일종의 시대착오이다(다카하시 2010 : 154~157).

다카하시 도루가 문화정치를 '오해'한 사례로 든 한 가지는 문화생활에의 동경이었다. 다카하시는 총독부가 표방한 문화정치가 조선의 젊은 남녀들로 하여금 서양인과 같은 생활을 하고 싶은 욕망, 즉 노동을 회피하고 사치와 향락을 추구하는 마음을 품게 했다고 진단했다. 그에 따르면, 문화생활이란 독일의 Kultur 개념의 지향'교화'이 아니라 영국의 culture 개념의 지향, 즉 '인간의 노력을 상당히 줄여 큰 효과를 거두고, 남는 시간을 자기 수양과 향락에 쏟고자 하는' '마치 영국인과 같은 생활을 일컫는 것'일 따름이었다.

앞 인용문에서 다카하시 도루가 문화정치를 오독한 다른 한 가지로 든 것은 문화정치를 언론의 자유와 결부하여 생각하는 것이었는데, 조선총독부에 대해 '문화주의에 철저할 것'을 요구한 1921년 말 『동아일보』 사설을 읽어 보면 그 발화의 맥락을 짐작할 수 있다.

> 朝鮮의 敎育은 實노 朝鮮人의 能力發達을 標準하야 擴張하며 朝鮮의 經濟는 實노 朝鮮人의 幸福增進을 本位하야 振興하며 言論의 自由를 徹底히 容認하야 目下 日本人과 朝鮮人間의 最大問題인 그 "엇더한 問題"까지라도 堂々히 言論으로써 討議하게하며 朝鮮의 文化를 實노 朝鮮의 民族性을 基礎하야 世界的으로 發達하게하며 政治的制度를 實노 朝鮮人의 希望에 依하야 決定하게하는 方途를 講究함이 必要하도다.[304]

위 인용문에서 문화주의의 실행은 교육 확장 · 경제 진흥 · 언론 자유 · 문화 발달 · 정치제도에의 참여 허용으로 요약되는데, 『동아일보』는 이 같은 기준에 의거하여 총독부의 정책이 '문화주의'의 내실을 채우지 못하는 데 대해 다양한 불만과 반감을 표출했다. 예컨대 조선인 관리를 임용하지 않은 점, 소수 유한계급의 문화만을 발달시킨 점, 혹세무민하는 무속인 조합을 방치한 점, 사법제도의 불

304 「後繼內閣과 吾人의 希望 : 文化主義의 徹底」, 『동아일보』 1921. 11. 13, p.1.

합리성, 언론 자유에 대한 억압 등을 비판할 때, 『동아일보』는 '문화(주의)'를 준거로 활용했다.[305]

앞에서 제시된 '정치제도의 결정 권한에 대한 요구'는 1922년 초 선거 참여에의 요구로 구체화되었는데, '문화정치란 어떤 정치를 말하는가?'를 둘러싸고 『동아일보』와 조선총독부가 벌인 '언쟁'을 들여다보면 양편이 문화를 어떤 의미로 사용하고 있었는지를 알 수 있다. 조선총독부의 입장은 '문화정치의 특징은 문화를 철저히 하는 데 있다'는 것이었다. "이럼으로 文化政治와 武斷政治의 區別은 人民에게 自由를 容許하는 與否에 存하지 아니하고 그實質에 在하야 文化를 徹底히 하고 아니하는 與否에 在하도다."[306] 문화정치란 문화를 육성하는 정치를 표방한 것이지 결코 자유정치를 표방한 것이 아니라는 주장이다. 이는 다른 말로 한다면 조선인이 일본 헌법의 규정을 받는 법적 존재가 되기 전에는 정치 참여의 권리 및 자유를 누릴 수 없다는 논리다.

『동아일보』는 문화정치와 무단정치의 '실질적' 차이가 '문화를 철저히 하고 아니 하는 여부'에 있는 것이 아니라 "'자유의 승인' 여하"에 달려 있다고 반박했다. 기왕의 총독부도 교육 확대와 산업 증진 등 문화의 발달을 위한 정책은 실시했다는 것이다. "政治上에

305 『동아일보』의 기사에 '문화정치'라는 용어가 맨 처음 등장한 것은 1920년 5월 14일 3면의 기사 「無差別인가? 大差別인가?(1) 忘却乎아 否아」이다. 초창기 『동아일보』에서 '문화정치'에 대한 비판 기사로는 다음의 것들이 있다. 「制度의 罪냐? 사람의 罪냐? 地方警官의 橫暴」, 『동아일보』 1920. 6. 7, p.3 ; 「反動政治 : 當局者의 注意를 促함」, 『동아일보』 1920. 8. 3, p.1 ; 「一年間 齋藤總督의 政治(續)」, 『동아일보』 1920. 8. 14, p.1 ; 「米國議員團의 來訪에 際하야 朝鮮人의 第二次 獨立運動」, 『동아일보』 1920. 8. 17, p.3 ; 「朝鮮形勢益險惡」, 『동아일보』 1920. 9. 1, p.3.

306 「總督政治의 制度的批判(下)」, 『동아일보』 1922. 1. 13, p.1.

自由를 認定치 아니하는 換言하면 '民意의 暢達'을 制度上에 保障치 아니하는 文化政治는 임의 그 特徵을 失한 것이라. 그 무슨 武斷政治와의 截然한 區別이 有한 文化政治라 하리오."[307] 이때 『동아일보』는 문화정치를 교육의 확대와 산업의 증진을 꾀하는, '문화의 발달을 위한 정책'과 구분하여 '민중의 정치 참여를 보장하는 정책'으로 해석했다. 문화적 정치란 곧 '정치적 제도를 조선인의 희망에 의하여 결정하게 하는 것'이었다. 『동아일보』는 무단정치와 구분되는 문화정치의 특징을 '정치상에 민중의 자유를 인정하며 그 입법상에 민중의 의사를 투철'하는 것이라고 주장했다. 총독부가 문화(주의)를 교육 확대와 산업 증진이라는 프레임 안에 고착시키려 하는 데 대응하여 『동아일보』는 문화라는 개념에 '정치 참여의 권리 또는 자유' 같은 의미를 포함시키려 했던 것이다.

한편 '문화생활'은 일상적이고 대중적인 담론 안에서 재해석 · 전용되었는데, 이때 문화라는 단어는 흔히 서양풍의 도시적 생활양식이나 그에 소용되는 소비재들, 현대적이고 서구적인 교양이나 취미를 표상하는 상품들을 수식하거나 상징했다. 즉 문화는 점차 도시민이 모방하고 싶은 생활양식과 구매하고 싶은 상품을 가리키게 되었다.

구와키 겐요쿠의 철학을 문화생활에 초점을 맞추어 수용했다는 평가를 받는 이동예는 1923년 「문화주의란 무엇?」에서 '문화'가 조선인들이 '일상 이야기하는 것이오 신문지 잡지가 흔히 서書'하는 용어가 되었다고 했는데,[308] 이때 문화라는 단어는 일상생활에 현

307 「總督政治의 制度的批判(中)」, 『동아일보』 1922. 1. 12, p.1.

308 이동예(1923), 「문화주의란 무엇?」, 『공영』 제2호, p.23.

대적이고 서구적인 생활 방식과 감각 등을 더하는 기능을 했다. 아래 인용문은 김유방金惟邦, 1889~1960. 본명은 김찬영(金瓚永)이다의 「문화생활과 주택」의 일부인데, 이 글은 1923년에는 문화생활이라는 표현이 아주 '흔하게' 쓰이고 있었다는 것을 알려 준다.

근래 우리 조선 사회에서도 문화생활이라는 말을 흔히 듣습니다. 이는 우리가 다— 아는 바와 갓히 지나간 시대에 처하얏든 李太白이나 혹은 陶淵明을 부활식히자는 것은 결코 안이겟습니다. 엇던 의미로는 그를 부활식히는대 갑갑다 할지라도 이는 반드시 근대문명이라는 과학정신의 세례를 밧은 후의 李太白이며 陶淵明이 안일진댄 이는 결코 지금 우리가 부르즛는 문화생활은 안이겟습니다.

그럿타고 우리는 오직 과학정신 그것뿐이 현재 우리가 요구할 문화생활로 오해하면 또 안이되겟습니다. 우리가 요구할 문화생활 그것은 무리한 침략을 일삼아 다못 사람을 살해할 경우에만 한하야 필요한 軍機와 무예를 중심으로 한 그 생활에서 떠나 사람은 오직 사람대로 隣人을 사랑하며 우리 압헤 무궁히 펴쳐 잇는 미지의 境을 개척할 것이 즉 우리가 요구할 문화생활일가 함니다. 그러나 필자는 지금 潛越한 지식으로 문화생활의 意義를 베푸러 여러 형제들의 광영된 양해를 엇겟다는 생각은 안입니다. 오직 그 생활의 容器가 되며 우리의 깃이 되는 주택과 가정이라는 것의 양식에 대하야 다소의 考究한 의사를 베프러 요행히 우리가 요구하는 현대생활과 幾分의 타협이 된다 하면 필자는 此에 만족할 뿐이겟습니다.[309]

309 金惟邦(1923), 「文化生活과 住宅」, 『개벽』 제32호, p.51.

김유방은 과거의 생활양식과 선을 그으면서 문화생활의 필수 요소는 '근대문명이라는 과학 정신의 세례'라고 못 박고 있다. 그리고 문화생활은 침략주의가 아니라 이웃에 대한 사랑과 미래에 대한 개척을 중시하는 생활이라고 정의한다. 군비·무기와 사람에 대한 사랑, 미래를 위한 개척을 대립시키면서 그는 문화를 평화롭고 여유롭고 낙관적인 느낌을 주는 단어로 만들고 있다. 이 글에서 그는 문화생활=현대 생활과 조화를 이루는 '주택'과 '가정'의 양식에 대해 설명했는데, 이는 단적으로 말해 의식주에서 '재래 생활의 단소短所를 제거하고 우리의 힘이 미치는 한에서 피彼구미인의 생활의 장소長所를 취하'는 것이었다.[310] 『동아일보』의 한 독자는 '모든 생활 형식이 문화적으로 되어 가면서 사람마다 문화생활을 이상理想하는' 세태가 전개될 것이라고 예상했는데,[311] '문화적 주택의 신식 생활'은 '조선색 생활 전부'를 부인하고 실용성과 향상성을 추구하는 것으로 풀이되기도 했다.[312] '문화적' 생활양식이란 단적으로 말해 서구 모더니즘의 생활양식이었고 근대성을 소비하는 생활양식이었다.[313]

이상의 검토를 요약하면, 자유주의적이고 부르주아적인 문화 이념에 공명한 지식인들은 총독부의 문화(정치)론에 타협하는 담론과

310 金惟邦(1923), 「文化生活과 住宅」, 『개벽』 제32호, pp.52~53.

311 「自由鍾 : 矛盾된 文化生活」, 『동아일보』 1926. 9. 4, p.4.

312 「新生活을 하야본 實驗」, 『별건곤』 제16~17호(1928), pp.36~47.

313 당시 조선의 문화생활 담론은 일본의 문화주의가 걸은 길, 즉 인격주의와 함께 '문화'를 사회 발전을 가늠하는 중요한 지표로 인식하던 문화주의가 도시 중산층의 소비 패턴과 소비사회화에 의미를 부여하게 되는 과정을 따르고 있다. 일본의 문화생활 담론에 대해서는 샌드 2012 참조.

실천을 전개한 한편, 동일한 이념에 의거하여 총독부가 '기대하지 않은' 다양한 담론과 실천을 전개했다. 한편 대중적 담론과 시장에서 문화생활은 서양적이고 도시적인 생활양식과 소비재에 대한 욕망을 부추기기도 했다.

사회(개량)적 문화주의

대중적 실천으로서 '문화운동'을 이끈 문화와 이상으로서 '문화주의'를 이끈 문화는 그 내포와 지향이 다소 달랐다.[314] 아호인 백두산인으로 발표한 글에서 이동화는 "近來 一世界를 通하여 嶄新한 興味로써 人類의 刺戟을 與하는 者는 文化라 云한 新 熟語이니 世界의 新思潮는 文化의 目標를 理想으로 하고 漸次 一그에 向하여 거름을 옮기게 되겠다"고 전망했는데,[315] 그의 머릿속에서 세계 개조의 준거점으로서 문화의 이상은 데모크라시론자유론·평등론과 밀접하게 연결되어 있었다. 물론 이동화의 인격적 평등은 사회적 평등과는 다소 달랐다. 그는 인격주의에 기초를 둔 데모크라시를 주장했으며, 이를 '무법한 무차별 평등 관념' 즉 '평범주의'와는 구별했다.

> 만일 「데모크라시」가 社會上의 平等을 期하야 事實上 多數를 占한 劣惡者의 水平線에 人을 引下한다 하면 이는 到底 世界改造와 文化라 云키 難할지오. 「데모크라시」가 全然히 人格으로써 그 水平線的 標準이라

314 문화주의철학을 문화운동의 이데올로기가 아니라 새로운 지적 체계의 수용이라는 관점에서 검토한 성과로 허수 2005 ; 손유경 2005 참조.

315 白頭山人(1920), 「文化主義와 人格上 平等」, 『개벽』 제6호, p.10.

하면 此 精神으로 社會에 流行케 함은 곳 그 時代에 在한 高度의 文化에 民衆을 引上케 하는 意味의 平等主義라 云할지니라.[316]

이돈화는 소위 데모크라시가 '사회상 평등'을 기약하면서 사람들을 사실상 다수인 열악자의 수준으로 하향 평준화하는 경향을 우려했다. 그는 '사회적 평등'이 아니라 '인격적 평등'에 기초함으로써 '데모크라시'에서 평등주의의 폐해를 제거할 수 있다고 보았다.[317] 마찬가지로 이돈화의 '자유'는 사회적 자유가 아니라 인격적 자유를 의미했다. '문화'는 인격의 평등과 자유에 의해 달성될 수 있는 이상이었다.

위 인용문에서는 문화가 평등과 불평등이 아니라 진정한 평등 · 자유와 거짓 평등 · 자유를 구분하는 기준으로 작용하는데, 이는 문화 개념이 종교와 유사 종교 또는 사이비 종교를 구분하는 논리와 유사하다. 문명 개념이 과학의 합리성이라는 기준에 의거하여 '종교'와 '미신'을 구분했다면, 문화 개념은 유사 종교 및 사이비 종교라는 개념과 함께 사용되었다. 식민 권력과 종교 지식인들은 종교를 문화적 주체화의 동인으로 작용시키려 했기 때문에, 유사 종교 또는 사이비 종교를 국가권력 혹은 민족이나 사회가 요구하는 문화적 주체화에 역행하는 것으로 평가했다(장석만 2015 : 231~233). 이와 유사하게 이돈화는 문화 개념을 진정한 데모크라시와 사이비 데모크라시를 구분하는 기준으로 작동시킨다. 다시 말해 문화의 이상은 '사회적'

316 白頭山人(1920), 「文化主義와 人格上 平等」, 『개벽』 제6호, p.13.

317 白頭山人(1920), 앞의 글, pp.10~13.

평등에 대한 요구가 '진정한' 평등, 즉 '인격적' 평등을 오도하지 않도록 이끄는 역할을 하는 것이다.

철학적 문화 개념에 근거한 평등론과 자유론은 바람직한 인간과 공동체에 대한 규범과 가치 및 가치들의 서열체계를 변화시켰다. 예컨대 이돈화는 인격의 자유, 평등 개념을 바탕으로 하여 과거 동양의 윤리를 비판했다. 「현대 윤리사상의 개관, 동양식 윤리사상의 변천」에서 그는 동양식 붕우유신과 장유유서의 윤리관을 수정해야 한다고 주장했다. 그는 "如何한 人이던지 即 人으로 된 以上은 平等의 觀念으로 모든 人格의 待遇가 잇서야" 한다고 주장했다. 예컨대 유소년의 인격, 즉 개성의 자유도 허용해야 한다는 것이다. "今日로부터 우리 社會에서 社交的 倫理를 完全히 하랴면 먼저 個人의 自由權利 即 個人의 人格을 尊重히 할 必要가 잇"다.[318] 문화주의의 목표는 가정과 사회에서 인격의 관념을 가지고 윤리적 도덕을 건설하는 것이었다.

이돈화는 이와 같은 인간성 및 욕망의 개조를 선차적인 과제로 제시했다. 이돈화는 「생활의 조건을 본위로 한 조선의 개조 사업」에서 청년의 정신 개조를 강조했는데, "精神의 改造는 宗敎 道德 藝術이라 하는 精神的 覺醒如何에 依하야 建設될 것"이라며,[319] 특히 '사상의 통일 즉 사상의 조화'가 급선무라고 주장했다.[320] 문화의

318 白頭山人(1921), 「現代倫理思想의 槪觀, 東洋式 倫理思想의 變遷」, 『개벽』 제16호, pp.28~33.

319 李敦化(1921), 「生活의 條件을 本位로 한 朝鮮의 改造事業, 이 글을 特히 民族의 盛衰를 雙肩에 負한 青年諸君에 부팀」, 『개벽』 제15호, p.5.

320 李敦化(1920), 「朝鮮新文化 建設에 對한 圖案」, 『개벽』 제4호, pp.15~16.

여러 영역실업·교육·문학 등을 개척하기 위해 우선 '사상적 정돈'이 필요하다는 것인데, 그는 이러한 역할을 담당할 기관으로 '교회'를 들었다.[321] 안확 역시 유사한 입장에 서 있었다. 「개조론」1920. 3에서 안확은 물질과 정신, 사회제도와 사상신성, 외면과 내면을 구분하면서 내적 개조를 바탕으로 외적 개조를 추진해야 한다고 주장했다(안확 2004 : 70).

한편 이돈화는 민족문화의 근본적 성격'민족성'을 확립 또는 회복해야 한다고 주장했는데, 문화주의에 입각했을 때 '민족'의 '민족성'은 '개인'의 '인격'에 해당하는 것이었다. '민족성의 자유로운 발전'은 문화주의의 중요한 테제였다.[322] 이돈화는 '민족성'을 민족의 근본 공통 철리哲理 혹은 생명의 충동이라고 보고 민족의 전체 구성원이 습성, 제도, 풍화, 즉 '문화'를 통일하고 그 문화의 배아가 되는 공통 철리를 확립 또는 회복하여 민족성을 미화하기 위해 노력해야 한다고 했다.[323] 그런데 그가 말한 '도덕상, 문화상' 노력의 기준은 '세계적 차원의 문화 발전 추세에 발맞추는' 보편주의적인 것이었다. 그는 장래 도래할 '인류의 왕국'에 참여하기 위해서는 '세계에 통할 만한 지식, 도덕, 이상'을 갖추어야 한다고 주장했다.[324] 문화주의철학에 바탕을 둔, 민족성의 자유로운 발전이라는 관념은 민족

321 李敦化(1921), 「混沌으로부터 統一에」, 『개벽』 제13호, pp.12.

322 「世界를 알라」, 『개벽』 제1호(1920).

323 李敦化(1920), 「朝鮮人의 民族性을 論하노라」, 『개벽』 제5호, pp.2~10 ; 李敦化(1922), 「空論의 人으로 超越하야 理想의 人, 主義의 人이 되라」, 『개벽』 제23호, pp.4~17.

324 白頭山人(1920), 「文化主義와 人格上 平等」, 『개벽』 제6호, pp.10~13 ; 李敦化(1921), 「民族的 體面을 維持하라」, 『개벽』 제8호, pp.2~9 ; 李敦化(1922), 「人類相對主義와 朝鮮人」, 『개벽』 제25호, pp.2~12.

에 제한되지 않고 '인류'·'세계'로 확대되어 코즈모폴리터니즘으로 나아갈 소지가 있었다(정용화 2006 : 185).

허수의 연구에 의하면, 이돈화는 구와키 겐요쿠의 문화주의철학을 천도교적 사회개조론의 이론적 자원으로 활용했다. 이돈화의 '사람성주의'는 인내천주의, 개조론 그리고 문화주의철학이 결합된 것이다. 천도교의 인내천주의 또는 사인여천주의는 문화주의철학과 비슷하게 근대성에 대한 정신주의적 비판, 인격 가치 및 도덕적 실천을 중시하는 경향을 포함하고 있었다. 나아가 그는 개조론과 결합한 문화주의철학에 내포된 사회사상적 요소를 인내천주의로 흡수했다. 이로써 이돈화는 인내천주의의 지향을 자유나 평등 같은 근대의 정치적·사회적 핵심 개념으로 재해석할 수 있었다. 한편 그는 문화주의적 개념이 가진 내용을 살리면서도 그 개념이 가진 형식적 측면을 인내천주의의 실재론 입장에 맞추어 나갔다. 그 결과 이돈화는 사람성주의를 도출할 수 있었고, 이를 기반으로 천도교의 사회개조론을 발전시킬 수 있었다(허수 2005 : 57~113).

이돈화와 마찬가지로 구와키 겐요쿠의 『문화주의와 사회문제』를 발췌·번역한 김현준도 문화주의가 노동문제, 여성문제, 농촌문제 등 근대사회에서 발생한 다양한 사회문제의 원인과 해결책을 찾으려는 노력과 긴밀한 관련이 있다고 생각했다. 그는 「문화적 생활과 철학」의 첫머리에서 "문화의 의의는 광활하여 사회문제를 고찰하는 데나 차此를 이해 급及 해결하는 데나 기타 온갖 제반 문제를 관찰하는 데나 반드시 문화적 의의가 관련된다"라고 했다.[325] 이때

325 김현준(1922), 「문화적 생활과 철학」, 『신생활』 제6호, p.66.

'문화적 생활'이나 '문화적 의의'에서 '문화적'이라는 말은 근대 자본주의체제의 모순에 대한 비판적 · 개혁적 지향을 표현한다. '문화주의와 사회문제'라는 책 제목이 보여 주는바, 이는 정치적 자유주의 및 데모크라시 사조와 연결되어 있던 구와키 겐요쿠, 소다 기이치로 등이 선도한 문화주의철학의 특징이었다.

일본에서 신칸트파 철학의 영향하에 형성된 절충주의적 개조론도 수용되었다. 선우전鮮于全(SWJ 生)은 현대의 사회운동을 지도하는 이념 가운데 하나로 사회개량주의를 소개했는데, 사회혁명주의를 지양하고 자본주의체제 내에서 점진적 변혁을 지향한 이 수정주의적 이념에 철학적 토대를 제공한 것은, 그에 따르면 칸트의 유심주의에서 진화된 신칸트파 철학이었다. 선우전은 19세기 말에 등장한 신칸트파 철학이 사회현상을 심리적으로 이해하는 칸트철학의 유심주의 및 낭만주의와 사회현상을 물질적으로 이해하는 카를 마르크스의 유물주의를 조화 · 절충한 사회개량주의를 태동시켰다고 설명했다.[326] 정규선鄭圭璇은 소득분배의 공평함만으로는 연대 정신이 발휘되기 힘들다는 사실을 지적하면서 물질적 욕망을 제어하고 인생 본성과 우주의 진리를 깨달아 인격의 향상을 도모함으로써만 '성별, 계급별, 인종별 등을 초월하여 누구나 평등하게 문화적 창조 행위에 참여'할 수 있는 '무계급적 민중주의', '인류 공동의 이상 사회'를 건설할 수 있다고 주장했다. 그는 '사회주의'가 '세계만국을 통하야' 노동자를 포함한 전체 '민중의 연대 사회를 건설코자 노력'

326 SWJ生(1921), 「社會運動의 歷史的 觀察과 現代社會運動의 一大進展」, 『개벽』 제12호, p.26.

해야 한다고 했다.[327] 마르크시즘의 거센 반격 속에서 화석화된 칸트의 인격 개념에 숨을 불어넣어 폭력혁명에 맞서는 이상적 사회건설론의 형성에 일조한 독일의 신칸트주의는 일본과 조선의 지식인에게 사회개량주의 혹은 무계급적 민중 사회라는 이상을 심어 주었다(손유경 2005 : 98).

미학적 문화주의와 민중예술론

1910년대에 이미 종교 · 예술 · 학문 등에 대한 근대적인 관념이 등장했으며 이광수 같은 이는 이러한 영역들을 포괄하는 개념으로 문화를 사용했지만, 하나의 독립적이고 자율적인 사회 영역으로서의 문화라는 사고가 널리 일반화된 것은 1920년대에 들어서였다. Part 4의 2에서 살폈듯이 신식은 문화를 '외적 물질문명과는 다른 내적 정신문명'의 총체[328]로 설명했다. 김항복에게 협의의 문화란 광의의 문화에서 '과학적 · 물질적 문명'을 제외한 '고상한 정신적 산물 즉 예술, 종교, 학술, 도덕을 포괄한 명칭'이었다. 그는 인간의 내적 · 정신적 능력, 곧 지정의의 능력이야말로 인간으로 하여금 진 · 선 · 미 · 성의 가치를 추구하도록 하는 것이며 이러한 '인격적 가치'의 객관적 상관물이 바로 학문 · 도덕 · 예술 · 종교라고 보았다.[329] 박용회는 인간의 내면적 발전이란 진선미의 원만한 발전을 이상으로 하며, 따라서 인간에게는 과학이 필요한 동시에 도덕 · 종

327 海參 鄭圭璇(1922), 「改造問題에 關與하는 社會連帶의 精神」, 『개벽』 제27호, pp.31~33.
328 在東京 申湜(1921), 「文化의 發展 及 其 運動과 新文明」, 『개벽』 제14호, p.26 참조.
329 金恒福(1921), 「文化의 意義와 其發展策」, 『학지광』 제22호, pp.39~40.

교·예술도 필요하다고 주장했다.[330] 이돈화는 「조선인의 민족성을 논하노라」에서 '우주의 진리는 진선미로 표현되며 인심人心의 표현도 진선미의 발휘'라면서 그와 같은 진선미가 각각 구체적인 형식으로 나타난 것이 과학, 종교, 예술이라고 설명한 바 있다.[331] 「민족개조론」에서 이광수는 '생활'을 정치적 생활, 경제적 생활, 문화적 생활로 구분하고 문화적 생활에 종교, 예술, 철학, 사교를 포함시켰다(이광수 1962j : 181).

도덕이나 종교가 문화에 포함되는지가 논란이 되기도 했는데, 그 판단 기준은 현실/가치, 실제/이상, 세속적인 것/초월적인 것이었다. 예컨대 이돈화는 '도덕'은 실제적이라는 점에서 예술, 학문 등 이상적인 것과 대립하지만 정치, 경제에 비해서는 이상적 성격을 가지고 있다고 보았다. 따라서 문화는 좁게 보면 도덕을 제외한 인류의 이상적 방면을 가리키고, 넓게 보면 도덕을 포함한 인생의 이상적 방면을 가리킨다고 주장했다.[332] 한편 문화를 초월적 종교와는 다른 세속의 영역이라고 보면서 문화와 종교를 서로 병렬적·상대적 관계로 이해하기도 했다(장석만 2015 : 231~233). '문화'가 '교양'이라는 이름으로 학교교육과 사회교육의 프로그램으로 추천되었을 때, 종교가 배제된 것은 이러한 논리에 따른 것이다.

포함하는 영역이나 강조점에는 다소 차이가 있었지만, 문화를 하나의 독립적인 사회 영역으로 성립시키는 논의는 지식인 사이에서 널리 공유되었다. 이 같은 담론 전개 과정은 당시에 근대사회에 대

330 朴庸淮(1920), 「自然科學에 대한 人生觀」, 『개벽』 제3호, pp.80~84.
331 李敦化(1920), 「朝鮮人의 民族性을 論하노라」, 『개벽』 제5호, pp.2~10.
332 白頭山人(1920), 「文化主義와 人格上 平等」, 『개벽』 제6호, p.11.

한 자유주의적 분석 또는 이해가 진척되고 있었음을 보여 준다. 하나의 전체로서 사회는 노동 분업과 기능 분화의 원리에 따라 정치, 경제, 사회, 문화 또는 정치, 경제, 문화의 영역으로 구성된다고 상상되었다. 문화는 인간의 정신적이고 내적인 영역의 발전과 관련된 활동 혹은 영역으로서 일반적으로 종교, 예술, 학문 등 하위 분야를 거느리며 정치, 경제와 동등하게 사회적 생활의 한 부문을 이룬다고 간주되었다. 이때 문화는 인류가 보편적으로 추구해야 할 중요한 가치일 뿐만 아니라 근대사회에 없어서는 안 될 제도였다.

이돈화 같은 이는 문화의 영역 가운데 종교교회의 역할을 중시했지만, 1920년대 전반기에 많은 지식인이 주목한 것은 예술이었다. Part 4의 2의 논의와 다소 중복되지만, 신식의 「문화의 발전 급 기 운동과 신문명」을 전체 흐름을 따라가며 읽어 볼 필요가 있다. 글의 맨 앞에서 신식은 문화운동의 방향성을 설명하기 위해 문화의 정의를 시도하면서 종교, 예술, 과학, 산업 등 물질 방면과 정신 방면의 모든 것을 포괄하는 광의의 문화 개념을 택할 것을 권했다. 그는 '문화운동은 신문명의 확립을 요구하는 발동'으로서 '완전한' 생활을 이루는 원동력이라고 보았는데, 이때 그는 넓은 의미의 문화=문명 개념을 취한 것이다.[333] 이런 점에서 '문화운동'은 1910년대에 주로 일본 유학생으로 구성된 신지식인들에 의해 이론화 과정을 거친 실력양성운동론의 1920년대적 실천 양식이었다고 할 수 있다.[334]

333 在東京 申湜(1921), 「文化의 發展 及 其 運動과 新文明」, 『개벽』 제14호, p.26.
334 1920년대 문화운동론의 성격에 대해서는 박찬승 1992 : 167~168, 제3장 참조.

글의 중간에서 신식은 문화운동의 핵심을 '사회 일반의 교양 기관을 조직하는 일'로 좁혔다. 신식은 이돈화가 「조선신문화 건설에 대한 도안」에서 주장한 학교교육 개선, 일반 사회의 교양, 도시의 개량, 농촌의 지도 등을 '문명의 소지를 배양하고 문화생활의 기초를 공고케 하기 위'한 노력으로 간주했다. 여기에서 더 나아가 신식은 문화운동의 수단으로 특히 예술의 보급을 주장했다. 그는 참된 행복, 참된 생활은 참된 창조를 통해 가능한데 예술이야말로 참된 창조 활동의 산물이라고 주장했다. "社會로부터 幸福을 어드랴면, 價値 잇는 生活을 하랴면 卽 產 藝術을 產出케 하랴면 먼저 吾人에게 산 藝術의 敎育, 산 藝術의 敎養을 주는 以外에는 아모 方法도 手段도 업다."[335] 신식은 문화운동의 내용을 생활의 영역 전체의 발전에서 교양敎育 기관의 조직으로, 거기에서 다시 예술교육으로 좁혀 간 것이다.

신식은 예술의 통속화, 구체화, 일반화를 통해 일반인이 가장 적당하게 즐기고 좋아할 예술을 알려 주고 맛보이고 그리하여 끊임없이 창조력의 발현에 접하게 하는 것이 "個人 가온대에 자고 잇는, 一般社會 가온대에 숨겨 잇는 特殊의 新生命力을 引出하고 開放하는" '첩경'이자 '양약良藥'이라고 했다.[336] 그는 전문적·귀족적·특권적 예술에 대비하여 공통적·보편적·민중적=평민적 예술을 강조하면서 실생활을 망각하지 않는 동시에 초월하여 순수한 미와 애

335 在東京 申湜(1921), 「文化의 發展 及 其 運動과 新文明」, 『개벽』 제14호, pp.27~28 ; 在東京府下戶塚町 諏訪一七三竹內方 申湜(1921), 「吾人의 生活과 藝術」, 『개벽』 제18호, pp.40~49.

336 在東京 申湜(1921), 앞의 글, pp.27~28.

를 추구하는 예술과 문예를 주장했다. 이와 같은 예술의 나라에서만 자유스러운 평등의 인격들이 참되고 아름답고 사랑스럽고 조화있고 생명이 있는 생활을 누리는 것이 가능하다는 것이다.[337]

신식과 유사한 이유를 들며 김항복도 문화적 형식 가운데 특히 예술의 의의를 강조했다. 「문화의 의의와 그 발전책」에서 김항복은 문화 영역의 발전이 문화운동의 지도 방향이자 구체적인 목표가 되어야 한다고 주장하였다. 이때 문화는 "한마디로 하면, 교육이다. 문화란 말이 즉 교육의 의미다. 컬튜어―란 말과 에듀케이슌이란 말과 동일한 의미로 쓸 적도 있다. 그러므로 문화의 발전책은 교육의 보급 향상책을 말하면 족하다." 그런데 김항복의 문화=교육은 생활의 방편과 수단을 얻기 위한 전문적인 지식, 기술교육이나 직업교육, 학자 양성을 목표로 하는 교육이 아니라 '사람의 내적 생명을 자유로 확대케 하고 양지양능良知良能을 자유로 개발시키어 사람으로 사람이 되게' 하는 교육, 즉 '완전한 인격자를 양성'하는 교육을 가리켰다.[338] 따라서 그는 '신문화의 발전'을 위해서는 학교 외에도 도서관, 청년회와 구락부, 여성교육, 교회의 혁신, 민중 극장의 건설 등이 필요하다고 주장했다. 나아가 그는 '인격을 양성하는 교육은 실로 예술을 중심으로 한 해방적·창조적 교육'으로서, 이것이 '국민교육의 대의이며 사회교육, 가정교육의 주지'라고 주장했다.[339]

337 在東京府下戶塚町 諏訪一七三竹內方 申湜(1921), 앞의 글.

338 金恒福(1921), 「文化의 意義와 其發展策」, 『학지광』 제22호, p.40.

339 金恒福(1921), 앞의 글, p.40. 1921년 7월 10일자 『동아일보』에 「여자문화학원 개설(女子文化學院開設)」이라는 기사가 있는데, 이 학교의 정식 명칭은 '경성여자문화학원'으로서 고등여

예술교육을 강조하는 문화주의는 민중예술론이나 민중극론으로도 퍼져 나갔다. 아래 인용문에 따르면, 민중극이나 민중 극장에 대한 주장은 바로 '문화'와 '민중'의 결합의 산물이다.

> 世界 各國이 文化라는 말과 民衆이라는 것을 結託하야 民衆劇과 民衆劇場의 運動이 日復日 濃厚하여짐은 번히 注目할 事實이다. 歐米 各國이 이 民衆劇에 沒頭함은 勿論이고 大戰 以後에 日本서는 帝國大學, 早稻田大學, 慶應大學이 率先하야 劇文學研究會를 組織하여 盛히 新劇運動에 着手함과 中國은 北京大學文科 教授胡適氏를 中心으로 新劇運動에 活動하는 것은 括目할 一大事件이다. 唯獨 우리朝鮮이 桃園春夢에 薰醉하야 演劇을 蛇蝎視하며서 그래도 남의 지내는 귓결에 헛소리만 듯고 民衆이니 文化이니 勞働이니 社會이니 하면 이 民衆을 教養하고 指導할 무슨 方策을 做出치 못하니 어찌 具眼者로 寒心의 嘆이 無하리요.[340]

현철은 "文化라는 標語下에서 民衆을 教化하여야 하겟다"라고 주장했다.[341] 그는 "가장 短時間에 가장 多數人이 가장 普遍的으로 가장 速成的으로 貴族이나 平民이나 識者나 文盲이나 老人이나 少年

학교를 졸업한 수준의 여성에게 예술·철학·어학 등을 가르친다고 소개되어 있다. 이는 일본에서 니시무라 이사쿠(西村伊作)가 자유주의적 예술교육을 꿈꾸며 1921년 도쿄에 설립한 문화학원을 모방한 것으로 보이는데[Part 1의 2의 "다이쇼기 이후 일본의 분카(文化)" 참조], 1930년대 말에도 3년제 중등학교 정도로 '음악, 미술 등 정서교육을 중심으로 인문 본위의 교육을 실시'하는 사설 교육기관인 조선문화학원에 대한 기사가 있다(「朝鮮文化學院 皮魚善에 移轉擴充」, 『동아일보』 1939. 12. 7, p.2).

340 玄哲(1921), 「文化事業의 急先務로 民衆劇을 提唱하노라」, 『개벽』 제10호, p.114.

341 玄哲(1921), 앞의 글, p.108.

이나 서로 모여서 民衆的으로 文化되는 것은-文化라는 것은 民衆劇場이요, 民衆劇이다”[342]라고 주장했다. 여기에서 민중은 ‘一般同胞라는 意味로 貴族이나 平民이나 市民이나 農民이나 모도 한가지로 總括한’ 집합체로서, 민중극은 ‘민중과 밀접 관계를 가진 극’, ‘민중예술’로 규정되었다. 현철은 조선인 일반을 민중 개념으로 호명하면서 예술을 통해 조선인의 심성을 개조해야 한다고 주장했다.[343]

민중극에 대한 현철의 논의는 Part 3의 2의 “문화의 하위 범주들”에서 염상섭의 ‘민중교육을 위한 연극(예술)’론에서 살펴본 와세다대학의 쓰보우치 쇼요, 가네코 지쿠스이, 시마무라 호게쓰 등의 문화주의 연극론에서 영향을 받고 있었다. 현철은 글의 서두에서 자신에게 ‘조선 민족의 내부 생활에 기름을 쳐주는 책임이 있는 것을 잊지 말라’라고 당부한 은사 시마무라 호게쓰를 직접 언급한 바 있는데,[344] 와세다대학의 문화주의 연극론은 다이쇼기 일본에서 문화주의와 민주주의가 부흥하던 분위기에서 유행한 로맹 롤랑의 민중극론을 배경으로 하고 있었다. 가네코 지쿠스이는 「문화주의」『와세다대학』 제165집(1920. 8)에서 문화주의를 제1차 세계대전의 정전회담이었던 파리강화회의 이후 새롭게 만들어지고 유행어가 된 것으로 보면서, 이 신조어에는 인도주의 혹은 인문주의의 계승이라는 의미 외에 미학적 의미가 있다고 보았다.

342 玄哲(1921), 앞의 글, p.112. ‘文化라는’은 ‘文化하는’의 오기로 보인다.

343 玄哲(1921), 앞의 글, pp.112~114.

344 玄哲(1921), 앞의 글, p.107.

김항복이나 신식, 현철 등으로 하여금 미학적 문화주의 또는 예술의 중요성을 열심히 유포·확산하게 한 담론적·사회적 환경은 무엇인가? 이들이 신문명=신문화의 확립을 목표로 한 문화운동을 지지하면서도 예술이나 연극의 의의를 특별히 강조한 이유는 그러한 부문의 발전이 새로운 주체, 즉 자유로우면서 동시에 민족적인 주체를 생산하는 데 필수적이라고 판단했기 때문이다. 신식의 표현을 빌린다면, 신문명=신문화란 새로운 개인아의 자립뿐만 아니라 새로운 사회아의 확립, 새로운 단체정신의 수립을 목표로 한 것이었다.[345] 이 같은 차원에서 보면, 1920년대 초반 문화나 예술의 의의에 대한 주장은 1910년대 후반 문학교육의 필요성에 대한 이광수의 주장의 연장선상에 있었다.

흥미로운 차이점은 1910년대에는 '문화'에 열중하는 지식인들을 비판하는 근거였던 '사회문제'가 1920년대에는 '문화'를 통해 해결해야 할 문제로 대두했다는 것이다. 아래 글은 1919년 초 방학을 틈타 경성에 다니러 온 유학생 추봉 김영만이 지식인들이 문예냐 상공업이냐를 두고 논란을 벌이고 있는 상황을 비판적 관점에서 서술한 것이다.

> 京城에서 所謂 識者라난 社會는 不完全하나마 文藝方面과 商工業熱이 最盛할 것이외다. 누구든지 言必稱 商工業 하고 떠들며 그러치 안으면 文藝思想이 잇셔야한다하고 붓을 들어 끄적거립니다. 이것이 慶賀하지 안이치 못할 것인 줄 아나이다. 그러나 遺憾되난 곳은 實社會에 對한

345 在東京 申湜(1921), 「文化의 發展 及 其 運動과 新文明」, 『개벽』 제14호, pp.27~28.

知識이 적음이며 社會問題를 討論하려난 思潮가 적음이외다. 社會問題와 갓치 우리 實生活에 價値 甚大한 것은 其 比가 稀少할 것이외다. 假令 우혜도 말삼한 貧民으로 論하여도 우리 社會에 關係가 全無한 것은 안이외다. 直接 間接으로 關係가 다 잇습니다. 京城 識者階級을 삷혀보드래도 實社會問題에 對하야 趣味를 가지지안엇슴으로 알녀고도 하지 안코, 또는 冷情한 態度를 가지나이다. 누구든지 實社會問題를 말삼하면 滋味업시 듯고, 汗闊하게 생각합니다. 다만 무슨 小說은 엇더하고 商業은 엇더케하여야 猝富가 된다하는 것은 가장 滋味잇게 듯습니다. 이것이 우리 識者社會의 큰 缺點이외다.[346]

추봉은 조선의 지식인이 '문예', '문예사상', '소설'과 '상공업', '상업' 가운데 무엇이 더 중요한지를 두고 다투는 상황을 '지식인 사회의 불완전성'을 드러내는 현상으로 보면서 양편 모두 실사회에 대한 지식이 적고 사회문제를 토론하지 않는다는 한계를 지적했다. 추봉은 '문예열'과 '상공업열' 모두를 비판하면서 제3의 시각으로 '사회문제'를 제시한 것이다.

사회문제의 발견은 곧 '빈민'과 '노동자'의 발견이었다. 추봉은 귀국하는 배 안에서 '흰옷 입은 조선 노동자' 일행을 만났다. 그들은 홋카이도 수력전기회사에서 노동을 하다가 계약 기간이 만료되어 귀국하는 중이었는데, 매일 열 시간 반을 노동하고도 간신히 귀국 여비만 모은 사람이 대다수였다. 경성에 도착해서 그는 '빈민'이 많은 현실도 목격했다. "조선 노동자같이 불쌍한 사람은 없을 것이외다.

346 추봉(1919), 「귀성 중 소감」, 『기독청년』 제13호, p.14.

누구나 이러한 문제에 대하야 연구해 보는 이도 없으며, 또한 알려고도 하지 않습니다." 당시 일본 유학생 사이에서 '사회문제'는 아직 소수 담론에 불과했다. 특히 문학이나 예술의 발전을 주장한 유학생들의 글에서는 빈곤문제나 노동문제에 대한 직접적인 관심을 거의 찾아볼 수 없다.

앞 글은 1918년 3월 「도서관 설립의 필요성을 경성 인사에 정呈함」에서 이광수의 문화론을 거의 그대로 받아 적었던 유학생 추봉이 1919년에 이르러서는 새로운 문제의식을 갖게 되었음을 보여 주는데, 그의 결론은 사회문제의 원인을 사회구조가 아니라 개인'자기의 부주의'에서 찾은 것이다. 추봉은 사회문제의 원인을 '사회의 환경보다 자기의 부주의에 귀착'시켰다. "금일과 같이 자유경쟁을 신뢰로 삼는 경제학이 있는 시대에는 더구나 자력적이 아니면 불가능할 것이외다." 추봉이 사회문제의 원인을 분석한 논리는 개인의 능력을 중시하는 경제적 자유주의에 입각해 있었으며 실력양성론에서 멀리 벗어나지 못했다.

사회문제에 눈을 돌린 추봉은 1919년 3월 와세다대학을 중퇴하고 1919년 말에 귀국해서는 노동운동 등 사회운동에 투신했는데,[347] 1920년 이후 '사회문제'는 '문화'에 대한 비판 담론이 아니라 지지 담론의 핵심어가 되었다. 구와키 겐요쿠의 책제목 "문화주의와 사회문제"가 보여 주듯이, 문화주의를 선택한 지식인들이 극복

347 추봉 김영만은 1919년 3월 와세다대학 정치경제학과를 중퇴하고 1919년 말 국내로 들어와 조선노동대회, 서울청년회 등에서 활동하면서 민족해방운동과 노동운동에 참여했다(『한국민족문화대백과』 참조. https://terms.naver.com/entry.nhn?docId=552821&cid=46623&categoryId=46623).

해야 할 과제로 주목한 현상이 바로 사회문제였다. 사회문제를 해결하기 위해 문화를 발전시켜야 하는 것이다. 이와 같은 문제 설정의 변화를 이해하기 위해서는 1910년대 후반부터 선구적으로 문화 교육론을 전개해 온 이광수가 1920년대 초에 어떤 인식과 판단, 그리고 결론에 이르게 되었는지를 살펴볼 필요가 있다.

> 지금 세계는 혼돈 상태에 있다. 그네는 새로운 사상을 갈앙渴仰한다. '메시아'의 구제를 갈앙한다. 국제연맹, 태평양회의, 이 모든 것들이 새로운 '메시아'를 부르는 절규가 아니냐. 진실로 우리가 세계를 정복할 무기는 무력도 아니요, 부력도 아니요, '신생활의 모범'이 아닐까. 이렇게 생각할 때에 우리의 흉중에는 끝없는 희망과 기쁨과 확신이 떠오름을 깨다릅니다.
>
> 공중에는 최후 심판의 나팔 소리가 울렸습니다. 이제야 별이 떨어지고 땅이 흔들립니다. 구세계가 가고 신세계의 서광이 비취입니다. 애愛와 미美의 세계! 종교와 예술의 세계! 이야말로 창세 전부터 약속된 세계외다. '사람아, 너를 개조하라'라는 외침은 '거듭나라' 하는 외침과 같은 외침이외다.
>
> "사람아, 애와 미로 너를 개조하라!"(이광수 1963c : 44).

위 글은 1922년에 발표된 「예술과 인생」의 일부인데, 가장 먼저 눈에 띄는 것은 이광수가 세계와 조선의 현재 상태를 전혀 긍정적으로 보지 않고 있다는 점이다. 계몽기 이래 조선에서 모든 가치 있는 것의 대명사였던 서구는 이제 혼돈 속에서 구원을 갈망하고 있는 처지로 의식되고 있다. 그런데 '미로'와 '방황'이라는 말이 암시하는바, 서구를 포함한 전 세계가 '역사적 공황' 상태에 처해 있다는 위기의식으로부터 이광수가 이끌어 내는 것은 역설적이게도 '끝없는 희망과 기쁨과 확신'이었다. "신세계와 조선 민족의 사명"이라는 이 글의 부제에 나타나 있는 것처럼, 이광수는 "이제 조선 민족이 새로운 생활의 모범을 제시하겠노라"라고 선언하고 있다. 혼돈으로부터 인류를 구원해 줄 것으로 추천된 것은 '애와 미', '종교와 예술'의 '신세계'였다. 그는 '사랑'종교과 '미'예술의 원리에 의거하여 인간을 개조해야 한다고 주장했다.

「예술과 인생」은 물론이고 「문사와 수양」, 「쟁투의 세계에서 상애의 세계로」 등 1920년대 초에 발표한 글을 보면, 이광수는 당시의 조선을 근대성의 부산물과 병폐에 의해 위기에 처한 사회로 감지하고 있었던 것 같다. 그가 보기에 조선은 산업화의 병폐가 노동자의 도덕적 '타락'을 야기하고 있고, 대중이 자유나 평등 같은 허구적 구호에 '오염'될 가능성이 있으며, 개인주의와 계급주의 그리고 쾌락주의와 데카당스의 확산에 의해 '분열'되고 있는 사회였다. 조선 사회에 대한 이광수의 진단과 문제의식은, 예를 들어 「재생」1925 같은 소설에도 뚜렷이 반영되어 있다. 「재생」에서 중학생 신분으로 만세운동에 참여했다가 검거되어 2년 8개월의 형기를 마치고 출감한 남자 주인공 신봉구가 대면하게 된 것이 바로 돈과 연애라는 새로운 종교에 '오염'되고 이기주의에 의해 '분열'되고 쾌락주의에 의해 '타락'해 버린 조선 사회였다.

앞 인용문에서 이광수가 조선인을 신세계로 인도해 줄 것으로 제시한 것은 종교와 예술이었으며, 제목이 드러내듯이 예술이 특별히 강조되었다. 이광수는 노동자의 근본적 요구는 더 많은 임금이 아니라 노동으로부터 예술적 자유와 기쁨을 느끼는 것이라고 하면서 노동의 예술화를 주장하기도 했다(이광수 1963c : 37~38).[348] 「문사와 수양」에서는 현대사회에서 종교를 대신할 것으로 문학의 역할을 강조했다. 그는 문학이 '신문화의 선구요 모母'가 된다고 보았으며(이광수 1963a : 18), 이런 판단에 근거하여 그는 (국)문학교육에 대한 논의를 진행하기도 했다(이광수 1963b, 1963c). 결론적으로 이광수의 처방은 문화였다. 그는 '정치나 경제는 이런 것문화 — 인용자을 응용한 것에 불과한 것이니 정치, 경제적 해결은 개조의 완성을 의미하는 것이지마는 순서로는 후'라고 주장했다(이광수 1963c : 37~38).[349]

당시에 문화 또는 예술을 제안한 지식인들에게서 이광수와 유사한 현실 감각 및 진단을 발견할 수 있다. 현철은 당시 조선이 계층 갈등이 고조되고 타락하고 쇠퇴한 사회라고 진단했다. 그는 조선인은 허위, 계급과 빈부에 따른 차별 의식, 우매함, 시기猜忌 같은 저열한 감정 상태를 벗어나 진실, 평등, 공제, 상조의 진리로 나아가야 한다고 주장했다.[350] 김항복은 현대사회에서 나타나고 있는 빈부 격차의 문제나 권력과 지배의 문제, 국가 간 전쟁과 민족 간 갈등이 궁극적으로 '문화'의 결함 또는 미발달에서 연유한다고 판단하면서 문화가 '세계 개조의 근본적 정신'이 되어야 한다고 보았다. 그는 노동운동이나 민족운동이 내포하고 있는 '문화적 가치'에 주목

348 이광수는 1918년 「부활의 서광」에서 이미 문학의 중요성을 주장하면서 와세다대학의 은사 시마무라 호게쓰의 조언을 언급한 바 있는데, 「예술과 인생」 등에서 제시된 '민중예술론'에도 그의 영향이 감지된다.

349 이상 1920년대 전반기 이광수의 문화론과 예술론의 특징에 대한 더 자세한 논의는 김현주 2005 참조.

350 玄哲(1921), 「文化事業의 急先務로 民衆劇을 提唱하노라」, 『개벽』 제10호, p.114.

하라고 강조했다.[351]

예술의 가치에 대한 강조는 현실/이상, 이성/영감, 객관/주관, 사회/개인, 형식/자유의 개념쌍을 활용하면서 낭만주의, 주관주의로 나아가기도 했다. 현철은 현실적 이익에 대비하여 '이상'을 강조하고 형식에 대비하여 '자유'를 강조하면서 공리주의와 현실주의를 비판했다. 그는 '세간의 실제와 무관함과 여如한 낭만주의'가 현재의 사조라고 주장하면서 문학과 예술미술, 음악을 중시했다.[352] 「문학과 영감」에서 강호학인江戶學人 : 신식은 문학의 창작, 비평, 독서에서 가장 중요한 것은 '영감'이라는 낭만주의적 문학관을 발표하기도 했다. 그에 따르면, 문화에서 과학학문을 제외한 종교, 철학, 예술은 지정의를 초월한 불가사의한 심리적 활동인 '영감'에 바탕을 두어야 한다.[353] 임노월林蘆月, 생몰연도 미상. 본명은 임장화(林長和)이다은 신개인주의, 절대적 자유, 주관적 또는 개인적 미의식을 강조했다.[354]

요약하자면 신식, 현철, 김항복, 이돈화, 이광수 등 지식인은 일본의 문화주의철학에서 가져온 개념들을 무기로 당시 조선 사회의 다양한 문제와 싸우고 있었다고 할 수 있다. 이들은 노동운동을 포함한 사회운동이 계급 간 갈등을 해결하는 것이 아니라 오히려 격화시키고 있는 현실에 위기감을 느꼈다. 또한 자본가 등 엘리트 집단의 이기주의개인주의와 탐욕, 노동자, 여성, 청년 등 하위 주체들의 도덕적 타락나태 · 질투 · 증오이나 폭력무질서, 도시 대중의 사치와 쾌락주

351 金恒福(1921), 「文化의 意義와 其發展策」, 『학지광』 제22호, p.39.

352 玄哲(1921), 「文化事業의 急先務로 民衆劇을 提唱하노라」, 『개벽』 제10호, p.114.

353 江戶學人(1922), 「文學과 靈感」, 『개벽』 제25호, pp.104~115.

354 林蘆月(1923), 「社會主義와 藝術, 新個人主義의 建設을 唱함」, 『개벽』 제37호, pp.21~29.

의, 퇴폐적인 예술(가), 저급한 대중문화, 공리주의, 경제주의물질중심주의 등에 대응하여 내적이고 정신적인 가치, 순수하고 품위 있는 태도, 인격의 완성을 위한 노력, 진리와 사랑과 미에 대한 갈망 등을 강조했다. 이들은 근대사회의 문제들을 문화의 문제로 치환·환원했으며 해결책을 문화에서 찾았다. 이와 같은 담론에 의해 문화는 사회의 근대적·자본주의적 전환 과정에서 초래되는 여러 가지 부정적 현상을 예방하고 해결하는 가치이자 하나의 중요한 사회적 제도로 떠올랐다.

민족문화론

문화의 역사를 근대성을 향한 발전과 진보로 사고하는 계몽주의적 문화사나 문화를 보편적 이상 및 가치의 창조와 연결시키는 일본의 문화주의철학은 보편주의와 진보주의를 공유하고 있다. 즉 문화주의는 휴머니즘적 보편성을 지향하는, 그러나 목적론적 발전론에 짜맞추어지진 않은, 자유로운 인간 주체의 형성을 지향한 사상이었다. 그런데 1920년대에 '문화'가 인간과 사회를 보편성과 미래로 인도하는 역할만 한 것은 아니다. '문화적 전통' 같은 담론은 오히려 보편적 문명과 이성, 합리성, 진보에 대비하여 전래의 관습, 신성한 진리, 고유한 민속 등을 강조하는 경향이 있었다. 문화 개념은 과거를 탐구할 길을 터주고 다양한 민족, 집단, 지역의 특수성정체성을 탐구할 도구가 되어 주기도 했던 것이다.

Part 4의 1에서 살핀 『동아일보』 창간 당시의 사설「세계 개조의 벽두를 당하야 조선의 민족운동을 논하노라(3)」은 민족운동의 정당성을 설명하는 부분에서 문화를 민족과 역사라는 관념과 결합시켰다. 이로써 민족은 자연적혈연적 공동체가 아니라 역사와 문화의 공동체로 정의되었으며, 문화는 민족이 함께 고락을 맛보고 운명을 개척해 온 역사가 약동하는 장소로 인식되었다. 민족 형성의 주요소로 역사와 문화를 강조하는 태도는 『동아일보』의 다른 글에서도 찾아볼 수 있다. "今日 朝鮮人이 아모리 一時의 衰微를 極하얐다 할지라도 적어도 吾人에게는 四千年의 長久한 歷史와 一定한 言語 一定한 文字원문에는 文定 一定한 風俗 一定한 傳統 一定한 道德의 完全한 文化가 잇지 아니한가."[355] 『동아일보』는 '역사'와 언어, 문자, 풍속, 정통, 도덕의 유기적 총체를 의미하는 '문화'를 매개로 삼아 '민족'을 통합하고자 했다.[356]

문화를 민족 · 역사 개념과 결합시키는 담론에는 인류학의 개념, 가설, 설명체계의 도움이 컸다. 18세기 말에서 19세기에 걸쳐 유럽에서 계몽주의적 사고와 낭만주의적 사고를 결합하면서 발흥한 민족주의의 소용돌이 속에서 culture가 획득한 새로운 의미인 '생활양식으로서의 culture'는 인류학이라는 학문을 형성한 중심 개념이었다. 문화인류학은 자신의 연구 대상을 규정하기 위한, 그리고 과학으로서 자신의 자율적 영역을 확보키 위한 가장 유효한 수단으로서 culture의 재개념화 작업을 수행했다. 철학이나 문학비평에서 인간의 정신적 성장이라는 가치와 자기실현의 이상을 표상하기 위해 사

355 「朝鮮人의 胸中 : 嚴肅한 沈默」, 『동아일보』 1922. 8. 16, p.1.

356 『동아일보』는 과거나 전통을 배타적으로 강조하거나 찬양하는 민족문화 관념에 대해 우려를 표하기도 했다(「文化建設의 核心的思想 : 民族感情과 生活意識」, 『동아일보』 1922. 10. 4, p.1).

용되어 온 culture를, 인류학자들은 사회의 구성원으로서 인간이 취득하고 생산한 모든 것을 지시하는, 탈이상적이고 몰가치적인 개념으로 다시 정의한 것이다. 인류학적 문화 개념에 결부되어 있는 암묵적 가정은, 문화는 고유한 내적 원리에 의해 생성된 하나의 체계적 총체이며 뚜렷한 경계를 지니고 여러 세대에 걸쳐 전승된다는 것이었다. 문화적 민족주의는 민족주의 이념과 인류학의 문화 개념이 결합한 결과물이었다.

초창기 인류학은 원시문화에 대한 연구를 통해 현대의 유럽, 나아가 인류의 과거를 확인하고자 했는데, 이와 같은 지식은 유럽 여러 나라의 식민지 개척을 뒷받침했다. 이와 같은 과정의 결과로서 인류학의 문화 개념은 중국과 일본에 수용·응용되었으며, 조선으로도 건너왔다. 「동서의 문화를 비판하야 우리의 문화운동을 논함」은 『개벽』의 중국 전문가였던 이동곡李東谷, 생몰연도 미상이[357] 중국의 철학자 량수밍의 유명한 저서 『동서문화와 그 철학』의 내용을 적극적으로 선별·요약·발췌·생략·변형한 글인데, 이동곡은 여기에 문화에 대한 량수밍의 정의와 설명을 그대로 옮겼다. 이에 따르면, '문화는 한 민족의 생활하는 종종의 방식' 또는 '일 민족 생활의 양식'으로서 이는 세 방면으로 구분된다. 정신생활 방면철학·종교·과학 및 예술 등, 사회생활 방면가족·친구·사회·국가·세계의 사회적 조직, 윤리·습관·풍속 및 정치·경제 제도 등, 물질생활 방면의식주 및 생존을 위한 것이 그것이다.[358] 동서문화의 차이는 성격의 차이이지 우열의 차이가 아니라는 량수밍의 문화론

357 이동곡이 천도교도 이민창(李民昌)과 동일인일 가능성이 제기되었다(천진 2012 : 255 주 52).
358 北旅東谷(1922), 「東西의 文化를 批判하야 우리의 文化運動을 論함」, 『개벽』 제29호, p.33.

은 이와 같은 근대 인류학이 개발한, 객관적이고 가치중립적인 문화 개념에 바탕을 두고 있었다. 한편 일본의 인류학 또는 민속학에서 사용한 문화 개념을 조선의 과거를 서술하는 데 체계적으로 응용한 사람은 최남선이었다. 1900년대 후반부터 문명사=문화사 연구를 지속해 온 최남선은 1922년 이후 「조선역사 통속강화朝鮮歷史通俗講話」 등을 통해 문화사 연구의 새로운 방법론을 선보였는데, 이때 그는 서양과 일본의 인류학 · 신화학 · 언어학 등 문화학의 방법론과 성과를 두루 참조했다.

1910년대와 비교하면 1920년대는 민족주의가 고양되는 분위기 속에서 과거에 대해 비상한 관심이 조성되었다. 과거에 대한 앎이 중요하고도 긴요한 과제로 부상했고 그 반영으로 역사적 표현물과 표상을 제공하려는 시도들이 활발해졌다. 여러 종류의 역사서가 발간되었으며, 민족의 이야기를 공식적이고 권위 있게 정교화한 통사도 여러 권 발간되었다.[359] 소설이나 시 등에서도 역사적 소재에 대한 관심이 급증했다.[360] 1920년대에 새로 등장한 중요한 캠페인 가운데 하나인 역사 연구의 새로운 방법으로 떠오른 것이 바로 '문화사'였다.

다양한 형태의 문화사 / 문명사가 구상 · 시도되었는데, 이돈화는

359 1920년대에 발간된 통사로는 황의돈의 『신편조선역사』(1923), 장도무의 『조선역사요령』(1923), 남궁억의 『동사략』(1924)과 『조선이야기』(1924), 권덕규의 『조선유기(留記)』(1924)와 『조선유기략』(1929), 최남선의 「조선역사강화」(1930) 등이 있다(박걸순 2004 : 45~50, 91, 100~101 참조).

360 1920년대에 역사를 소재로 한 소설로서는 김동인의 경우가 가장 두드러진다. 아울러 1910년대 내내 당대에서 소재를 찾던 이광수가 1920년대 들어서면서 역사적 소재를 다루기 시작했으며 시인들도 시조, 민요, 잡가 등 전통적 양식에 관심을 갖기 시작했다.

'歷史라 云하면 一般이 政治를 中心으로 하고 생각하는 故로 그 中에 藝術·風俗·學術 等의 一般人文의 進步를 政治史와 區別하야 文化史라 함'도 가능하다고 보았다.[361] 문화사에 대한 이와 같은 정의는 철학적 문화 개념에 바탕을 둔 것이다. 안확은 1922년 최초의 국문학사로 일컬어지는 『조선문학사』한일서점를 출간했고 1923년 『조선문명사 : 일명 조선정치사』회동서관를 출간했다. 이 책에서 그는 민족, 미술, 학예, 문학, 정치, 경제, 외교, 군사, 총 8개의 부문사로 구성된 조선문명사의 구상을 밝힌 바 있다. 그는 '서구문명'과 구분되는 '조선문명'의 독자성을 역사학적으로 탐구하고자 했는데,[362] 이는 계몽주의적 문명 개념에 바탕을 둔 것이었다.

최남선의 문화사는 인류학적 또는 민속학적 문화 개념에 바탕을 둔 것으로서, 위의 문화사나 문명사와는 구분된다. 「조선역사 통속강화」는 문화사 연구의 설계도에 해당하는 글로서, 문화를 역사학의 중요한 연구 대상으로 확정한 데 의의가 있다. 그에 따르면, '조선 역사가 천명할 주요 문제'는 민족과 문화이다. 조선 역사의 실제적 문제는 조선 민족의 연원을 설명하는 것에서 비롯한다. 그런데 민족의 연원을 밝히는 일은 '그민족—인용자의 승수承受한 문화의 계통과 그의 고출做出한 문화의 성질과 그의 발전시킨 문화의 영향을 천명闡明하는 전제前提'이다. 즉 우주의 생명은 '반드시 민족이란 기관을 통하여 문화라는 형식을 취'하므로 '역사의 가치 평가'는 곧 '민

361 白頭山人(1920), 「文化主義와 人格上 平等」, 『개벽』 제6호, p.11.

362 安廓(1923), 『朝鮮文明史 : 一名 朝鮮政治史』, 匯東書館(안확 2015 : 22). 「안자산 저서 목록」의 제1부를 참고하면, 안확은 "조선문명사"라는 제목하에 민족·미술·학예·문학·정치·경제·외교·군사 부문의 역사를 포함시켰다.

족의 현우賢愚와 근만勤慢을 사정査定하는' 일이며 '문화의 질과 양을 상량商量하는' 일이 된다(최남선 2003g : 174). 요약하면 역사의 궁극적 목표는 민족의 개별성과 특성을 드러내고 그것을 특수한 역사적 존재로 만들어 주는 통합원리, 즉 '민족문화'의 본질을 밝히는 것이다(최남선 2003g : 184). '문화사'는 문화의 개념을 민족의 역사 또는 전통 연구와 결합시킨 새로운 상징체계였다.

민족을 연구하는 역사는 문화사여야 한다고 할 때, 이때 '문화'는 한 민족의 생활양식 전체 즉 정신적·물질적 생활과 관련된 모든 힘과 그 표현, 모든 종류의 사회집단, 각종 기술, 예술, 문학과 학문을 포함하는 개념이었다. '한 민족의 전체 문화가 정확한 역사 서술에 결정적'이라는 말의 의미는, 지배층을 중심으로 한 엘리트의 역사·정치사·제도사의 영역을 벗어나 민중까지 포함한 참다운 국민의 역사를 서술하려면 그것은 문화사여야 하며 문화사를 서술하기 위해서는 문화 전반의 역사가 연구되어야 한다는 것이었다. 최남선은 folklore의 번역어인 '토속' 또는 '민속'을 한국에 최초로 들여왔는데, 문화사는 관혼상제 같은 전래의 관습, 전설이나 신화, 무속 같은 민중 신앙을 포함한 광범위한 하위문화에도 주목하는 새로운 역사였던 것이다(이광규 1998 : 99).[363]

김현준의 번역을 통해 한국에 소개된 구와키 겐요쿠의 논의에서 문화를 연구하는 학문들을 총칭한 용어가 '문화철학'이었다면, 최남선은 이와 동일한 뜻으로 '문화과학'이라는 용어를 사용했다. 최남

363 1920년대 중반 일본에서 들어온 '민속=잔존문화' 개념은 해방 후 손진태 등에 의해 '민속=민족문화' 개념으로 이행되고, 그것이 다시 1970년을 전후하여 기층문화론과 결합했다. 기층적 민족문화론은 한국 민속학의 기본 개념이 되었다(남근우 2009 참조).

선은『괴기怪奇』창간호에 이 잡지를 '조선 중심 인문과학 통속잡지'로 소개했으며 인문과학과 동일한 의미로 문화과학이라는 용어를 사용하면서 여기에 철학, 종교학, 신화학, 신학, 심리학, 윤리학, 심령학, 의학, 성욕학, 천문학, 지리학, 생물학, 인류학, 민속학, 언어학, 사회학, 경제학, 고고학, 사학, 연대학年代學, 천화학泉貨學, 문자학, 도서학, 금석학, 문학, 미술, 음악 등 다양한 학문을 포함시켰다.[364] 다른 글에서는 이 학문들을 '인문에 관한 근대의 과학'으로 설명하기도 했다.[365] 이때 인문과학은 지금 우리가 사회과학이나 자연과학에 대비해 쓰는 인문과학보다 내포가 더 큰 것으로서, '인문'은 '문화'의 동의어로 쓰인 것이다.

최남선은 문화를 정신적 · 물질적 생활과 관련된 모든 사회적 제도, 활동, 실천을 총칭하는 개념으로 사용하면서 문화 전체를 유기적으로 통일하는 고유한 논리 혹은 정신으로서 종교에 집중하는 경향이 있었다.

> 宗敎는 언제 어느 곳에서든지 그 社會의 內部生活이오 그 人衆의 根本精神이오 짤하서 그 文化의 最高表現이 된다. 人類文明의 가장 根本的 動機는 거의 宗敎로부터 생겨난 것이라고 할 수 잇다. 더욱 古代에 잇서서는 政治이고 法律이고 制度이고 儀禮이고 風俗이고 習慣이고 學問이고 藝術이고 이것이고 저것이고 統히 宗敎를 中心삼아서 存在도 하고 作用도 하고 發達도 하고 變遷도 하얏다. 더 適切하게 볼 것 가트면

364 최남선 편(1929),『괴기(怪奇)』제1호, p.1.

365 '인문과학', '문화과학'이라는 용어는「조선역사 통속강화」(1922~1923),「단군론」(1926),「불함문화론」(1927),『괴기』제1호(1929),「단군소고」(1930) 등에 지속적으로 등장한다.

人類의 古代生活은 宗敎 한아뿐이오 밧게는 아모것도 업섯다 할 수 잇다. 人生百般의 作爲가 總히 宗敎의 一 部門 一 枝節 一 方面 一 分子로 存在하얏섯다. ……이럼으로써 「宗敎史를 잘 알믄 便是 文化史의 全體를 안 것이다」라는 말까지 잇다(최남선 2003g : 189).

위 인용문에는 문화를 구성하는 요소, 구성 요소 간의 위계, 핵심 요소 등에 대한 생각이 개진되어 있는데, 특히 문화의 구성 요소 가운데 종교의 규정적 힘이 매우 강조되고 있다. 사회의 내적 생활이자 인민의 근본적 정신인 종교는 언제 어느 곳에서든지 문화의 최고 표현이 된다는 것이다. 특히 고대에는 전체 생활양식의 형성, 작용, 발달, 변화의 근저에 종교가 있다고 했다. 최남선은 조선 민족에게 구체적인 역사적 존재로서의 본질을 부여하는 문화의 정수를 찾고 있었고, 종교에서 그것을 발견했다.

그런데 종교를 문화의 핵심 요소로 설정한 것은 비단 과거의 해석에만 유용한 일이 아니었다. 최남선은, 지나문화·인도문화에 의해 원래의 뜻이 소실되고 참된 면모를 알 수 없게 되었지만 조선에는 '전 민족을 결합하는 정신적 연쇄로 누천년을 일사관철한' 종교가 있으며, 그 종교는 "굳은 세력과 넓은 범위로 현재 우리들의 일상생활상에 활동적 생명을 가지고 있다"라고 주장했다(최남선 2003g : 189~190). 정치적 국가를 상실했을 때에도 엄연히 존재하는 것은 문화적 통일, 즉 정신적이고 내적인 통일이며 그 핵심에 종교가 있었다. 최남선은 당시 조선 민족을 통합할 원리를 문화 곧 종교 정신에서 찾았으며, 유교가 도래하기 이전의 과거로 거슬러 올라가 그 기원적 형식을 발견하고자 했다. 그는 1920년대 후반까지 단군 연

구에 전력했다.[366]

1920년대 중반 이후에는 문화공동체로서의 민족, 즉 문화의 창조와 전수의 공동체로서의 '민족'을 강조하는 '문화적 민족주의'가 하나의 뚜렷한 조류를 형성하게 되었다. 최남선의 역사 연구는 궁극적으로 문화공동체로서 민족을 발견하고 확인하는 데 목표를 두고 있었다. 자연과학에서 비교의 방법이 '인종'을 본질화하였듯이, 문화과학人文科學에서 비교는 '문화'를 본질화했다. 중요한 것은 이러한 과정을 통해서 문화가 민족의 원초적이거나 내재적 자질을 표현하는 것으로 정립되어 갔다는 점이다. 1926년 최현배崔鉉培, 1894~1970는 세계적 이상을 목표로 하는 '세계주의'에 동의하지 않는다면서 각개 민족의 특이성을 인정하고 특이한 천품天稟을 발휘하는 것이 문화 진보라는 전 인류의 대이상大理想이므로 이제부터 이를 '신문화적 민족주의'로 지칭하자고 했다.[367] 한국에서 '조선문화'가 하나의 '통제적인 실정성'으로 성립된 것이 바로 이 시기다.[368]

'민족'과 '문화' 또는 '종교' 등을 결합하려 한 노력은 3·1운동 이후 대중의 진출에 직면하여 새로운 합의를 도출하고 새로운 지배

366 1920년대 최남선의 문화사 담론에 대한 논의는 김현주 2008 : 335~336, 343을 요약·재서술한 것이다. 문화라는 개념은 민족 아이덴티티를 형성하는 데 복무하지만 나아가 민족 아이덴티티의 절대성에 의문을 제기하는 집단 아이덴티티의 새로운 경계 — 문화권, 세계문화 개념 — 를 창출하기도 한다. 1930년대 이후 최남선의 민담(설화) 연구에 나타난 문화 관념의 탈식민적 가능성(계기들)을 분석한 윤영실에 따르면, 최남선은 ① 인류 보편의 문화 기반을 상정함으로써 인종 및 민족 특수성의 실체화를 방해했으며(인류의 보편적 공통성), ② 인종과 민족의 경계를 가로지르는 문화의 전파를 주장했다(윤영실 2008 : 368).

367 崔鉉培(1926. 11. 3), 「朝鮮民族 更生의 道(三五)」, 『동아일보』, p.1.

368 천황제를 '일본인', '일본어', '일본문화'라는 세 가지 근대적 실정성과의 내재적 관계라는 관점에서 논의한 글로는 사카이 2003 : 138~177 참조.

서사를 창출하기 위한 지적 기획이자 실천이었다. 식민지가 된 현실은 '국가'를 도덕적 힘의 구체화로, 자유와 질서의 안내자로, 역사 연구의 가장 가치 있는 목적으로 전제한 '정치사'를 불가능하게 했다. 또한 과학기술의 발전, 물질주의와 실리주의의 확산, 사회적 유동성의 급증, 사회문제의 심화 같은 현상에 직면한 역사가들은 새로운 설명 패러다임을 모색하지 않을 수 없었다. 그와 같은 모색에서 문화나 종교가 주목의 대상으로 떠올랐다. 다양한 종류의 역사 담론에서 '문화'는 민족의 생활양식 전체를 의미하는 한편, 그것을 유기적으로 통일하는 정신적 매개로 종교 등을 강조하는 경향을 뒷받침했다. 이런 점에서 민족문화나 민족종교를 강조한 지식인들도 근대화 과정에서 발생한 부정적 현상들과 씨름한 '근대의 자식들'이었다.

문화 개념의 시간화, 민주화, 정치화, 이데올로기화

독일의 개념사학자 라인하르트 코젤렉의 논의를 원용하면, 한국에서 1920년대에 문화 개념에 일어난 변화를 시간화 · 민주화 · 정치화 그리고 이데올로기화라는 측면에서 논의할 수 있다. 라인하르트 코젤렉은 독일어권 유럽에서 1750~1850년에 산업혁명 · 정치혁명과 함께 '언어혁명'이 발생했다고 했는데, 정치적 · 사회적 개념의 변화를 특징 짓는, 서로 밀접하게 관련된 네 가지 현상으로 개념의 시간화 · 민주화 · 정치화 · 이데올로기화를 들었다. '시간화'란 개념들이 목적을 향한 시간적 운동의 틀예컨대 진보 이론 속에 배치되어 역사화된 현상을 의미한다. '민주화'란 상대적으로 제한된 엘리트 집단의 전문 영역이던 개념들에 더 많은 대중이 친숙해진 상황을 의미한다. '정치화'란 정치적 · 사회적 개념이 적대적 계급, 계층, 운동 사이에서 선전 구호나 상대방을 비방하는 용어 속으로 편입되는 빈도가 증가한 현상을 의미한다. '이데올로기화'란 단어의 지칭 범위가 일반화되거나 의미가 추상화되어 단수형의 추상명사가 되고 이데올로기~ism로 흡수되는 상황을 의미한다(코젤렉 1998 : 19~42 ; 나인호 2011 : 142~152 ; 릭터 2010 : 78~82). 서구의 논의를 그대로 적용할 수는 없지만, 위의 네 가지 개념은 조선에서 1920년대에 문화라는 말에 나타난 변화들을 이해하는 데 도움을 준다.

첫째, 1920년대에 문화는 시대, 국면 또는 단계의 견지에서 중요한 역사적 단절 지점을 보여 주는 어휘가 되었다. 1910년대에도 이와 같이 '역사화된' 문화 개념, 다시 말해 역사적 시간의 모형이 부여된 문화 개념이 영향을 끼치고 있었지만, 1920년대 초 그 단어는 사람들로 하여금 역사적으로 새로운 시대에 살고 있으며 모든 것이 급속하게 변하고 있다고 인식하게 만들었다. 미래에 대한 열정의 크기와 강도도 크게 증가시켰다. '문화의 시대'라는 감각이 그것이다.

둘째, 1910년대까지 소수의 유학생 집단 안에서만 교류되던 문화는 1920년대에는 폭발적으로 확산되었다. 제1차 세계대전을 전후한 시기에 일본에 유학하던 학생 중 일부가 문화를 자신들의 사고와 활동의 지침으로 삼기 시작했지만, 그 어휘는 유학생들의 담론장을 넘어서지는 못했다. 그러나 1920년대 초에는 문화라는 말이 일간신문과 잡지에서 널리 통용되었으며, 1923년에는 이미 언론과 대중 사이에서 일상적으로 사용되는 단어가 되었다. 문화와 그 말의 파생어'문화적' 등, 복합어'문화정치' · '문화생활' · '문화운동' · '문화사업' 등 들은 식민지 근대사회 현실을 지칭하는 중심 개념이 된 동시에 별생각 없이 사용하는 유행어가 되었다.

셋째, 문화라는 말의 추상성 · 절대성 · 다의성이 심화되었으며 관념과 지시 대상 사이의 관계, 실제적 변화와 주관적 재현의 대응 사이의 관계가 복잡해졌다. '문화'는 사회의 총체적 발전 상태를 지칭하는 한편, 정치 · 경제 · 사회와 함께 전체로서 사회를 구성하는 제도나 영역으로 이해되기도 했다. 또 문화라는 말은 물질/정신이나 문명, 민족 같은 단어들과 결합했을 때 각각 내용과 강조점이 달라졌다.

넷째, 문화라는 말은 사회적 이해관계와 당파의 의도와 결합하여 다양하게 사용되었으며 이데올로기화 경향이 심화되면서 정치화되었다. 문화정치나 문화운동 같은 표현이 보여 주듯이, 3 · 1운동 이후 1920년대 초에 문화라는 단어는 드디어 식민 권력의 통치정책과 피식민 지식인의 대중운동의 슬로건으로까지 부상했다. 그 이후로도 점점 많은 집단이 '문화'를 자기 편으로 대중을 동원하고 반대편을 비난하기 위한 용도로 사용했으며, 이에 따라 그 단어의 정치적 · 사회적 활용도와 영향력이 더욱 증대했다.

1920년대 전반기 몇 년 사이에 이미 문화의 시간화 · 민주화 · 이데올로기화 · 정치화가 빠르게 진척되었는데, 이는 그 단어가 조선사회의 근대적 · 식민주의적 재편을 표상하고 추진하는 데 활용될 수 있었던 한편, 그러한 변화된 현실이 발생시킨 다양한 모순과 대결하려는 지향을 표현하는 데에도 유효했기 때문이다. 앞에서 살펴본 것처럼 산업의 증진과 교육의 확대에 초점을 둔 자유주의적 문화 개념은 식민 권력의 문화(정치)론의 이념적 토대였다. 한편 그 개념은 피식민 지식인의 대중운동의 이념적 거점이 된 동시에, 이들이 총독부의 정책을 비판하는 논리적 거점이 되기도 했다. 다른 한편 '문화'를 주창한 조선의 지식인 가운데 일부는 교육의 확대와 산업의 증진과는 구분되는 목표를 제시했다. 이들은 근대 서양의 철학이나 인류학 등에서 개발된 문화의 비판적 함의를 앞으로 더 밀고 나아감으로써 식민지 근대사회의 정치적 무기력과 분열, 노동문제 · 여성문제 등 사회문제의 격증, 개인주의나 계급주의의 확산, 실리주의 및 물질중심주의를 극복하고자 했다. 이에 속한 문화 담론은 크게 세 갈래가 있는데, 첫째는 사회개조론과 결합한 경우이고, 둘째는 미학주의로 나아간 경우이며, 셋째는 민족문화론을 진척시킨 경우이다. 이와 같은 담론들을 통해 '문화'는 조선 사회의 근대적 · 자본주의적 · 식민지적 재편 과정에서 초래된/ 될 여러 부정적 현상을 예방하고 해결하는 가치이자 하나의 중요한 사회적 제도로 떠올랐다.

현재 한국인이 문화라는 말을 사용하는 온갖 방식이 1920년대 전반기에 이미 등장했다고 해도 과언이 아닌데, 개별 지식인의 담론에서도 서로 구분되는 이론이나 이념에 토대를 둔 다양한 문화 개념의 혼거 현상을 확인할 수 있다. 예컨대 이돈화는 한편에서는 자유주의적 문화론에 입각하여 산업의 발전과 교육의 진전을 촉구하면서, 다른 한편에서는 철학적 문화론을 사회개조론에 접목하는 데 주력했다. 또 다른 맥락에서는 문화를 민족의 생활양식이라는 넓은 의미로 이해하기도 했다. 최남선의 민족문화론은 한 민족의 생활양식이라는 인류학의 문화 개념에 기반을 두었지만, 사회적 분열과 갈등을 극복하기 위한 방법을 탐색하면서 종교 등 특정 영역을 강조하는 경향이 있었다. 식민지 근대사회를 구성하는 한편에서 그것이 발생시킨 모순들과 대결하려는 지향을 표현한 다양한 담론과 실천에서 문화라는 말은 상호 교류하고 연합했다.

그러나 '문화'의 비판적 함의를 밀고 나간 사회개조론적 문화론, 미학주의적 문화론, 민족문화론도 서구의 자본주의적·근대적 개편을 추구하는 문명론을 근본적으로 극복하기보다 그것의 단점을 보완하기 위해 작동하는 경향이 강했다. 예컨대 예술이나 종교에 대한 추구가 극단화하여 문명 비판적 성격을 띨 경우, 그것은 자본주의적·근대적 재편을 추구하는 문화운동론과 동거하기가 어렵다. 이와 같은 논리적 곤경에서 벗어나기 위해 지식인들은 실제 현실에서는 지식과 산업의 발전을 추구하면서 예술이나 종교를 통해서만 궁극적인 이상에 도달할 수 있다는 이론적 절충을 시도하기도 했다. 예컨대 미학주의적 문화론은 사회의 자본주의적·근대적 개편이 야기하는 다양한 부산물을 해결하기 위해 예술이나 문학 영역의 발전을 강조한 것이다. 즉 지식인들은 자본주의적 발전이라는 목표의 불가피성을 인정했기 때문에 더욱더 그 해독제로서 문화를 필요로 했다고 볼 수 있다.

4. 문화 비판 담론의 지형도

1920년대의 상황을 좀 더 들여다보면, '문화(주의)'는 대두하자마자 바로 다양한 반박에 직면했다. 마르크스주의의 영향을 받은 지식인과 문학인은 문화운동론, 민족문화론, 문화교육론을 뒷받침한 문화 개념의 엘리트주의적 · 관념적 성격을 비판하고 이데올로기적 기능을 폭로했다. 문화(주의)에 대한 이와 같은 비판을 바탕으로 이들은 '민중문화', '프롤레타리아문화' 등 대안적 문화 담론을 소개 · 확산하기 시작했다. 무정부주의, 무교회주의 등 급진적인 사상들도 문화 이데올로기 비판에 합류했다. 이 절에서는 1920년대에 등장한 마르크스주의 문화론 및 문화 비판 담론을 분석한다.

철학적 문화론과 마르크스주의 문화론의 접점

철학적 문화 개념의 이론적 바탕을 형성한 독일의 관념철학은 인간 발전의 유의미한 영역을 예술 활동이나 자기의식적 이념과 같은 정신적 활동 속에서 발견했다. 이때 문화는 인간의 물질적 삶의 영역과 무관한, 모든 실제적 이해와 욕구에서 분리된 자유로운 정신의 산물로 간주되었다. 마르크스주의 문화론은 철학적 문화 개념의 휴머니즘적 측면을 계승하는 한편, 그것을 노동 개념을 통해 재규정한 데 특징이 있다. 마르크스에 따르면, 인간이 자신을 대상 세계 속에 객관적으로 실현하는 '노동'은 생산력의 발전과 더불어 문화 발전의 결정적 근원이며 추동력이다. 마르크스는 '문화'를 정치와 법률 등을 포함하여 매우 광범위하게 규정했으며, 좁은 의미의 문화 즉 학문이나 예술과 같은 정신적 산물를 그 자체 자립적 · 독립적인 것이 아니라 노동하는 사회적 존재의 삶이 반영된 것으로 보았다. 마르크스주의는 한 사회의 문화, 즉 정치 · 법률 · 철학 · 종교 · 문학 · 예술 등의 발전은 궁극적으로 경제적 구조에 의해 영향을 받으며, 이 모두는 상호작용을 하는 것으로 이해했다.[369]

1920년대 초 조선에서 유행한 문화 개념은 관념철학의 문화 개념과 마르크스주의 문화론을 절충하려 한 일본의 문화주의철학으로부터 영향을 받고 있었다. Part 4의 3의 "사회(개량)적 문화주의"에서 살펴보았듯이 일본의 문화주의철학은 독일의 신칸트학파 철학을 직수입한 것이었는데, 신칸트주의에는 사회현상을 심리적관념적으로 이해하고자 하는 칸트철학의 유심주의관념주의 및 낭만주의와 사회

369 마르크스주의적 문화 분석의 열쇠는 김영숙 1993 : 39~43.

현상을 물질적으로 이해하고자 하는 마르크스의 유물주의를 조화·절충시키려 한 측면이 공존했다. 신칸트주의는 노동 개념에 기초하여 문화를 재해석했는데, 노동과 문화를 연결하는 담론은 『동아일보』의 창간사에 이미 등장했으며, 이후 노동문제를 분석하거나 노동운동의 정당성을 주장하기 위한 담론에서는 문화주의의 발상법과 용어가 자주 활용되었다.

> 現今의 勞動問題는 勞動者解放의 問題이다. 이에 비롯오 勞動問題의 文化的 價値가 生하는 것이니 一切의 無産者를 有産者의 蹂躪에서 解放케 하야 掠奪된 어느 權利를 返還시키자는 意味에서 勞動運動은 正히 人權回復運動이라 하겟다.
>
> …….
>
> 勞動運動은 此를 다만 經濟上으로 觀察하면 그리 文化的 意義가 업스나 이에 伴來하는 諸 意義 ― 正義, 自由, 平等, 個體의 尊重, 社會的 共同責任 ― 과 그 解決을 隨하야 展開될 幾多의 重要 問題를 위하야 極히 深遠한 意義를 抱負한 것이다.
>
> 勞動問題의 出發은 此를 簡單히 說하자면 資本家와 勞動者의 差別的 對立으로 資本家는 資本과 土地를 私有하고 産業에 必要한 機械와 原料를 獨占하며 勞動者는 無一物의 空手로 他 階級에 使役되야 다만 努力의 迫害를 受할 샘이다. ……이것은 먼 過去에서부터 社會主義者와 其他 思想家들이 經濟上과 倫理上으로 證明·論斷한 問題이다마는 그것보다도 吾人의 正義의 觀念이 承認치 못할 만한 罪惡的 組織이다. 生存權의 平等을 主張함은 萬人의 良心의 肯定이다.
>
> 如斯히 文化價値를 胎有한 勞動問題는 結局 自我實現이라는 人生觀

上의 最高 概念으로 進展될 것이다강조는 원저자.[370]

위 인용문은 초창기 사회주의자로 분류되는 유진희가 노동운동의 가치와 의의를 강조한 부분인데, 그는 노동운동에 대한 경제적 관점과 문화적 관점을 대비하면서 노동문제의 출발점인 자본가와 노동자의 대립이라는 문제를 '정의'라는 윤리적 관점에서 평가했다. 그에 따르면 '노동운동은 정의, 자유, 평등, 개체의 존중, 사회적 공동 책임' 같은 '문화적 의의'를 수반하는 실천으로서, 이와 같은 '문화 가치'를 가진 '노동문제는 결국 자아실현이라는 인생관상의 최고 개념으로 진전될 것'이다. 이 글에는 문화적 의의, 문화 가치, 자아실현 등 문화철학의 관용적 표현이 다수 등장한다.

정태신鄭泰信, 1892~1923도 노동과 노동하는 주체의 위상을 설명하면서 문화주의의 용어를 활용했다. 그는 사회계급을 자본가·귀족과 민중노동계급·약자계급으로 나누고, '현대의 민중은 전 인류 전 사회가 전일적으로 통합적으로 문화 가치에 대한 최고한 사명을 완성하며 인생 행복에 대한 궁극의 신망을 표현함에 가장 용감하며 가장 대담할 것'이라고 주장했다. 특히 노동문제가 사회제도와 중요한 관계를 가지고 있다는 점을 뒷받침하기 위해 '노동은 사회문화의 기초적 가치를 유'하였을 뿐만 아니라 '창조에 대한 노동과 생산에 대한 환희는 원래 인류의 고유한 천품성의 본능'이라고 말했다.[371] 노동운동의 정당성을 강조하는 맥락에서 유진희나 정태신 등이 제

370 兪鎭熙(1920), 「勞働運動의 社會主義的 考察」, 『공제』 제2호, pp.11~13.

371 鄭泰信(1920), 「眞理의 聖戰鄭泰信」, 『공제』 제2호, pp.1~3.

안한 '노동의 문화적 가치'나 '문화 가치의 생산자로서의 민중'이라는 테제는 문화주의와 마르크스주의의 문제의식이 접속된 지점을 잘 보여 준다.

그런데 유진희 같은 사회주의 지식인은 문화철학의 주요 개념들을 활용하면서도 '문화주의'나 '문화운동'에 대해서는 비판적이었다. 그는 「노동운동의 사회주의적 고찰」에서 '단순한 정신운동에 근저根柢를 치置한 문화주의란 것은 역시 지식계급과 자본계급의 운동에 불과'하다고 비판했다. 강연회, 잡지 간행, 서적 출판 등은 거의 전부 지식계급이나 유산계급의 계몽 이상이 아니라는 것이다.

> 함으로 文化運動은 다시 一步를 進하야 社會主義에 立脚하고 强烈한 勞動運動에 參加할 것이다. 文化主義가 自身의 生命으로 尊崇하는 確固不動한 眞理 萬人은 自己 特有의 個性을 發達 伸展하라는 原理를 實現키 爲하여 그 自己表現의 機會를 萬人에게 平等히 與할 것을 要求할 것이다.
>
> 現代에서 가장 重要한 社會的 主張은 萬人에게 平等한 生産手段을 使用할 社會를 實現하라 함이니, 卽 아모것보다도 爲先 生産方法의 革命을 目的으로 한 勞動運動을 實行하자 함이다 강조는 원저자.[372]

위 글에서 유진희는 문화주의와 사회주의, 문화운동과 노동운동을 대립시키면서 문화주의와 문화운동의 제한성을 비판하고 있다. 유진희의 결론은 문화의 이상을 철저하게 구현하기 위해서라도 그

372 兪鎭熙(1920), 앞의 글, p.13.

것을 가능케 할 사회적 · 정치적 조건을 획득하기 위한 운동노동운동을 실천해야 한다는 것이다. 즉 과제는 문화주의에 입각한 문화운동을 사회주의에 입각한 노동운동으로 전환·발전시키는 일이다.[373]

마르크스주의의 문화 이데올로기 / 제도 비판

한국에서 마르크스주의 문화론이 어느 정도 형태를 갖추어 제시되는 때는 1921년경으로 보인다. 인격 개조나 내적 개조를 주장하는 경향에 대응해 사회개조를 주장하는 글에서 류우근이라는 필자는 '사회개조의 근본사상'을 제공하는 '과학'으로 '맑스 씨의 설'을 참조했다.

> 社會改造라할것가트면 勿論現社會의 經濟組織 ― 私有財産制度와 及此制度를 支柱로 하고 發達된 모든 文化 卽社會環境을 根本的으로 改革하고 새로운 經濟組織과 社會環境을 建設한다는말이니 亦是制度의 改造가 잇슨 然後에 人生의 思想 感情이 改造될것이라. 다시말하면 社會環境이 人類의 意識을 決定한다는 말이다. 現實社會의 모든 文化의 總和 ― 政治, 宗敎, 道德, 哲學, 科學, 藝術 등 ― 은 私有財産制度 經濟組織의 基礎上에 建築된 樓閣이니 그 基礎가 動搖되는 時에 其上에 立한 建築物은 自然倒壞될 것이다. 이것이 맑스氏의 說이니 科學的으로 社會改造의 根本思想을 決定한 것이다.[374]

373 兪鎭熙(1920), 「勞働運動의 社會主義的 考察」, 『공제』 제2호, p.14.
374 柳友槿(1921. 4. 29), 「內的改造論의 檢討(二)」, 『동아일보』, p.1.

앞 인용문에는 마르크스주의가 '사회'와 '문화'를 이해하는 특징적 관점과 주요한 비유가 등장한다. 이에 따르면 사회는 크게 '경제조직사유재산제도'과 '문화'로 구성되어 있으며, 이때 문화는 정치·종교·도덕·철학·과학·예술 등을 포함한다. '정치(조직)'는 문화에서 분리하여 따로 논의되기도 하는데, 이때는 경제조직과 정치조직, 그리고 문화라는 틀이 형성된다. 사회는 이러한 조직부문들이 체계적으로 구조화된 하나의 건축물로 상상되며, 경제조직이 사회의 '지주支柱' 또는 '기초'라면 문화는 그 위에 선 건축물'누각'이다. 이와 같은 사회론 및 문화론을 현대사회 분석에 적용하면, 현대의 정치·종교·도덕·철학·과학·예술 등 모든 문화는 자본주의적 경제조직을 기반으로 그리고 그것을 조장하면서 발전해 온 것이다. 류우근은 현대사회의 토대인 자본주의적 경제조직—사유재산제도—을 파괴한다면 그 위에 세워진 문화라는 건축물도 자연스럽게 무너질 것이라는 주장을 펼쳤다. 이것이 '사회개조'라는 말이 뜻하는 바였다.

위와 같은 분석의 첫 번째 특징은 문화를 입체적이고 관계적인 사회 표상 안에 위치시켰다는 점이다. 하나의 전체로서 사회를 하부 기초와 상부 건물로 구분하고 거기에 각각 경제조직과 문화를 배치함으로써 문화는 보다 입체적으로 표상되었다. 아울러 정치, 종교, 도덕, 철학, 과학, 예술을 모두 문화 범주 안에 포함시킴으로써 문화와 정치의 관계를 재규정했다. 마지막으로 '경제제도'와 정치제도를 포함한 '문화' 사이의 작용 관계 및 방향을 표시했다. 이와 같은 사회 표상은 경제, 정치, 문화를 상호 자율적이고 독립적인 영역으로 사고하거나 문화를 여타 영역에 비해 가치론적으로 우월한 영역으로 규정하는 방식과는 매우 다른 것이었다. 즉 '맑스 씨'의 문화론은 내적 개조론을 뒷받침하던 관념철학의 인식론을 정면에서 반박하는 것이었다.

마르크스주의의 문화론을 포함한 사회주의 계열의 문화론이 좀 더 체계화된 형태로 소개되고 문화 이데올로기에 대한 비판이 적극화된 것은 1922년 3월에 창간된 『신생활』에서이다. 이 시기를 지나면서 노동운동의 지도 이념으로 마르크스주의가 자리를 잡게 되었다고 하는데, 사회주의자들이 발간한 최초의 합법적 잡지로 알려져 있는 『신생활』의 주지는 '신사상의 소개를 통해 신생활을 제창하고, 민중문예의 연구를 통해 평민문화를 건설하고, 일반 사회현상에 대한 비평을 통해 자유사상을 고취하는 것'이었다.[375] 뒤에 인용하는 정백鄭栢, 1899~1950의 「노농 로서아의 문화시설」이 보여 주듯이 '민중문예'와 '평민문화'는 (일상)생활과 예술 내지 문화적 생산물 간의 거리를 쟁점으로 만드는 개념이었다.

> 階級差別에 立脚한 在來文化는 少數의 特權階級을 爲하야 法悅의 薔薇園은 되여도 多數되는 民衆과는 沒交涉한, 全人類의 幸福과 實生活을 떠난 奢侈品에 지나지 못하엿다. 그는 實로 權威를 裝飾하기 爲한 謳歌하기 爲한 僞善的 賣遙的 文化엿다. 그러나 無産者의 文化는 生活과 藝術의 分裂과 葛藤이 업나니 勞動과 藝術이 渾然히 融和하야 萬人이 勞動者요 同時에 藝術家가 될지면 짜러서 生活이 藝術化하고 藝術이 生活化하야 生活은 곳 藝術을 意味하고 藝術은 곳 生活을 意味하게

375 『신생활』 창간호의 "주지", "편집여언" 참조.

되는 것이다.[376]

문화는 교양인 즉 지식인에 의해 산출되는 것이라는 문화철학의 관점에서 보자면 '민중'과 '문예', '무산자'와 '문화', '노동(자)'와 '예술(가)', '생활'과 '예술'의 결합은 매우 역설적인 것이다. 물론 위 인용문의 주장에는 Part 4의 3에서 살핀 미학주의적 문화론에 입각한 '민중극', '민중예술'과 유사한 지점이 있다. '생활의 예술화', '예술의 생활화'는 이광수의 「예술과 인생」에서도 등장한 표현이다. 그런데 민중극론은 지식인이 예술을 통해 민중의 심성을 개조한다는 계몽주의적 패러다임 안에 있었다는 점에서, 그리고 이광수의 '예술과 생활'은 결국 삶과 노동의 심미화로 귀착되고 만다는 점에서 위의 주장과는 결을 달리한다. 『신생활』에는 문화를 창조하고 향유할 수 있는 능력 혹은 조건의 불평등에 대한 비판에서 문화의 계급성에 대한 비판까지 다양한 차원의 문화 비판 담론이 게재되었다.[377]

앞 인용문에서 문화가 예술로 대표되는 좁은 의미의 문화를 가리켰다면, 다른 글들에는 노동 개념을 통해 확장된 문화 개념도 사용되었다. 이성태李星泰, 1901~1937는 「현대문화의 방향」에서 종교, 예술, 과학, 철학, 정치, 법률, 국가 등을 포함한 문화는 인간이 자신

376 鄭栢(1922), 「勞農露西亞의 文化施設」, 『신생활』 제6호, p.18. 정백은 이 글이 '民衆文化의 歸趨의 一端'을 독자와 함께 음미하고 '쏘뷔엣트制度의 一面'을 알아보고자 한 것이며, 본문의 내용은 야마카와(山川)의 「勞農 로서아의 研究」, 노보리 쇼무(昇曙夢)의 「藝術의 勝利」에 빚지고 있다고 밝히고 있다(p.8).

377 鄭栢(1922), 앞의 글, pp.8~18 ; 鄭栢(1922), 「勞農露西亞의 近況」, 『신생활』 제7호 ; 鄭栢(1922), 「勞農露國의 勞動法規」, 『신생활』 제8호, pp.102~106 ; 성태생(1922), 「상편」, 『신생활』 제9호, pp.83~89.

의 생활을 완성해 가는 과정에서 그 자신이 주체가 되어 창조한 것이라는, 휴머니즘적 문화 개념을 강조했다. 한편 그는 사회적 지배와 문화적 지배의 관계에 대한 분석을 전제로 하여 현대의 지배적 문화의 특징에 대해서도 설명했다. 그에 따르면 현대사회는 자본주의사회이고 그 사회의 표어는 (개인적) 자유이다. 따라서 현대문화의 특징은 사고, 연구, 교통, 상업, 소유 등에서 개인적 자유를 보장하는 것이다.[378]

계급투쟁을 반영하는 문화 투쟁에 대한 이론도 또한 수용되었다. 신일용辛日鎔, 1894~미상은 「신사론」에서 지배계급과 피지배계급은 각각의 생활을 반영하는 별개의 문화를 생산한다고 주장했다. 그는 「자본주의와 철학사상」에서는 현대문화의 일반적 특징을 두 문화의 존재라고 보았다. 현대사회는 자본을 소유한 계급과 자본을 소유하지 못한 계급으로 분열되었으며, 따라서 경제생활의 반영인 문화문학·예술·철학·윤리·정치도 필연적으로 분열되었다는 것이다. 신일용은 근대 철학은 지배계급인 부르주아지소유계급의 인생관, 세계관, 우주관이 반영된 것으로서 프롤레타리아는 그러한 철학체계 및 종교를 인정할 수 없다고 비판했다.[379] 현대문화의 특징을 부르주아문화와 프롤레타리아문화의 투쟁이라고 본 김현준의 글이 실린 잡지도 『신생활』이었는데, 이 개념쌍은 사회주의적 지식인의 문화 분석의 핵심 프레임이 되었다. 이 잡지의 목표 가운데 하나는

378 이성태(1922), 「現代文化의 方向」, 『신생활』 제9호, pp.2~8.

379 辛日鎔(1922), 「紳士論」, 『신생활』 제5호, p.4 ; 辛日鎔(1922), 「資本主義와 哲學思想」, 『신생활』 제8호, pp.22~29.

현대 자본주의문화를 비판하고 대안적 문화 담론을 생산하는 것이었다.

1922년 말 필화 사건으로 『신생활』이 폐간된 후 사회주의문화론에 기반을 둔 담론 투쟁은 『개벽』으로 이동했다. 이 지면을 통해 사카이 도시히코, 야마카와 히토시山川均, 1880~1958 등 일본 공산당원들의 문화 분석 및 비판이 번역되어 확산되었다. 예컨대 「사회주의학설대요社會主義學說大要」에서 사카이 도시히코는 학문의 자율성, 보편성, 객관성 등 문화의 이상을 정면에서 반박했다. 그의 핵심 주장을 요약하면 '계급사회에서 학문은 독립적이지 않으며 계급의 이해를 위해 이용된다', '학문은 진리의 연구이지만 그 당시의 사회관계와 인연을 맺고 있다', '하나의 학문이 있는 것이 아니라 부르주아 학문과 프롤레타리아 학문이 있다', '부르주아계급은 학교 · 신문 등의 기관을 통해 자기 계급에 이익이 되는 사상을 불어넣는다', "사회의 진보 발달의 원인은 '철학'이 아니라 '경제'에 있다" 등이다. 사카이 도시히코는 부르주아 학문으로부터 독립한 프롤레타리아 학문으로 마르크스의 학설, 계급투쟁설, 유물사관을 들었다.[380] 야마카와 히토시는 국민적 문화를 옹호하려 한 간디의 민족운동은 소부르주아적 사상에 기반한 것이라고 평가하면서 "「哲學」이라든지 「文化」라고 하면 곳 政治나 經濟나 人間이나 人生과 乃至 먹고 사는 일 보다도 高尙 深遠한 일인 것처럼 생각하는 「深刻病」 「哲學病」"을 비판했다.[381]

380 「社會主義學說大要」, 『개벽』 제40호(1923), pp.72~78. 이 글은 사카이 도시히코의 강연을 필기한 건설사(建設社)판 팸플릿을 번역한 것으로 소개되었다.

381 山川均 / 셩태 譯(1923), 「깐듸의 運動과 印度의 無産階級」, 『개벽』 제37호, p.20.

이는 문화주의철학의 주장, 즉 문화의 '자율성' 또는 사회나 현실의 요구로부터 독립성, '보편성' 또는 인류 전체의 발전이라는 이상, '정신주의' 또는 물질에 대비한 정신의 중요성 등을 정면에서 반박하는 것이었다. 결론은 정신주의관념론를 버리고 물질주의유물론로 가는 것이 사상 독립의 제1요건이라는 것이었다.

1923~1924년에 걸쳐 『개벽』에서는 종교, 학문, 예술, 도덕 등 문화 이데올로기 및 제도에 대한 대대적이고 집중적인 탈신화화 작업이 진행되었다. 제36호1923. 6에서는 반종교사상과 운동이 소개되기도 했는데, 「장래할 신사회와 인습적 종교 급 도덕」에서는 진 · 선 · 인애 · 자비 같은 '종교와 도덕의 술어述語'도 태반은 지배계급이 피지배계급을 농락하면서 자기의 사적 이익을 도모한 데 지나지 않는다고 보았다. '애'는 인류 정신의 최고 신성의 발휘라고 하지만, 현대의 사회조직을 그대로 신성하다고 인정하면서 평등애를 실현할 수는 없다는 것이다. 종교는 이성에 위배되고 사실에 근거하지 못한 신비적 작용으로 인류의 사상을 속박하는 사회제도로 비판되었다.[382] 그즈음 임정재, 이종기, 김기진金基鎭, 1903~1985 등에 의해 개인주의적 · 낭만주의적 예술관이나 예술중심주의에 대한 비판과 반박도 활발히 전개되었다.[383]

382 「將來할 新社會와 因襲的 宗教 及 道德의 價値 如何」, 『개벽』 제36호(1923), pp.8~9. 종교 이데올로기를 비판적으로 검토한 글로는 在北京 林柱(1923), 「人類의 思想 變遷과 在來 宗教의 價値」, 『개벽』 제36호, pp.12~21 ; 李喆(1923), 「無宗教라야 有宗教, 『개벽』 제37호, pp.30~35가 있다.

383 任鼎宰(1923), 「文士 諸君에게 與하는 一文」, 『개벽』 제37호, pp.36~37 ; 李宗基(1923), 「社會主義와 藝術을 말하신 林蘆月氏에게 뭇고저」, 『개벽』 제38호, pp.25~28 ; 金基鎭(1923), 「클라르테運動의 世界化」, 『개벽』 제39호, pp.11~24.

한편 법률과 정치 등은 자본주의의 사유재산제도를 옹호하는 권력 수단으로 평가되었다. 1921년 『학지광』에 실린 한 글에서는 관례관습, 풍속, 예의와 더불어 법률이 인간의 사회적 생활의 형식을 결정하는 규칙으로 정의되었다. "법의 실질 내용은 사회의 질서이오 공동생활의 준칙이며 사회의 반영이오 사회조직의 실현이다."[384] 그런데 1923년에 『개벽』에서 주종건朱鍾建, 1895~1935은 법이 '조직된 권력의 발동의 규범에 불과'하다고 주장했다. 아울러 계급사회에서는 권력을 가지고 있는 계급에게 유리한 풍속, 질서여야만 소위 바람직한 풍속이 되고 공적인 질서가 된다고 비꼬았다. 자본가가 지배하는 오늘날의 사회에서는 법률이 당연히 자본가의 이익을 옹호한다는 것이다.[385]

요약하자면 사회주의사상을 흡수한 지식인들은 마르크스주의 문화론에 의거하여서 문화의 보편성과 영원성을 비판하고 계급성과 역사성을 강조했다. 자본주의체제에서 문화는 지배계급의 이익에 복무한다는 것이다. 그리고 마르크스주의는 유물론에 의거하여 철학적 문화론의 관념성을 폭로했다. 문화라는 상부 구조보다 그것을 규정하는 하부 구조, 즉 경제적 관계가 더 본질적인 것이다. 마르크스주의 문화론은 당시 전개되던 문화운동이나 그것을 뒷받침한 문화 개념에 대한 비판을 넘어 일제의 이른바 '문화정치'에 대한 비판, 그리고 근대 자본주의사회 자체에 대한 비판으로도 연

384 金鍾弼(1921), 「社會와 法律」, 『학지광』 제21호, pp.15~18.

385 朱鍾建(1923), 「現代經濟組織의 모순 : 엇던 多少間 교양잇는 失業한 熟練職工과의 대화」, 『개벽』 제41호, p.24.

결되었다.

당시에 마르크스주의 문화론을 활용하여 현대 조선의 지배적 문화 구조를 분석한 비평가로 김기진을 들 수 있다. 일본에서 릿쿄대학立教大學을 다니면서 사회주의사상과 문학에 관심을 갖게 된 김기진은 1923년 『개벽』에 「Promeneade Sentimental」을 발표하면서 활동을 시작했는데,[386] 1924년 「지배계급 교화 피지배계급 교화」에서는 조선의 문화 구성의 복합성 및 그 사정의 특이성을 분석했다. 이 글에서 지배계급 교화/피지배계급 교화는 유산계급 교화/무산계급 교화와 같은 의미이며, '부르주아 컬트/프로렛트 컬트'의 번역어인데, 컬트는 '교화·교화기관·교화운동'을 뜻한다. 김기진에 따르면 현재 조선은 부르주아 컬트의 작용하에 있다.

> 現今의 예술, 現今의 종교, 現今의 교육, 심지어 尾官末職까지래도, 有意識無意識간에, 이 엄창나는 뿌르즈와·컬트의 작용을 하여가며, 여기에서 朝鮮古來의 전통의 망령이 일층 더 뿌르즈와·컬트를 효과잇게 맨든다는 것이다.[387]

위 인용문에 따르면, 조선의 부르주아 컬트는 지난날의 지배계급인 소위 양반계급의 전통적인 동시에 무형적인 교화 작용과 금일의 지배계급인 부르주아계급의 질서 정연한 조직적 교화 작용으로 이

386 金基鎭(1923), 「Promeneade Sentimental」, 『개벽』 제37호, pp.82~100.

387 八峰山人(1924), 「支配階級敎化 被支配階級敎化」, 『개벽』 제43호, p.20. 김기진은 박영희 등과 함께 부르주아문학을 비판하고 새로운 문학의 건설을 주장하면서 KAPF(조선프롤레타리아 예술가동맹)를 결성했다.

루어져 있다. '전통'은, 정면에 드러난 지배계급 교화 기관의 배면에서 그것을 암중으로 조장하는 '비조직적 부르주아 컬트'이다. '조직적 부르주아 컬트'의 사업은 유년기의 가정교육이 바탕이 되고 그 다음 초등학교, 중등학교, 전문학교 혹은 대학교로 단계가 높아진다. 이외에 최근 조선에 등장하고 있는 중등 정도 사립학교강습소 역시 부르주아 컬트가 되고 만다. 김기진은 '과거의 망령이던 전통'과 '금일의 요물인 부르주아 컬트'가 혼합된 현대 조선의 지배적 문화 구조를 분석했다.

1930년대에 출간된 한 사전은 문화에 대한 마르크스주의 분석이 정착한 형태를 보여 준다.

> 문화 : 자연 및 인간관계를 재료로 인류에 이상을 건설하기 위한 모든 노력의 결과로 생겨난 것이 문화이다. 그러나 문명이라는 말과는 다소 달라서, 문화는 사회의 상층 구조물질적이지 않은 것를 의미하니 법률 · 도덕 · 국가 · 과학 · 예술 · 종교 등의 총칭이다.[388]

위 사전에서 '문화'는 인류가 자신의 이상을 실현하기 위해 자연과 인간관계를 대상으로 기울인 모든 노력의 산물로 정의되고 있다. 이 정의는 철학적 문화 개념의 휴머니즘적 전통을 계승한 한편, 그 개념을 노동 개념을 통해 수정 · 보완한 결과이다. 한편 위 사전

388 청년조선사 편(1934), 『新語事典』(영인본), pp.38~39(한림과학원 2010 : 256~257). 이 사전에는 '문명'이라는 표제어는 없다. '물질문명'에 대해서는 "정신문명(철학 · 도덕 · 종교 등)에 대척하여 기계 산업의 발명과 발견, 자연과학 등의 성과를 총칭하니, 또 이런 물질문명을 기초로 하는 모든 사상까지도 포함시켜 말할 때도 있다"라고 소개하고 있다.

은 '문화'의 범위를 총체적 문명과 구별하면서 '사회의 상층 구조'로 제한했다. 문화는 사회의 하층 구조, 즉 '물질적'인 것 위에 구축된 법률 · 도덕 · 국가 · 과학 · 예술 · 종교 등을 포괄하는 상위 개념이다.

급진주의의 문화 비판

1920년대에는 무정부주의, 무교회주의 등 다양한 급진적 담론에 의해서도 문화 이데올로기에 대한 비판이 이루어졌다. 이 담론들은 사회진화론이나 문화주의뿐만 아니라 그에 대한 비판적 극복을 시도하던 사회주의까지 포괄한, 근대문명 자체에 대한 근본적 비판을 시도했다는 공통점이 있다.

초창기에는 마르크스주의의 문화 비판과 아나키즘의 문화 비판이 어느 정도는 뒤섞여 있었다. 『신생활』은 마르크스주의자들의 거처로 알려져 있지만, 이성태 같은 필자는 크로포트킨의 아나키즘사상을 열심히 소개했다.[389] 「변호사론」의 필자도 크로포트킨을 인용 · 참조하면서 법률이 강자의 지배체제를 공고히 유지 · 확대하기 위한 제도임을 폭로했다.[390] 한편 신채호는 1923년 1월에 발표한 「조선혁명선언」에서 문화라는 말을 '산업과 문물의 발달한 총적'이라는 의미로 사용하면서 문화운동론자들이 사용하는 문화 개념

389 李星泰 譯(1922), 「適者의 生存」, 『신생활』 제3호, pp.32~37 ; 李星泰 譯(1922), 「靑年에게 告함」, 『신생활』 제6호, pp.80~89 ; 李星泰(1922), 「크로포트킨의 學說硏究」, 『신생활』 제7호, pp.28~37 ; 성태생(1922), 「想片」, 『신생활』 제9호, pp.83~89.

390 一記者(1922), 「변호사론」, 『신생활』 제9호, pp.68~72.

을 반박했다.

> 日本 强盜 政治下에서 文化運動을 부르는 者一 누구이냐?
>
> 文化는 産業과 文物의 發達한 總積을 가리키는 名詞니, 經濟 掠奪의 制度下에서 生存權이 剝奪된 民族은 그 種族의 保全도 疑問이거든, 하물며 文化 發展의 可能이 있으랴? ……朝鮮 같은 데서 文化를 發展 或 保守한 前例가 있더냐? 檢閱, 押收 모든 壓迫 中에 幾個 新聞 · 雜誌를 가지고 「문화운동」의 木鐸으로 自鳴하며, 强盜의 脾胃에 거스르지 아니할 만한 言論이나 主唱하여 이것을 文化 發展의 過程으로 본다 하면, 그 文化 發展이 도리어 朝鮮의 不幸인가 하노라(신채호 1977c : 38).

위 인용문에서 신채호는 포괄적이고 전체적인 문화 개념을 옹호하면서 문화운동론자들의 문화 개념의 편협함과 표피성을 반박했다. 그에 따르면 '검열, 압수 등의 압박 아래 놓여 있는 몇 개 신문 · 잡지'로 '문화운동의 목탁'을 자임하고 '강도 일본의 비위에 거스르지 아니할 정도의 언론'을 '문화 발전의 과정'으로 보는 것은 가당치 않다. 신채호는 이와 같은 의미의 문화의 발전은 오히려 '조선의 불행'이라고 반박하고 있는데, 당시에 그는 내정독립론 · 자치론 · 참정권론 등 외교론적 · 준비론적 입장에 선 지식인들을 '강도 일본과 타협'하려는 '적'으로 규정했으며, 그에 기생하려는 '문화운동자' 역시 '적'으로 간주했다.

신채호는 '민중직접혁명'을 주창했는데, 그에 따르면 ① 고유적 조선을 발견하기 위해서는 이족 통치를 파괴해야 하고 ② 자유적 조선 민중을 발견하기 위해 특권계급을 파괴해야 하며, ③ 민중 생활을 발견하기 위해 경제 약탈 제도를 파괴해야 하고 ④ 민중 전체의 행복을 증진하기 위해 사회적 불평균을 파괴해야 하며, ⑤ 민중문화를 제창하기 위해 노예적 문화사상을 파괴해야 한다.

> 第五는 奴隸的 文化思想을 破壞하자 함이다. 왜? 遺來하던 文化思想의 宗教·倫理·文學·美術·風俗·習慣 그 어느 무엇이 强者가 製造하여 强者를 擁護하던 것이 아니더냐? 强者의 娛樂에 供給하던 諸具가 아니더냐? 一般民衆을 奴隸化케 하던 痲醉劑가 아니더냐? 少數 階級은 强者가 되고 多數 民衆은 도리어 弱者가 되어 不義의 壓制를 反抗치 못함은 專혀 奴隸的 文化思想의 束縛을 받은 까닭이니, 萬一 民衆的 文化를 提唱하여 그 束縛의 鐵鎖를 끊지 아니하면, 一般民衆은 權利思想이 薄弱하며 自由向上의 興味가 缺乏하여 奴隸의 運命 속에서 輪廻할 뿐이라. 그러므로 民衆文化를 提唱하기 위하여 奴隸的 文化思想을 破壞함이니라(신채호 1977c : 44~45).

위 인용문은 민중적 문화를 제창하여 민중이 노예적 문화의 속박으로부터 벗어나도록 해야 한다고 주장하는 부분인데, 이에 따르면 과거의 모든 문화는 강자를 옹호하고 즐겁게 하며 민중을 마취시켜 노예로 만든 강자의 지배 도구였다. 여기에서는 정치·경제·사회 영역과는 구분되는 문화의 영역이 설정되어 있는데, 이때 문화는 종교·윤리·문학·미술·풍속·습관 등을 포괄하는 상위 개념이다.

신채호의 아나키즘적 문화론에는 점진적으로 축적되는 실력을 기대하는 모든 계몽주의적 프로젝트에 대한 부정이 드러난다. 그는 '송곳 못을 박을 땅도 없이 타인에게 빼앗기고, 소수의 소상업가들은 선진국 생산품의 수입을 소개하는 중간에서 떨어지는 밥풀을 주워 먹게 되고, 경찰들과 군대가 끊임없이 위압을 주는'(신채호 1977a : 28) "이 야수세계, 강도 세계에 '정의'니, '진리'니가 다 무슨 방귀이며, '문명'이니 '문화'이니가 무슨 똥물이냐"라고 부르짖었다(신채호 1977b : 49). 이러한 사유에서는 1920년대 담론에 자주 보이는 정의, 진리, 문명, 문화나 인격, 실력, 이성, 과학과 같은 합리적이고 낙관적인 미래 지향을 거의 찾아볼 수 없다(조관자 2000 : 173).

무교회주의를 주장한 급진적 종교가 함석헌咸錫憲, 1901~1989은, '20세기 문화인'은 자기의 이성을 절대적으로 신뢰하며 모든 것을 합리적으로 해결하려 하며 또 그렇게 할 수 있다고 자신하는 점에 인간의 가치와 의의와 존엄성이 있다고 생각한다고 진단하면서 그러한 인생관·역사관에 기반한 합리주의·문화주의·사회주의로는 영혼의 생명을 얻을 수 없다고 주장했다.

> 靈魂은 生命의 물을 求하야 渴急한다. 그 타가는 목을 축일 샘을 차저내야하겟다. 生命의 오어시스를 가라처줄 者는 果然 누구인가. 或은 科學에 求하리라. 〔저리 가거라〕 하고 科學은 가리친다. 그러나 가볼 때 너는 그것이 다 말나 아무 生命 업는 등걸임을 發見하리라. 或은 藝術에 가리라. 藝術은 그 동산을 열어 드러오라 부른다. 그러나 드러가 볼 때 너는 그것이 好奇心 만흔 아희들의 지여노흔 한낫 模擬林임을 發見하리라. 또 或은 哲學에 求하리라. 哲學은 棕梠가지 욱어진 그늘이 빗최인 샘을 가리처 가라 한다. 그러나 가보아라. 너는 마츰내 죽음가티 寂寞한 沙漠의 夕陽에 서서 오직 한낫 蜃氣樓를 따라왓슴을 깨닷고 茫然自失하리라. 아— 人生의 들이 비록 넓다하나 荒涼한 曠野에 지나지안는다.

한 조각의 오어시스도 업고 한 방울 물을 엇을 곳도 업다. 生命을 求하는 靈魂의 압헤 人生은 寂然하여 沙漠가티 가로눕엇다. 아— 우리를 死亡에서 救할 者는 누군가.[391]

위 인용문의 주요 주장은 과학이나 예술, 철학이 결코 생명을 갈구하는 영혼을 만족시킬 수 없다는 것이다. 이는 문화주의자에 대한 비판인데, 그는 또한 '현실 문제'와 '사회현상'에 대한 '현대인적 · 비판적 관찰로써 세운 인생관 · 역사관'의 포지자인 '합리주의자 혹은 사회주의자'도 비판했다. 그에 따르면, "영혼의 요구를 무시하고 사회는 설 수 없다." "영원의 생명의 갈앙을 짓누르고서 건전한 사회는 세우지 못할 것이다."[392]

歷史를 運轉식이는 힘은 單히 所謂 生物進化의 法則이 안이오 所謂 經濟的 生産關係가 아니오 所謂 文化理想이 안이다. ……不幸을 除去하려면서 物質的, 社會的, 政治的 改造에만 沒頭하는 現代人은 根本에서 그릇하고 있다. ……과연 機械가 發達하면 우리를 勞力에서 解放할 터이오 科學이 發達하면 能率을 增進하고 모든 危險에 對하야 우리 生命을 保障할 것이오 哲學은 深遠한 人生觀을 세워줄 것이오 條文의 完成은 各 사람의 公正한 權利義務를 規定할 것이다. 理想的 社會制度 밋헤서 各 個人은 遺憾업시 天分을 發展식일 機會를 가질 것이오 國際法이 充實하는 날 世界平和는 保障될 듯하다. 그러나 아니다. 이 모든 것이

391 함석헌(1927), 「몬저 그 의(義)를 구하라」, 『성서조선』 창간호, pp.25~26.
392 함석헌(1927), 앞의 글, pp.28~29.

다 잇서도 義 업스면 모든 것은 不幸을 加할 섇이요 分爭을 이르킬 섇이다.[393]

함석헌은 사회진화론의 역사 이해, 마르크스주의의 역사 이해를 신뢰하지 않았다. 그에 따르면 물질적 · 사회적 · 정치적 개조에만 몰두하는 근대문명은 근본에서 잘못하는 것이다. 기계, 과학, 철학, 법과 제도가 아무리 발전해도 '의'가 없으면 불행과 분쟁으로 귀착될 뿐이다. 이때 의는 하나님의 의이다. 역사를 운전시키는 힘은 '우주를 창조하였고 일관하여 다스리는 하나님의 의의 법칙'이기 때문이다.[394] 근대문명 자체에 대한 함석헌의 발본적인 문제의식을 확인할 수 있는 대목이다.[395]

1920년대에 '문화'는 여러 지식인 그룹의 이상이자 목표로 부상했지만, 또 다른 지식인 그룹에게는 공격의 표적이 되었다. 이는 문화라는 말이 다양한 정치적 · 사회적 세력에 의해 이데올로기화되고 정치화된 정황을 반영한다. 이 절에서 살핀 사회주의적 지식인 그룹과 무정부주의, 무교회주의 그룹은 식민 권력의 문화정치나 문화운동 그룹의 문화론의 이데롤로기적 · 정치적 기능을 폭로했다는 공통점이 있다. 두 그룹 사이에는 차이도 있는데, 사회주의 지식인 그룹은 마르크스주의의 문화론을 적용하여 문화 개념을 비판적으로

393 함석헌(1927), 앞의 글, pp.29~30.

394 함석헌(1927), 앞의 글, p.29.

395 근대문명 자체에 대한 함석헌의 근본주의적 비판에 대해서는 이상록 2010 ; 이철호 2015 참조. 윤상현에 따르면 함석헌의 『성서조선』은 사회진화론, 사회주의, 문화주의(문화 이상을 추구하는 주의)에 대비하여 기독교적 세계관을 추구하고 민중문화를 주장했다(윤상현 2014 : 319).

재해석함으로써 대안적 문화론을 형성하고자 한 반면, 신채호나 함석헌의 경우에는 문화 개념이 내포하고 있는 계몽주의 프로젝트 또는 합리주의이성주의에 대한 근본적 비판으로 나아가는 경향이 있었다.

Part 5

1930년대 이후 문화론의 요동

1. 텍스트마이닝으로 본 『삼천리』의 문화[396]

시사종합지 『삼천리』의 문화 담론

'문화'가 1930년대 이후에 내포하게 된 복잡한 의미와 그것의 역동적 변화를 어떻게 포착할 수 있을까? 앞의 Part 4에서 1920년대에 형성된 문화의 다양한 개념과 담론을 살펴보았는데, 1930년대에는 신문·잡지·서적 등 연구 대상이 큰 폭으로 증가하고 대중적 담론이 크게 확대되므로 특정한 텍스트를 꼼꼼히 읽는 기왕의 방법

396 이 절의 주요 골격은 울산과기원(UNIST) 기초과정부 이재연 교수와 공동연구의 결과물로서 그의 허락을 얻어 수록한다. 우리의 공동연구는 Jae-Yon Lee and Hyunjoo Kim(2019), "The Text-Mining of *Munhwa*(Culture) : The Case of a Popular Magazine in 1930s Korea," *Acta Koreana*, 22(2)로 출간되었고, 이 절에서는 책의 흐름에 맞게 내용을 수정·보완하였다. 본 작업의 정량분석은 일본 종합연구대학원대학 정보학 박사과정에 있는 한남기 선생님에게 큰 도움을 받았다.

으로는 문화 담론의 전체 지형이나 변화 등을 제대로 포착하기가 어렵다. 그리고 문화 개념이 다른 개념들과 때론 연계하고 때론 그것들로부터 스스로를 구분하면서 의미를 구체화해 나갔다면, 문화 개념을 둘러싼 방계의 의미망은 어떻게 구축되었을까? 또 문화와 연계된 다른 개념들의 위치는 어떠한 변화를 거쳤을까?

위와 같은 질문의 답을 구하기 위해 이 절에서는 잡지 『삼천리』를 검토할 것이다. 1929년 6월에 창간된 『삼천리』는, 당시 좌우 합작 노선을 추진한 신간회처럼 사회주의자와 민족주의자를 망라하면서 수양동우회 같은 우파 단체의 지식인을 포용하고 다양한 세대의 지식인을 필진에 포함시켰으며 여성 문인도 상대적으로 많이 등장시켰다. 그리고 소규모 지식인 집단을 넘어 보다 넓은 범위의 독자를 포섭하려고 노력했다.[397] 이와 같은 『삼천리』의 이념적 지향은 보통 '문화적 민족주의'로 설명되곤 하는데, 이 잡지에서 '문화'는 비단 피식민 지식인의 민족주의적 기획을 표현하는 데에만 사용된 단어가 아니었다. 문화라는 단어는 오히려 이 잡지가 소위 '친일'로 전향하던 국면에서 위상이 더 높아졌다. 『삼천리』는 중일전쟁이 장기화되던 1930년대 말 조선총독부의 정책을 적극 수용·홍보하는 쪽으로 편집 방향을 전환했다. 일본 정치계에서 동아신질서론·동아협동체론이 거론되자마자 『삼천리』는 그 담론을 복창復唱하면서 내선일체론과 결합시키려 시도했는데(이지원 2010 : 405~415), 이

397 『삼천리』에 대한 종합적 연구로는 천정환·이경돈·손유경·박숙자 2010이 있다. 삼천리의 필진 구성과 편집체제에 대해서는 유석환 2009 : 247~248, 258을 참조할 수 있다. 『삼천리』를 '대중적 종합잡지' 또는 '대중적 시사종합잡지'로 본 연구로는 안예리 2013 : 14~15 ; 서유리 2013 : 179~180이 있다.

와 같은 기획의 거멀못은 군사나 정치·경제산업라기보다 문화였다. 즉 『삼천리』에서 문화는 민족주의, 사회주의, 좌우합작주의, 신동아건설론, 동아협동체론 등 다양한 사회적·정치적 담론의 키워드였다.

이 절에서는 『삼천리』에 등장한 중요한 사회적·정치적 담론 및 기획에서 문화라는 말이 의식적으로 추구된 양상의 특징과 그 의미를 언어 통계, 공기어共起語 분석, 워드임베딩word-embedding이라는 세 가지 텍스트마이닝 방법을 통해 살펴본다. 우선 잡지에서 사회적·정치적 주체성을 표상하는 단어들민족, 사회, 계급, 대중, 국민 등과 문화 개념을 구성하는 단어들 문화, 문학, 예술, 영화 등의 연도별 빈도 증감을 확인하여 사회적·정치적 주체 개념과 문화 개념의 상관관계를 파악하고자 했다. 그 뒤에 '문화'와 동시 출현하는 단어들공기어을 찾아 네트워크로 시각화하여 그 안에서 문화 개념의 의미론적 위상이 어떻게 변하는지 추적하였다. 마지막으로 워드임베딩이라는 확률 모델의 방법 중 워드투벡word-to-vec, 이하 'w2v'이라는 방법을 통해 문장 단위로 포착되지 않는 공기어를 파악하여 문화의 의미 분석에 보조적으로 활용하였다. 이와 같은 작업을 통해 『삼천리』에서 문화의 개념이 사회적·정치적 주제와 문예 관련 주제 사이에서 절합한 양태를 크게 세 시기로 나누어 살펴볼 것이다. 이 절은 미시적으로는 1930년대 '문화'의 의미장과 사회적 주체 구성의 상관관계의 특징을 드러내고, 보다 거시적으로는 식민지 말기 한국에서 문화 개념 변동의 특징을 검토하는 의의가 있을 것이다.

언어 통계적 분석을 위한 텍스트의 구성과 준비

『삼천리』는 1929~1942년 13년 동안 총 152호가 발행되었다. 대중적 시사종합지로서 『삼천리』의 발행 기간 및 발행 호수는 독보적인데, 안예리의 통계를 따르면 1929~1942년 사이에 발간된 총 406개 잡지 중 10년 이상 발행된 잡지는 28개로 약 6퍼센트에 불과했고, 『삼천리』보다 발행 호수가 많은 잡지는 종교 잡지 5종뿐이다(안예리 2013 : 14~15). 이러한 서지적 중요성 때문에 『삼천리』는 일찍 전자문서화되었다. '역사통합정보시스템'이라는 데이터베이스에 있는 이 텍스트는 호별로 잘 정리되어 있고 권호별 목차도 제공한다. 텍스트는 총 350만 단어가 넘는데, 검색 기능을 가지고 있어서 제목으로 기사를 찾거나 키워드가 들어간 문장을 찾을 수 있다.[398]

그런데 이 전자문서를 사료로서 활용할 때에는 주의를 요한다. 첫째, 이 문서는 여러 사람이 타이핑한 텍스트다. 다시 말해 원문을 스캔하고 문자 인식Optical Character Recognition, OCR을 통해 활자화한 텍스트가 아니다. 같은 저본을 사용했더라도 여러 사람이 타이핑한 데에서 기인한 오탈자는 피할 수 없다. 둘째, 『삼천리』 전자텍스트는 잡지 원본을 타이핑한 문서가 아니다. 식민지 시기에 발행된 원본은 검열이나 여러 이유로 구하기 어렵기 때문에 학계에서는 관행적으로 해방 이후 남아 있는 원본을 묶어 발행한 영인본을 사용한다. 『삼천리』의 경우에는 편집자 김동환의 아들 김영식이 1995년 한빛출판사를 통해 간행한 32권짜리 영인본이 공신력을 갖고 있다

398 http://www.koreanhistory.or.kr/directory.do?pageType=listRecords&khSubjectCode=KH.05.01.042(2018. 3. 현재 링크 정상 작동).

(안예리 2013 : 19~20). 셋째, 전자텍스트는 크게 두 가지 선천적 결함이 있다. 작성자는 '한빛 간행 영인본 및 국사편찬위원회 소장 복사본'을 저본으로 삼았다고 했는데,[399] 전체 사이즈가 영인본에 수록된 84호를 포함해 총 89호로서 발행 총수인 152호에는 한참 못 미친다. 그리고 연도별로 수록된 호수가 고르지 않다.[400] 텍스트마이닝을 실행할 때에는 전자텍스트의 이러한 결함들을 염두에 두어야 한다.

이 연구에서는 『삼천리』의 어휘 분석을 위해 전자텍스트를 코모란KOMORAN이라는 형태소 분석기를 사용하여 자연어 처리하고 이후 형태소 분석을 실시했다. 자연어 처리는, 우선 단어로 인식된 불용어를 삭제하고가티·하야 등, 옛 표기를 현대어 표기로 바꾸었다예 : 안해→아내 ; 얼골→얼굴 ; 특히 외국 지명 표기 : 영길리→영국 등. 그리고 작가의 필명을 작가 본명으로 바꾸었다예 : 춘원→이광수 등. 또한 의미 없는 단어접속사·지시대명사·의문대명사 등를 삭제했으며, 뜻이 너무 추상적이어서 의미를 특정하기 어려운 단어도 뺐다예 : 우리, 오늘날, 필요 등.

이와 같은 정제 과정을 거쳐 추출한 고빈도어는 잡지 전체에서 필자들이 자주 사용한 단어가 무엇인지 가늠하게 해주지만, 특정 주제와는 동떨어질 가능성이 있다. 그래서 '문화'가 기사 내에서 6회

399 http://db.history.go.kr/introduction/intro_ma.html(2018. 3. 4. 현재 링크 정상 작동).

400 〈표 1〉 『삼천리』 전자문서의 연도별 수록 호수

연도	수록 호수	연도	수록 호수	연도	수록 호수
1929	3	1934	5	1939	3
1930	7	1935	10	1940	8
1931	11	1936	7	1941	8
1932	12	1937	3	1942	1
1933	5	1938	6	총합	89

이상 등장한 기사 107개를 선별하여 꼼꼼히 읽고 문화와 의미론적 연관 관계가 높은 단어들을 선별하여 따로 정리했다. 종합하면 고빈도 단어 중 상위 200개'조선', '생각', '생활', '일본'부터 '이태리', '인상'까지 단어 출현 빈도상으로는 807회 이상이 된다와 빈도는 상대적으로 낮지만 중요한 의미가 있다고 판단한 단어 95개'인종', '내선일체', '동화' 등를 합쳐 시계열 분석과 공기어 네트워크co-occurrence network of words를 위한 단어 295개의 목록을 만들었다.

이렇게 선별한 단어들을 대상으로 본론에서는 단어 빈도 분석과 두 가지 방식의 공기어 분석을 실시할 것이다. 우선 가장 기초적인 통계 지표인 단어의 출현 빈도는 전체 시기 동안 지속적으로 회자된 단어와 특정한 시간 프레임 속에서만 집중적으로 등장한 단어를 구별하는 데 편리하다. 또한 이러한 통시적 분석은 문화의 의미장의 변화에 영향을 미친 단어들과, 그 단어들 사이의 사회적 · 역사적 관계를 추론할 수 있도록 도와준다. 이어지는 "문화 개념과 사회적 · 정치적 주체성 개념의 역동적 절합"에서는 '문학,' '예술,' '문예,' '영화' 등 문화 관련 주제어와 '사회,' '민족,' '대중,' '국민'과 같은 사회적 주체에 관한 주제어의 그룹을 나누고 단어들의 변화 패턴을 살펴볼 것이다. 이를 통해 단순히 문화의 발화자뿐만 아니라 '문학', '영화' 등 문화 관련 주제에 관여된 사회적 주체의 변화를 추론할 수 있을 것이다.

단어의 출현 빈도 분석은 문화의 의미론적 관계를 보여 주지는 못하는 한계가 있으므로 "제1기1929~1932 : 대중의 현실과 실천의 재현으로서의 문화", "제2기1933~1937 : 민족적 · 보편적 교양의 영역으로서의 문화와 문학 · 학술", "제3기1938~1941 : 국민문화와 예술 · 영화의 부상"에서는 앞에서 선별한 295개 단어『삼천리』의 고빈도 단어 2백 개와 '문화'의 고빈출 기사 107개를 읽고 연구자가 임의로 선정한 95개의 단어를 대상으로 문장 단위에서 문화와 동시 출현하는 단어를 파악하였다. 문화와 동시 출현하는 빈도가 높을수록 그 키워드와 공기어 사이에는 밀접한 의미론적 관계가 있을 것이라는 전제하에 문화의 공기어를 찾고 이를 네트워크로 시각화하였다. 공기어 네트워크에서 점 혹은 노드node는 공기어를, 선 혹은 에지edge는 하나의 문장 안에서 이와 동시 출현한 단어들의 연결을 의미한다. 이 네트워크는 중심에 있는 단어들과 주변에 있는 단어들의 상대적 거리, 문학·문예·영화 등 문화 관련 주제어와 연결된 다른 단어들의 종류와 위치 등을 직관적으로 보여 준다.

이렇게 네트워크상에 표현된 결과를 수리적으로 파악할 수도 있다. 점을 선으로 연결한 모양이나 그 상대적 거리는 네트워크를 어떻게 시각화하느냐에 따라 달라지기 때문에 수리적 접근이 필요하다. 이때 보통 중심성centrality이라는 지표가 활용된다. 그중 정도중심성degree centrality은 하나의 노드가 다른 노드와 연결된 정도를 측정한 값인데, 여기에서는 하나의 단어가 다른 단어를 거느린 수를 의미한다. 근접중심성closeness centrality은 하나의 노드 a가 중간에 있는 노드 b를 경유하지 않고 직접 다른 노드 c에 연결되는 정도shortest path를 말한다. 노드가 네트워크의 중심에 위치할수록 이 값이 높아지는데, 여기에서는 네트워크의 중심에 있는 단어와 변방에 있는 단어를 구별할 때 사용할 것이다.

마지막으로 적용된 정량분석의 방식은 워드임베딩이라는 확률모델이다. 보통 공기어 분석은 문장이 기준이므로 의미적으로는 가깝지만 다른 문장에 있는 단어는 카운트되지 않는다. 이 문제를 보완할 수 있는 방법이 w2v이다. 대상어target word 앞뒤로 등장하는 단어두 단어에서 열 단어 사이를 컴퓨터에게 학습시켜 출현 빈도가 높은 단어에게 가중치를 주고 이 단어들이 해당 문장 밖에서 등장하더라도 찾게 하는 방식이다(Mikolov, Chen, Corrado, and Dean 2013). 인공신경망을 활용한 알고리듬을 쓰면 단어의 물리적 거리가 멀지만 의미적으로는 가까운 단어를 파악할 수 있다. 여기에서는 이 방식을 공기어 네트워크에서 보이지 않는 '문화'의 주제어를 알아보기 위해 보조적으로 활용할 것이다.

우리는 이와 같은 공기어 네트워크를 세 시기로 나누어 분석할 것이다. 제1기는 1929년 6월부터 1932년 12월까지, 제2기는 1933년 1월부터 1937년 12월까지, 제3기는 1938년 1월부터 1942년 1월까지이다. 우리는 애초에 이와 같이 시기를 구분하고 단어 출현 빈도나 공기어 네트워크의 구성을 독해한 것이 아니다. 시기 구분은 뒤의 "문화 개념과 사회적·정치적 주체성 개념의 역동적 절합"의 단어 빈도 분석 결과에 근거한 것으로서, 시기 구분 자체가 『삼천리』에서 문화의 개념 변화를 드러내는 지표로 간주될 수 있다.

문화 개념과 사회적 · 정치적 주체성 개념의 역동적 절합

아래 그래프는 『삼천리』에서 '문화'와 관련된 주요 개념의 출현 빈도의 변화를 꺾은선으로 표시한 것이다. 종렬의 지수는 출현 빈도를 나타내고, 횡렬의 지수는 잡지가 창간된 1929년 6월부터 1941년 12월까지를 연도별로 표시한 것이다. 각 개념의 연도별 출현 빈도는 총량이 아니라 평균치이다. 즉 이는 연도별 결호를 계산에 넣어 잡지 한 호당 평균치를 잡은 것이다.

그림 1. 문화 관련 개념의 출현 빈도 추이

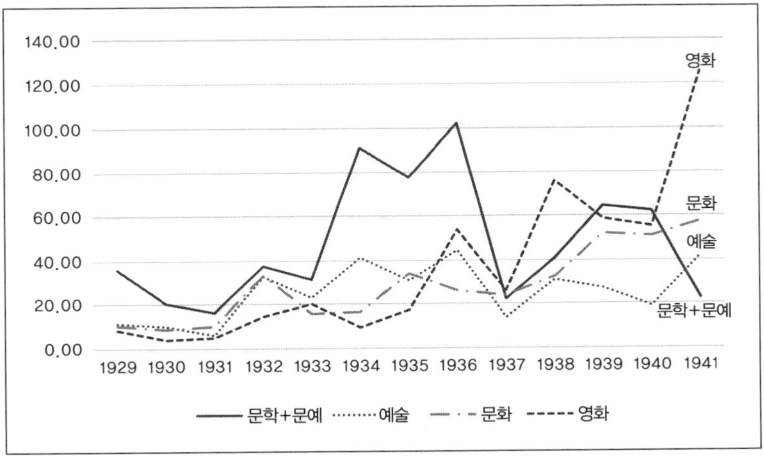

1930년대 초반까지는 문학, 예술, 문화, 영화 같은 개념의 출현 빈도가 높지 않은데 이 가운데 문학이 상대적으로 빈도가 높다. '문학'과 '문예'는 1934년 급상승하여 1936년에 고점을 찍은 후 하락하다가 1938년 이후 다시 소폭 상승한다. 1938~1940년에는 '문학+문예'가 상승한 데 반해 '예술'은 하락하는데, 1941년에는 그 반대가 되어 약 4년 동안 두 단어의 출현 빈도는 대칭성을 보인다. 한편 1930년대 중반에 크게 상승하던 '문학+문예'에 대비해 낮은 빈도를 보이던 '문화'는 1938년 이후에는 '문학+문예'에 바짝 따라붙으며 '문학+문예'가 급전직하하던 1940년 이후까지 완만한 상승세를 유지한다. 지속적으로 상승선을 그린 것은 '영화'이다. 1930년대 전반기 다른 세 단어에 비해 존재가 미미하던 '영화'는 1936년에 들어서 크게 상승하기 시작하여 1938년에는 그 단어들에 비해 훨씬 눈에 띄는 단어가 되며, 1941년에는 기울기가 70도가 넘는 선을 그리면서 급상승한다. 이 그래프에서 가장 주목되는 지점은 1934~1936년에 '문학+문예'의 빈도가 상대적으로 매우 높은 것, 그리고 1940~1941년에 네 단어의 빈도 변화 패턴의 극명한 대조이다.

그림 2. 사회적· 정치적 주체 개념의 출현 빈도 추이

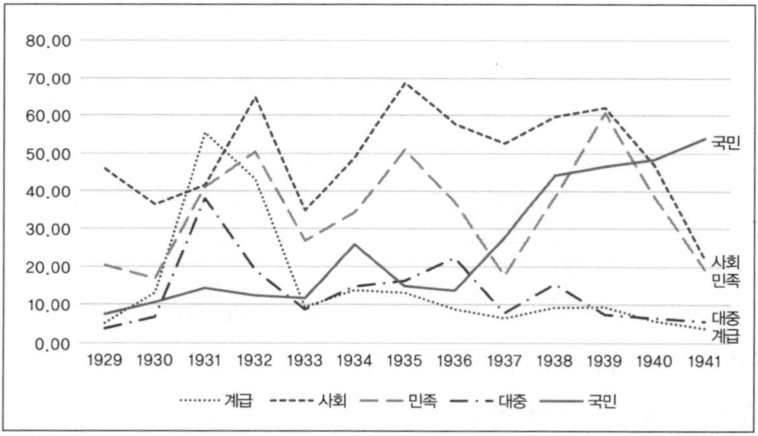

위 그래프는 같은 기간 동안 『삼천리』에서 중요한 사회적 · 정치적 주체성 개념들의 출현 빈도의 변화를 표시한 것이다. 1931년 최고점을 찍은 '계급'과 '대중'은 유사한 기울기로 급속히 하락한다. '대중'이 중간에 잠시나마 상승기를 가진 반면, '계급'은 1933년 이후로는 아주 미미한 정도로만 등장한다. '계급'과 '대중'이 고점을 지나 하락하는 국면에서 부상한 것은 '사회'와 '민족'이다. 전 기간

에 걸쳐 '사회'가 '민족'보다 빈도가 높은데, 두 개념의 위상에서 결정적이었던 시기는 1932년이다. 급히 상승하던 '민족'은 성장세가 둔화된 반면, '사회'의 빈도는 상승세를 탄다. 1938년 이후 다시 크게 상승하던 '민족'은 1939년에는 '사회'와 거의 같은 빈도를 기록하지만, 이후 둘 다 급격히 하락한다. 1930년대 중반까지 두 개념에 비해 매우 낮은 빈도를 보이던 '국민'은 1937~1938년에는 '민족'을 상회하기도 하며 1940년 이후에는 드디어 '민족'과 '사회' 모두를 따돌리며 확실한 우위에 오른다. 이 그래프에서 주목되는 지점은 1932년에 나타난 '민족', '사회'의 빈도 변화 패턴과 1937~1941년에 나타난 '사회', '민족', '국민'의 빈도 변화 패턴이다.

그림 2를 문화 관련 개념들의 출현 빈도 변화를 표시한 그림 1과 비교해 보면 흥미로운 점이 발견된다. 첫째, 1929~1932년에 '문학', '문화', '예술', '영화'는 '계급', '사회', '민족', '대중' 같은 사회적 · 정치적 주체 개념에 비해 빈도가 매우 낮았다. 하지만 1934~1936년에는 '문학+문예'가, 1938년 이후에는 '영화'나 '문화'가 '사회' · '민족' · '국민'보다 눈에 더 잘 띄는 단어가 되었다. 둘째, '문화'와 그 하위 개념들의 빈도 변화와 사회적 · 정치적 주체성을 표현하는 개념들의 빈도 변화 사이에 일정한 연관성이 발견된다. 1932년 '민족'과 '사회' 사이에 빈도 격차가 발생하고 1934년에는 '문학+문예', '문화', '예술' 사이에 빈도 격차가 발생한다. 이후 '문학+문예'와 '사회', '민족'의 빈도 추이는 유사한데 특히 1940년 이후 이 세 개념의 빈도는 모두 비슷한 기울기로 하락한다. 반면 1938~1939년 이후 '국민'의 빈도 추이는 같은 시기 '문화'의 빈도 추이와 형태가 매우 유사하다. 크게 보면 이 시기에 '영화'와 '예술'은 '사회', '민족'이 아

니라 '국민'과 동행했다고 볼 수 있다.

이와 같은 내용을 종합적으로 고려할 때, 『삼천리』에서 문화 관련 개념과 사회적 · 정치적 주체성 개념의 관계성은 대략 세 시기로 구분된다. 제1기는 1929~1932년, 제2기는 1933~1937년, 제3기는 1938~1941년이다. 최근 초 · 중기의 『삼천리』에서 문화적 민족주의와 대중문화의 결합에 주목하여 이를 '대중적 민족주의'로 분석한 연구가 제출된 바 있는데(천정환 2010 ; 박숙자 2010), 그림 1과 그림 2는 우리가 '문화'와 '대중'을 좀 더 조심스럽게 결합시켜야 한다는 점을 알려 준다. 거시적으로 보면, '문화'는 '민족'의 위상이 급격히 하락하던 1939년 이후 오히려 더 뚜렷하게 부상했다. 그리고 '대중'은 1930년대 내내 '민족'이나 '사회' 같은 개념에 비해 중요도가 크게 낮았다. '대중'의 출현 빈도는 1930년대 중반에 잠시 상승한 적이 있는데, 뒤에서 자세히 살펴보겠지만 이때 '대중'의 의미장과 '문화'의 의미장은 확연히 분리되어 있었다. 1930년대 중반에 문화라는 단어는 수준 높고 진지한 민족적 · 보편적 교양을 지시하면서 대중의 흥미를 만족시키기 위한 상품과는 거리를 두었기 때문이다. 연구자들이 대중문화라는 용어로 포착한 현상은 신문소설과 함께 잡지 · 영화 · 연극 · 라디오 · 음반 · 스포츠 · 패션 등에 대한 관심인데, 『삼천리』에서 영화나 연극이 문화의 일부로 편입된 것은 1930년대 말 이후다. 단어와 그것이 지시하는 의미개념 사이에는 언제나 격차가 있지만, 현재 우리의 용어법이 당시의 단어들을 억압하면 의미장이 왜곡될 우려가 있다.

기왕의 문화적 민족주의 개념으로도 1930년대 이후 조선에서 문화라는 단어가 실어 나른 복잡한 의미와 그것의 역동적 변화를 포착하기가 어렵다. 식민지기에 대한 연구에서 '문화적 민족주의'는 일반적으로 '경제적·문화적 실력 양성을 민족 해방을 위한 중요한 방법론으로 삼은 민족주의사상과 그 운동의 경향을 지시하는' 개념어로 통용된다. 문화적 민족주의는 개화기의 자강론과 개화사상, 그리고 1910년대 후반의 실력양성론을 계승한 것으로서, 1920년대 전반기에 '문화운동'의 사상으로 형성되었다고 알려져 있다. 이때의 문화는 천정환이 해석한 것처럼 '문명'·'과학'·'교육'의 환유어였으며,[401] 그 중심에 산업이나 경제 영역의 발전에 대한 욕구가 있었다. 1920년대의 문화운동론에 대해 선구적 분석을 제시한 마이클 로빈슨이 문화운동에 민립대학 설립운동, 국어운동과 함께 물산장려운동 등을 포함시킨 것은 그런 이유이다(로빈슨 1990 : 127~166).[402] 그런데 Part 4에서 살펴본 대로 1920년 이후 다양한 사회적·정치적 집단들이 문화론을 각자에게 유리한 방식으로 전유함으로써 문화라는 말의 의미장은 매우 복잡해졌다. 1930년대에 『삼천리』에서 전개된 민족주의·사회주의·좌우 합작 노선·동아신질서론 및 협동체론 등도 문화를 핵심어로 포함하고 있었는데, 이때의 문화는 문명·과학·교육과 쉽게 호환되지 않는다. Part 5의 2에서 자세히 살펴보겠지만, 1930년대 말에는 심지어 이 같은 근대적 이념들을 반박하기 위해 문화라는 단어를 앞세우는 경향도 나타난다.

앞의 그림 1과 그림 2의 꺾은선그래프만으로는 1930년대 중반

401 식민지기 문화적 민족주의의 계보 및 의미에 대해서는 천정환 2010 : 19~20.

402 마이클 로빈슨에 따르면, 한국 언론에서 '문화파'는 1920년 이후 문화와 경제 부문의 장기적인 발전을 가정한 점진적 민족주의운동 그룹에 대한 총칭으로 통용되었다(로빈슨 1990 : 23).

이후 『삼천리』에서 사회적 · 정치적 주체성 개념보다 문화적 개념들의 출현 빈도가 높아진 이유나 1930년대 말 이후 사회 · 민족과 문학의 출현 빈도의 변화 패턴, 국민과 문화 · 영화 · 예술의 출현 빈도의 변화 패턴이 유사한 이유를 정확하게 설명하기가 어렵다. 단어들의 증감이나 단어 사이의 의미론적 관계를 더 정확하게 해석하고 평가하기 위해서는 공기어 네트워크를 그려 볼 필요가 있다. 이제부터 시기별 주요 키워드의 네트워크를 살펴볼 텐데, 이는 고빈도어 가운데 상위 2백 개 단어와 연구자가 문화와 연계된다고 판단한 단어 95개를 합쳐 만든 295개 단어를 대상으로, 한 문장에서 동시에 출현하는 단어들을 연결하여 시각화한 것이다. 필터링을 통해 각 시기 50회 이상 동시 출현한 단어쌍만을 표현하였다.

제1기(1929~1932) : 대중의 현실과 실천의 재현으로서의 문화

제1기의 키워드 네트워크에서 정도중심성을 측정하면 '운동', '사회', '계급'이 눈에 띈다. 중앙에 위치한 '조선'을 제외하면, 이 단어들이 네트워크상에서 가장 많은 노드를 거느렸다운동 68개, 사회 43개, 계급 38개. 하나의 노드가 다른 노드에 도달할 때 직접 연결되는 경로가 많을수록 그 노드는 네트워크의 중앙에 위치하고 근접중심성이 커진다. 제1기의 근접중심성은 정도중심성과 마찬가지로 '운동'0.632034632, 2위, '사회'0.563706564, 3위, '계급'0.553030303, 4위의 순으로 높다. 세 단어는 모두 네트워크의 중앙에 위치해 있을 뿐만 아니라 세 단어 사이의 연결도 빈번해서 이 단어들을 중심으로 다른 단어들이 주변에 연결되어 있는 형상이다.

그림 3. 제1기(1929~1932) : 50회 이상, 중앙 부분(노드 149개, 에지 552개)

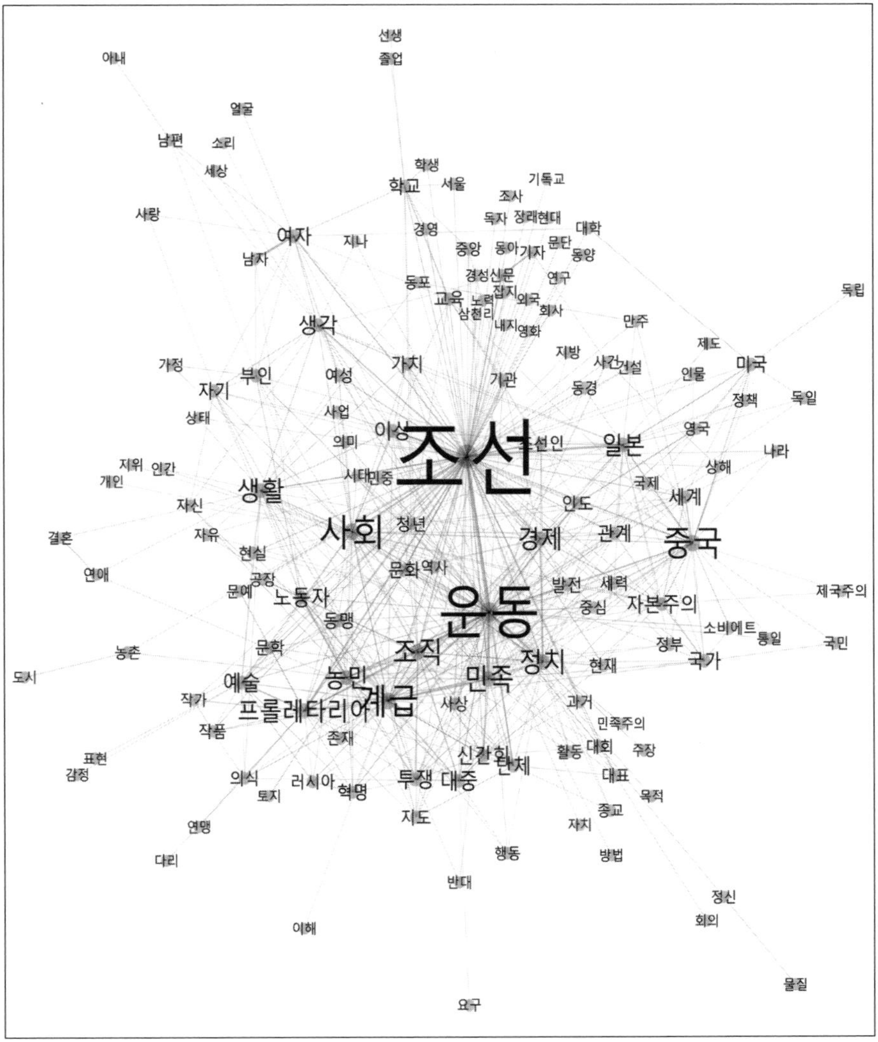

앞의 그림에서 '운동'의 연결망이 가장 포괄적인데 운동과 상대적으로 가깝고 많은 노드를 거느린 단어는 '사회', '계급', '민족', '경제', '정치', '조직' 등이다. 운동의 주체에 관련한 단어는 '사회'와 '계급'을 필두로 하여 '민족'·'대중'·'민중'·'노동자'·'농민'·'청년'·'부인'·'여성'·'프롤레타리아' 등을 포괄하며, 운동의 내용에 관한 단어, 예를 들어 '정치'는 '민족주의'와 연결되고 '경제'는 '자본주의'와 연결된다. '조직'과 더불어 '투쟁', '동맹', '단체', '지도' 등 사회운동에 관한 메타지식적 단어들도 연결망 안에 포함된다. 다소 거리가 있지만 '운동'은 '예술', '문학'이나 '문화'로도 연결되며 '일본'과 '중국'을 거의 등거리에 두고 있다. '중국'이 중앙에서는 다소 멀지만 정도중심성이 큰 것은 당시 지식인들이 북벌을 끝낸 후 '신흥 중국'의 혁명정부로 수립된 난징 국민당 정부에 큰 관심을 갖고 있었기 때문이다(김세호 2014 : 73~74).

'운동'에 이어 큰 노드를 형성한 단어는 '계급'과 '사회'인데, 이 가운데 '계급'은 '농민'·'노동자'·'프롤레타리아'·'러시아'·'혁명'·'투쟁'·'조직' 등 사회혁명 노선을 나타내는 단어들과 함께 사용되었다. 민족주의 좌파와 우파를 아우른 합법적 운동을 목표로 했던 '신간회'와 '민족', '대중', '단체' 등도 '계급'의 네트워크 한쪽을 차지하고 있다. 계급은 이들 가운데 특히 급진적인 정치 노선을 구성하는 앞의 단어군을 '사회'와 공유했다.[403] 사회는 자연과 구분되는 인

403 그림 3의 네트워크에서 '사회'는 43개 단어와 연결되는데 주요 단어는 조선, 건설, 세계, 관계, 경제, 자본주의, 발전, 중심, 국가, 운동, 정치, 문화, 민족, 사상, 조직, 계급, 투쟁, 혁명, 농민, 러시아, 프롤레타리아, 예술, 문학, 현실, 자신, 개인, 지위, 인간, 생활, 가정, 자기, 부인, 생각, 사업, 여성, 의미, 시대, 가치, 이상, 민중 등이다.

간, 개인과 구분되는 집단, 시민사회 등 다양한 차원의 집합적 주체성을 표상할 수 있는데,[404] 마르크스 이론에서 혁명의 주체인 '계급'과 급진적 정치 개념들을 공유하고 있는 '사회'degree 43가 '민족'degree 30보다 훨씬 많은 단어를 거느리고 있었다는 사실은, 당시 『삼천리』가 대표하고 반영한 정치 노선이 좌파운동에 가까이 있었음을 암시한다.

『삼천리』에서 좌우 연합 전선을 표현한 담론으로 기독교 비판을 들 수 있을 것이다. 이 시기 『삼천리』에는 식민지를 경영하는 서구 자본주의 세력에 대한 비판, 특히 토착 세력과 결탁하여 식민 지배를 강화하고 있는 기독교 선교 집단에 대한 강한 불만이 나타난다. 『삼천리』를 창간하고 주간을 담당한 김동환金東煥, 1901~1958은 1920년대 중국에서 일어난 사회운동에 관해 중국과 일본에서 발표된 글을 편집 · 정리한 글에서 반기독교운동을 소개했는데, 그에 따르면 '중국의 중부와 남부에서는 기독교를 자본주의 · 제국주의의 주구라 하여 배척하고 북중국에서는 과학적 입장에서 미신적인 종교를 배척'했다.[405] 진영철이라는 필자는 기독교 세력은 아메리카에서 부르주아의 경제적 특권을 찬양한 것과 같이 조선에 들어와서도 단순히 교육 · 의료 · 선교 사업만을 행하는 것이 아니라 부르주아계급을 유지 · 확장하는 데 힘을 쏟고 있다고 비판했다. 그에 따르면 조선 내 기독교 세력은 '현재 아메리카의 지배기구와 밀착되여 잇는

404 '사회'의 다양한 의미에 대해서는 이치노카와 2015 : 7~12.

405 金東煥 編(1931), 「新興中國展望, 中國現下 運動과 統計」, 『삼천리』 제16호, pp.32~33. 김동환은 반기독교운동 이외에도 반제국주의운동, 반문화침략운동, 노동운동, 국화제창(國貨提唱), 문학혁명운동, 농민운동 등을 정리했다.

종교집단의 조선지점支店'이다.[406] 1930년대 초『삼천리』에서는 식민지에 대한 자본 침략과 문화 지배에 대한 비판, 그리고 종교 이데올로기에 대한 마르크스주의적 비판 등이 연합 전선을 구축했던 것이다.

'사회', '계급' 같은 운동의 주체들이 문예 방면에서 자주 호출한 단어는 '예술'degree 16이다. 예술이라는 단어는 사회운동의 단어군'운동', '동맹', '조직'과 연결되어 있으며 특히 계급운동을 표현하는 단어군'프롤레타리아', '노동자', '농민', '러시아', '혁명', '계급', '사회'으로 이어진다. 다른 한편에서 '예술'은 예술에 관한 메타지식을 표현하는 단어군'문학', '작가', '작품', '표현', '감정', '의식' 등으로도 이어져 있다. 그런데 연결망 전체를 조망하면 제도로서의 예술을 설명하는 단어에 비해 행동으로서의 예술을 설명하는 단어가 훨씬 더 풍부하다. '문학'degree 7과 '문예'degree 3는 '예술'에 비해 중요도가 낮았으며 의미망도 더 단순했다. '문학'은 사회적 · 정치적 주체성 및 이슈에만 연결되어 있다. '영화'는 아주 주변적이며 '연극'은 네트워크에 나타나지 않는다.

'문화'는 '예술'에 비해 정도중심성이 낮지만degree 10, 네트워크의 중앙에 자리 잡고 있다. 문화의 개념 연결망에서 가장 두드러진 두 점은 '프롤레타리아'와 '운동'인데,[407] 문화는 이외에 '민족' · '사업' · '교육' · '예술'과도 연결되어 있다. 이 시기『삼천리』는 식민 정

406 陳榮喆(1931), "「神의 福音」과 朝鮮人의 利害," 吳競善 · 陳榮喆 · 李亮 · 朴熙道, 「英米系의 學校, 病院, 敎會事業 批判」, 『삼천리』 제3권 제10호, p.49.

407 제1기에 '문화'의 w2v단어 중 1위는 '프롤레타리아', 2위는 '운동'이다. 3~20위 사이의 단어는 경제, 조선, 정치, 발전, 사업, 민족, 교육, 사회, 향상, 결성, 침략, 노력, 예술, 진보, 진전, 자본주의, 산업, 아트이다.

부가 주도한 정치 기획의 용어'문화정치', '문화정책' 등는 물론이고 서구적 라이프 스타일이나 소비생활에 대한 동경을 표현하는 담론'문화생활'도 전면에 등장시키지 않았던 것을 확인할 수 있다. '문화'의 w2v 20회 이상에는 '발전'·'향상'·'진보'·'진전' 같은 단어들이 보이는데, 이는 『삼천리』에서 '문화'가 근대적 역사철학에 바탕을 둔 피식민 지식인의 목적의식적 기획 가운데 하나운동·사업·교육였음을 의미한다.

문화를 앞세운 기획의 핵심 내용은 1931년 9월에 발간된 제3권 제9호에 제시된 「조선신문화건설 3개년계획」에서 엿볼 수 있다. 이 캠페인은 민족 보건, 사회운동, 예술 행동 등을 주요 부문으로 꼽으면서 이러한 운동의 선행 조건이 되는 '문맹타파 3개년계획'을 제시했다. 이어서 다음 호에는 협동조합과 소비조합운동을 중심에 둔 신경제건설 3개년계획을 제시하겠다고 예고했다.[408] 계몽운동을 선차적 과제로 앞세우고 있지만 보건운동, 사회운동, 조합운동 등 '문화의 전반 부문으로 확장'을 꾀했다는 점에서 조선신문화건설 3개년계획은 1920년대의 문화운동과는 다소 구분된다. 사회운동의 장력張力이 매우 강했기 때문에 『삼천리』의 조선신문화건설 3개년계획은 부르주아지가 중심이 되어 산업의 발전을 추구하는 경제운동 안에 머무를 수 없었던 것이다.

앞에서 살핀 그림 2로 다시 돌아가 보면, 1931년까지 큰 폭으로 상승하던 '민족'이 1932년에 주춤한 반면, 이때 오히려 '사회'의 상승폭은 커진다. 이는 신간회1927~1931가 해체된 후 오히려 『삼천리』

408 「朝鮮新文化建設 三個年計劃」, 『삼천리』 제3권 제9호(1931), p.2.

가 좌파적 계몽을 강화했다는 의미일 것이다. 이원조李源朝, 1909~1955는 카프를 프롤레타리아 문화운동의 중심 조직으로 평가했으며, 부르주아 저널리즘의 영향력을 차단하기 위해서는 카프의 활동이 공장과 농촌으로 침투해 문화운동의 대중화를 실천해야 한다고 주장했다.[409] 홍효민洪曉民, 1904~1976은 카프가 프롤레타리아 문화연맹의 기수가 되어야 한다고 주장했는데, 이 문화연맹은 예술연맹의 범위를 크게 초과한 것이었다. 그는 프롤레타리아 문화연맹이 '푸로레타리아 문화 전반에 긍亘하는 가장 확대된 집중적 운동이오, 첨예적 운동'이 되어야 한다고 했는데, 이때 문화연맹은 문학, 과학, 예술미술·음악 단체뿐만 아니라 반종교운동, 법률, 의료, 스포츠 관련 단체 등도 포함했다.[410] 앞에서 살핀 「조선신문화건설 3개년계획」에서처럼 홍효민은 문화라는 말을 종교, 학문, 예술, 도덕뿐만 아니라 정치, 법률 등도 포함하는 상부 구조 전체로 확장하여 사용했다. 이와 같은 문화운동의 구상에는 마르크스주의 문화론이 반영되어 있다.

『삼천리』 문화론의 특징을 드러내는 또 다른 예로 발행인인 김동환의 '민족문화관' 건립 주장을 들 수 있다. 보통 민족-문화 개념이 과거 전통의 계승에 주력하는 것과 달리 김동환은 당대의 재현을 중시했다. 그리고 그는 소수의 엘리트에 의해 창조·향유되는 학문이나 심미적 예술이 아니라 보다 넓은 범위의 사람들에 의해

409 東京 李源朝(1932), 「文藝時評 : 文筆家協會와 갑프의 태도에 대한 私見」, 『삼천리』 제4권 제12호, p.87.

410 洪曉民(1932), 「朝鮮푸로레타리아 文化聯盟에의 結成方畧, 現階段的 必然性을 論함」, 『삼천리』 제4권 제2호, pp.38~41. 홍효민은 문화연맹이 기존의 작가동맹, 시인회, 반종교동맹, 과학연구회, 프로미술연맹을 포함할 뿐만 아니라 아직은 존재하지 않는 프로소년문학단, 프로변호사단, 프로의사회, 프로스포츠단까지 포괄하는 조직이 되어야 한다고 주장했다.

생산 · 소통되는 지식의 형식에 주목했다. 김동환이 장차 '민족의 공유물'이 될 '문화의 전당'에 모으려고 한 것은 '신문, 잡지, 단행본, 지도, 회화, 삐라, 포스터, 판화, 사진, 필적 등'이었다. '고문적古文籍'은 이차적 수집 대상이었다.[411] 이 같은 기획에서 문화라는 단어는 『삼천리』가 대중의 사회적 · 정치적 현실과 실천을 재현하기 위해 기울인 노력을 표상했다.

제1기 문화운동 담론의 특징은 크게 두 가지로 요약할 수 있다. 하나는 문화론의 좌우 합작이다. 『삼천리』에서 좌파 문화론자들은 직접적인 정치적 · 경제적 투쟁이 아니라 이데올로기적 영역에서 부르주아 세력과의 투쟁의 필요성을 강조했다. 이 지점에서 민족주의 진영과 사회주의 진영의 문화 기획은 서로 상당 부분 포개졌다. 다른 하나는 문화를 학문이나 예술로 좁히지 않고 대중의 생활과 사회적 · 정치적 실천의 영역을 아우르는 말로 확장하여 사용한 것이다. 문화의 w2v에 프롤레타리아, 경제, 정치, 민족, 사회, 침략, 자본주의, 산업 같은 다양한 단어가 포함된 것은 이러한 까닭이다.

제2기(1933~1937) : 민족적 · 보편적 교양의 영역으로서의 문화와 문학 · 학술

제1기에서 중요했던 '계급'과 '운동' 등은 제2기에는 그 중요성이 현저히 낮아졌다. 이에 대비하여 정도중심성의 상위에 나타난 단어

411 金東煥(1932), 「『民族文化館』 創立 發表三千里社의 獻身的 事業」, 『삼천리』 제4권 제1호, pp.10~11.

로는 '일본'degree 36과 '사회'degree 35가 있고, 문예 주제의 측면에서는 '문학'degree 33의 부상이 두드러진다. '조선'이나 '생각' 같은 일반적인 단어가 1위, 2위를 마크한 점을 고려하면 위의 세 단어가 실제적인 상위 3개였다. 그림 4는 제2기 네트워크의 중앙 부분으로 노드 178개와 에지 636개로 구성되어 있다.

'일본'은 일본제국의 식민지 혹은 반식민지 관계'내지', '만주' 등, 정치 · 경제 관계'정부', '정책', '국가', '국민' 등와 중국 및 서양의 여러 나라'미국', '독일', '영국' 등와 함께 등장하며 그 위세가 상당하다. 그러나 네트워크상에서 보면 이러한 주제어들은 다소 변방에 위치해 있어 '일본'의 중요도는 상대적으로 낮아 보인다. '조선'을 중심으로 한 네트워크에서 비교적 중앙에 있는 노드는 '사회'와 '운동'이다. '운동'은 여전히 중요한 주제어였지만 제1기에 비해 정도중심성이 대폭 감소했다68회→25회. 반면 '민족', '문학', '개인', '생활', '신문' 등과 연결된 '사회'는 정도중심성에서 제1기의 위상3위을 대체로 유지했다. 제2기의 '사회'와 '운동'에서 공통적으로 발견되는 것은 계급 관련 주제어들의 삭제이다. '농민', '노동자', '프롤레타리아', '러시아', '혁명' 등은 '사회'와 '운동'의 연결망에서 대거 탈락했다.

문예 방면에서 눈에 띄게 세력이 확장된 단어는 '문학'degree 7→33이다. '문학'은 사회적 · 정치적 주제어'프롤레타리아', '계급', '민족', '사회', '역사', '시대', '사상' 등와 함께 문예 관련 주제어'문화', '예술', '소설' 등에 연결되어 있다. 아울러 문예 관련 메타지식적 용어'작가', '작품', '표현' 등와도 연결된다. 제1기에 '예술'을 허브로 삼아 연결되었던 다방면의 주제어들이 대거 문학으로 옮겨 온 형국이다. 문학이라는 단어를 자주 호출한 사회적 · 정치적 주체는 '사회'와 '민족'이다. '민족'보다 '사회'가 중앙

그림 4. 제2기(1933~1937) : 50회 이상, 중앙 부분(노드 178개, 에지 636개)

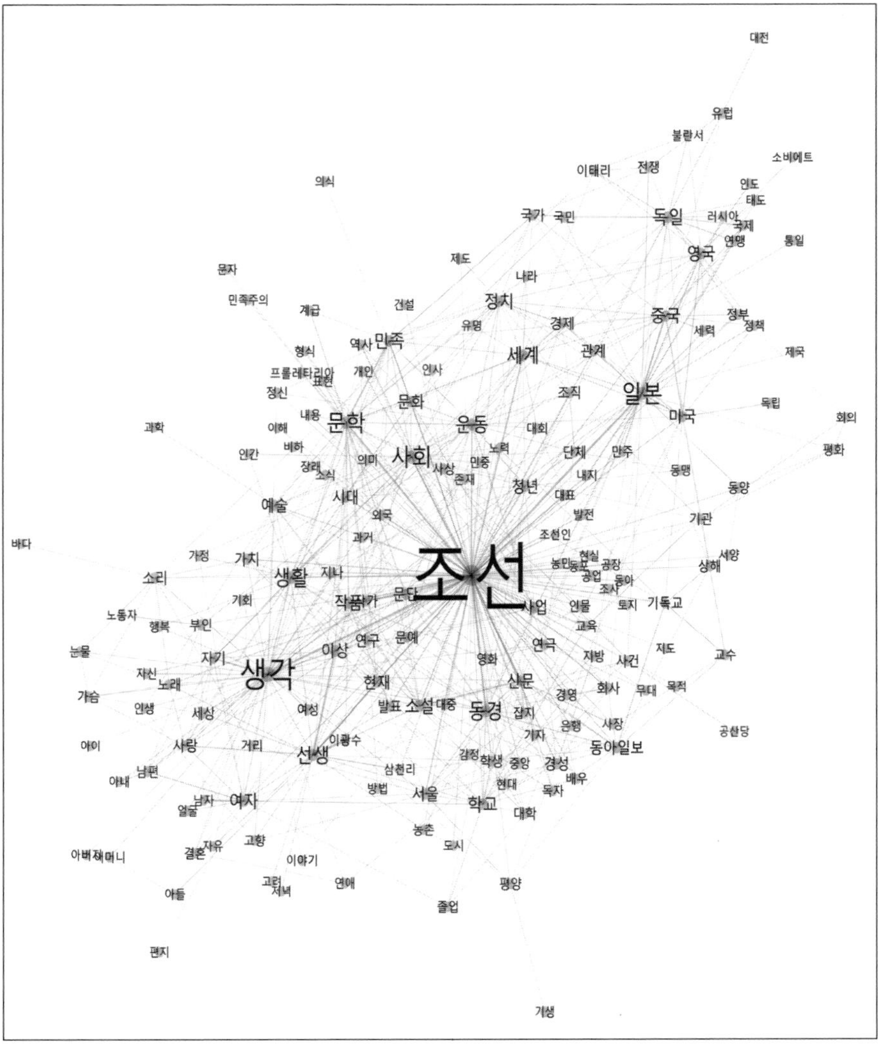

에 더 가깝고 정도중심성이 높은데, 주목할 점은 네트워크상 왼쪽에 있는 '문학'이 그보다 중앙에 있는 '운동'보다 '민족'과 '사회'를 끌어당기는 힘이 더 강한 듯 보인다는 것이다. 제1기에 '운동'의 주체이던 '민족'과 '사회'가 제2기에는 '문학'의 주체가 되었다고도 볼 수 있다.[412] 한편 '예술'은 제1기에 비해 주변화되었다. '예술'은 '문학'보다 정도중심성이 훨씬 낮고 '사회', '운동', '민족' 등과의 결합력도 약했기 때문이다. 다만 앞의 빈도그래프 그림 1을 참조하면 이 시기 '예술'과 '문학'의 빈도 변화 패턴은 매우 유사했다.

네트워크에서 '문화'는 '민족' · '사회'를 잇는 선과 '운동' · '문학'을 잇는 선이 교차하는 중앙에 위치해 있다. 기왕에 '운동'과 가까이 연결되어 있던 '민족'과 '사회'를 반대편의 '문학'이 강한 힘으로 끌어당기자 드디어 중앙에 '문화'의 공간이 마련된 것처럼도 보인다. '문화'는 '민족', '운동', '사회', '역사', '사상', '시대', '생활' 등을 '문학'과 공유하고 있는데 이는 '문화'가, '문학'과 함께, '민족'과 '사회'의 재현 및 보존을 담당하는 임무를 부여받았다는 것을 의미할 것이다.

> 만일 객관적 諸般情勢가 一切의 政治工作 思想工作에서 손을 떼지 아니치 못하게 된다할진대 그 뒤를 계속하야 착수할 것이 지금 말하랴 하는 文化工作이 되어야 할 것이다.
>
> …….
>
> 첫재, 우리는 우리 情調를 예술적으로 高潮식혀 노차.

412 '사회'와 '민족'에 비해 '프롤레타리아'와 '계급'은 연결어가 적고 지엽적이다.

둘재, 우리는 문화교육을 확충식히자.

첫재의 情調를 예술적으로 살니자 하는 까닭은 근래 우리는 번잡한 諸外來文化潮流 때문에 朝鮮 獨特의 情調를 이러버리고 잇다.

우리에게는 數千年來 문화생활의 一單位集團으로서 生長發展하여오는 동안에 저절로 이루어진 不可侵, 不可犯, 不可變의 감정과 습성이 잇다. 이것이 磨滅되어간다 함은 일종 역사이 매장으로 한껏 슬픈 일이니 무슨 방법으로든지 막어야 할 것이다. 힛트라가 케루만 민족성의 순수를 보장키 위하야 취하는 反猶太的 諸政策에 吾人은 一條의 爽英味를 늣겨진다. 그러면 이 情調를 무슨 방법으로 부흥, 고조식힐가.

A 가장 단적으로 父祖의 생활에 연결식히는 방법으로 넷 명절을 확대하야 擧族的으로 직히자 함이다. 추석, 단오, 칠석, 설, 대보름, 청명의 명절을 전체적으로 크게 직히되 이 날에는 鄕土마다 전래의 무용회 야외극 古來의 명창대회 음악회 등을 열어 新羅 高句麗 때의 氣風으로 遡上식혀 노으려 힘쓸 것이다…….

B 둘재 우리말의 言語美를 크게 북돗되 그 길로는 연극과 문예와 음악을 盛히 하야 善德女王時代나 빅토리아 여왕 神功皇后時代가치 가장 찬란한 문화의 꼿을 全人民이 공유 享受하게 하도록 애써야 하겟다.
…….

그리고 둘재인 문화교육을 식히자하는 뜻은 우리의 머리를 慕外的 精神에서 환원식히기 위하야 문화교육을 밧어가질 것인데 그 방법으론 노동농민의 諸團體가 一掃되어잇는 今日, 각지방에 문화연구단체 예 역사연구단체 인문지리 연구회인 학구적 학술적 단체를 조직 扶植하야 인문과학의 체계적 지식을 널니 알어가지도록 노력하여야 하겟다.

이것은 永續性의 久遠한 사업이 되어야 성공할 것임으로 종교운동에 의거하거나 정치운동에 절대로 관여식히지 말고 또 배타적 復讐的 性質을 과히 띄지 말고 온전히 문화적으로 나가야 할 것이다.

나는 이 要領書가 諸氏의 주의를 환기하는 一助가 되고 아울너 討議의 자료가 되어 주기를 바란다.[413]

위 인용문은 1933년 10월에 발표된 권두언 「문화공작의 요령서」로서, 정치운동과 사상운동으로부터 물러나 문화운동으로 전환하여 구체적으로 어떤 실천에 착수해야 하는가에 대해 제안한 것이다. 문화공작의 방향 가운데 하나는 조선의 고유한 정조情調를 예술적으로 고양시키는 것이다. 구체적 실천 방안은 전통 명절을 전래의 무용, 극, 음악을 즐기는 공동체적 축제의 장으로 만들고 연극, 문예, 음악을 발전시켜 언어의 아름다움을 북돋우자는 것이다. 또 다른 방향은 문화교육을 확충하기 위해 문화 연구 단체를 설립하자는 것이다. 노농단체가 해산된 지방에 역사 연구 단체, 인문지리 연구회 등 민간 학술 단체를 만들고 뿌리내리게 하자는 것이다. 이상의 제언에서 문화운동은 정치운동과 사상운동의 상대 개념이며, '문화'는 '예술'문예 · 음악 · 무용 · 연극과 '학술'의 상위 개념이다.

인용문에서 주목되는 다른 한 가지는 '예술'과 '학술' 그리고 '문화'의 가치가 특히 '민족적인 것'에 대한 관심에 의해 뒷받침되고 있다는 점이다. 필자는 문화의 역할을 '외래문화 조류'나 '모외적 정신'으로부터 민족의 '정조'와 '머리'를 보호하는 데에서 찾고 있다. 「문화공작의 요령서」에는 이른바 민족의 전통에 대한 관심이 나타나

413 「文化工作의 要領書」, 『삼천리』 제5권 제10호(1933), p.13.

는데, 이는 『삼천리』에서 해외문학에 대한 소개의 배경을 설명해 준다.

김광섭金珖燮, 1904~1977은 「애란문학愛蘭文學의 윤곽」에서 아일랜드 문학을 통해 민족과 문학의 관계의 역사와 그것이 현재에 끼친 역할을 탐구하고자 했다.[414] 이어서 「애란문예부흥개관」에서는 문화라는 말을 문학, 예술, 철학 등을 포괄하는 상위 개념으로 사용하면서 아일랜드의 문예부흥이 15~16세기 유럽의 르네상스와는 다른, 19세기 말에 아일랜드인의 민족의식 각성을 목표로 한 문학부흥운동을 일컫는다고 명시했다.[415] 김광섭은 아일랜드의 문예부흥운동이 고대의 '신화'와 '전설'에서 민족적 정체성을 확인하는 작업이었음을 강조했다. 그에 따르면, 아일랜드의 문인들은 '祖國 愛蘭의 太初부터 傳해온 神活傳說에서 그 문학적 素材를 探索하야 永遠한 愛着의 世界를 祖國에서 찻고저 翹望하엿'다.[416] 이상의 분석은 정치운동과 사회운동이 억압받아 퇴조하던 시기에 문학·음악·무용·연극을 포함한 '예술'과 역사와 지리를 포함한 '학술', 그리고 그 두 가지를 포괄한 '문화'가 드디어 피식민 지식인들의 목적의식적 기획의 핵심으로 부상했음을 암시한다.

그런데 이 시기의 문화론은 단순히 '복고적'인 기획은 아니었다. 당시 문화의 w2v20회 이상에는 '문명', '발전' '건설', '진보', '발달', '계몽', '근대' 등 진보적 역사철학을 표상하는 용어가 다수 발견된

414 金珖燮(1935), 「世界文學講座, 三千里文藝講座(第1回 開講) : 愛蘭文學의 輪廓」, 『삼천리』 제7권 제10호, pp.246~248.

415 金珖燮(1936), 「海外文學講座 : 愛蘭文藝復興槪觀」, 『삼천리』 제8권 제1호, p.223.

416 金珖燮(1936), 앞의 글, p.227.

다.[417] 이 단어들은 문화가 근대적 문명을 개척하고 발전시키는 것을 목적으로 하는 계몽 담론의 자장 안에 있었음을 시사한다. 계몽주의적 문화론과 보조를 맞춘 민족 담론은 특수성론이나 순수성론과는 거리를 두었다. 김명식은 「조선민족 기원의 문화적 고찰」에서 민족의 혈연적 '순수성' 주장을 비판하면서 민족은 본질적으로 '혼함체混含體'라고 주장했다.[418] 그리고 자연 대 문화, 순수성 대 혼종성, 복고과거 대 진보를 대비하면서 진보적이고 보편주의적인 문명=문화관을 피력했다. 그는 '民族文化를 硏究하는 目的은 어느 民族의 文化的 水準을 究明하야 進步한 文明을 理解하고 建設할 準備가 잇는지 업는지 考察함에 잇는 것이오 과거로 復歸하기 위함이 아니'라고 주장했다.[419] 홍양명洪陽明, 1906~미상은 안재홍安在鴻, 1891~1965의 조선학이 조선의 역사, 전통, 문화의 특성에 대한 연구와 "현대 현실에 즉卽한 '조선'의 통계적 숫자적 연구"를 접목하려 한 점에 주목하면서 민세주의民世主義가 '민족의 고유한 문화 전통과 세계문화와의 교호 작용交互作用'을 상징한다고 평가했다.[420] 문화의 w2v20회 이상에는 '인류'가 포함되었는데, 네트워크상에서도 '세계'의 세력이 상당히 크고 그것이 '민족'·'사회'·'운동'·'문화' 등을 끌어당기는 힘이

417 제2기 '문화'의 w2v(20회 이상)에서 20위 안의 단어는 문명, 민족, 발전, 건설, 사회, 예술, 진보, 발달, 역사, 기관, 조선, 사업, 정치, 인류, 교육, 계몽, 운동, 공헌, 사상, 근대이다.

418 "原始民族에 잇서서도 自然觀念의 純粹性은 保障할 수 업는 일이어니와 近代民族은 모다 文化觀念의 混含體이다"〔金明植(1935), 「朝鮮民族起源의 文化的 考察」, 『삼천리』 제7권 제2호, p.54〕.

419 金明植(1935), 앞의 글, p.53.

420 洪陽明(1935), "政論家로의 雄 安在鴻씨," 洪陽明·金璟載·李鍾麟 외, 「朝鮮 民衆의 指導者 總觀, 數十年來 半島江山에 今日가치 人材 모힌 적이 업다」, 『삼천리』 제7권 제3호, pp.26~28.

만만치 않아 보인다.

'문학'과 '문화'가 '민족', '운동', '사회', '역사', '사상', '시대', '사상' 같은 진지한 주제를 탐구하고 보존하는 영역으로 부상한 한편 '소설', '연극', '영화'는 그로부터 다소 떨어져 '대중'의 오락과 흥미를 위한 영역으로 편성된 듯하다. 제1기에 존재가 미미했던 '소설'은 제2기에는 18개의 노드를 거느리게 되었다. 그 연결망의 한편에는 문학의 예술적 가치를 나타내는 단어들'문학'·'예술'·'가치' 등과 소설 비평을 위한 단어들'인물'·'사건' 등이 있으며, 다른 한편에는 '대중'·'발표'·'신문'·'잡지' 등이 있다. '신문 소설'이 마치 한 단어처럼 사용되기도 한 데에서 알 수 있듯이, '신문'과 결합한 '소설'은 소설가 사이에서도 예술성보다는 흥미와 오락을 위해 저술하는 글로 인식되었다.[421] '조선의 저급한 저널리즘'은 '저급한 독자들과 영합하기를 즐겨 하고' 작가도 "가장 — 低級한 創作 — 卽 小說 — 을 制作하는 데만 沒頭하고 있다"라는 민병철의 비판에도 비슷한 시각이 나타난다. 민병철은 저널리즘이 문학을 '오락물'로 취급하여 읽기 쉬운 소설만을 요구했으며 작가들은 이러한 저널리즘과 영합하여 예술의 역할을 부인한다고 비판했다.[422] 이와 같은 주장에서는 저널리즘, 소설, 오락(물)이 한편으로 묶이고 그 반대편에 문화와 예술이 놓인다. 그림 4의 네트워크에서 '영화'·'연극'은 '소설'에 직접 연결되어

421 최정희는 신문에 연재되는 장편소설, 즉 '신문소설'은 '흥미 본위에 흐르지 않을 수 없'기 때문에 문인들은 잘 읽지 않으며 문학적 성취를 기대하지도 않는다고 말했다〔「女流作家 座談會」, 『삼천리』 제8권 제2호(1936), p.218〕.

422 閔丙徽(1936), 「文藝隨感」, 『삼천리』 제8권 제6호, pp.260~261. 민병철은 '문화인'인 작가가 원고료의 다과(多寡)에 연연하는 것은 '문화적 임무'를 망각하고 '문화적 양심'을 상실한 '타락적 행동'이라고 비판했다.

있지는 않지만, 그에 근접해 있어 대중의 흥미와 오락을 만족시키는 소비물로 존재했음을 시사한다. '소설', '영화', '연극'의 의미장은 '문학', '예술', '문화'의 의미장과는 확연히 분리되어 있었다.

'소설', '영화', '연극' 가운데 『삼천리』가 인정투쟁의 기회를 제공한 것은 특히 연극이었다. 앞에서 신문 소설을 비난한 민병철이 문학과 예술로 격상시키려 애쓴 것은 '희곡'이다. 그는 희곡이 문학의 한 장르이자 연극을 위한 대본으로서 문화적 가치가 매우 높다고 평가했다. 그는 저널리즘이 '문화로서의 작품'인 희곡을 배제하고 '문화적인 행동'을 해야 할 작가들이 연극의 발전을 위해 노력하지 않는다고 비난했다.[423] 1937년 『삼천리』는 신극운동에 대한 작가·비평가의 구상을 실었는데, 여기에서 연극에 예술이나 문화의 지위를 부여하기 위한 담론이 전개되었다.

> 위선 演劇은 그것이 生新한 藝術的 感興을 完美하게 發揮하기 위하야는 우수한 演出家와 演技者俳優를 가지지 아니하면 도저히 不可能하다. 더욱 俳優의 藝術的 교양과 人格的 向上을 위하여는 단연 演劇이란 실로 最高至難의 길이라는 것을 충분히 體驗하고 이를 위하야 生命을 바치는 苦澁한 刻苦가 있어야 한다. ……그래서 新劇運動의 第一階段으로 演技研究生의 산 教養이 있지 않으면 안된다.[424]

위 인용문을 보면 이헌구李軒求, 1905~1983는 연극 종사자인 연출가

423 閔丙徽(1936), 「文藝隨感」, 『삼천리』 제8권 제6호, pp.260~261.
424 李軒求(1937), 「新劇運動에 대한 나의 構圖」, 『삼천리』 제9권 제1호, p.157.

와 배우에게 예술가의 이미지를 부여하고자 했다. 특히 배우는 '예술적 교양'과 '인격적 향상'을 도모해야 하며, 이를 위해서는 '생명을 바치는' 각고의 노력이 필요하다는 것이다. 교양과 인격은 일본 문화주의 또는 교양주의의 핵심어로서, 현실적 필요나 세속적 욕망과는 구분되는 '예술'의 창작과 향유를 통해 함양할 수 있다고 가정된 가치였다. 아울러 문인들이 연극에 관심을 모으기 위해 자주 사용한 단어는 문화였다. 서항석徐恒錫, 1900~1985은 '劇硏 극예술연구회—인용자의 公演이 있다는 것은 한 개의 注目할 만한 文化的 事實이어늘…… 文化人으로서 自處하는 文人들이 이 事實을 看過하는 것은 極言하면 文化人으로서의 失格'이라고 비판했다.[425] 유치진柳致眞, 1905~1974은 문인과 사회 유지 들이 연극의 '연극미'와 '문화적 사명'을 이해하고 연극운동을 적극적으로 원조해 주기를 바랐으며,[426] 김광섭은 연극운동 단체나 극장을 '문화기관'으로 인식하지 못하는 현실을 개탄했다.[427] 연극의 가치를 계몽하기 위한 담론에서 비평가들이 문화라는 단어를 상투어처럼 들먹인 이유는, 앞에서 논의한 것처럼 당시에 문화가 민족적인 동시에 보편적인 교양 또는 계몽의 기획을 표상했기 때문이다.

문화의 생산 및 향유 주체에 대해 한 가지 부연하자면, 『동아일보』에 '대중문화'라는 단어가 처음 등장한 것은 1929년 2월 27일의 기사 「문자보급(2)」이다. '문맹 타파'가 '대중문화를 건설할 첫걸음'

425 徐恒錫(1937), 「新劇運動에 대한 나의 構圖」, 『삼천리』 제9권 제1호, p.159.
426 柳致眞(1937), 「新劇運動에 대한 나의 構圖」, 『삼천리』 제9권 제1호, pp.154~155.
427 金恍燮(1937), 「新劇運動에 대한 나의 構圖」, 『삼천리』 제9권 제1호, p.161.

이라고 주장한 글인데, 이때 대중은 '노동자 · 농민 대중', '무산계급 대중'의 준말로서 '대중문화'는 '특권문화, 지배계급문화'의 상대어로 사용된 것이다.[428] 1931년 3월 26일의 「영화가映畫街에 입각하야(1)」에는 '대중의 문화 발전', '대중의 교양' 같은 용어가 나오는데, 이때의 대중도 부르주아 및 소부르주아의 상대어로서 프롤레타리아 대중을 의미했다.[429] 초창기 『삼천리』에 계급, 투쟁, 조직, 신간회 등과 연결된 사회적 · 정치적 주체 개념으로 등장한 '대중'은 1931년 이후 '민족'과 '사회'의 상승세를 따라잡지 못하고 급하게 하락하다 제2기인 1930년대 중반에 잠시 다소간 상승했는데, 이때의 '대중'은 '신문' · '잡지' · '소설' 같은 단어와 연결되었다. '대중소설', '대중문학', '대중연예', '대중영화', '대중 오락기관' 같은 용어들을 통해 계급적 의미가 탈각된 대중 개념이 널리 사용되었다. 이러한 장르들을 포괄하는 상위 범주로서 대중문화가 사용된 예는 찾기 어려운데, 이는 1930년대 중반까지 문화가 지식인 엘리트에 의해 독점된 가치였다는 것을 보여 준다.

이제까지의 논의를 요약하면, 제1기에 '프롤레타리아'와 '운동'을 발판 삼아 도약하여 정치적 대중의 일상생활과 실천의 영역까지를 포괄적으로 재현하려던 '문화'라는 단어는 제2기에는 교양주의 담론 안으로 불러들여졌다. 문화는 '예술'과 '학술'로 범위가 축소되었으며 '문학'은 민족적이면서 동시에 보편적인 교양이라는 점이 인정됨으로써 문화의 중심으로 떠올랐다. 문(학)인은 문화인의 대표를

428 鄭哲(1929), 「文子普及(二)」, 『동아일보』 1929. 2. 27, p.5.
429 「映畫街에 立脚하야(1)」, 『동아일보』 1931. 3. 26, p.4.

자임했다. 넓게 보면 학술 역시 이러한 맥락에서 문화의 일부로 승인되었다. '연극'은 예술이나 문화로 인정받으려 노력하고 있었다. 이렇게 볼 때 『삼천리』에서 '문학'을 필두로 '학술'이나 '문화'가 '민족'과 '사회'를 재현하고 주조하기 위한 지적이고 진지한 교양의 기획 안에 안착하게 된 것은 1930년대 중반에 이르러서였다.

제3기(1938~1941) : 국민문화와 예술 · 영화의 부상

제1기와 제2기의 개념어 네트워크에서 '문화'가 눈에 띄지 않는 것은 아니었지만, 그 단어가 정치나 경제 같은 개념들과 어깨를 나란히 할 정도로 성장한 것은 제3기에 이르러서였다. 이때에는 제2기에 높은 정도중심성을 보였으나 변방에 있던 '일본'이 네트워크의 중앙으로 옮겨 왔고degree centrality 42, 거기에 '문화'degree centrality 31와 '영화'degree centrality 29, 7위가 연결되면서 중심 세력이 구축되었다. 반면 제2기 담론의 핵심적 요소이던 '문학'은 많은 노드를 잃고 위상이 크게 낮아졌다degree centrality 33→11. 전체 노드 164개와 에지 552개로 구성된 그림 5는 이러한 사정을 반영한다.

네트워크상에서 '일본'은 제2기와 엇비슷하게 여러 피식민지를 거느린 제국이고, 식민 통치를 주관하는 국가이자 국민의 정신과 사상을 통제하는 정부로 나타난다. 제3기의 특징은 일본이 전쟁을 수행하면서'사변', '전쟁', '평화' 등 동아시아동양의 민족들을 공동체로 구축하는 주체로 성장했다는 점이다'민족', '동아', '동양', '협동체', '건설', '평화' 등. '문화'는 '조선'과 '일본'을 중개하면서도 '일본'에 더 가까이 있으며, 한편에는 '일본'과 직결된 '내지' · '지나' · '민족' · '국가' · '국민' · '동아'·'건설' 등 정치적 기획의 주제어들을 거느리고, 다른 한편에는 '영화'·'예술'·'연극'·'문학' 등 문예 관련 주제어를 거느리고 있다.

그림 5의 네트워크는 1930년대 말에 문화가 조선인을 일본제국의 국민으로 편제하고 동아시아 민족들을 협동체로 구성하는 이념적 축이었음을 보여 준다. 1937년에 발발한 중일전쟁이 장기화·전면화하던 와중에 고노에 후미마로近衛文麿, 1891~1945 수상은 전시 일본의 지역주의 구상인 '동아신질서 성명'1938. 11을 발표했다. 중국을 군사적으로 굴복시키기 어렵다고 판단한 일본이 전쟁의 참상을 은폐하고 장기화하는 전쟁을 후방에서 지원하기 위해 '새로운 동아의 건설'을 내세운 것인데(김예림 2008 : 325~326), 이 성명에 반복적으로 등장하는 '정치적, 경제적, 문화적'이라는 표현은 새로운 지역 질서의 구축에서 문화의 영역이 정치와 경제 영역만큼 중요해졌음을 시사한다.[430] 정치-경제-문화라는 개념연쇄망은 『삼천리』 1939년 1월호 특집 「동아협동체와 조선」에 실린 지식인들의 글에 그대로 차용되었다.[431]

> 帝國의 주도하에 新東亞建設問題는 발서 이론의 시기를 지나서 실현의 第1段階에 이르렀다. ……이미 군사적으로 승리하고 또 정치적으로 支那의 면목을 一變케하야 경제적 基礎工作이 전개됨과 함께 문화적으

430 「동아신질서 성명」(1938. 11. 1.).

431 『삼천리』 제11권 제1호(1939)에 실린 「동아협동체와 조선」 특집에는 김명식(金明植)의 「건설의식과 대륙진출」, 인정식(印貞植)의 「동아의 재편성과 조선인」, 차재정(車載貞)의 「동아신질서와 혁신」이 실려 있다.

그림 5. 제3기(1938~1941) : 50회 이상, 중앙 부분(노드 164개, 에지 552개)

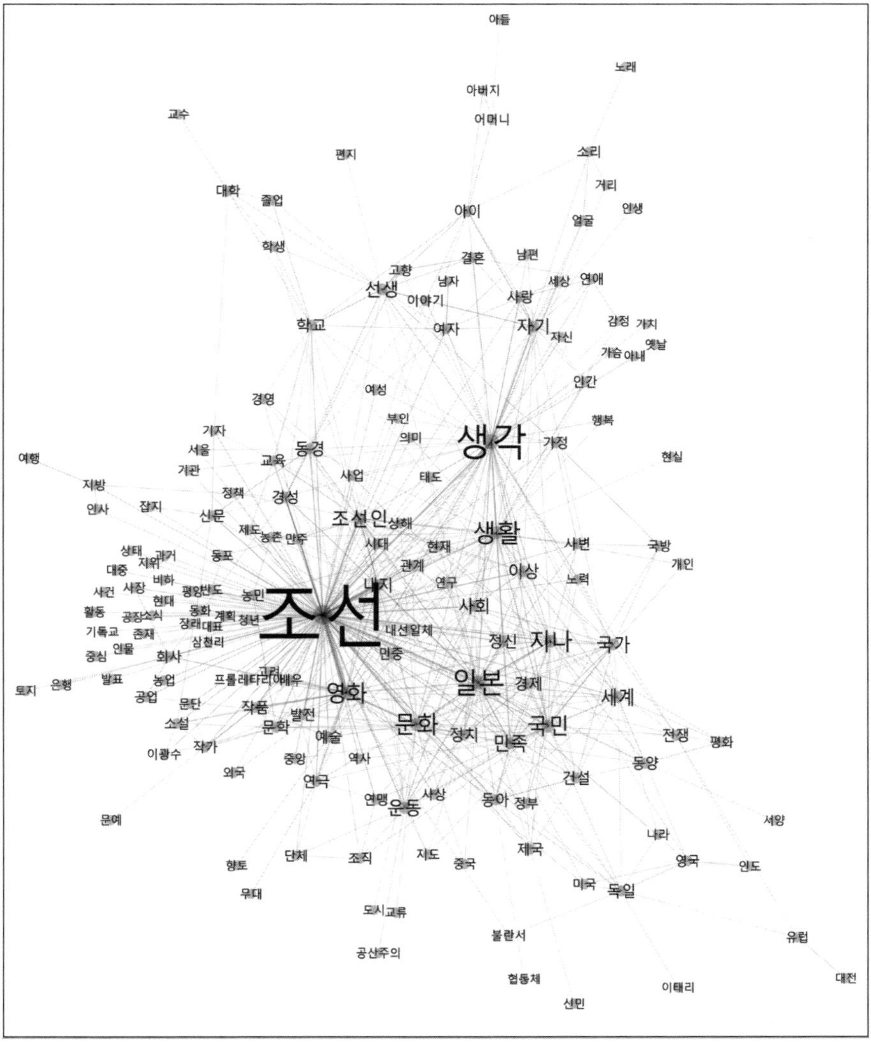

로 新生活의 협동이 실현되고 있으니…….[432]

長期建設이란 것은 日本帝國을 唯一絶對의 盟主로 하는 東亞의 再編成을 말하는 것이다. 東亞의 再編成이란 무엇을 의미하느냐.

첫재로 경제적 의미의 東亞再編成이란 것은 東亞 各 民族의 共存共榮을 基調로 하는 日滿支『뿌럭』경제의 확립을 내용으로 하는 것이며.

둘재로 정치적일 의미의 東亞再編成이란 것은 이러한 경제적 목표를 확보하기 위한 東亞協同體 혹은 東亞聯邦體의 결성을 말하는 것이다.

…….

다시 이를 문화적으로 고찰한다면 歐羅巴의 문명에 대해서 全傳統과 全成長을 달리하는 東亞民族共通의 문화를 확보하며 또 발전성장케 하려는데 있다.

…….

要컨대 경제적으로 정치적으로 또 문화적으로 이러한 空前의 위대한 사명을 수행하려는 것이 今後의 長期建設의 과제가 아니면 안된다.[433]

김명식의 「건설의식과 대륙진출」과 인정식印貞植, 1907~미상의 「동아의 재편성과 조선인」에서 발췌한 위 글들은 동아의 공존·공영

432 金明植(1939), "建設意識과 大陸進出," 金明植·印貞植·車載貞, 「東亞協同體와 朝鮮」, 『삼천리』 제11권 제1호, p.48.

433 印貞植(1939), 「東亞의 再編成과 朝鮮人」, 『삼천리』 제11권 제1호, p.55. 차재정의 「동아신질서와 혁신」은 '동아신질서'를 구상하면서 일본 자본주의의 변혁을 꾀한 혁신 좌파의 영향을 보여 준다. 이 글에는 정치/경제/(사회)문화라는 틀이 사용되었는데(pp.64~68), '동아신질서'를 포함한 전시체제기 담론에서 사회적인 것의 배치에 대해서는 다른 글에서 따로 논의할 것이다.

의 중요한 한 축이 문화였다는 점을 분명히 보여 주는데, 여기에서 '구라파의 문명'에 대비하여 '동아시아동양'의 민족들을 하나로 묶는 '문화'에 대한 식민 권력의 관심은 '내선일체' 등 동화론을 수행하기 위해 만든 단체를 전시 동원 단체로 개편할 때 제도로서 구현되었다. 1940년 10월에 총독부는 황민사상교육과 전쟁 물자동원을 체계화하기 위해 국민총력조선연맹이하 '총력연맹'을 만들었는데, 12월에 그 산하에 문화부를 설립하여 문화 활동의 신체제를 추진했다.

그간 문화인의 대표를 자임해 온 문학인들은 신체제문화 활동에 '협력'할 의사를 적극적으로 표현했다. 『삼천리』는 "신체제하의 조선문학의 진로"라는 표제하에 이광수 · 정인섭鄭寅燮, 1905~1983 · 박영희朴英熙, 1902~미상 등을 불러 좌담회를 개최했는데, 이는 일본의 대정익찬회 산하 문화부에 새로운 책임자가 임명됨에 따라 문화정책이 적극화될 것을 예상하면서 조선에도 머지않아 새 체제에 적응할 문화운동이 일어나야 한다는 인식하에 열린 것이었다. 이 자리에서 문인들은 총력연맹 안에도 '문화부'를 설치하고 '문화상文化賞'을 신설하며 '문화 부문'을 중시하고 '문화인'의 참여를 적극적으로 유도할 것을 제안했다.[434] 비평가 백철白鐵, 1908~1985은 야나베 나가사부로矢鍋永三郎, 1880~? 초대 문화부장에게 소극적 통제가 아니라 적극적으로 신문화를 창조하는 입장에서 문화인을 이끌어 달라고 건의하는 한편, '문화인'이 '행정자'와 '협력'할 수 있는 자리를 마련해 줄 것을 요망했다. 백철에 따르면, 이제 문화인이 '정치의 문화성'을

434 "新體制下의 『朝鮮文學의 進路』," 「十二月의 三千里文壇」, 『삼천리』 제12권 제10호(1940), pp.198~200.

이해하게 되었기 때문에 이와 같은 협력이 가능해진 것이다.[435]

이렇게 볼 때 1940년 이후 『삼천리』에서 문화는 정치, 경제와 대등한 위치로 부상했을 뿐만 아니라 어떤 면에서는 그것들을 웃돌았다고 할 수 있다. 그림 5에서 '문화'는 '정치'와 '경제'보다 세력이 훨씬 크다. 1930년대 말 철학자와 문학인의 전향을 연구한 연구자들이 문화론의 중요성에 주목하여 도출한 몇몇 중요한 업적이 있지만(김예림 2008 ; 정종현 2011), 당시가 전시체제였던 만큼 문학이나 철학 등의 전문적 담론이 아닌 더 넓은 범위의 사회적 담론에서는 군사나 정치 · 경제산업가 중요한 이슈였을 것으로 예상하기 쉽다. 그런데 『삼천리』를 보면 특정한 몇몇 지식인에 의해서만이 아니라 좀 더 확장된 담론장에서도 문화의 인플레이션이 진행되고 있었음을 알 수 있다.

문화는 정치 · 경제와 어깨를 나란히 할 만큼 성장한 한편, 그 하위 범주 및 그 사이의 위계 역시 재편성되었다. 제2기에 '문화'가 '연극'이나 '영화'와 직접 연결되지 않은 데 비해, 제3기에는 '문화'의 자장 안에 '영화' · '예술' · '연극' · '문학' 등 문예 관련 주제어가 다수 포함되었다. '학술'은 제외되었는데 문화 개념의 문예중심주의는, 예컨대 김문집金文輯, 1907~미상의 「삼천리문예 문예평론 : 신문화주의적 문예시평」에서 엿볼 수 있다. 그의 '신문화주의' 또는 '시국적 문예주의'는 근대의 문화적 형식들 즉 학문인식, 종교, 도덕, 예술 가운데 '예술'을 중심으로 삼자는 주장이었다.[436]

435 白鐵 · 李軒求 · 安夕影(1941), 「文化部長에 呈하는 書」, 『삼천리』 제13권 제3호, pp.241~242. 좌담회에 참여한 3인은 각각 문학, 연극, 영화 부문을 담당했다.

436 김문집은 조선어교육 금지에 대한 자신의 비판은 민족주의적 입장이 아니라 문화주의자의 입

총력연맹 산하 문화부의 '신체제문화'는 '민중으로 하여금 명랑한 생활을 가지도록 하게 하기 위하여 영화, 연극, 농촌오락씨름 · 그네 · 줄다리기 · 삼복놀이 등과 향토예술탈춤 · 가면무 등을 진흥'하는 방향으로 추진되었다(이지원 2010 : 420~424). 이와 같은 정책에서는 문화에서 소위 지식인의 영역이라고 할 수 있는 '학술'이나 '문학'의 탈락과 함께 '영화'와 '연극'의 부상, 그리고 '향토' 혹은 '농촌'의 부상이 주목된다. 문화의 생산 및 향유 주체 문제에 대해 한 가지 부연하자면, 1938~1939년에는 『동아일보』에 '대중의 문화적 수준', '문화적 수준이 낮은 대중', '대중의 문화적 욕구' 같은 표현이 등장하는데, 이 표현들은 이즈음에 비로소 '문화'가 지식인 엘리트 이외의 보다 넓은 범위의 사람들을 위한 소설이나 영화 · 연예 · 오락 같은 것을 포함하게 되었음을 보여 준다.[437]

사실 제3기에는 '문학'의 힘이 크게 위축되었다. 앞에서 살핀 것처럼 여러 문인이 총독부의 문화정책에 적극 협력하려는 뜻을 밝혔고 김문집 같은 이는 여전히 문학이 예술의 중심이라고 주장하고 있었지만, 제2기와 비교하면 '문학'의 노드는 33개에서 11개로 줄어들었다. 그림 5의 네트워크에서 '문학'은 제2기에 돈독했던 민족, 사회, 역사, 시대, 사상 등과의 연결선을 잃어버리고 '국민', '농민',

장에서 나온 것이라고 하면서 자신을 '예술제일주의자'이자 '문화제일론자'로 불렀다〔金文輯(1938), 「三千里文藝 文藝評論 : 新文化主義的 文藝時評」, 『삼천리』 제10권 제11호, p.220〕.

437 1930년대 전반기까지 '활동사진' 또는 '시네마'는 기껏 '오락생활에 있어서 빼놓지 못할 한 모퉁이를 점령하고' 있었을 뿐이지만(「시네마와 유행 : 활동 여배우들의 옷 입은 이 모양 저 모양」, 『동아일보』 1933. 11. 1, p.6), 1930년대 후반에는 '연극'과 함께 '영화'도 '예술'의 성원이 될 가능성이 생겼다. 「제국예술원 창설」(『동아일보』 1937. 6. 18, p.1)이라는 기사를 보면, 일본에서는 예술원에 포함할 부문으로 미술 · 문학 · 음악과 함께 일본 고전예능의 정수로 알려진 노가쿠(能樂)가 거론되고 있었다. 연극, 영화도 예술원에 포함시킬지가 문제로 남아 있었다.

'전쟁' 등과 연결되어 있다. 국민-문학, 농민-문학, 전쟁-문학은 문학이 신체제문화의 요구에 부응하여 변화하고 있었다는 점을 보여 준다. 예컨대 김문집이 예술이나 문학의 효용으로 강조한 것은 '민족성'과 '예술적 정서'가 화학작용을 일으켜 사람들을 애국적 행동으로 이끈다는 점이다. 그는 현대가 '물질만능의 실리주의 시대'인 데다가 중일전쟁 이후에는 예술이나 문학이 더욱 시국과 동떨어진 '소일감'으로 인식되고 있는데, 그것들은 시국 차원에서도 중요한 가치가 있다고 했다. 제국 군인의 용감성은 일본의 예술적 정서가 그 민족성에 침투한 결과이고, 조선 대중의 총후미담은 조선인의 민족적 교양이 독자적인 예술적 정서와 화학작용을 일으킨 결과라는 것이다. 그는 이와 같은 "微妙한 形而上學을 解得치 못하고 民族藝術의 主力인 朝鮮文學의 발달을 遲緩케 하는 學政— 例컨대 朝鮮語敎育의 等閑視와 같은 것은 실로 재고할 일이 아니랄 수 없다. ……文化에 있어서의 藝術의 位相을 再認識하라. 藝術의 大日本에 있어서 朝鮮文學을 再認識하라"라고 주장했다.[438] 전쟁이 예술과 문학을 문화의 중심부에 올려놓은 셈이다. 하지만 문학은 1940년 이후 급속하게 담론장에서 밀려났는데, 이는 문학의 변신이 쉽지도 성공적이지도 않았다는 것을 방증한다.

신체제문화 활동에서 가장 중요한 부문으로 떠오른 것은 '영화'였다. 앞의 그림 1을 다시 관찰하면, 1938년 80회에 육박하던 '영화'는 1941년에는 120회를 훌쩍 넘어섰다. 295개 단어의 공기어 네트

438 金文輯(1938), 「三千里文藝 文藝評論 : 新文化主義的 文藝時評」, 『삼천리』 제10권 제11호, pp.221~223.

워크까지 시야를 넓혀 살펴본 결과도 이러한 관찰을 뒷받침하는데, 그림 5에서 '영화'는 '문학'이나 '연극'보다 세력이 훨씬 크며 '예술'은 '문학'보다 '영화'와 좀 더 밀접한 관계를 갖게 된 것으로 보인다. '예술'은 '문학'이나 '소설'과 직접 연결되지 않는 반면, '영화'와는 직선으로 연결되기 때문이다. 영화 관련어인 '감독'·'출연' 등도 '예술'에 연결되어 있는데, '영화예술'이라는 복합명사는 이 시기에 영화가 예술로 승인받기 위해 노력하고 있었음을 보여 준다그림 5 참고.[439]

'영화'는 '문화'에도 매우 가까이 접근했다. '문화'의 w2v 빈도 20 이상는 두 개념의 밀착된 관계를 잘 반영한다. 알고리듬이 '문화'와 가장 관련이 큰 단어로 선별한 것은 '영화'이다.[440] 문화영화라는 새로운 조어의 확산은 '문화'와 '영화'가 어떤 논리에 의해 결합되었는지를 보여 준다. 독일어 Kulturfilm이 일본에서 '문화영화'로 번역되었고 이 용어는 1920년대 후반 이미 조선에 등장했다.[441] 문화영화는 중일전쟁 이후 매체에 빈번히 나타났으며, 이때는 전황戰況을 보도·선전하는 '뉴스영화'의 동의어쯤으로 쓰였고[442] 이후에는 영화의 3대 양식 중 하나로 인식되었다. 주영섭朱永燮, 1912~미상은 「조선문화영화의 장래」에서 영화의 양식을 극영화, 문화영화, 만화영화

439 朱永涉(1941), 「朝鮮文化映畵의 將來」, 『삼천리』 제13권 제6호, pp.210~212.

440 제3기 '문화'의 w2v(빈도 20 이상)에서 20위까지의 단어는 영화, 예술, 교류, 조선, 민족, 연극, 문학, 발전, 아시아, 발달, 문화부장, 전통, 향상, 산업, 출판, 협회, 정치, 사회, 건설, 박물관이다.

441 『동아일보』에 '문화영화'라는 복합명사가 맨 처음 등장하는 기사는 「獨逸新文化映畵 대규모의 톄육장려영화」(1926. 5. 16, p.5)이다.

442 『동아일보』 1937년 10월 3일, 6일, 17일, 21일자에 '문화영화'와 관련된 기사가 집중적으로 등장했는데, 「來年一月부터 映畵 興行時間短縮」(『동아일보』 1937. 10. 21, p.5)에서 '문화영화'는 '뉴스영화'의 동의어로 쓰였다〔「支那事變以後에 文化映畵歡迎」, 『동아일보』 1940. 3. 30, p.5〕.

로 구분하고 문화영화를 극영화의 덤이나 경품이 아니라 하나의 독립된 부문으로 인식해야 한다고 주장했다. 그에 따르면 문화영화의 특징은 극영화의 스토리성에 대비하여 기록성을 갖는 데 있는 것이 아니라 '사실의 진실을 탐구'한다는 데 있다. 또한 그는 문화영화에 대한 관중의 인식이 바뀌고 수요도 늘어나고 있다면서 '향토적인 것', 예컨대 '봉산탈춤 · 함경도 사자獅子놀음 같은 것'을 포함한 반도의 문화, 생산, 시국 등을 내지에 소개하기 위해서는 훌륭한 문화영화가 필요하다고 주장했다.[443] 이 시기에 문화영화는 기록영화나 실사영화의 동의어에서 벗어나 '지식'과 '교양의 계발'을 목적으로 삼는 영화로 인식되었다.[444]

제2기에 교양주의 담론 안으로 불러들여져 '문학'을 중심으로 '학술'을 포괄하는 상위 개념으로 변화한 '문화'는 제3기인 1930년대 말에는 예술 부문을 중심으로 재편성되었다. 제2기에 '문학'과 '학술'이 민족적이면서 보편적인 교양이라는 점이 인정됨으로써 '문화'의 핵심으로 부상했다면, 제3기에는 '학술'이나 '문학'의 위상이 낮아진 반면 '영화'가 크게 부상했다. 네트워크상에서 '문화'와 '영화'가 모두 '일본' · '조선' · '내지' · '지나' · '국민' · '독일' · '동아' 같은 정치적 주제어에 연결되어 있는 것을 보면, 두 단어의 인플레이션이 식민 권력의 정치 기획과 긴밀히 연동된 현상이었음을 알 수 있다. 이광수는 「신체제하의 예술의 방향 : 문학과 영화의 신출발」에

443 朱永涉(1941), 앞의 글, pp.210~212.

444 「文化映畫論(一)」, 『동아일보』 1940. 6. 18(석간), p.5. 이 글은 7월 5일까지 4회에 걸쳐 연재되었는데, 중요한 소재는 과학영화였다.

서 "世上에서 映畫만치 가장 세력을 많이 가진 文化部門은 없다"라면서 '문학'과 마찬가지로 '예술'의 일부인 '영화'는 자본주의, 자유주의, 상업주의를 탈피하여 '全體主義思想 밑에서 國家를 爲하고, 다시 한 걸음 더 나아가서 大亞細亞主義思想밑에서 東亞新秩序建設과 東亞共榮圈의 樹立을 根底로 한 文化活動을 繼續해야 할 것'이라고 주장했다.[445] '영화'는 '예술'이나 '문화'로 추켜올려져 '국가'와 '동아'를 위해 복무할 수 있게 된 것이다.

그렇다면 '문화'의 의미장의 이러한 변화를 자극하고 규정한 힘은 어디에서 왔는가? 1910년대 후반 이래 문화 이념을 수용한 조선의 지식인은 문화가 정치·경제와 대등하거나 그보다 더 중요한 영역이라고 주장하곤 했지만, 『삼천리』를 읽어 보면 문화는 식민지기 말에 '국민문화' 담론을 통해 그와 같은 위치에 오를 수 있었던 것 같다. 1920년대 말에서 1930년대 중반까지 문화라는 말은 식민 권력을 포함해 사회, 민족, 프롤레타리아, 계급, 농민, 노동자, 대중, 문(학)인, 지식인 등 다양한 정치적·사회적 집단의 주체화 과정에 동원되었다. 그것은 세계, 인류와도 연결되었다. 그런데 1930년대 말 전시체제기에 '문화'는 '국민'과 거의 배타적으로 결합했으며 '국민문화'의 의미장 안에서 학문학술, 문학, 예술, 영화, 소설 등의 위치는 요동쳤다. 다음 절에서는 1930년대 중반 이후 '문화'를 둘러싸고 일어난 담론적·인식론적 변동을 좀 더 상세히 들여다보도록 하겠다.

445 李光秀(1941), "新體制下의 藝術의 方向 : 文學과 映畵의 新出發," 「新體制下의 余의 文學活動方針」, 『삼천리』 제13권 제1호, pp.249~254.

2. 1930년대 말 문화론의 전환

이 절에서는 1930년대 후반 이후 문화가 지식인들의 관심과 전망이 복합적으로 투사되는 지평으로 재부상한 양상과 맥락을 좀 더 자세히 살펴본다. 이 시기의 특징을 보다 명확하게 부각시키기 위해 우선, 1930년대 중반에 발표된 소설들을 대상으로 하여 다양한 정치적 · 사회적 주체가 문화라는 이상을 제시하고 실행하고 또 향유해 간 방향이 상호 갈등적이고 경쟁적이었으며, 문화라는 이상 자체가 정치적 · 사회적 요구들에 의해 상대화되고 있었음을 밝혀 볼 것이다. 이어서 1930년대 후반에 일어난 두 차례의 문화론적 전환을 차례로 살펴볼 것이다. 1936~1938년의 문화론적 전환은 문화주의의 시각에서 이루어졌는데, 당시 유럽의 전쟁과 나치즘 · 파시즘 등 전체주의의 대두를 근대 세계의 붕괴, 문화의 위기로 감지하던 지식인들은 문화의 옹호, 지성과 교양에의 존중, 정치로부터 문화의 구출 등을 주장했다. 1939년 이후의 문화론적 전환은 '새로운 동아의 건설'이라는 일본제국의 문화 기획과 절합하면서 탈근대적 문화정치의 관점에서 이루어졌다. 두 차례의 전환에 대한 검토를 통해 식민지 말기에 문화 이데올로기의 위치와 방향을 성찰할 것이다.

1930년대 중반 소설 속의 경쟁하는 문화 개념

3·1운동 이후 다양한 정치적·사회적 세력은 현실을 진단하고 개선의 방향을 제시하기 위해, 그리고 자신들의 행위를 설명하고 정당화하기 위해 '문화'라는 용어를 사용했다. 이에 따라 문화의 정치적·사회적 활용도와 영향력이 증대했고, 문화라는 말은 발화자의 관점과 결합하여 지속적으로 이데올로기화하면서 정책이나 대중운동의 슬로건으로도 만들어졌다. 1930년대 중반에 발표된 소설들은 문화와 그 단어의 복잡하고 유동적인 의미 가운데 어떤 것이 보다 넓은 독자를 대상으로 한 담론의 장에까지 진입했는지를 보여준다. 아래 인용문은 1934년 5~7월 3회에 걸쳐 『신동아』에 연재된 채만식蔡萬植, 1902~1950의 「레디메이드 인생」의 일부인데, 1900년대 이후 조선에서 식민 권력을 포함한 다양한 주체가 문화라는 이상을 제시하고 실행하고 또 향유해 간 과정과 그 결과를 '비판적으로' 요약해 준다.

신문과 잡지가 붓이 달토록 향학열을 고취하고 피가 끓는 지사志士들이 향촌으로 돌아다니며 삼 촌三寸의 혀를 놀리어 권학勸學을 부르짖었다.

"배워라. 배워야 한다. 상놈도 배우면 양반이 된다."

"가르쳐라. 논밭을 팔고 집을 팔아서라도 가르쳐라. 그나마도 못하면 고학이라도 해야 한다."

"공자 왈 맹자 왈은 이미 시대가 늦었다. 상투를 깎고 신학문을 배워라."

"야학을 설시하여라."

① 재등齋藤 총독이 문화정치란 간판을 내어걸고 골골이 학교를 증설하였다.

보통학교의 교장이 감발을 하고 촌으로 돌아다니며 입학을 권유하였다. 생도에게는 월사금을 받기는커녕 교과서와 학용품을 대어주었다.

민간의 유지는 돈을 걷어 학교를 세웠다. 민립대학도 생기려다가 말았었다. 청년회에서 야학을 설시하였다. 갈돕회가 생겨 갈돕만주 외우는 소리가 서울의 신풍경을 이루었고 일반은 고학생을 존경하였다.

여학생이라는 새 숙어가 생기고 신여성이라는 새 여인이 생기어 났다.

이와 같이 조선의 관민이 일치되어 민중의 지식 정도를 높이는 데 진력을 하였다. ② 즉 그들 관민이 일치하여 계획한 조선의 문화 정도는 급속도로 높아갔다.

그리하야 민중의 지식 보급에 애쓴 보람은 나타났다.

면서기를 공급하고 순사를 공급하고 군청고원을 공급하고 간이 농업학교 출신의 농사개량 기수技手를 공급하였다.

은행원이 생기고 회사 사원이 생기었다. 학교 교원이 생기고 교회의 목사가 생기었다.

신문기자가 생기고 잡지기자가 생기었다. 민중의 지식 정도가 높았으니 신문잡지 독자가 부쩍 늘고 의사와 변호사의 벌이가 윤택하여졌다.

소설가가 원고료를 얻어먹고 미술가가 그림을 팔아먹고 음악가가 광대의 천호賤號에서 벗어났다.

인쇄소와 책장사가 세월을 만나고 양복점 구둣방이 늘비하여졌다.

③ 연애결혼에 목사님의 부수입이 생기고 문화주택을 짓느라고 청부업자가 부자가 되었다. 그리하여 부르주아지는 '가보'를 잡고 공부한 일부의 지식꾼은 진주다섯끗를 잡았다.

④ 그러나 노동자와 농민은 무대를 잡었다. 그들에게는 조선의 문화의 향상이나 민족적 발전이나가 도리어 무거운 짐을 지어 주었을지언정 덜어 주지는 아니하였다. 그들은 배梨 주고 속 얻어먹은 셈이다.

20여 자 삭제—편자

인텔리…… 인텔리 중에도 아무런 손끝의 기술이 없이 대학이나 전문대학의 졸업증서 한 장을 또는 조그마한 보통 상식을 가진 직업 없는 인텔리…… 해마다 천여 명씩 늘어 가는 인텔리…… 뱀을 본 것은 이들 인텔리다.

부르주아지의 모든 기관이 포화상태가 되어 더 수요가 아니 되니 그들은 결국 꼬임을 받아 나무에 올라갔다가 흔들리는 셈이다. 개밥의 도토리다.

인텔리가 아니 되었으면 차라리 7~8자 삭제—편자 노동자가 되었을 것인데, 인텔리인지라 그 속에는 들어갔다가도 도로 달아 나오는 것이 99%다. ⑤ 그 나머지는 모두 어깨가 축 처진 무직 인텔리요, 무기력한 문화예비군 속에서 푸른 한숨만 쉬는 초상집의 주인 없는 개들이다. 레디메이드 인생이다(채만식 1989 : 52~54).

위 인용문에는 총 5회에 걸쳐 문화라는 단어가 사용되었는데, 관련 주체와 내용이 매우 다채롭다. ①은 1919년 조선총독부가 선언한 '문화정치'의 문화 이념이 근대적 지식의 보급과 교육의 증진으로 구체화되었음을 보여 준다. 학교교육의 확대가 그 대표적 실행 형식이었다. 그런데 지식의 보급과 교육의 확장이라는 목표는 비단 식민 권력뿐만 아니라 '민간의 유지'와 '청년'들에 의해서도 지지되고 추구되었다. ②를 보면, '관민이 일치'하여 '조선의 문화의 정도'를 높이려 노력한 결과로 행정, 금융, 산업, 교육, 종교, 언론, 출판, 문학, 예술 등 근대사회의 다양한 기능을 분담할 능력을 갖춘 인력이 배출되었음을 알 수 있다. 이와 관련된 다양한 제도·관념·물품 등도 수용·확산되었는데, ③의 '문화주택'에서 문화는 서구적이고 모던한 생활양식에의 동경과 욕망을 상징한다. 이러한 의미의 문화는 근대적 예술 및 교양의 추구, 도회 생활에 필요한 각종 소비재의 생산과 향유를 자극했다. ④는 이러한 '문화의 향상'의 혜택이 실은 도시의 부르주아와 일부 지식인층에 의해 독점되었으며 그로부터 노동자 및 하층계급이 소외된 현실을 고발한다. ⑤의 '문화에 비군'의 문화는 고급문화 즉 학문이나 문학, 예술 분야를 가리키며 교육이나 언론, 출판 활동 등을 포함한다. 서술자는 소위 문화주의의 이상에 공명하고 투신한 수많은 '인텔리'가 잉여 인력이 되어 버리고 만 씁쓸한 현실을 풍자한다.

「레디메이드 인생」을 전후하여 발표된 심훈沈熏, 1901~1936의 「영원의 미소」1933와 「상록수」1935~1936에도 '문화'와 그 의미를 실체화하는 몇몇 주요한 이미지가 등장한다.

계숙은—인용자 이제까지 자기를 따라다니던 연애에 걸신병이 들린 환자들을 눈앞에 그려 보았다. 편지지에 향수를 뿌려 보내는 사람을 보았다. 얼굴은 솜털 하나도 없이 면도를 하고 핥아 놓은 것처럼 머릿기름을 바르고 와서 자기 앞에서 알씬거리던 소위 모던 보이를 보았다. 나중에는 하꾸라이 신사, 전문학교 교수, 부잣집 아들, 피아노, 문화주택, 하다가 조경호를 눈앞에 붙잡아다 앉혔다. 수영의 곁에다가 꿇려 놓고 차례로 두 사람의 몸무게를 달아 본다. 저울추는 수영의 편으로 묵직하게 처졌다. 경호의 몸에서 향수 냄새가 풍긴다면 수영의 몸에서는 조선의 흙냄새가 풍겨 온다. 거름 냄새까지 날 것 같다(심훈 2016 : 154).

위 인용문은 심훈의 「영원의 미소」의 일부로서 여주인공 '계숙'의 연상과 사색을 묘사한 것이다. 계숙은 연애병 환자, 향수를 뿌려 보낸 편지지, 얼굴과 머리를 한껏 단장한 모던 보이 등을 떠올리던 끝에 '경호'와 '수영'을 대비하게 된다. 계숙의 머릿속에서 '문화주택'은 '하꾸라이 신사, 전문학교 교수, 부잣집 아들, 피아노'와 더불어 경호의 정체성을 구성한다. 조경호의 몸에서 풍기는 향수 냄새와 수영의 몸에서 풍기는 조선의 흙냄새, 거름냄새를 대비하는 계숙을 통해 이 소설은 도시 부르주아의 서구 취향의 얄팍함과 허황함을 비판한다. 이광수의 「흙」에는 '얘 조선에는 네 남편 같은 사람이 드물다. 다들…… 조그마한 문화주택이나 탐내고 하는 이때에'라는 표현이 나오는데(이광수 1962p : 292), 이때 문화주택은 도시 부르주아의 사사롭고 소소한 욕망을 표상했다.[446]

446 이광수의 「흙」에는 흥미롭게도 '컬쳐'라는 차음어도 등장한다. '유순은 좋은 여자다. ……보통학교밖에 다닌 일이 없는 시골 계집애…… 정선은 신식으로 구식으로 모두 다 컬쳐가 높은

이름과 같이 청초한 옥잠화 두어분은 황혼에 그윽한 향기를 놋는다.

먼저 온 회원들은 응접실로 쓰는 대청에 모여서 혹은 피아노를 눌러보고, 혹은 백씨가 구미각국으로 시찰과 강연을 하러 다닐 때 박힌 사진첩을 끄내노코 둘러앉엇다.

그가 여류웅변가요, 음악도 잘한다는 말은 들엇지만 그집에 피아노까지 잇을줄은 몰랏고, 독신으로 지내는 여자가 이러한 문화주택을 짓고 지낼줄은 더구나 상상 밖이엇다.[447]

"……버드나무의 매아이 쓰르래미 소리가, 피아노나 유성기 소리버덤 더 정답구 깨끗헌 풍악소리루 들려야 허겟는데…… 어째 오늘 저녁엔 서양으루 유람이나 온것 같은걸요" 하고 시침을 딱 갈기고 한마디 비꼬아 던지는 말에 백씨는 고만 자존심을 상한듯, 동혁과는 외면을 한 채

"그야 도회지에서 살게 되니까 자연 남 보매는 문화생활을 하는 것 같겟지요. 그러타구 내가 그런 시굴취미를 모르는줄 아시면 그건 큰 오핸걸요"

하고 변명비슷이 한다. 동혁은 그런 말이 나올 줄 알엇던 것처럼

"취미요? 시굴경치에 취미를 붙친다는 것과 농민들과 똑같은 생활을 해가면서 우리의 감각까지 그네들과 같어진다는 것과는 딴 판이 아닐는지요……?"[448]

서울 양반집 딸'이 그것이다(이광수 1962p : 55). 이 소설은 '컬쳐'라는 단어가 이미 번역을 거치지 않고도 소통되는 일반적인 어휘가 되었다는 것을 보여 주는데, 이때 '컬쳐'는 사회적 지위나 교양・예절 등을 포함한 구분과 가치평가의 범주로 작동한다.

447 沈薰(1935), 「常綠樹(10)」, 『동아일보』(1935. 9. 20), p.8.

448 沈薰(1935), 「常綠樹(12)」, 『동아일보』(1935. 9. 22), p.3.

앞 인용문은 「상록수」에서 여류 웅변가이자 서양음악에 조예가 깊은 독신 여성 백신애와 농민운동가 박동혁이 조우하는 장면이다. 그녀는 '문화주택'을 짓고 사는데, 대청마루를 '동경의 찻집을 본떠 모던식으로 꾸며' 응접실로 사용하고 있다. 서구적인 것과 일본적인 것을 혼성 모방했을 성싶은 응접실에서 초대받은 손님들은 피아노를 눌러 보거나 집주인이 해외 각국을 방문했을 때 찍은 이국적인 풍경이 담긴 사진들을 넘겨 보면서 담화를 나눈다. '문화생활'이라는 표현은 백신애가 사용한 것인데, 여기에서 문화의 의미는 현대적인 건축과 실내장식, 유성기와 피아노 같은 서구적이고 현대적인 취미생활에 소용되는 물품들, 도회지의 일상생활과 외국인과의 사교 등으로 구체화된다.

백신애 집의 응접실 모습에 대해 '서양으로 유람이나 온 것 같은' 느낌이라고 비꼬면서 그녀의 삶의 양식이 농민의 생활이나 감각과 단절되어 있음을 비판한 바 있는 농민운동가 박동혁과 그의 '동지' 채영신이 사용한 '문화'는 또 다른 맥락에 있다.

> "입때까지 우리가 헌일은, 강습소를 짓고 글을 가르친다든지, 무슨 회를 조직해서 단체의 훈련을 시킨다든지 하는, 일테면 문화적인 사업에만 열중햇지만, 앞으로는 실제 생활방면에 치중해서 생산을 하기위한 일을 해볼 작정이예요. 언제는 그런 생각을 못헌건 아니지만, 외면치레가 아니고 내부적內部的인 문제를 생각허구, 또 실행해야 될줄루 생각해요"
>
> "참 그래요. 무엇보다두 먼저 생활이 잇구서 그 다음에 문화 사업이구 계몽운동이구 잇을것 가태요."
>
> 영신이도 매우 동감인 뜻을 보인다.

"그러니까 이런 점에두 우리에 고민이 크지요. 우린 가장 불리헌 정세에 지배를 받고 잇는 게 사실인만치, 우리 힘으로 헐 수 잇는 한도까지는 경제적經濟的인 사업까지 끈기잇게 헐 결심을 새로 허십시다!"

하고 두 사람은 밤깊도록 그 구체적具體的인 방안을 토론할 때도 잇엇다 연재 86.

(……표면적表面的인 문화운동文化運動에서, 실질적實質的인 경제운동經濟運動으로!)

결론을 얻은 동혁은 방으로 들어가 그제야 불을 켜고 설합속에서 동리사람과 회원들의 수입지출이며 빗을 진 금액까지 상세히 적어너흔 이세일람표里勢一覽表를 끄냇다. 그것은 회원들이 여러달을 두고 조사해 온 것으로 매우 정확한 통계엿다 연재 89.[449]

위에서 박동혁과 채영신은 글을 가르치고 단체 생활을 훈련시키는 '문화적인 사업', '계몽운동'과 '실제 생활 방면에 치중해서 생산을 하기 위한 일', '경제적인 사업', '경제운동'을 대비한다. 박동혁의 주장은 '표면적인 문화운동에서 실질적인 경제운동으로'에 요약되어 있는데, 이는 1920년대의 문화운동 담론을 비판적으로 재해석한 것이다. 당시 문화운동을 주창한 지식인들이 문화 또는 계몽이라는 말을 사용하면서 인간의 정신적 · 내적 개조의 우선성을 주장했다면, 박동혁은 문화계몽를 외면적이고 표면적인 것'외면치레'으로 평가하면서 생산경제을 내부적이고 실질적인 것으로 평가하고 있다. 또

449 沈薰(1935), 「常綠樹(86~89)」, 『동아일보』(1935. 12. 22~27).

1920년대의 문화운동이 생산의 증진을 목표로 삼았다면, 박동혁이 주장한 경제운동에는 생산 관계의 모순성에 대한 인식이 포함되어 있다. 1920년대의 문화운동에 대한 비판 담론에서 가장 중요한 의미론적 계기였던 '노동(운동)'이나 '사회(운동)'이 박동혁에게서는 '경제(운동)'로 대체되었는데, 이는 카프의 해산 등 '불리한 정세의 지배를 받고 있는 현실'을 암시한다.

한편 유진오俞鎭午, 1906~1987의 단편 「김강사와 T교수」에는 '문화비판회'라는 좌익적 문화운동단체의 이름이 등장한다.

> 김만필과 A소좌가 나란히 단 우에 서자 체조교사는 다시 "게 — 레잇" 하고 외첫다. 동시에 수백명 거믄머리가 일제히 아래로 숙었다. 생각하면 S전문학교의 신임교원취임식이 이렇게 장엄할것이야 미리부터 모를 바 아니었지만 막상 눈앞에 대하고보니 김만필은 긔가맥혀 정신을 차릴수없었다. 자긔는 무엇으로 수백명학생의 경례를 받을 가치가 있는 것인가. 김만필은 례를 받고섯는 그짧은 동안에 착잡된모순의 감정으로 그의 과거와 현재를 생각하였다. 대학시대에 문화비판회의 한 멤버이었던 일, 졸업하자 "취직"을 위해 일상 속으로 멸시하던 N교수를 찾어갓던 일, N교수로부터 경성의 어떤 유력한 방면으로 소개장을 받든 일, 그리고 서울로 도라온 후 수차 조선일보 동아일보 등에 독일의 좌익문학운동을 소개하든 일, 그리고 H과장의 소개로 작년가을에 이 S전문학교 교장을 찾던 일 — 이 모든 긔억은 하나도 모순의 감정없이 생각할 수는 없는 것이엇다.[450]

450 俞鎭五(1935), 「金講師와 T教授」, 『신동아』(1935. 1), p.223.

앞 인용문은 도쿄제국대학 독문학과를 졸업한 주인공 김만필이 S전문학교에 교원으로 부임하게 된 첫날 자신의 과거 행동의 모순성을 착잡한 마음으로 떠올리는 장면이다. 그는 대학 시절 '문화비판회'의 멤버였으며 귀국을 해서는 언론에 '독일의 좌익문학운동을 소개'하는 활동을 하기도 했는데, '취직'운동을 시작한 후로는 "일즉이 문화비판회원이었던 것을 아모에게도 말한 일이 없고 그것이 혹시나 알려질까봐 몹시 주의해 왔다." 문화비판회의 멤버였던 전력이 취직운동에 '험집'이 될까 두려웠기 때문이다. 이 글에서 문화비판이란 마르크스주의의 용어로서, 자본주의적 · 부르주아적 문화의 이데올로기 및 제도에 대한 비판을 의미한다.

지금까지 살펴본 바를 정리하면 1930년대 중반에 발표된 소설들에서 문화는 다양한 주체, 해석, 입장이 경쟁하는 장이었다. '문화정치', '문화운동', '문화사업'에서 문화는 미래에 대한 기대와 목표를 표현하고 고양시키는 운동 개념으로서 '문화 정도', '문화의 향상', '지식 정도', '민족적 발전' 같은 표현들과 함께 확산되었다. 한편 문화는 문학이나 예술, 학문 같은 고급한 교양의 영역을 지칭하기도 했다. 이 같은 개념들이 정책이나 운동의 슬로건으로 응용되어 위에서 아래로 전달되었다면, 일상의 담론에서는 '문화주택'이나 '문화생활' 같은 표현이 크게 유행했다. 이 단어들은 중산층의 꿈의 표현이자 도시의 이색적인 경관과 생활의 상징이었다.[451] 한편 소

451 1930년대 후반 소설에서도 '그림 같은', '최신식', '낯모르는' 같은 표현에 의해 꾸밈을 받는 '문화주택'이 자주 등장한다. 이태준의 「복덕방」에는 '그림 같은 문화주택들', '금화장에다 이만 원이나 들인 최신식 문화주택' 같은 표현이 등장한다. 유진오의 「창랑정기」에는 "내가 나서 세 살이 될 때까지 살았었다는 가회동 꾝대기 집은 지금 흔적도 없이 없어지고 지금은 낯

설 속에서 '문화정치', '문화사업', '문화주택', '문화생활' 같은 표현에 포함된 다양한 문화의 개념은 '문화 비판'이나 '실제 생활', '경제 운동', '흙 냄새', '거름 냄새' 등에 의해 반박당하거나 상대화되기도 했다.

1936~1938년의 문화주의적 전환과 교양주의

문화는 1930년대 후반 지식인들의 관심과 전망이 투사되는 지평으로 재부상했는데, 이때의 문화는 앞에서 살핀 소설들에 나타난 문화와는 의미 맥락이 다소 달랐다. 1934~1935년에 걸쳐 카프가 해체된 후 유럽에서의 전쟁, 나치즘과 파시즘의 득세, 특히 독일 나치즘이 감행하고 있는 '문화 학대'를 전해 들은 조선의 지식인 사이에서 근대적 문화-문명에 대한 역사철학적 진단들이 본격적으로 생산되기 시작했다. 유럽으로부터 전해진 근대세계붕괴론, 문화위기론은 1936년을 지나면서 문화의 옹호, 지성과 교양에의 존중, 정치로부터 문화의 구출 같은 주장으로 나아갔다. 백철은 '나치스의 정치적 바바리즘'으로부터 '문화의 자유'를 구출하는 것을 절박한 과제로 의식하고 '문화의 옹호'를 외쳤다. 그에 따르면 문화 옹호란 결국 '인간으로서 생존하려는 의욕, 인간적 디그니티를 보지保持하는' 것으로서 휴머니즘의 핵심이었다.[452] '그것휴머니즘 — 인용자은 일반적으로 근대의 기계문명이 인간을 일률화하고 기계화하고 인형화人形化

모르는 문화주택이 들어섰을 뿐이다"라는 문장이 있다〔이태준 2005 : 102 ; 兪鎭五(1938), 「週間短篇(八) : 滄浪亭記(1)」, 『동아일보』(1938. 4. 19), p.4〕.

452 백철(1936), 「문화의 옹호와 조선문화의 문제」, 『사해공론』 제2권 제12호, p.25.

하는 그 너무나 물질적인 메카니즘에 대한 인간적 반항'이었다.[453] '문화'는 자유주의적이고 인문주의적인 근대 유럽이 꽃피워 온 정신 문화로서, 백철은 속악하고 기계주의적인 물질문명과는 다른, 그것에 대항하거나 저항하는 인간 정신(혹은 그 산물)에 절대적 가치를 부여하는 입장문화주의을 표현했다.[454] 최재서崔載瑞, 1908~1964 역시 휴머니즘의 의의를 '현대를 풍미하는 비합리주의에 대하여 인간의 지성을 빛내게 하고, 정치적 · 문화적 책임과 노력을 집단으로부터 개인 안으로 옮기고, 국민주의적 신화와 암시에 맹동하는 민중을 배척하고, 예지의 축적인 문학, 예술 기타 모든 문화의 전통을 변호'함으로써 '인간의 조화적 발달'을 추구하는 데에서 찾았다.[455]

백철과 최재서의 담론에는 1920년대 초에 선보인 철학적 문화론의 발상법과 용어가 다수 발견되는데, 문화주의가 재부상하는 분위기는 문화라는 단어의 사용법에서도 감지된다. 홍종인洪鍾仁, 1903~1998이라는 필자는 「청년 훈육과 학교 음악」에서 "음악이 문화 획득의 중요한 대상임을 인식해야 한다"라는 주장을 펼쳤다. "만일 그들청년—인용자의 넘치는 용기를 체육에서, 지식욕을 학문에서 해결한다면 그들의 넘치는 정열은 모름지기 음악에서 활발하고 또 정연하게 덕육의 효과를 얻을 것이다."[456] 이러한 주장은 철학적 문화론에 입각하여 예술의 가치를 주장한 담론을 반복하는 수준인데 '음악문

453 백철(1938), 「순수문화의 입장」, 『조광』 제4권 제4호, p.217.

454 백철(1937), 「웰컴! 휴먼이즘」, 『조광』 제3권 제1호 참조.

455 崔載瑞(1938), 『文學과 知性』, 인문사. 1930년대 후반 문화 이념이 재부상한 맥락과 그 의미에 대해서는 김예림 2008 : 334~338 참조.

456 홍종인(1935), 「청년훈육과 학교 : 음악집단연주의 필요」, 『조광』 제1권 제1호, p.146.

화의 건설적 의의', '음악의 사회화란 문화적 의의', '문화 획득' 등 음악의 가치를 뒷받침하는 데 문화라는 단어를 반복적으로 사용하고 있는 것이 특징이다. 유치진은 「조선 연극의 앞길」에서 '연극문화의 건설은 조선 신문화 건설의 일부'라는 주장을 펼쳤다. 그는 '연극문화 수립'의 방법으로 연극 전문 극단의 설립을 제시했으며 조선인들의 연극을 상연하는 극장을 건축하는 '극장문화운동'을 전개하자고 주장했다.[457] 음악이나 연극 같은 상대적으로 주변적이고 생소한 장르를 문화의 영역 안에 포함시키려고 노력하면서 필자들은 '음악', '연극', '극장' 등에 문화라는 단어를 거의 습관적으로 덧붙였다.

지금 누군가가 연극문화라는 표현을 사용한다면, 우리는 사회체계 이론에 의해 정의되어 일반화된 문화 개념을 떠올리기 쉽다. 사회체계 이론은 문화를 정치 · 경제 · 사회와 함께 사회체계의 일부를 이루는 동시에 그것들을 통합하는 기능을 하는 것으로 보는데, 이를 느슨하게 적용하여 특정한 사회집단이나 사회 영역을 체계에 대응하는 것으로 보게 되면 예컨대 청소년문화 · 노인문화 · 정치문화 · 사이버문화 같은 표현도 큰 어려움 없이 사용할 수 있게 된다. 이때 '문화'는 사회 성원에 의해 공유된 상황 정의와 의미 해석의 틀 혹은 행동 패턴의 레퍼토리라는 층위로 파악된다.[458] 예컨대 연극이라는 영역에도 목표 형성정치, 규범과의 통합사회, 자원의 형성과

457 유치진(1935), 「조선연극의 앞길 : 그 방침과 타개책에 대하야」, 『조광』 제1권 제1호, pp.152~157.

458 19세기 인류학에서 발전된 중립화된 문화 개념이 현대 서구 사회를 분석하는 사회학의 사회체계 이론에서 어떻게 활용되었는가에 대해서는 김종엽 2008 : 334~338 참조.

분배경제 같은 요소가 결합되어 있다. 이때 문화는 명확히 정식화하거나 제도화되지 않지만 여타의 요소들정치·경제·사회을 묶어 주는 역할을 하는 가치나 상징체계 등을 의미한다. 그런데 홍종인과 유치진이 말한 음악문화나 연극문화에서 문화는 이와 같은 의미가 아니라 음악이나 연극의 가치를 보증하기 위해 덧붙여진 단어이다.

1930년대 후반에는 '출판문화'·'잡지문화'·'교육문화' 같은 용어가 새로 등장했는데, 이러한 표현들은 출판·잡지·교육이 '문화'를 생산하고 전수하는 분야라는 점을 표시하기 위해 쓰인 것이었다. 『동아일보』에서 '출판문화'라는 표현은 1937년 9월 「出版文化의 恩人 밀러 博士 朝鮮을 하직」이라는 기사에서 처음 볼 수 있는데,[459] 같은 해 11월의 「조선의 출판문화의 우울 일색」이라는 기사에서는 "조선의 출판문화 및 잡지문화는 문자 그대로 비참하다"고 평가하면서 그 원인을 이념의 고갈과 자본의 결핍에서 찾았다.[460] 또 다른 기사 「출판계의 활기」에는 "教育文化와 出版文化는 두 개의 文化向上普及의 바퀴가 되니 學校教育이 開拓의 씨를 뿌리면 여기에 培養結實의 成果를 出版으로서 거두어 오는 것이라"[461]라는 주장이 있다. 이 사설은 조선의 문화 수립에 있어서 출판 분야의 위상을 강조한 것인데, 출판·교육 등에 '문화'를 관습적으로 붙이고 있다.

이태준李泰俊, 1904~미상이 1938년에 발표한 장편소설 「화관」에서 오 선생은 주인공인 전문학교 졸업반 여학생 임동옥이 만난 이상주의적 청년 박인철의 옛 은사이다. 음악 교사라는 직업을 버리고 현

459 「出版文化의 恩人 밀러 博士 朝鮮을 하직」, 『동아일보』 1937. 9. 22, p.2.

460 「橫說竪說 : 朝鮮의 出版文化의 憂鬱一色!」, 『동아일보』 1937. 11. 12, p.1.

461 「出版界의 活氣」, 『동아일보』 1939. 2. 7, p.1.

재 정어리 공장을 운영하고 있는 오 선생은 "위장으로만 배고픈 줄 아는 사람은 야만이다. 적어도 문화인은 눈으로도 배고플 줄 알고 귀로도 배고플 줄 알아야 한다"라고 주장한다. 한편 그는 "생활이란 그처럼 악착한 것인가? 조선 사회란 종교나 예술 같은 높은 문화일수록 그것만을 위해 살려는 사람에겐 생활을 주지 못하는 것처럼 빈약한 사회인가?"라고 한탄하기도 한다(이태준 2001 : 93~95). 오 선생이 음악 교사라는 직업을 버릴 수밖에 없었던 이유를 짐작할 수 있는데, 야만(인)과 문화(인), 위장의 만족과 눈귀의 만족, 생활의 필요와 종교나 예술'높은 문화'의 추구를 대립시키는 오 선생의 인생관은 문화주의교양주의의 전형이라고 할 수 있다.

『동아일보』를 참조하면 문화인이라는 단어는 1937년부터 빈도가 급증했으며, 이때 '문명인'과 '문화인'의 빈도가 역전되었다. 『동아일보』에서 문화인이라는 단어는 1920년 5월 20일 기사에 이미 등장했는데, 1920년대에는 한 해 평균 2.5회 정도 등장했으며 1930~1936년까지는 평균 7회 미만이다가 1937년부터 빈도가 급증하여 1937년에는 26회, 1938년에는 41회, 1939년에는 42회, 1940년에는 8월 8일까지 29회가 나타난다.[462] 1930년대 후반 문화 개념의 의미

462 『동아일보』의 뉴스라이브러리를 통해 본 '문화인'과 '문명인'의 빈도 추이는 아래와 같다. 다만 정간 기간인 1920년 9월~192년 1월, 1926년 3~4월, 1930년 4~9월, 1936년 8월~1937년 6월을 고려해야 한다.

연도	1920	1921	1922	1923	1924	1925	1926	1927	1928	1929	
문화인	3	6	0	4	2	1	0	3	1	5	
문명인	7	13	20	6	6	7	16	16	13	16	
연도	1930	1931	1932	1933	1934	1935	1936	1937	1938	1939	1940
문화인	2	9	2	8	6	9	9	26	41	42	29
문명인	8	22	17	10	10	19	23	14	20	16	12

를 고려하면 이때 '문화인'은 대체로 문인과 예술가, 학자, 그리고 언론 · 출판 · 교육 등의 분야에 종사하는 지식인을 가리켰다. 문화인이라는 단어의 절대적 · 상대적 빈도 상승은 문화론적 전환을 반영한 현상이었다고 할 수 있다.

이어 1930년대 말에 등장한 '교양' 담론은 파시즘과 전체주의라는 폭력적 상황에 대한 문화주의의 대응이었다. 이원조는 『문장』 창간호1939. 2에 실린 「교양론」에서 지성론이 교양론으로 전개되어야 한다고 주장했는데, 이때 교양이란 특정한 대상에 대한 지식이나 지성에 대한 맹목적 추종을 제어할 수 있는 능력을 일컬었다.[463] 『인문평론』 제2호1939. 11는 '교양론' 특집을 실었는데, 권두사 「문화인의 책무」에는 '전체적인 문화의 운명에 대하여 개인의 책임과 운명에서 생각하는 것이 교양의 정신'이라는 주장이 나타난다.[464] 이어서 편집인인 최재서는 「교양의 정신」에서 '교양은 궁극에 있어서 개성에 관계되는 문제'라고 말하면서 '휴—매니즘이 그 근저에 있어서 인간적 가치의 획득과 증진이라면 그것은 개인적 교양 없이는 성립되지 않을 것'이라고 주장했다.

> 개성은 문화를 흡수하여 자기의 숨은 제 능력을 개발하고 발달시키는 데서 교양은 형성된다. 그렇기 때문에 교양의 정신은 우선 고독의 정신이다. 왜 그러냐 하면 교양의 결실이요 종자인 문화는 사회적일는지 모르나 그것을 개성 내부에서 개발시키고 부양하는 데는 착실히 오랫동안

463 이원조의 교양론에 대해서는 서은주 2012 : 264~265 참조.

464 「문화인의 책무」(권두사), 『인문평론』 제2호(1939), p.3.

의 고독의 시기가 필요하다. ……교양은 문화를 수단으로서가 아니라 목적 그 자체로서 추구할 때에만 가능한 것이다.[465]

위 글에서 최재서는 '문화'는 '교양'의 씨앗이자 결실이라고 주장한다. 문화의 존재 형태는 사회적이지만, 교양은 개성개인이 고독의 시간을 통과해 그러한 문화를 내부에서 계발하고 부양함으로써만 형성되는 것이라는 의미이다. 문화 자체를 목적으로 추구하는 문화주의의 관점을 표현하면서, 최재서는 사회의 추세를 따라 '맹목으로 움직이지 아니하고, 자기 자신의 가치감과 비평 기준을 가지고' 판단을 내리는 '교양의 정신'을 통해 전체주의를 견제하고자 했다.

'교양론' 특집에는 최재서 외에도 유진오, 임화林和, 1908~1953, 박치우朴致祐, 1909~1949 등의 글이 실렸다. 유진오는 「구라파적 교양의 특질과 현대조선문학」에서 근대의 문화는 유럽의 근대문화이고 그것의 기본 정신은 '자아의 자각과 발전'이므로 조선의 작가는 '근대정신의 체득' 곧 '구라파적 교양의 획득'을 위해 노력해야 한다고 주장했다. 임화는 「교양과 조선문단」에서 조선에서는 '지성'과 지성을 가장 중요한 덕목으로 삼는 '교양'이 여전히 도달해야 할 과제라고 판단했다. 그는 '지식의 주체화'를 지향하는 개성적이고 반성적인 교양이 전체주의의 비합리주의와 행동성으로의 투신을 방해하고 지연시키는 차선책이 된다고 보았다. 박치우는 「교양의 현대적 의미 : 불감의 정신과 세계관」에서 사상이 이미 나침반을 잃어 미래를

465 최재서(1939), 「교양의 정신」, 『인문평론』 제2호, p.25.

내다보는 힘을 상실한 오늘날 필요한 것은 교양의 정신이라고 강조했다.[466] 1930년대 후반 문화주의적 전환의 중요한 의미론적 계기는 교양과 지성, 교양적 주체로서의 개인, 지성적 주체로서의 지식인 엘리트, 축적된 문화적 전통에 대한 존중, 그리고 인간성의 조화로운 발달이라는 교양의 이념이었다.

1939년 이후 탈근대적 문화-정치의 전망

김예림에 따르면, 1930년대 후반의 문화론적 전환에는 두 차례의 인식론적 변화의 계기가 있었다. 앞에서 살핀 1936~1938년의 문화론적 전환이 문화주의의 맥락에서 이루어졌다면, 1939년 이후의 문화론적 전환은 문화주의에 대한 반성을 포함한 탈근대적 문화-정치의 전망에서 이루어졌다. 1939년을 전후하여 일본이 전시戰時의 문화 구상을 표명함으로써 근대 세계의 붕괴와 질서 재편이 먼 유럽의 일이 아니라 조선의 당면 과제로 부상했다. Part 4의 4에서 『삼천리』의 제3기1938~1941 문화론을 검토하면서 설명했듯이, 군사적 압력에 의해 중국을 굴복시키기 어렵다고 판단한 일본이 전략적 방향 전환을 표명한 '동아신질서' 성명1938. 11의 핵심에는 '새로운 동아의 건설'이라는 문화 기획의 논리가 놓여 있었다. (대)동아라는 보다 명료한 지정학적 · 심상적 지리가 강력한 구속력을 발휘하게 된 1939년 이후부터 서구 근대의 종언은 '사실'을 넘어 '당위'로 인

466 1939년 11월 『인문평론』 제2호에서 특집으로 편성된 '교양론'에 대한 해석은 서은주 2012 : 264~272 참조.

지되기 시작했다. 이제 스러져 가는 근대문화를 애도하는 대신 그것과 선을 긋고 새로운 문화 단계를 전망하고 그것을 위해 투신하고자 하는 열망이 높아져 갔다. 이때부터 문화에의 관심, 즉 문화 옹호의 논리나 (신)문화 건설의 전망은 일본 제국의 문화 공작과 절합하는 길을 걷게 되었다.[467]

1943년 일본어로 발간된 최재서의 평론집 『전환기의 조선문학』은 비단 문학 이념뿐만 아니라 그것보다 더 포괄적이고 근본적인 문화 이념의 전환과 연결되어 있는데, 이 책의 「머리말」에는 그 전환의 계기와 경과가 자세하게 정리되어 있다. 이에 따르면, 최재서의 문화론의 변화는 1938년 11월 '동아신질서' 성명에서 배태되었으며 '의식적' 전환은 1940년 가을의 신체제운동과 함께 시작되어 이듬해인 1941년 봄에 단행된 문예잡지의 통합과 뒤이은 『국민문학』 발간에 의해 그 기초가 다져졌다. 1941년 12월 8일 천황의 「선전宣戰 조서」를 계기로 그는 세계관을 자각했고 마지막으로 1942년 5월 징병제 실시의 발표에 의해 전환이 최종적으로 결정되었다(최재서 2006a).

최재서는 1941년 2월에 발표한 「전형기의 문화 이론」에서 '새로운 국민문화'는 대중성과 순수성의 새로운 조화와 통일 위에 건설되어야 한다고 주장했다. 이는 1920년대 후반 이후 문화 이념의 분열에 대한 관찰에 기반한 주장으로서, 그에 따르면 조선에서 문화는 한편에서는 대중 속에서 비속화되었으며('문화생활'), 다른 한편에서

467 1930년대 후반 두 차례의 문화론적 전환의 배경과 양상에 대한 정리는 김예림 2008 : 325~333 참조.

는 지식인에 의해 현실 생활로부터 유리되었다'문화주의'. 따라서 국민문화를 건설하기 위한 첫 단계는 '문화생활'과 '문화주의'라는 양극의 비판과 극복이었다. 최재서에 따르면, '대정 말기 이래 문화생활이라는 이름으로 통용되어 온 생활 형태는…… 구미류의 생활 형식을 지극히 표면적으로 모방하여 안가安價한 향락에 제공하는 동시에 실생활이나 전통의 좀 더 중대한 반면半面에 대하연 전연 무지하거나 그렇지 않으면 무관심주의를 가장하는 것'이었다.[468] 그가 더 어려우면서도 중대한 과제로 설정한 것은 문화주의의 극복이었다. 1939년 11월 「교양의 정신」에서 최재서가 문화를 수단이 아니라 목적으로 추구할 때 도달할 수 있는 교양의 가치, 교양의 습득에 따른 개성의 확보, 고독한 개인적 자유와 사색을 통한 자기 계발 등을 주장한 것을 떠올리면 쉽게 예상할 수 있을 텐데, 그 자신을 포함한 문인과 비평가 들이야말로 지금까지 문화주의를 포지하고 확산해 온 주체였다.

문화생활과 문화주의의 극복은 시국적 요구였다. 1940년 2월 유진오는 『총동원』에 발표한 「시국과 문화인의 임무時局と文化人の任務」에서 '문화인'들은 "문화를 통하여 시국에 참가하지 않으면 안 된다"[469]라고 주장했는데, 당시 그는 문화인의 과제를 다룬 소설 「화상보華想譜」를 『동아일보』에 연재하는 중이었다.[470] 「화상보」에서 연인 사이인 장시영과 김경아는 대조적인 삶의 양식과 윤리 의식을

468 최재서(1941), 「전형기의 문화이론」, 『인문평론』(1941. 2), pp.18~19. 최재서 글의 인용은 최재서 2006b : 16~19에서 했다.

469 유진오(1940), 「時局と文化人の任務」, 『總動員』 제2권 제2호, pp.79~81.

470 유진오의 「화상보」는 1939년 12월에서 1940년 5월까지 『동아일보』에 연재되었다.

보여 준다. 김경아는 일본 유학을 거쳐 백만장자의 아들인 안상권의 후원으로 독일에 건너가 4년 만에 유명한 성악가가 되어 귀국한다. 장시영은 아버지의 사망과 이로 인한 가정의 몰락으로 중등실업학교의 교사로 머물면서 식물 연구에 정진한다. 안상권의 호의로 '예술가의 집'에서 호사스런 생활을 누리던 김경아는 결국 안상권과 결혼을 결심하지만 안상권이 방탕아임을 알고 결별하게 된다. 반면 장시영은 식물학 연구의 결과가 높은 평판을 받게 됨으로써 고농高農의 조수가 될 뿐 아니라 자신을 진심으로 사랑하는 이영옥과 결혼도 하게 된다.

① ……김경아 씨는 옛날부터 우리에게 전해 내려오던 것 우리에게는 있으나 서양에는 없는 것을 가지고 그들의 호기심을 끌어 성공한 것이 아니라 서양 사람들 자신의 것 문화적으로 보아서 역시 우리들보다 훨씬 앞선 그들의 것을 가지고 그들의 수준을 넘은 것입니다. 이것이야말로 정말 세계적 수준을 돌파한 것입니다. 저는 이 점을 특별히 기뻐하는 것입니다. 우리들의 삼십 년 동안의 꿈은 김경아 씨의 노래로써 비로소 실현된 것입니다.

그러나 지금 저는 김경아 씨에게 한 가지 주문이 있습니다. 아까 말과는 모순되는 것같이 들릴는지도 모릅니다만 김경아 씨는 앞으로는 조선의 노래 옛날부터 전해 내려오는 우리들 자신의 멜로디를 다시 살려주십시오. ……구라파 정신에서의 조선 아니 동양의 재발견 이것은 음악뿐 아니라 지금 모든 문화 방면에서 다 요구되고 있는 것이지만 저는 오늘 저녁 특별히 이 말씀을 김경아 씨에게 드리고 싶습니다(유진오 1983 : 116~117).

② 깨끗한 요리집이었다. 모인 사람들도 고향의 문화를 높여 이 고장의 수준까지 끌어올리기 위해 멀리 바다를 건너온 젊은 문화의 첨병尖兵들이었다. 신문기자가 두 사람, 농학사가 두 사람, 이연理硏에 있는 이학사가 한 사람, 작가가 한 사람, 관리가 하나, 학교 선생이 하나 모다들 준수한 청년들이었다.

시영은 기뻤다. 그들의 격려를 받으며 권하는 대로 술도 받아 마시었다.

좌중의 화제는 조선 사람의 문화와 생활을 중심으로 해 다음다음 끊임없이 연달아 나왔다.

각 방면 사람들이 모이니만큼 이야기도 또한 여러 방면으로 퍼진다. 술기운이 거나하게들 돌자 이야기에는 한층 흥이 나서 식물학에서 이학으로, 시사문제로, 문학으로. 구미 각국에 가있는 조선사람 이야기로 전번에 동경 왔던 악극단 이야기로—……(유진오 1983 : 255~256).

①은 김경아의 주도로 '예술가의 집'에서 열린 파티에서 조선의 문화에 대한 난상토론이 벌어졌을 때, 소설가인 송관호가 한 말이다. '예술가의 집'에 모인 김경아, 그녀의 후원자인 안상권, 그리고 예술가 및 사교계의 유명 인사들은 대개 서구의 문물을 흡수하기에 급급하고 퇴폐적인 생활에 도취된 속물근성의 인간일 뿐 아니라 조선인으로서의 자의식도 부재한 인물로 묘사된다. 이들에게 송관호는 '조선 또는 동양의 재발견'이 새로운 문화적 이슈로 등장하고 있음을 지적하고 있다.

②는 장시영이 식물학 연구의 성과를 인정받아 일본 식물학회의 학술 발표회에 참가하기 위해 도쿄를 방문했을 때 환영 모임의 풍

경을 묘사한 것이다. 환영회에 참여한 신문기자, 작가, 관리, 교사 등은 조선의 문화를 일본의 수준으로 끌어올리겠다는 꿈을 품고 바다를 건너온 '문화의 첨병'들이었다. 서술자는 식민지 지식 청년들의 문화주의를 '거리를 두고' 관찰하고 있는데, 간단히 말해 유진오는 「화상보」에서 지식 청년들의 사치와 향락, 실생활이나 전통에 무관심한 소위 '문화생활'과 개인주의 · 서구주의 · 코즈모폴리터니즘으로 빠지는 '교양주의' 또는 '문화주의'를 비판하면서 문화인들이 동양문화 또는 조선문화, 건실하고 건전한 생활 자세 및 공동체 윤리, 자연과학 등에서 새로운 가치를 발견해야 함을 강조했다.[471]

「전형기의 문화 이론」에서 최재서는 "문화의 순수성을 옹호하기 위해서는 문화를 수단이 아니라 목적 그 자체로 봐야 한다"라는 이념,[472] 즉 문화의 절대성과 자율성이라는 이념=자유주의적 문화주의를 극복해야 한다고 주장했다. 경제적 자유주의가 낳은 자본주의가 합리주의 안에서 통제될 수 없을 만큼 강대해진 데에서 현대의 위기가 초래된 것처럼, 문화적 자유주의도 위기를 야기하고 있기 때문이다.

만약 학문이 단지 학문을 위해서 추구되는 것이라면, 그것은 국민적 생활과 연결되기보다는 추상적인 국제성과 연결되기 쉽다. 이와 같이

471 「화상보」에 나타난 서양적 교양의 세계에 대한 비판과 몰가치적 과학의 도입에 대한 논의는 윤대석 2016 : 369~395 참조. 전시체제기에 '과학기술'이 새로운 시대적 키워드로 등장하고 있는 양상에 대한 분석은 차승기 2016 : 제5장 참조.

472 첫째, 문화 가치의 절대성은 문화란 다른 세속적 가치와는 달리 시공을 초월하여 영원한 가치를 추구함을 뜻한다. 둘째, 문화 활동의 자율성은 문화는 현세적 질서에 영향 받지 않으며 독자적인 법칙에 의거해 활동함을 의미한다(최재서 2006b : 15).

만약 예술이 단지 예술을 위해 추구된다면, 그것은 국경을 넘어 추상적인 인간성과 연결되기 쉽다. ……합리주의 안에서 만들어진 경제와 문화의 자율성은 마침내 합리주의로써는 처리할 수 없는 데까지 도달했다. 각 국민은 또다시 정치의 우위성을 깨달아, 비합리적인 실력을 갖고 각자의 생존을 결정하지 않으면 안 되게 되었다. 스스로 파탄을 일으킨 경제와 문화는 새로운 국가적 계획과 통제하에 국민갱생의 길을 걷지 않으면 안 되게 되었다. 이리하여 문화 가치의 절대성과 문화 활동의 자율성은 합리주의적 진리 그 자체와 마찬가지로 결코 영원불변한 것이 아니며, 역사적 법칙에 따라 변동하는 것이라는 것을 알게 되었다. 이것은 하나의 충격이며, 또한 고통일지도 모르나, 이 혼란을 극복하는 것만이 현대 문화인이 발견할 수 있는 갱생의 길일 것이다(최재서 2006b : 17~18).

인용문에 따르면 문화적 자유주의의 위기는, 자율적 학문이 국민생활을 비켜 추상적인 국제성으로 비약하고 자율적 예술이 국경을 넘어 추상적인 인간성으로 비약한 데에서 초래되었다.[473] 최재서는 문화와 경제의 자율성이라는 테제를 동일하게 근대적 합리주의의 소산으로 보고, 그것들이 국가적 계획과 통제하에서 갱생의 길을 걸어야 한다고 주장한다. 이와 같은 상황 판단과 논리 전개는 자유주의의 인식론을 정면에서 반박하는 것이다.

473 최재서는 「문학자와 세계관의 문제(文學者と世界觀の問題)」(『국민문학』 1942. 10)에서 문학자에게 개인주의 또는 자유주의가 배격되어야 한다고 주장했다. '개인주의'는 "인격의 완성이라는 지극히 정당한 주장을 하면서, 결국에는 유기적 전일체로서의 민족과 국가의 해체를 가져온다는 데 그 잠재적이며 편재적인 위험이 있는 것이다." 인간 주체에 대한 절대적인 신념을 지니고 시작한 근대 개인주의문학은 결국 파멸에 이르렀다는 것이 최재서의 판단이었다.

국가는 어떤 힘으로 문화에 통일을 부여할 수 있는가? 그것은 국가 이상理想 이외에는 있을 수 없다. 전 국민에게 목표와 표준을 부여할 수 있을 만한 높고 원대한 이상이 없으면, 국민문화는 발전은커녕 유지하는 것조차도 의심스러울 것이다. 어떤 커다란 국가 이상이 있어서, 그것이 풍속, 도덕, 제도, 법률, 학문, 예술 등의 내부에서 각각 객관시되어 구체화될 때 비로소 국민문화는 성립한다. 원래 문화라는 것은 가치 체계그것은 이상을 내면적으로 응시하는 모습이다의 제도화일 뿐이다. 지금까지 개인적인 혹은 외래적인 가치 체계를 신봉하여 온 국민에게 국가적인 가치 체계를 부여하는 것이 오늘날 모든 국가의 당면한 긴급 과제여야 한다 (최재서 2006b : 19).

앞에서 최재서는 국가의 이상가치체계으로 문화를 통일해야 한다는 주장을 펼치고 있다. 이러한 논의에서 특히 주목할 점은 문화 범주의 확장이다. 국민문화의 '문화'는 풍속 · 도덕 · 제도 · 법률 · 학문 · 예술 등을 포괄하는바, 그가 비판하고 있는 근대의 '개인주의자유주의'와 '낙관주의적인 진화론진보적 역사관'에 바탕을 두고 절대성과 자율성을 추구하는, 근대적 '학문'과 '예술'의 상위 범주로서의 문화를 크게 상회한다.

『삼천리』 제13권 제9호1941. 9에 실린 「정보실 : 우리 사회의 제사정」에서는 "문화부 활약"이라는 소제목 아래 '고도 국방국가체제의 완수를 목표로 하여 청신 건전한 국민문화의 종합적 발전을 기하기 위'해 조선총력연맹의 문화부가 결정한 방침, 즉 "1. 과학사상의 보급을 기期함 / 2. 국민교화의 철저를 기함 / 3. 예술오락의 정화淨化를 기함 / 4. 출판문화의 쇄신을 기함 / 5. 생활문화의 질실質實을 기함/6. 실천요강의 구현을 기함"과 같은 항목들이 제시되었다.[474] 이 같은 방침을 참고하면 문화부는 과학, 예술, 오락 같은 제도들뿐만 아니라 사람들의 도덕이나 생활 규범, 행동 수칙 같은 것까지도 관할하는 부서이다. 이 시기 『삼천리』에도 확장된 문화 개념이 빈번히 나타난다. 백림학인은 「독일의 문화정책 그 시설과 사업관」에서 도회문화와 향토문화를 대비하면서 후자를 옹호했다. 그는 도시에서 '코즈모폴리턴적 삶을 영위'하는 유대인의 문화와 "나치스가 구하는 '혈血과 토土'의 문화"를 대비하면서 피와 땅에 대한 애착으로부터만 민족과 국가에 대해 책임을 지는 문화가 형성된다고 주장했다.[475] 이 글의 논점은 도회와 향토의 대비에 있는데, 이때 문화는 근대 서양의 철학이나 예술학미학에서 발전한 개념이 아니라 사람들의 도덕이나 생활 규범, 행동 수칙 같은 것도 포함하는, 근대 인류학이 개발한 총체적 · 객관적 · 가치중립적 문화=문명 개념에 가깝다.[476]

이와 같은 문화 개념의 확산은 국민 개념에 강제적으로 포섭됨으로써 문화라는 장치의 작동 방식에 어떤 변화가 일어났는지를 보여 준다. 차승기는 『비상시의 문/법』에 수록된 글 「문학이라는 장치」에서 전시체제기에 문학이라는 장치의 작동 방식에 변화가 초래되었다고 주장했다. 일제 말기에 등장한 '기술자-작가'와 '번역

474 「情報室 : 우리 社會의 諸事情」, 『삼천리』 제13권 제9호, p.77.

475 伯林學人(1941), 「獨逸의 文化政策 그 施設과 事業觀」, 『삼천리』 제13권 제4호, p.194.

476 에드워드 타일러에 의해 맨 처음 정의된 것으로 알려져 있는 인류학의 '문화'는 인간이 사회 구성원들로부터 배우고 전달받은 모든 것 즉 의식주, 언어, 풍습, 종교, 학문, 예술, 제도 등을 포괄하는 총체적 개념이다.

가-작가'는 '근대문학이라는 장치에 의해 구성된 반성적내면적 주체와 상상적 연대의 주체=국민적 주체가 식민지/제국체제 문학장의 특이성 속에서 극단적으로 재구성된 결과'였다. 이는 한편으로는 '치안'·'고쿠고國語'·이름창씨개명·전쟁징병 및 징용 등 식민지/제국체제를 공고히 하는 장치들이 문학을 폭력적으로 포섭하고, 다른 한편으로는 '제국문학'이 '식민지문학'을 그 내부로 통합한 결과였다. 이 같은 분석은 일제 말기에 '문화'라는 장치의 변형을 사고하는 데에도 많은 시사를 준다. 근대문학과 마찬가지로 근대문화 역시 단지 좁은 의미에서 지정의의 경험을 가능하게 하는 형식들예술·학문·종교 등을 정당화했을 뿐만 아니라, 그리고 근대문화 자신의 확대 재생산을 위한 다양한 장치를 설립하고 제도해 왔을 뿐만 아니라, 살아있는 존재들실체들을 '인간'으로 포획하고 주체화함으로써 '그 이상의 삶'을 지향하게 하는 장치였다고 할 수 있기 때문이다(차승기 2016 : 266~267, 271~275). 1930년대 말의 국민문화론은 근대 자유주의의 맥락에서 자기 목적적 자율성의 영역으로 간주되던 문화 즉 종교·학문·예술 등을 앞에서 말한 것과 같은 총체적·객관적·가치중립적 문화 개념의 기술적·체계적 연관 속에 배제적으로 포섭했으며,[477] 이로써 근대적 문화 이념이 작동시킨 전체성에 대한 반성적·비판적 사유 능력은 억압되었다.

일제 말에 문화라는 단어는 근대의 자유주의와 진보적 역사관으로부터 분리되는 데에서 나아가 탈근대, 탈서양, 탈도시, 탈문명,

477 일제 말기에 자연과학으로 표현된 실용적이고 기술적인 이성의 사용이 문화 및 문화과학을 배제적으로 포섭한 데 대해서는 차승기 2016 : 193~194 참조.

탈진보, 탈보편에의 지향을 표현하게끔 되었다. 인정식은 「동아의 재편성과 조선인」에서 동아협동체 혹은 동아연방체 결성의 '문화적' 목표가 '구라파의 문명에 대해서 전통성全傳統과 전성장全成長을 달리하는 동아민족 공통의 문화를 확보하며 또 발전 성장케 하'는 데 있다고 설명한 바 있다.[478] 이는 세계-유럽-타자에서 배양된 '문명'과 민족-동아-우리에서 배양된 '문화'를 대립시키는 인식론으로서 문화 개념의 공간지평의 변화를 보여 준다. 한편 이 시기 『삼천리』에서 '문화'의 w2v '문화'의 앞뒤로 출현 빈도가 높은 단어들의 통계에는 '근대' 같은 용어가 사라지고 '발전' 등 진보적 역사관을 표현하는 단어가 크게 줄어든 대신 '전통'이 새로 포함되었는데, 이는 문화 개념의 시간지평이 변형되었음을 보여 준다. 이러한 시공간성의 변형과 연관하여 '향토적인 것'과 '문화'의 결합 역시 주목된다. 앞에서 살핀 백림학인의 글에는 '도시'가 아니라 '향토'에서 국민, 민족의 고유성을 보존할 수 있다는 주장이 나타난다. 근대 서양의 자유주의와 진보적 역사관을 표상하던 '문화'는 이제 그것을 반대하고 반박하는 데 사용되게 되었다.

다른 한편 『삼천리』에는 문화의 이름으로 근대성을 비판하는 게 아니라 문화 자체를 근대성의 산물로 보고 비판하는 담론도 나타난다. 당시 개성박물관장이던 고유섭高裕燮, 1905~1944은 향토예술의 의의를 주장하는 글에서 도시 대 향토, 인공 대 자연, 사회 대 자연, 일반 대 특수, 역사 대 영원을 대비하면서 논지를 구축해 나가는데,

478 印貞植(1939), "東亞의 再編成과 朝鮮人," 金明植 · 印貞植 · 車載貞, 「東亞協同體와 朝鮮」, 『삼천리』 제11권 제1호, p.55.

이때 문화는 도시 · 인공 · 보편 · 역사진보 등과 연결된다. 그는 문화를 현대 도시의 속성으로 간주하고 이를 향토의 '자연'과 대비했다. 그는 오늘날의 미술공예는 도시 생활로 말미암아 '매우 문화적 의식이 강해진 것'이라고 평가하는데, 이때 문화적인 것이란 자연적인 것에 대립되는 인공적인 것으로서, '도시 생활에서 요구된 미의식에 영합'되었다는 의미이다.[479] 고유섭의 글에서는 역사성, 사회성, 보편성과 함께 문화도 도시문명의 요소로서 부정적으로 평가되고 있다.

이와 같은 상당히 복잡한 담론 상황이 1930년대 말 소설에 흔적을 남기고 있는데, 여기에서 문화는 도시 · 현대성과 시골 · 전통 사이에서 유동한다. 이무영李無影, 1908~1960의 「제일과 제일장」1939. 10에서는 도회지에서 신문기자와 소설가로 활동하다가 낙향한 주인공 수택과 농촌에 사는 그의 아버지를 '문화인'과 '원시인'에 대비한다. "문화인인 아들은 원시인 그대로인 아버지를 경멸했고 아버지는 또 아버지대로 너무나 문화한 아들을 경이원지했을 뿐이다." 수택은 '자기의 피에는 흙의 전통이 흐르고 있다고 생각'[480]하지만 그의 몸은 도회의 생활에 익숙해져 있다. '쌀밥만 먹던 창자에 갑자기 깔깔한 보리쌀만이 들어가니까 문화생활만 해오던 소화기가 태업을 시작'[481]하여 소화불량을 일으킨다. 그는 스스로를 '문화에 주린 도회인'이라고 느끼면서 도회문화에 대한 그리움을 다음과 같이 표현했

479 高裕燮(1941), "鄕土藝術의 意義와 그 助興 : 특히 美術工藝편에서," 「鄕土藝術과 農村娛樂의 振興策」, 『삼천리』, 제13권 제4호, pp.217~218.

480 이무영(1939), 「제일과 제일장」, 『인문평론』 제1호, p.162.

481 이무영(1939), 앞의 글, p.159.

다. "포근포근한 흙을 밟는 평범한 감촉보다도 가죽을 통해서 오는 포도의 감촉이 얼마나 현대적인가. ……사람에게서나 자연에게서나 입체적인 선의 미가 그리웠다."[482]

반면 이태준의 「패강랭浿江冷」1938. 1에서 소설가 현은 문화적 가치를 토속적인 것과 결부시킨다. 그는 10여 년 만에 고향인 평양을 찾았는데, 여성들의 '악센트 명랑한 사투리'와 '머릿수건' 쓰는 풍습이 사라진 것에 아쉬움을 느끼면서 부회府會 의원인 옛 친구 김과 언쟁을 벌이게 된다. '문화 가치를 모르는 자식들'이라는 현의 비판에 김은 '글 쓰는 녀석들은 세상을 모르고 산다'고 대응하는데,[483] 이때 현이 말하는 '문화 가치'는 서구 · 서울 · 표준어가 아니라 오히려 지방의 전래의 관습이나 사투리 안에서 보존되는 가치이다. 현은 김이 말한 '세상' 즉 근대화, 도시화, 표준화에 의해 파괴되고 있는 것들에 대해 예민한 의식을 갖고 있다. 이 소설에서 문화 가치를 안다는 것은 보편성이 아니라 특수성, 대도시가 아니라 지방, 표준어가 아니라 방언, 지식인이 아니라 농민, 현재가 아니라 과거전통에서 가치를 발견하고 느낄 줄 아는 능력과 관련된다. 좀 더 확장한다면 '문화'는 '동양', '전통', '향토'에 내장된 미덕을 발견하고 감식하고 이해할 수 있는 지식이나 교양과 관련되었다.

지금까지의 논의를 요약하면, 1930년대 말을 통과하면서 문화의 의미장은 매우 복합적이 되었다. 그동안 세계, 인류, 사회, 민족, 국민, 프롤레타리아, 계급, 농민, 노동자, 대중 등 다양한 집단의 주체

482 이무영(1939), 앞의 글, p.162.

483 李泰俊(1938), 「浿江冷」, 『삼천리문학』 제1집, p.26.

화 과정에 동원되던 문화는 '국민'과 배타적으로 결합하게 되었으며, 유럽서양이 아니라 아시아동양 또는 동아를 설명하는 핵심 개념으로 부상하기도 했다. 아울러 그 단어는 중심도시과 변방향토, 보편성과 특수성고유성 등 서로 대립하고 상반되는 의미 사이에서 진동하기 시작했다. 또한 '문화'는 정체성과 변화, 주어진 것과 창조된 것, 심미적인 것과 금욕적인 것, 자연적인 것과 인공적인 것 사이의 긴장을 가리키는 단어가 되었다.

| 결론 |

식민지의 문화론

한자사용권에서 문화文化는 문명文明과 마찬가지로 오랜 연원을 가진 단어이다. 고대 중국에서 문화는 문치교화文治敎化 즉 문文으로써 가르치고 이끈다는 의미로서, 원래는 외교의 방침 즉 예악禮樂으로 이적夷狄을 교화한다는 뜻을 표현했으나 『주역』을 비롯한 고대 경전에서 내치內治의 이상을 표현하는 단어가 되었다. 고대 중국에서 형성된 문화의 이러한 의미가 한국에 전달된 것은 삼국 시대이며, 고려 시대에는 문화가 하나의 명사로 사용되기 시작했다. 이때 문화는 본래 의미처럼 외교의 방침으로도 나타났으며 문물제도를 포함한 다소 포괄적인 내용을 담기도 했다. 그런데 고려 말에 이르러서는 이 단어에 유학적인 의미가 결부되기 시작했다. 조선 시대에는 '문화'를 포함한 매우 다양한 표현이 통용되었는데, 고전적인 '문'

의 이상을 담보한 개념으로서 문화의 의미장은 대개 학문學, 교육敎, 도덕道 같은 개념들로 짜여졌다. 왕실과 사대부 집단은 '문화'의 선양을 자신들의 임무이자 책임으로 인식했는데, 이때 문화는 내치의 방법이자 목표로서 백성의 몸과 마음을 성리학의 이념에 맞추어 교정하는 것을 의미했다.

19세기 후반 이후 유럽의 civilization / civilisation이나 culture / Kultur 개념의 영향을 받으면서 동아시아에서 '문화'의 의미장이 획기적으로 변화되었다. 맨 먼저 일본에서는 영국과 프랑스의 시빌라이제이션/ 시빌리자시옹 개념이 '문명'으로 번역되어 지배적인 사회담론으로 기능하던 가운데, 전통적인 한자문화권에서 문명과 동의어로 쓰이던 문화가 그 번역어로 소환되었다. 그즈음 영어 culture가 '교양'이나 '수양' 같은 단어로 번역되어 통용되기 시작했으며, 19세기 말에는 한 집단의 독특한 생활양식을 의미하는 독일어 kultur를 번역한 '(민족)문화' 개념도 등장했다. 일본에 체류하던 중국과 한국의 지식인과 유학생은 이 새로운 지식을 자국에 소개하고 확산시키기 시작했다. 19세기 말에서 20세기 초는 한국에서 문치교화라는 유교적 통치 이념을 표현한 문화, 시빌라이제이션/ 시빌리자시옹의 번역어 문화, 그리고 컬처/ 쿨투어의 번역어 문화가 병존한 최초의 시기이다.

한국에서는 19세기 말부터 전통적인 교화의 이념이 각인된 고전적 문화 개념의 의미장이 해체되기 시작했지만, 그렇다고 그 개념이 바로 완전히 힘을 잃지는 않았다. 문화의 고전적 의미는 20세기 초에는 보통학교와 중등학교의 교과서라는 공식적이고 상대적으로 보수적인 교육의 장에서 한국을 포함한 한자사용권의 과거를 특징

짓는 요소로 재해석되었다. 한편 계몽적 지식인들은 문화를 유교적 교화의 맥락에서 떼어 내어 근대의 국민주의적 교육의 맥락 안에 배치하기도 했다. 고전적 문화 개념을 사용하여 서구적 개념으로는 표현될 수 없는 경험이나 의미, 가치 등을 표현하려는 시도가 나타났다.

한편 19세기 말에 일본 유학생들에 의해 처음 선보인 시빌라이제이션의 번역어 문화는 1900년대 후반에는 학회지와 정치단체의 기관지, 신문, 교과서 등에서 확산되었다. 학회지에서는 유럽의 계몽주의적 문명사를 본떠 일본인이 작성한 비교문명사 담론을 번역하는 과정에서 문명=문화 개념이 유통되었으며, 이는 한국의 역사를 문명=문화의 발달사로 기술하려는 작업에 활용되었다. 문명의 동의어인 문화는 정치단체의 기관지에서는 열강의 각축장에서 살아남기 위해 갖추어야 할 실력, 즉 식산흥업과 부국강병으로 수렴되는 경향이 있었으며, 일본의 교과서를 본떠 만들어진 교과서에서는 전쟁 승리를 위한 실력으로 해석되기도 했다. 이때 문화는 한자권의 본래 맥락에서는 '문'의 반대편에 있던 '무군사력'와 매우 가까워졌다.

1900년대 후반 유학생들의 학회지에서는 컬처 / 쿨투어의 번역어인 문화의 등장도 확인할 수 있다. 유학생들은 국권이 위기에 처한 시기에 자기 정체성의 핵심이 될 '(민족)문화' 같은 개념을 만들어 내려는 참이었다. 아울러 문화는 '(인류) 사회'와 그 구성원인 '인간'을 매개하는 역할을 하는 것으로 이해되기도 했고, 국가나 사회 같은 외부적 사실이 아니라 '자아'의 내면, 감정적인 것의 함양과 관련된 것으로 소개되기도 했다. 계몽주의적 역사문명사와는 상이한 지식체계, 예컨대 근대 서양의 철학이나 사회학의 문화 개념이 유입되면서 문화의 담론이 좀 더 복합적이 되었던 것이다. '민족', '사회', '인류', '개인자아' 같은 새로운 주체성 개념과 결합된 문화 개념의 수용은 문명의 이름으로 식민주의적 침략이 가속화되고 부국강병이 문명의 지배적 함의가 되던 1900년대 후반의 정황에 대한 지적·사상적 대응이었다고 할 수 있다.

그런데 1900년대 후반에 civilization의 번역어 문화와 culture/Kultur의 번역어 문화는 담화 공간이 서로 어느 정도 구별되었으며 영향력도 차이가 있었다. 이 단어들은 모두 신지식의 주요 공급처이던 유학생들의 학회지에서 맨 먼저 선을 뵈었는데, 전자가 정치단체의 기관지와 신문·교과서 등으로 비교적 빠르게 확산된 반면, 후자는 유학생들의 학회지 안에서만 유통된 것으로 보인다. 컬처/쿨투어의 번역어 문화는 아직은 소수 담론에 머물러 있었던 것이다. 한편 전자의 문화도 보다 대중적인 담론 공간에는 거의 진입하지 못했다. 신소설이나 신문의 서사물에서 출현 빈도가 높은 단어는 단연 '문명'이었다.

번역어 문명이 한국인의 머리와 마음속에 깊이 새겨진 시기는 바로 1910년대이다. 한편에서 문명은 식민 권력이 주도한 정치와 행정, 교육의 영역에서 '조선'이 지향하고 추구해야 할 가치와 목표를 가리키는 개념으로서의 지위가 매우 확고해졌다. 다른 한편에서 문명 담론의 생산자로 부상한 집단은 일본 유학생들이었다. 1910년대 중반부터 새로운 유학생 세대, 즉 조선이 식민화된 이후 일본에서 근대적 대학교육을 받거나 학위를 취득한 조선인 청년들이 식민 권력이 제공한 기회를 통해, 그리고 스스로 만들어 내거나 접속한 몇 및 민간의 매체와 네트워크를 통해 문명 담론의 유력한 생산자로 부상했다.

일본 유학생 집단은 조선 사회민족의 문명화를 선도하는 주체를 자임했는데, 정치적 독립의 상실, 식민 권력에 의해 추진된 행정 · 경제 · 교육제도의 개편과 이에 따른 사회규범의 급격한 변화 등에 영향을 받으면서 '문명'의 내포는 변화되었다. 유학생들의 문명화 전략은 식민 권력에 의해 장악된 정치의 영역을 괄호 치고 상공업과 예술 같은 영역을 근대화 · 서구화하는 방향을 취했다. 상공업과 예술또는 문예 중 후자를 선택적으로 강조하거나 그 둘 사이의 조화를 강조하는 주장은 보통 물질과 정신, 실력과 수양교양, 지식과 취미 등을 구분하는 담론에 의해 뒷받침되었다. 정신이나 의식, 수양이나 교양, 취미 등 개인의 지적 · 심미적 · 윤리적 능력에 주목하게 하는 철학이나 심리학 담론의 지지를 받으면서 '문화'는 문명의 동의어에서 벗어나 독자적인 의미를 발전시키게 되었다.

제1차 세계대전을 전후한 시기에는 문명 / 문화 담론의 벡터가 좀 더 복잡하고 다성적으로 되었다. 서구 근대를 모델로 한 문명과 경쟁하거나 적어도 그 단점을 보완할 수 있는 동양문명=문화의 현재적 · 미래적 가치에 주목하는 흐름이 형성되기 시작했기 때문이다. 서양문명 / 동양문명, 물질문명 / 정신문명을 대비하는 담론에서 서양문명은 현대적인 것과 물질적인 것으로 의미가 제한되었고, 그와 같은 서양=현대=물질의 위력에 대응할 수 있는 토대로서 동양문명 · 동양사상 · 민족문학 · 조선문학 등이 강조되었다. 유학생들이 '동양문명'이나 '동양사상'으로 '(서양)문명'을 반박한 이유는, 이들이 당시에 사용한 문화라는 말에 서구 · 근대라는 의미가 지배적이었기 때문으로 보인다. 문명의 동의어로 사용하던 '문화'를 바로 서구적 근대성'문명'의 대립 개념으로 전용하기는 어려웠을 것이다.

이와 같은 탈식민주의적 문명주의는 19세기 후반에서 제1차 세계대전을 전후한 시기 유럽에서 형성된 문화주의culturalism의 영향에 따른 것이었다. 제1차 세계대전은 러시아 소비에트혁명과 함께 유럽의 해체와 세계 질서의 격변을 알린 세계사적 사건이었다. 유럽에서는 19세기 이후 특히 제1차 세계대전에 대한 성찰 속에서 컬처/쿨투어가 자연과학과 문화과학의 차이를 강조하고 실증주의를 비판하며, 다양한 민족과 집단의 지적·정신적 특수성을 존중하고 자연의 생명력을 강조하며, 지적·예술적 실천을 중시하고, 초월적이고 선험적인 것들의 가치를 주장하는 다양한 사상 및 운동의 핵심어로 부상했다. 유럽의 문화주의는 서구의 근대성=문명에 대한 동아시아 지식인들의 복합적인 성찰과 대응에 지적 자양분을 제공했다. 일본에서는 국가주의, 권위주의를 비판하면서 자유주의, 민주주의를 희구하던 지식인들에 의해 문화주의가 수용·확산되었으며 '문화'는 다이쇼기1911~1926의 에피스테메를 상징하는 단어로 부상했다. 중국에서는 신해혁명1911이 실패한 이후 복벽의 움직임과 군벌의 혼돈 속에서 일어난, 넓은 의미의 5·4운동기에, 조선에서는 3·1운동 이후에 '문화'가 사회적·정치적 담론장의 핵심어가 되었다.

1918년 말까지 조선에서 문화는 기껏해야 일본 유학생들 사이에서나 거론되는 이슈였지만, 1919년 이후에는 그 말의 무게가 크게 달라졌다. 1919년 9월 조선총독부는 행정의 조직 및 권한에 대한 규정을 개정할 방침을 포고하면서 '문화적 정치'를 표방했다. 한편 '문화정치'에 의해 조성된 상대적 유화 국면에서 1920년에 발간이 허용된 조선어 신문『동아일보』과 잡지『개벽』 등은 바로 '문화주의'를 천명하고 '문화운동'을 통한 '신문화 건설'을 민족운동의 목표로 제시했다. 이후 '문화생활', '민족문화', '민중문화', '프롤레타리아문화' 등 새로운 슬로건들이 추가되면서 문화 담론의 지형은 다변화되었다.

뒤의 그림 6의 그래프는 네이버의 '뉴스라이브러리'가 제공하는 『동아일보』에서 1920~1940년까지 '문명'과 '문화'를 검색하여 얻은 출현 빈도 통계를 표현한 것이다.[484] 가장 먼저 눈에 띄는 점은 1920년대에 이미 '문화'가 '문명'보다 더 자주 사용되었으며 1930년대에는 두 단어의 출현 빈도 차이가 더 커졌다는 것이다. '문명'과 '문화'의 상대적 빈도는 1920년 1대 1.3에서 시작하여 1940년에는 1대 5.2가 되었다. 『동아일보』의 이념적 지향을 고려해야겠지만, 식민지기 후기에 '문화'는 '문명'과의 경쟁에서 압도적인 승리를 달성했다. 두 번째 흥미로운 지점은 1920년대의 변화 추이이다. '문명'과 '문화'의 출현 빈도는 1920년 1대 1.3, 1921년 1대 1.5, 1922년에는 1대 1.7로 격차가 점차 벌어지다가 1923년 처음으로 그 차이가

484 아래 표는 한 편의 글에 해당 단어가 여러 번 등장해도 한 번만 셈해지므로 정확한 결과값이라고는 할 수 없지만 추세를 관찰하는 데에는 도움이 된다. 『동아일보』는 1920년 4월 1일 창간되어 1940년 8월 10일 폐간되었는데, 1920년 9월~1921년 1월, 1926년 3~4월, 1930년 4~9월, 1936년 8월~1937년 6월은 정간되었다. 아래 빈도 통계는 이와 같은 정간 기간을 고려하여 읽어야 한다.

연도	1920	1921	1922	1923	1924	1925	1926	1927	1928	1929	
문명	291	374	334	183	173	205	168	190	143	220	
문화	388	554	577	407	328	449	478	407	414	362	
연도	1930	1931	1932	1933	1934	1935	1936	1937	1938	1939	1940
문명	175	209	134	193	266	276	225	161	209	168	100
문화	254	378	363	493	606	695	610	556	880	913	516

그림 6. 『동아일보』에서 '문명'과 '문화'의 출현 빈도 변화

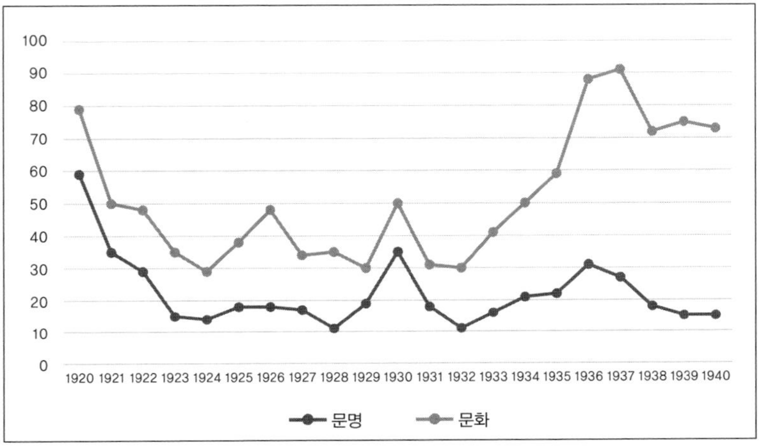

두 배를 넘어섰다. 1923년은 『개벽』의 한 글에서 '문화'가 조선인들이 일상적으로 입에 올리는 단어이자 신문, 잡지가 흔히 쓰는 용어가 되었다고 말해진 바로 그해이다. 확장된 미디어 공간을 통해 문화를 해석하는 다양한 사상과 학지일본의 문화주의철학 · 인류학 또는 민족학 · 역사학 · 마르크스주의 등가 수용되었으며, 식민 권력과 자유주의 · 민족주의 · 사회주의 등 다양한 이념을 지향한 조선의 지식인 그룹은 이 지식들을 실천적 지침으로 만들려고 노력했다. 지식인들은 문화를 활용하여 당면한 현실과 심리의 복잡한 벡터들을 해석하고 통제하고 개선하고 극복하고자 했다. 문화정치론, 문화운동론, 문화생활론, 사회(개량)적 문화주의, 미학적 문화주의와 민중예술론, 민족문화론, 그리고 프롤레타리아 문화론민중문화론 등을 통해 문화 개념은 급속하고 격렬하게 정치화 · 이데올로기화되었다.

위 그림 6에서 흥미로운 변화를 보이는 또 다른 시간대는 1932~

그림 7. 『동아일보』에서 '민족+문화' / '국민+문화'의 빈도 변화

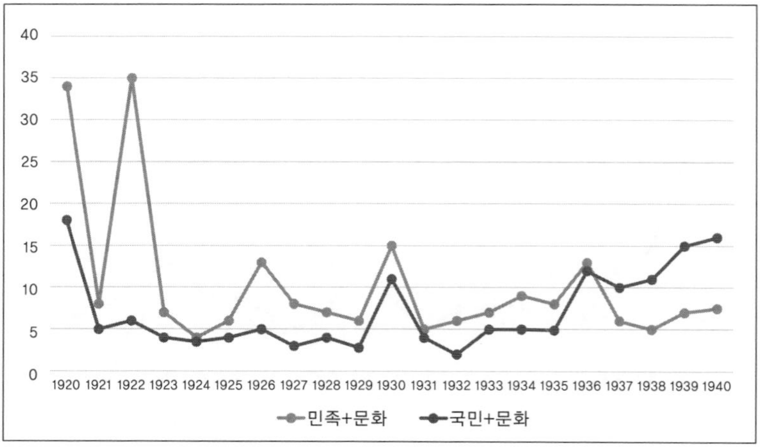

1936년, 1937~1940년이다. 문명과 문화의 빈도 차이는 1930년 1대 1.5배, 1931년 1대 1.8배 등으로 1920년대에 대비해 차이가 줄어들다가 1932년을 기점으로 반등했다. 1932~1936년을 보면, 문명과 문화는 1932년 1대 2.7, 1933년 1대 2.6, 1934년 1대 2.3, 1935년 1대 2.5, 1936년 1대 2.7로 연평균 2.5배 차이를 기록했다. 1933년부터는 문화의 등장 빈도 자체가 크게 상승하며 1934~1936년에는 문화라는 단어가 등장한 글이 연평균 6백 편을 상회한다. 1937~1939년을 관찰하면, 문명과 문화의 빈도 격차가 매년 거의 두 배 가까이 격증한다. 1937년에는 1대 3.5, 1938년에는 1대 4.2, 1939년에는 1대 5.5이다. 아울러 1938~1939년에는 문화라는 단어의 등장 횟수가 연평균 9백 편에 이르는데, 앞의 1934~1936년의 6백 편에 대비하면 무려 1.5배 상승한 것이다. 이와 같은 급격한 상승의 원인 및 내용을 이해하기 위해서는 문화와 함께 사용된 다른 단어들

의 빈도를 살펴볼 필요가 있다.

그림 7의 그래프는 『동아일보』에서 '민족'과 '문화', '국민'과 '문화'가 동시 출현한 글의 빈도 변화를 표현한 것이다. 1920년대에 '민족'과 '문화'가 동시에 출현한 글은 1920년 170편, 1922년 152편, 1926년 130회로 고점을 찍었다. 다른 해들의 평균값은 80회이며 이 추세는 대체로 1933년까지 유지되었다. '민족+문화'는 1934~1935년 반등의 조짐을 보이다가 곧 '국민+문화'에 의해 추월당했다. '민족+문화'의 세력이 감소하고 '국민+문화'의 세력이 강력해지고 있음이 감지되는 해가 1936년이라면, 세력 변동이 표면화된 시기는 1937년이다. 1937년에는 '국민+문화'가 '민족+문화'에 비해 약 20편이 많으며 1938년, 1939년에는 약 70편이 더 많다. '민족+문화' 대 '국민+문화'는 1920년 1.9대 1에서 1940년에는 0.5대 1로 완전히 역전되었다.[485]

485 아래 표에서 민족+문화는 복합어 '민족문화'가 아니라 민족과 문화가 한 편의 글에 나오는 경우를 센 것이다. 한 편의 글에 해당 단어가 여러 번 나오더라도 한 번만 셈해지므로 정확한 빈도라고는 할 수 없다. 다만 이 표는 대략의 추이를 검토하는 정도의 의미는 있다.

발간월	연도	민족+문화	국민+문화	발간월	연도	민족+문화	국민+문화
5	1920	170	89	12	1931	68	51
11	1921	90	59	12	1932	70	28
12	1922	152	75	12	1933	80	59
12	1923	86	48	12	1934	106	61
12	1924	47	33	12	1935	103	56
12	1925	81	40	7	1936	90	84
10	1926	130	42	6	1937	35	57
12	1927	93	41	12	1938	55	126
12	1928	91	48	12	1939	78	146
12	1929	69	37	7	1940	52	92

그림 8. 『동아일보』에서 '문화'와 문예, 예술, 영화, 연극의 동시 출현 빈도 변화

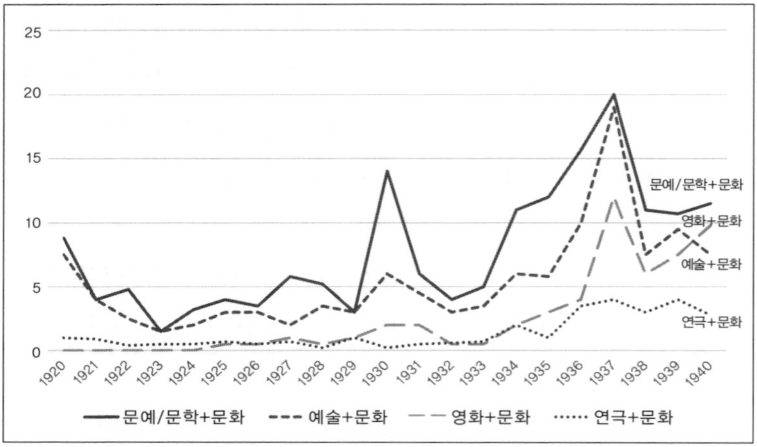

그림 8의 그래프는 '민족+문화'와 '국민+문화'의 빈도 변화가 문화의 하위 범주들의 활성화와 어느 정도 관련이 있음을 보여 준다. 문화가 '문예/문학', '예술', '영화', '연극'이라는 단어와 함께 출현한 글은 1920년 87편에서 1939년 395편으로 약 4.5배 증가했다. 그림 7에서 '민족+문화'의 빈도가 상승한 1934~1935년에는 문예/문학, 예술, 영화, 연극이 문화라는 단어와 결합한 빈도도 상승세를 보여 1933년에 비해 거의 두 배에 달한다. 그림 7을 보면 1936년은 '민족+문화'의 세력이 감소하고 '국민+문화'의 세력이 강력해지던 시기인데, 그림 8에서는 문예/문학과 문화의 동시 출현 빈도는 전년의 90편에서 30편으로 크게 줄어든 데 비해 '예술'·'영화'·'연극'과 '문화'의 동시 출현 빈도는 유지되거나 소폭 상승했다. 1937년은 '민족+문화'와 '국민+문화'의 빈도가 역전된 해인데그림 7, 이때 '예술'과 '영화'라는 단어가 '문화'라는 단어와 함께 등장하는

글의 상승폭이 특히 크다그림 8. 1920~1924년까지는 '영화'라는 단어와 '문화'라는 단어가 함께 등장한 글이 한 편도 없었던 데 반해, 1939년에는 무려 99편의 글에서 두 단어가 함께 사용되었다. '영화'에 미치지는 못하지만 '연극' 역시 문화와 함께 논의되는 경우가 크게 증가했다.[486]

지금까지 식민지기 『동아일보』 기사의 어휘 통계를 통해 '문화'의 의미장과 정치적 · 사회적 주체 구성 및 문화의 하위 개념들의

486 아래의 표는 『동아일보』에서 '문화'와 문예, 예술, 영화, 연극의 동시 출현 빈도를 정리한 것이다. 앞의 그림 8은 빈도 차이와 변화를 하나의 그래프 안에 시각적으로 명료하게 표시하기 위해 빈도를 6분의 1로 줄여서 표현하였다.

발간 월	연도	문예 / 문학+문화	예술+문화	영화+문화	연극+문화
5	1920	41	39		7
11	1921	40	38		14
12	1922	52	26		6
12	1923	17	18		10
12	1924	32	18		10
12	1925	46	33	6	11
10	1926	32	26	5	7
12	1927	67	23	9	13
12	1928	63	44	10	5
12	1929	36	40	13	13
5	1930	68	31	8	2
12	1931	69	56	21	12
12	1932	41	32	8	13
12	1933	63	37	10	14
12	1934	131	72	22	27
12	1935	148	70	31	18
7	1936	109	69	27	23
6	1937	120	111	73	26
12	1938	133	91	74	37
12	1939	130	115	99	51
7	1940	78	54	67	20

상관관계의 특징을 살펴보았는데, 이는 Part 5의 1에서 살핀 시사종합교양지 『삼천리』에 대한 연구 결과와 대체로 부합한다. 『삼천리』를 통해 우리는 1930년대에 문화가 사회적 · 정치적 주제들 및 문예 관련 주제들과 어떻게 절합하고 있었는지를 파악할 수 있는데, 결론을 요약하면 '문화'는 『삼천리』에서 문화적 민족주의가 지배적이었을 때가 아니라 오히려 1930년대 말에 소위 친일적 담론인 신동아건설론 · 동아협동체론 등이 지배적이었을 때 담론장의 핵심으로 부상했다. 1933~1937년에는 문화가 민족적이면서도 보편적인 교양의 영역으로 정의되고 그러한 문화의 하위 영역 중 '학술'과 '문학'이 중심적이었던 반면, 1938년 이후 문화는 '민족'이 아니라 '국민'과 결합하는 비중이 높아졌으며 국민문화의 중요한 매개체로 '예술'과 '영화'가 주목을 받았다. Part 5의 2에서 백철 · 최재서 등의 비평 담론을 통해 확인한 데 따르면, 1933~1937년의 문화론은 유럽에서의 전쟁과 전체주의의 대두를 근대 세계의 붕괴, 문화의 위기로 감지하던 지식인들이 주장한 문화의 옹호, 지성과 교양에의 존중, 정치로부터 문화의 구출 등과 관련이 있다. 1938년 이후의 문화론은 '새로운 동아의 건설'이라는 일본제국의 문화공작과 절합하면서 탈근대적 문화-정치의 맥락에서 발화되었다. 중일전쟁이 장기화되던 1930년대 말 일본 정치계에서 대두한 동아신질서론, 동아협동체론의 거멀못은 군사나 정치, 경제산업이라기보다 '문화'였다.

이렇게 볼 때 한국에서 문화라는 개념은 근대적 주체 구성에 복합적이고 때로는 모순적인 방식으로 관여해 왔다. 한편에서 문화를 구성하는 핵심 개념인 '정신'은 개인자아, 자기 또는 인격의 성장과 완성의 전망을 제시하면서 자유주의 또는 개인주의를 뒷받침했다. 다른 한편에서 국가주의 또는 민족주의와 결합한 정신 개념은 국민문화, 민족문화 담론을 통해 국민이나 민족 같은 집단을 주체화했다. 이를 통해 지식인들은 지리나 핏줄종족 같은 자연적 요소가 아니라 문화적 요소에 의해 결연되는 공동체를 구성해 냈다. 또 다른 한편 문화는 국가나 민족의 경계를 넘어 아시아동양나 세계, 인류에 대한 상상력과 실천을 이끌기도 했다. 정치나 경제물질적인 것, 실용적인 것와는 구분되는, 가치 지향적 활동이나 그 산물을 지시하는 문화 개념은 학문이나 문학·예술의 합법화를 뒷받침했으며, 이에 종사하는 새로운 엘리트 집단의 권위를 뒷받침했다. 문화는 교육계몽 담론의 주요 항목이자 목표였다. 그런데 인공적인 것에 대비하여 자연적인 것을 강조하는 문화 개념은 엘리트가 아니라 민중, 도시가 아니라 농촌의 생활에 대한 찬미를 뒷받침하기도 했다. 즉 문화를 둘러싼 담론은 '민족'이나 '국가'뿐만 아니라 '성'이나 '계급', '세대', 그리고 특정한 직업 집단이나 지역과도 복합적이고 다층적인 관계를 맺어 왔다.

식민지기는 문명의 시대이기보다는 문화의 시대였다고 할 수 있다. 그간의 연구에서 '문화'와 '문화주의'는 보통 1920년대의 사상이나 운동과 연관하여 논의되었지만, 문화주의가 하나의 사회사상으로서 설득력과 시효를 상실한 후에도 문화의 개념은 계몽주의/낭만주의, 식민주의/민족주의, 전통주의/근대주의, 보수주의/진보주의와 뒤엉키면서 복합적인 인식과 역동적인 실천을 이끌었다. 이러한 흐름들은 상대편과의 차이를 통해 스스로를 규정하면서도 어색하게나마 서로에게 의존하고 있었는데 이때 문화는 전승/창조, 이성/감정, 자연/인공, 물질/정신, 과학·기술/철학·종교·예술·도덕, 현실실제 / 이상가치, 지식인엘리트 / 대중민중, 인류 / 민족, 국가 / 사회, 국민 / 민족, 사회 / 개인, 도시 / 농촌, 자율성분화 / 전체성통합, 공 / 사, 서양 / 동양 등 서로 상이하고 대립적이기까지 한 가치들과 지향들, 그리고 정체성들이 의존하고 경합하고 길항하는 장이었다.

| 참고문헌 |

I. 자료

1. 한국어

『개벽』
『경종수정실록』
『고등소학독본 1 · 2』
『고려도경』
『고려사절요』
『고운집』
『고종실록』
『久堂先生集』
『국민소학독본』
『기독청년』
『논어』
『대조선독립협회회보』
『대한자강회월보
『대한학회월보』
『동문선』
『동아일보』
『매일신보』
『문종실록』
『補亡詩』
『보통학교 학도용 국어독본』 권6, 권8

『삼천리』
『서북학회월보』
『설원』
『성종실록』
『昭明文選』
『순조실록』
『신생활』
『신찬초등소학』
『月沙集』
『一蠹遺集』
『정조실록』
『주역』
『중종실록』
『청춘』
『초등소학 1~8』
『태극학보』
『표준국어대사전』
『학지광』
『한겨레』
『한국민족문화 대백과사전』
『弘齋全書』
네이버 뉴스라이브러리
한국고전종합DB
한국사데이터베이스
한국역대인물 종합정보시스템

2. 외국어

『新青年』
『太陽』

II. 연구 논저

1. 한국어

1) 단행본

구인모(2008), 『한국 근대시의 이상과 허상 : 1920년대 '국민문학'의 논리』, 서울 : 소명출판.
권두연(2016), 『신문관의 출판기획과 문화운동』, 서울 : 고려대학교 민족문화연구원.
권보드래(2000), 『한국 근대소설의 기원』, 서울 : 소명출판.
________(2003), 『연애의 시대 : 1920년대 초반의 문화와 유행』, 서울 : 현실문화연구.
________(2014), 『신소설, 언어와 정치』, 서울 : 소명출판.
권창규(2014), 『상품의 시대 : 출세 · 교양 · 건강 · 섹스 · 애국 — 다섯 가지 키워드로 본 한국 소비사회의 기원』, 서울 : 민음사.
김근수 편(1973), 『한국잡지개관 및 호별 목차집』, 서울 : 영신아카데미 한국학연구소.
김덕영(2001), 『주체 · 의미 · 문화 : 문화의 철학과 사회학』, 서울 : 나남.
김성기 편(1994), 『모더니티란 무엇인가』, 서울 : 민음사.
김성연(2013), 『영웅에서 위인으로 : 번역 위인전기 전집의 기원』, 서울 : 소명출판.
______(2017), 『서사의 요철 : 기독교와 과학이라는 근대의 지식-담론』, 서울 : 소명출판.
김예림(2004), 『1930년대 후반 근대인식의 틀과 미의식』, 서울 : 소명출판.
______(2015), 『국가를 흐르는 삶』, 서울 : 소명출판.
김철(2000), 『국문학을 넘어서』, 서울 : 국학자료원.
____(2009), 『식민지를 안고서』, 서울 : 역락.
김현주(2005), 『이광수와 문화의 기획』, 서울 : 태학사.
______(2013), 『사회의 발견 : 식민지기 '사회'에 대한 이론과 상상, 그리고 실천(1910~1925)』, 서울 : 소명출판.
나인호(2011), 『개념사란 무엇인가 : 역사와 언어의 새로운 만남』, 서울 : 역사비평사.

노대환(2010), 『한국개념사총서 6 문명』, 서울 : 소화.
류시현(2009), 『최남선 연구 : 제국의 '근대'와 식민지의 '문화'』, 서울 : 역사비평사.
류준필(2013), 『동아시아의 자국학과 자국문학사 인식』, 서울 : 소명출판.
박걸순(2004), 『식민지시기 역사학과 역사인식』, 서울 : 경인문화사.
박근갑 외(2009), 『개념사의 지평과 전망』, 서울 : 소화.
박진영(2011), 『번역과 번안의 시대』, 서울 : 소명출판.
______(2013), 『책의 탄생과 이야기의 운명』, 서울 : 소명출판.
박찬승(1992), 『한국 근대 정치사상사 연구 : 민족주의 우파의 실력양성운동론』, 서울 : 역사비평사.
박헌호(2004), 『식민지 근대성과 소설의 양식』, 서울 : 소명출판.
박현수 편(2008), 『한국 근대문학 재생산제도 자료집 1』, 서울 : 성균관대학교 대동문화연구원.
백종현(1998), 『독일철학과 20세기 한국의 철학』, 서울 : 철학과현실사.
______(2004), 『철학의 주요개념 1～2』, 서울 : 서울대학교 철학사상연구소.
______(2007), 『철학의 개념과 주요문제』, 서울 : 철학과현실사.
成百曉 譯註(1998), 『(懸吐完譯) 周易傳義 上』, 서울 : 傳統文化硏究會.
소영현(2008), 『문학청년의 탄생 : 근대 청년의 문화정치학』, 서울 : 푸른역사.
손유경(2008), 『고통과 동정 : 한국 근대소설과 감정의 발견』, 서울 : 역사비평사.
______(2012), 『프로문학의 감성구조』, 서울 : 소명출판.
신지영(2012), 『부/재의 시대 : 근대계몽기 및 식민지기 조선의 연설 · 좌담회』, 서울 : 소명출판.
신형기(2010), 『분열의 기록 : 주변부 모더니즘 소설을 다시 읽다』, 서울 : 문학과지성사.
심훈/김종욱 · 박종미 편(2016), 『심훈 전집 3 영원의 미소』, 서울 : 글누림.
유진오(1983), 『화상보』, 서울 : 창우문화사.
윤해동 · 이소마에 준이치 편(2013), 『종교와 식민지 근대 : 한국 종교의 내면화, 정치화는 어떻게 진행되었나』, 서울 : 책과함께.
이경돈(2009), 『문학 이후』, 서울 : 소명출판.
이경훈(2006), 『한국 근대문학 풍속사전』, 서울 : 태학사.
이광규(1998), 『한국문화의 역사인류학』, 서울 : 집문당.
이재원(2017), 『제국의 시선, 문화의 기억』, 서울 : 서강대학교출판부.

이철호(2013), 『영혼의 계보 : 20세기 한국문학사와 생명담론』, 파주 : 창비.
이태준(2001), 『화관』, 서울 : 깊은샘.
이화진(2016), 『소리의 정치 : 식민지 조선의 극장과 제국의 관객』, 서울 : 현실문화.
임경석 · 차혜영 외(2007), 『『개벽』에 비친 식민지 조선의 얼굴』, 서울 : 모시는사람들.
전상숙(2004), 『일제시기 한국 사회주의 지식인 연구』, 서울 : 지식산업사.
정종현(2011), 『동양론과 식민지 조선문학 : 제국적 주체를 향한 욕망과 분열』, 파주 : 창비.
______(2012), 『제국의 기억과 전유 : 1940년대 한국문학의 연속과 비연속』, 서울 : 어문학사.
조경란(2015), 『20세기 중국지식의 탄생 : 전통 · 근대 · 혁명으로 본 라이벌 사상사』, 서울 : 책세상.
차승기(2016), 『비상시의 문/법 : 식민지/제국 체제의 삶, 문학, 정치』, 파주 : 그린비.
천정환(2003), 『근대의 책 읽기 : 독자의 탄생과 한국 근대문학』, 서울 : 푸른역사.
천정환 · 이경돈 · 손유경 · 박숙자 편저(2010), 『식민지 근대의 뜨거운 만화경 : 『삼천리』와 1930년대 문화정치』, 서울 : 성균관대학교출판부.
최덕교 편저(2004), 『한국잡지백년 1』, 서울 : 현암사.
최수일(2008), 『『개벽』 연구』, 서울 : 소명출판.
최원식(2012), 『한국개념사총서 7 문학』, 서울 : 소화.
최재서(2006a), 『전환기의 조선문학』, 노상래 옮김, 경산 : 영남대학교출판부.
편집부(1995), 『국어국문학자료사전』, 서울 : 한국사전연구사.
하신애(2018), 『아시아 트러블 : 아시아 지역 정체성 상상과 탈중심의 문화지리학』, 서울 : 앨피.
한국정신문화연구원(2001), 『한국민족문화 대백과사전』, 성남 : 한국정신문화연구원.
한국학문헌연구소 편저(1977), 『韓國開化期教科書叢書 1』, 서울 : 亞細亞文化社.
한림과학원 편(2010), 『한국근대 신어사전 : 現代新語釋義 · 新語事典』, 서울 : 선인.
한기형 외(2006), 『근대어 · 근대매체 · 근대문학 : 근대매체와 근대 언어질서의 상관성』, 서울 : 성균관대학교출판부.

한기형 · 이혜령 편(2014), 『저수하의 시간, 염상섭을 읽다』, 서울 : 소명출판.
허병식(2016), 『교양의 시대 : 한국근대소설과 교양의 형성』, 서울 : 역락.
허수(2011a), 『식민지 조선, 오래된 미래』, 서울 : 푸른역사.
____(2011b), 『이돈화 연구 : 종교와 사회의 경계』, 서울 : 역사비평사.
황호덕(2005), 『근대 네이션과 그 표상들 : 타자 · 교통 · 번역 · 에크리튀르』, 서울 : 소명출판.
휘문의숙 편집부 편찬 / 김찬기 편역(2012), 『고등소학독본』, 광명 : 도서출판 경진.
가라타니 코오진(2002), 『Modern Criticism of Japan 2 : 현대일본의 비평 — 1868~1989』, 송태욱 옮김, 서울 : 소명출판.
고야스 노부쿠니(2007), 『일본근대사상비판 : 국가 · 전쟁 · 지식인』, 김석근 옮김, 서울 : 역사비평사.
니시카와 나가오(2002), 『국민이라는 괴물』, 윤대석 옮김, 서울 : 소명출판.
______(2006), 『국경을 넘는 방법 : 문화 · 문명 · 국민국가』, 한경구 · 이목 옮김, 서울 : 일조각.
______(2009), 『국민을 그만두는 방법 : 국가이데올로기로서의 민족과 문화』, 윤해동 · 방기헌 옮김, 서울 : 역사비평사.
다나카, 스테판(2004), 『일본 동양학의 구조』, 박영재 · 함동주 옮김, 서울 : 문학과지성사.
다카하시 도루(2010), 『식민지 조선인을 논하다 : 다카하시 도루가 쓰고 조선총독부가 펴낸 책 『朝鮮人』』, 구인모 옮김, 서울 : 동국대학교출판부.
량수밍(2005), 『동서문화와 철학』, 강중기 옮김, 서울 : 솔.
로빈슨, 마이클(1990), 『일제하 문화적 민족주의』, 김인환 옮김, 서울 : 나남.
리우, 리디아(2005), 『언어횡단적 실천 : 문학, 민족문화, 그리고 번역된 근대성 — 중국, 1900~1937』, 민정기 옮김, 서울 : 소명출판.
릭터, 멜빈(2010), 『정치 · 사회적 개념의 역사 : 비판적 소개』, 송승철 · 김용수 옮김, 서울 : 소화.
미나미 히로시(2007), 『다이쇼 문화 1905~1927 : 일본 대중문화의 기원』, 정대성 옮김, 서울 : 제이앤씨.
미야카와 토루 · 아라카와 이쿠오 편(2001), 『일본근대철학사』, 이수정 옮김, 서울 : 생각의나무.
사이드, 에드워드(1995), 『문화와 제국주의』, 김성곤 · 정정호 옮김, 서울 : 창.

사카이 나오키(2003), 『사산되는 일본어 · 일본인 : '일본'의 역사 — 지정적 배치』, 이득재 옮김, 서울 : 문화과학사.
야나부 아키라(2003), 『번역어 성립 사정』, 서혜영 옮김, 서울 : 일빛.
______(2013), 『한 단어 사전, 문화』, 박양신 옮김, 서울 : 푸른역사.
엘리아스, 노버트(1995), 『문명화과정 : 매너의 역사』, 유희수 옮김, 서울 : 신서원.
윌리엄스, 레이먼드(1988), 『문화와 사회 1780~1950』, 나영균 옮김, 서울 : 이화여자대학교출판부.
______(2009), 『마르크스주의와 문학』, 박만준 옮김, 서울 : 지식을만드는지식.
______(2010), 『키워드』, 김성기 · 유리 옮김, 서울 : 민음사.
이치노카와 야스타카(2015), 『사회』, 강광문 옮김, 서울 : 푸른역사.
천두슈 · 후스 외(2012), 『신청년의 신문학론』, 김수연 편역, 파주 : 한길사.
카플란, 데이비드 · 로버트 매너스(1994), 『인류학의 문화이론』, 최협 옮김, 서울 : 나남출판.
코젤렉, 라인하르트(1998), 『지나간 미래』, 한철 옮김, 서울 : 문학동네.
쿠슈, 드니(2009), 『사회과학에서의 문화 개념 : 사회학과 인류학을 중심으로』, 이은령 옮김, 파주 : 한울.
크리언, 케이트(2004), 『그람시 · 문화 · 인류학』, 김우영 옮김, 서울 : 길.
팁튼, 엘리스 K. · 존 클락 편(2012), 『제국의 수도 모더니티를 만나다 : 다이쇼 데모크라시에서 쇼와 모더니즘까지』, 이상우 · 최승연 · 이수현 옮김, 서울 : 소명출판.
피쉬, 외르크 / 베르너 콘체 · 오토 브루너 · 라인하르트 코젤렉 편(2010), 『코젤렉의 개념사 사전 1 : 문명과 문화』, 안삼환 옮김, 서울 : 푸른역사.
하버마스, 위르겐(1994), 『현대성의 철학적 담론』, 이진우 옮김, 서울 : 문예출판사.
홀, 스튜어트 외(1996), 『현대성과 현대문화 : 형성 2』, 전효관 · 김수진 · 박병영 옮김, 서울 : 현실문화연구.
홉스봄, 에릭(1997), 『극단의 시대 : 20세기 역사 상』, 이용우 옮김, 서울 : 까치.

2) 논문

강명희(2009), 「5 · 4시기 중국의 '제3의 신문명' 건설 탐색 : 연구계 량계초를 중심으로」, 『중국근현대사연구』 제44집.
강진호(2015), 「근대국어 교과서와 민간 독본의 탄생 : 『초등소학(初等小學)』

(1906)을 중심으로」, 『현대문학이론연구』 제60권.
고부응(2012), 「문화, 제국, 민족 : 비판적 전유를 위한 에드워드 사이드의 『문화와 제국주의』 읽기」, 『영어영문학』 제58권 제5호.
구인모(2010), 「해제 : 『조선인』과 다카하시 도루의 조선 연구」, 다카하시 도루, 『식민지 조선인을 논하다 : 다카하시 도루가 쓰고 조선총독부가 펴낸 책 『朝鮮人』』, 구인모 옮김, 서울 : 동국대학교출판부.
국어국문학편찬위원회 편(1994a), 「국어독본」, 『국어국문학자료사전 상』, 서울 : 한국사전연구사.
______(1994b), 「신찬초등소학」, 『국어국문학자료사전 상』, 서울 : 한국사전연구사.
권두연(2011), 「신문관의 '문화운동' 연구」, 연세대학교 대학원 박사학위 논문.
김도형(2013), 「1920~30년대 민족문화운동과 연희전문학교」, 『동방학지』 제164집.
김민승(2016), 「『개벽』의 중국론과 근대인식 : 이동곡의 정치 · 문화 논설을 중심으로」, 성균관대학교 대학원 석사학위 논문
김세호(2014), 「북벌 직후 '신흥중국'에 대한 한국 언론의 일 시각 : 조선일보 특파원 李灌鎔의 취재(1928. 10-1929. 2)를 중심으로」, 『중국근현대사연구』 제61집.
김영숙(1993), 「마르크스의 문화 개념과 문학예술 이념의 문제」, 『역사와 사회』 제12호.
김예림(2008), 「'동아'라는 시뮬라크르 혹은 그 접속자들의 문화 이념 : 1930년대 후반 최재서 · 백철의 문화론을 중심으로」, 『상허학보』 제23집.
김용석(1998), 「문화 개념의 문제 2 : 담론을 위한 문화의 최소정의」, 『사목』 제229호.
김종엽(2008), 「문화 개념의 역사적 변동과 지형 : 문화 연구의 지향점 재검토를 위하여」, 『동향과 전망』 제72호.
김종욱(2002), 「이광수의 『개척자』 연구 : 과학적 세계관의 영향을 중심으로」, 『국어국문학』 제132호.
김필수(2004), 「경세종」, 양진오 편, 『범우 비평판 한국문학 2 개화기 소설 편 : 송뢰금 외』, 범우.
김현주(2007), 「문화사의 이념과 서사전략 : 1900~20년대 최남선의 문화사 담론 연구」, 『대동문화연구』 제58집.
______(2008), 「1920년대 근대적 학지와 텍스트의 위상」, 『동방학지』 제142집.

______(2015),「계몽기 문화 개념의 운동성과 사회이론」,『개념과 소통』 제15호.
______(2018),「삼일 · 오사의 접점으로서의 '문화'」,『동방학지』 제182집.
나연준(2011),「1920년대 전반 부르주아 민족주의세력의 문화주의 담론 : 이광수, 이돈화를 중심으로」, 중앙대학교 대학원 석사학위 논문.
남근우(2009),「'민속학=민족문화학'의 탈신화화」,『비교민속학』 제40집.
류시현(2011),「1910년대 최남선의 문명 · 문화론과 조선불교 인식」,『한국사연구』 제155호.
문경연(2011),「식민지 근대와 '취미' 개념의 형성」,『개념과소통』 제7호.
문선영(2004),「오사시기 동서문화론 연구」, 연세대학교 대학원 박사학위 논문.
박숙자(2010),「1930년대 민족주의의 논리와 속물적 내러티브」, 천정환 · 이경돈 · 손유경 · 박숙자 편저,『식민지 근대의 뜨거운 만화경 :『삼천리』와 1930년대 문화정치』, 서울 : 성균관대학교출판부.
백은기(2013),「『주역』에 나타난 문화에 관하여 :「비괘(賁卦)」를 중심으로」,『동양철학연구』 제74집.
백지운(2006),「반면교사로서의 '유럽' : 량치차오의『구유심영록』에 대한 일 고찰」,『중국현대문학』 제39호.
서유리(2013),「한국 근대의 잡지 표지 이미지 연구」, 서울대학교 대학원 박사학위 논문.
서은주(2012),「파시즘기 외국문학의 존재방식과 교양」,『한국문학연구』 제42집.
소영현(2003),「근대소설과 낭만주의」,『상허학보』 제10집.
______(2006),「근대 인쇄 매체와 수양론 · 교양론 · 입신출세주의 : 근대 주체 형성 과정에 대한 일 고찰」,『상허학보』 제18집.
손유경(2005),「『개벽』의 신칸트주의 수용 양상 연구」,『철학사상』 제20권.
송은영(2011),「1960~70년대 한국의 대중사회화와 대중문화의 정치적 의미」,『상허학보』 제32집.
______(2014),「1970년대 후반 한국 대중사회 담론의 지형과 행방」,『현대문학의 연구』 제53호.
신인섭(2004),「교양 개념의 변용을 통해 본 일본 근대문학의 전개 양상 : 다이쇼 교양주의와 일본근대문학」,『일본어문학』 제23집.
신채호(1977a),「낭객의 신년만필」(1925), 신채호선생기념사업회 편,『단재 신채호 전집 하』, 서울 : 형설출판사.

______(1977b), 「선언문」, 신채호선생기념사업회 편, 『단재 신채호 전집 하』, 서울 : 형설출판사.
______(1977c), 「조선혁명선언」, 신채호선생기념사업회 편, 『단재 신채호 전집 하』, 서울 : 형설출판사.
안예리(2013), 「20세기 전반기 국어의 문장 구성에 대한 연구 : 대중종합지 『삼천리』(1929~1942)의 말뭉치 언어학적 분석」, 연세대학교 대학원 박사학위 논문.
안확(2004), 「자각론」, 한국국학진흥원 편, 『자산 안확의 자각론 · 개조론』, 안동 : 한국국학진흥원.
____(2015), 「부록 : 안자산 저서 목록」, 안확 / 송강호 역주, 『조선문명사 : 국학자 안자산의 한국통사』, 서울 : 우리역사연구재단.
유석환(2009), 「1930년대 잡지시장의 변동과 잡지 『비판』의 대응 : 경쟁하는 잡지들, 확산되는 문학」, 『사이 / 間 / SAI』 제6호.
유선영(2014), 「식민지의 '문화'주의, 변용과 사후」, 『대동문화연구』 제86집.
윤대석(2016), 「『화상보』에서의 교양과 과학」, 『우리말글』 제70집.
윤덕영(2017), 「1920년대 전반 협동조합운동론의 형성과 특징 : 『동아일보』의 논의를 중심으로」, 연세대학교 국학연구원 역사와공간연구소 편, 『한국 협동조합운동의 역사와 사상』(역사와공간연구소 협동조합포럼 제1차 학술회의 자료집).
윤상현(2014), 「1920년대 초반 식민지조선의 자유주의와 문화주의 담론의 인간관 · 민족관」, 『역사문제연구』 제31호.
윤영실(2008), 「최남선의 설화 연구에 나타난 탈식민적 "문화" 관념」, 『비교한국학』 제16권 제1호.
이광수(1962a), 「개척자(1918)」, 『이광수전집 1』, 서울 : 삼중당
______(1962b), 「교육가 제씨에게」(1916), 『이광수전집 17』, 서울 : 삼중당.
______(1962c), 「금일 조선야소교회의 결점」(1917), 『이광수전집 17』, 서울 : 삼중당.
______(1962d), 「농촌계발」(1916), 『이광수전집 17』, 서울 : 삼중당.
______(1962e), 「동경잡신」(1916), 『이광수전집 17』, 서울 : 삼중당.
______(1962f), 「동정」(1914), 『이광수전집 1』, 서울 : 삼중당.
______(1962g), 「무정」(1917), 『이광수전집 1』, 서울 : 삼중당.
______(1962h), 「문학의 가치」(1910), 『이광수전집 1』, 서울 : 삼중당.
______(1962i), 「문학이란 하오」(1916), 『이광수전집 1』, 서울 : 삼중당.

______(1962j), 「민족개조론」(1922), 『이광수전집 17』, 서울 : 삼중당.
______(1962k), 「부활의 서광」(1918), 『이광수전집 17』, 서울 : 삼중당.
______(1962l), 「소년에게」(1921), 『이광수전집 17』, 서울 : 삼중당.
______(1962m), 「신생활론」(1918), 『이광수전집 17』, 서울 : 삼중당.
______(1962n), 「어린 벗에게」(1917), 『이광수전집 14』, 서울 : 삼중당.
______(1962o), 「조혼의 악습」(1916), 『이광수전집 1』, 서울 : 삼중당.
______(1962p), 「흙」(1932), 『이광수전집 6』, 서울 : 삼중당.
______(1963a), 「문사와 수양」(1921), 『이광수전집 16』, 서울 : 삼중당.
______(1963b), 「문학강화」(1924), 『이광수전집 16』, 서울 : 삼중당.
______(1963c), 「예술과 인생」(1922), 『이광수전집 16』, 서울 : 삼중당.
______(1963d), 「우리의 이상」(1917), 『이광수전집 20』, 서울 : 삼중당.
이기훈(2017), 「1920년대 『동아일보』의 중국 인식」, 『동방학지』 제178집.
이민영(2008), 「현철의 연극론과 작품에 나타난 표현주의」, 『어문학』 제99집.
이상록(2010), 「함석헌의 민중 인식과 민주주의론」, 『사학연구』 제97호.
이석구(2014), 「에드워드 사이드 문화론의 계보와 문제점」, 『영어영문학』 제60권 제4호.
이석원(2003), 「근대일본의 자유주의 식민정책학 연구 : 야나이하라 타다오(矢內原忠雄)의 식민정책학을 중심으로」, 연세대학교 대학원 석사학위 논문.
이재연(2014), 「작가, 매체, 네트워크 : 1920년대 소설계의 거시적 조망을 위한 시론」, 『사이/間/SAI』 제17호.
이종민(2016), 「량치차오의 『구유심영록』과 신문명의 탐색」, 『중국현대문학』 제76호.
이지원(2004), 「일제하 민족문화 인식의 전개와 민족문화운동 : 민족주의 계열을 중심으로」, 서울대학교 대학원 박사학위 논문.
______(2010), 「전쟁, 친일, 파시즘 정서」, 천정환 · 이경돈 · 손유경 · 박숙자 편저, 『식민지 근대의 뜨거운 만화경 : 『삼천리』와 1930년대 문화정치』, 서울 : 성균관대학교출판부.
이철호(2015), 「민족 표상의 (불)가능성 : 생명, 씨올, 민중」, 『사이/間/SAI』 제19호.
이태준(2005), 「복덕방」(『조광』 1937. 3), 『이태준 단편전집 2』, 서울 : 가람기획.
이태훈(2003), 「1920년대 전반기 일제의 '문화정치'와 부르조아 정치세력의 대응」,

『역사와 현실』 제47호.
이향철(2001), 「근대 일본에 있어서의 '교양'의 존재형태」, 『일본역사연구』 제13권.
임경석(2000), 「3 · 1운동 전후 한국 민족주의의 변화」, 『역사문제연구』 제4호.
장석만(1994), 「개항기의 한국 사회와 근대성의 형성」, 김성기 편, 『모더니티란 무엇인가』, 서울 : 민음사.
______(2013), 「일제시대 종교 개념의 편성」, 윤해동 · 이소마에 준이치 편, 『종교와 식민지 근대 : 한국 종교의 내면화, 정치화는 어떻게 진행되었나』, 서울 : 책과함께.
______(2015), 「식민지 조선에서 "문명-문화-종교"의 개념적 네트워크 형성」, 『종교문화비평』 제28호.
장지연(1989), 「문약지폐」, 단국대학교부설 동양학연구소 편, 『장지연전서 10』, 서울 : 단국대학교출판부.
전홍석(2010), 「동서 "문화 · 문명"의 개념과 그 전개 : 현대 문명 담론의 개념적 이해를 중심으로」, 『동양철학연구』 제63집.
정미량(2007), 「1920년대 재일 조선인 유학생의 자유주의적 문화운동론 연구」, 『사회와 역사』 제74집.
정선태(2009), 「근대 계몽기 "국민" 담론과 "문명국가"의 상상 : 『태극학보』를 중심으로」, 『어문학논총』 제28권.
정용화(2006), 「1920년대 초 계몽담론의 특성 : 문명, 문화, 개인을 중심으로」, 『동방학지』 제133집.
조관자(2000), 「〈반〉제국주의의 폭력과 멸죄의 힘 : 중국망명기의 신채호와 동시대의 폭력비판론」, 『문화과학』 제24호.
차태근(2009), 「"사회론"적 전환과 비정치적 정치 : "5 · 4 운동"에 대한 독법」, 『중국근현대사연구』 제43집.
______(2010), 「5 · 4운동 시기 문명 전환론과 사회주의」, 『중국현대문학』 제53호.
채만식(1989), 「레디메이드인생」, 『채만식전집 4』, 서울 : 창작과비평.
천정환(2010), 「초기 삼천리의 지향과 문화민족주의」, 천정환 · 이경돈 · 손유경 · 박숙자 편저, 『식민지 근대의 뜨거운 만화경 : 『삼천리』와 1930년대 문화정치』, 서울 : 성균관대학교출판부.
천진(2012), 「1920년대 초 동아시아의 성찰하는 주체와 현대 중국의 표상」, 『중국문학』 제72권.

최남선(2003a), 「계고차존」(1918), 역락 편, 『육당 최남선 전집 5』, 서울 : 역락.
______(2003b), 「고상한 쾌락」(1915), 역락 편, 『육당 최남선 전집 13』, 서울 : 역락.
______(2003c), 「노력론」(1917), 역락 편, 『육당 최남선 전집 13』, 서울 : 역락.
______(2003d), 「시문독본」(1918), 역락 편, 『육당 최남선 전집 14』, 서울 : 역락.
______(2003e), 「예술과 근면」(1917), 역락 편, 『육당 최남선 전집 13』, 서울 : 역락.
______(2003f), 「용기론」(1917), 역락 편, 『육당 최남선 전집 13』, 서울 : 역락.
______(2003g), 「조선역사 통속강화」(1922~1923), 역락 편, 『육당 최남선 전집 5』, 서울 : 역락.
______(2003h), 「해상대한사(十一)」(1910), 역락 편, 『육당 최남선 전집 5』, 서울 : 역락.
최재서(2006b), 「전환기의 문화이론」, 『전환기의 조선문학』, 노상래 옮김, 경산 : 영남대학교출판부.
표세만(2006), 「구가 가쓰난(陸羯南)의 "국민" 문화 : 메이지 내셔널리즘의 한 단면」, 『인문과학연구』 제15집.
한국정신문화연구원(2001), 「신해영」, 한국정신문화연구원 편찬부 편, 『한국민족문화 대백과사전』, 성남 : 한국정신문화연구원.
한기형(2004a), 「근대잡지와 근대문학 형성의 제도적 연관 : 1910년대 최남선과 죽내록지조(竹內錄之助)의 활동을 중심으로」, 『대동문화연구』 제48집.
______(2004b), 「최남선의 잡지 발간과 초기 근대문학의 재편 : 『소년』, 『청춘』의 문학사적 역할과 위상」, 『대동문화연구』 제45집.
함충범(2014), 「1940년대 식민지 조선에서의 영화 상영의 제도적 기반에 관한 연구」, 『인문과학 연구논총』 제35권 제2호.
허병식(2007), 「문화의 이념과 부르주아적 주체의 기획 : 『무정』과 교양의 변증법」, 『한국문예비평연구』 제23권.
______(2009), 「교양의 정치학 : 신체제와 교양주의」, 『민족문학사연구』 제40호.
허수(2004), 「1920년대 전반 이돈화의 개조사상 수용과 '사람성(性)주의'」, 『동방학지』 제125집.
____(2005), 「일제하 이돈화의 사회사상과 천도교 : '종교적 계몽'을 중심으로」, 서울대학교 대학원 박사학위 논문.
____(2009), 「제1차 세계대전 종전 후 개조론의 확산과 한국 지식인」, 『한국근현대사연구』 제50집.

홍선영(2005), 「1920년대 일본 문화주의의 조선 수용과 그 파장」, 『일어일문학연구』 제55집 제2호.
황병주(2002), 「국민 대 괴물, 또는 지킬 박사와 하이드 씨 : 니시카와 나가오 「국민이라는 괴물」」, 『당대비평』 특별호.
황종연(1997), 「문학이라는 역어(譯語)」, 『동악어문논집』 제32집.
______(2000), 「탕아를 위한 국문학 : 교양교육으로서의 국어국문학」, 『국어국문학』 제127호.
릭터, 멜빈(2009), 「개념사, 번역, 그리고 상호문화적 개념 전이」, 박근갑 외, 『개념사의 지평과 전망』, 서울 : 소화.
보콕, 로버트(1996), 「현대사회의 문화적 형성」, 스튜어트 홀 외, 『현대성과 현대문화 : 형성 2』, 전효관 · 김수진 · 박병영 옮김, 서울 : 현실문화연구.
샌드, 조던(2012), 「경합하는 장소로서의 문화생활 : 1920년대 주거와 담론」, 엘리스 K. 팁튼 · 존 클락 편, 『제국의 수도 모더니티를 만나다 : 다이쇼 데모크라시에서 쇼와 모더니즘까지』, 이상우 · 최승연 · 이수현 옮김, 서울 : 소명출판.
천두슈(2012), 「문학혁명론」, 천두슈 · 후스 외, 『신청년의 신문학론』, 김수연 편역, 파주 : 한길사.

2. 외국어

1) 단행본

ギゾー, フランソワ(1987), 『ヨーロッパ文明史』, 安士正夫 譯, 東京 : みすず書房.
Eagleton, Terry(2000), *The Idea of Culture*, Oxford, UK ; Malden, Mass. : Blackwell Publisher Ltd.
Shin, Gi-Wook and Michael Robinson, eds.(1999), *Colonial Modernity in Korea*, Cambridge, Mass. ; London : Harvard University Asia Center.
Williams, Raymond(1976), *Keywords : A Vocabulary of Culture and Society*, London : Fontana.

2) 논문

鄭師渠(1997), 「論歐戰后中國社會文化思潮的變動」, 『近代史研究』 第3期.

何平(1999),「中國和西方思想中的“文化”概念」,『史學理論研究』 第2期.
黃興濤(2006),「晚淸民初現代“文明”和“文化”概念的形成及其歷史實踐」,『近代史研究』 第6期.
Chen, Kuan-Hsing(1998), "Introduction : The Decolonization Question," Kuan-Hsing Chen et. al., eds., *Trajectories : Inter-Asia Cultural Studies*, London : Routledge.
Lee, Jae-Yoon and Kim Hyunjoo(2019), "The Text-Mining of Munhwa (Culture) : The Case of a Popular Magazine in 1930s Korea," *Acta Koreana*, 22(2).
Mikolov, Tomas, Kai Chen, Greg Corrado, and Jeffrey Dean(2013), "Efficient Estimation of Word Representations in Vector Space," arXiv:1301.378 (https://arxiv.org/abs/1301.3781v3).
Shin, Michael D.(1999), "Interior Landscapes : Yi Kwangsu's "The Heartless" and the Origins of Modern Literature," Gi-Wook Shin and Michael Robinson, eds., *Colonial Modernity in Korea*, Cambridge, Mass. ; London : Harvard University Asia Center.

| 찾아보기 |

사건 / 단체 / 개념 / 이론

ㅂ

ㅇ

ㅊ / ㅋ / ㅌ / ㅍ / ㅎ

기타

인물

ㄱ

ㅊ

ㅋ / ㅌ / ㅍ / ㅎ

책 · 잡지 · 신문 · 논문

ㅈ

ㅊ / ㅋ / ㅌ / ㅍ / ㅎ

기타